일러두기

- 이 책은 일본사학회와 경향신문사 후마니타스연구소의 공동 주최로 2022년 9월 20일부터 11월 22일까지 열린 '일본사 시민강좌'의 강연 내용을 바탕으로 재구성한 것이다.
- 단행본 및 정기간행물은 겹낫표(『 』)로, 논문, 기사, 단편소설, 시 등의 개별 문헌은 홑낫표(「 」)로, 미술 및 영화 등의 작품명은 홑화살괄호(〈 〉)로 표기했다.
- 일본어 발음은 국립국어원의 외래어 표기법 규정을 따랐다.
- 일본의 인명과 지명은 일본어 발음으로 표기했다. 단 그 외의 일본어 용어는 일본어 발음 표기를 따르되, 우리말 한자음으로 쓰는 경우가 많거나 한자음으로 읽을 때 이해하기 쉬운 서적 제목과 일부 용어는 한자음으로 표기했다.

일본사 시민강좌

이재석 김현경 박수철 김선희 박훈
박은영 박삼헌 이은경 이승희 서민교

일본사 시민강좌를 시작하며

코로나19가 기승을 부려 학회도 온라인으로 해야 하던 2022년 어느 날, 박경수 선생님(현 강릉원주대학교 명예교수)께 전화가 왔다. 먼 지방에 있으면서도 매달 열리는 학회에 꼬박꼬박 참석하던 조용한 분이다. 이번에 정년퇴임을 하게 되었는데, 그 '기념'으로 일본사학회에 기부금을 내고 싶다는 것이었다. 일본사학회가 그간 쌓아온 일본사 연구 성과를 시민들과 나누는 일에 썼으면 좋겠다는 나지막한 부탁과 함께 짧은 통화는 끝났다. 참 감사한 일이었다.

당시 일본사학회장을 맡고 있던 나는 학회 임원들과 상의하여 '일본사 시민강좌' 같은 걸 해보자는 쪽으로 뜻을 모으고, 코로나19가 잠잠해지기만을 기다렸다. 그사이 『경향신문』 후마니타스 연구소(소장 송현숙)에 공동 주최 의사를 타진했는데 흔쾌히 응해 주었다. 고대부터 근대에 이르는 총 10회의 강연회로, 한국에서 처음 열리는 일본사 대중강연을 시도해 보고자 한 것이다.

우리는 두 마리 토끼를 다 잡고자 했다. 대중강연이라고 해서 쉽고 재밌게만 할 수는 없었다. 그간 한국의 역사학계에서 소수자의 위치에 있으면서도, 꾸준히 내공을 쌓아온 한국 일본사학계의 수준을 알리고 싶은 욕심도 있었다. 학술적 수준을 갖춘 내용을 시민 눈높이에 맞춰 전달하는 어려운 일을, 냉큼 하겠다고 나설 연구자는 별로 없었다. 한 번도 해 본 적 없다며 손사래를 치는 분을 끈질기게 설득해 모시기도 했다.(이분 강의는 가장 열띤 청중반응을 끌어내, 내게 '기분 좋은 배신감(?)'을 안겨 주었다)

한국 시민만큼 일본에 '관심'이 많은 경우도 달리 찾기 힘들 것이다. 거의 모든 분야에서 일본에 경쟁심을 불태우고, 그 동향에 신경을 쓰며 자주 비교한다. 젊은 세대는 꼭 그렇지 않더라도 전체적으로 보면 과언은 아닐 것이다. 일본 여행, 일본 음식, 일본 문화가 우리의 일상이 된 지는 이미 오래다. 그러나 그 '관심'에 비해 일본을, 특히 일본의 역사를 얼마나 알고 있는가 자문해 보면 자신 있게 대답하는 사람들은 거의 없을 것이다.

일본사는 일단 낯설고 어렵다. 우선 역사극인 NHK 대하드라마 중 한일 간 '역사문제'와 관련이 멀어 분란이 일어나지 않을 것들을 골라 공중파에서 방영하면 그 거리가 조금이라도 좁혀질지 모르련만, 아직 요원한 것 같다. '관심'은 과도한데, 풍부한 지식과 정보에 기초한 체계적인 이해는 너무도 부족한, 그래서 무지와 오해가 난무하는 상황이 지금껏 계속되고 있다. 오늘날 어려움을 겪고 있는 한일관계를 슬기롭게 풀어나가는 데에도, 이런 상황은 바람직하지 않을 것이다.

2022년 9월 20일에 시작된 강좌에는 무려 50명가량의 시민들이 유료 등록을 해, 강사진을 긴장케(?) 했다. 강좌는 한국 시민들이 관심을 많이 갖는 주제를 중심으로 진행되었다. 특히 관심이 깊은 한일관계사는 '백제가 일본에 한자·불교 등 문물을 전해 주었다'와 같은 짧은 인상에서 벗어나, 그 실제 내용과 역사적 의미를 세밀히 들여다보았다. 사실 전근대의 한일관계사는 '한국' '일본'이라는 국민국가의 틀, 그리고 그것들을 정신적으로 지탱하고 있는 민족주의의 틀을 버리고 살펴봐야 제대로 된 모습이 보인다. '민족주의'적인 기대를 갖고 접근했으나, 그것과는 전혀 다른 세계를 발견하는 기분, 그래서 내가 당연하게 여겨온 사고방식을 의심하고 상대화하게 되는 경험이야말로 역사학의 참맛이 아닐까 한다.

사실 이 강좌에서는 한일관계사를 뛰어넘어 일본사 그 자체를 탐구하는 강의들이 주를 이루고 있다. 예전에 대학원에서 공부할 때 선생님들이 한일관계사는 나중에 해도 되니 먼저 일본사를 정통으로 공부하라고 권(강요?)하셨다. 공부하기는 어렵지만 그래야 일본에 대해 제대로 알 수 있고, 훗날 한일관계사를 공부하기도 쉬워진다는 얘기였다. 이번 강좌도 그 취지를 따랐다. 한국 연구자들의 문제의식을 살리면서도 일본사 자체를 정면으로 다룬 강의들이 촘촘히 박혀 있다.

이제 10회의 흥미진진한 강의를 책으로 내놓게 되었다. 강의를 떠맡기고 글까지 부탁드려 송구했지만, 많은 선생님의 애정 어린 도움으로 여기까지 올 수 있었다. 일본사 전체를 이해하는 데 도움이 되도록, 열 개의 강의는 시대 순을 따르면서도 다양한 주제로 구성했다. 열 개의 장은 유기적으로 연결되어 있지만, 내용적으로는 각각 독립되어 있다. 혹시 익숙하지 않거나 흥미를 느끼기 어려운 테마가 있다면 순서와 상관없이 독자의 취향대로 관심이 가는 장부터 먼저 읽어도 좋을 것이다 .

강좌 시작부터 이 기획의 가치를 알아보고 출판을 제의해 주신 연립서가의 박현정, 최재혁 두 대표님에게도 감사드린다. 편집 과정을 겪으며 두 분이 이 책에 가진 특별한 애정과 기대를 느낄 수 있었다. 이 책을 들춰 보면서 그해 가을 저녁 경향신문사 사옥 한 켠에 가득 차 있던 긴장과 열정을 다시 한번 떠올리려 한다.[1]

2024. 5. 30

강사진을 대표하여 박훈

1. 이 글은 『경향신문』 2022년 6월 9일 자 칼럼 「'일본사 시민강좌'를 기다리며」를 수정·가필했다.

차례

이재석

한성대학교 역사문화학부 교수. 고대 일본의 역사를 전공했고 한일 관계 및 고대 동아시아사에 관해서도 관심이 많다. 최근은 일본의 국사 편찬을 비롯한 8~9세기의 문제를 주로 연구하고 있다. 저서로는 『고대 한일관계와 일본서기』(동북아역사재단, 2019)가 있으며, 그 밖에 『일본서기 한국관계기사 연구(전 3권)』(일지사, 2002~2004), 『일본고중세사』(방통대출판부, 2007) 『아틀라스 일본사』(사계절, 2011) 등을 포함한 다수의 공저와 학술 논문을 발표했다.

1

고대사에서 본
한일관계의
원풍경

/ 이재석
한성대 역사문화학부 교수

들어가며
— 왜 일본을 공부해야 할까?

제1강 강의를 맡은 일본 고대사를 연구하는 이재석입니다. 첫 강의의 제목을 무엇으로 할까 고민하다가 '고대사에서 본 한일관계의 원풍경'이라고 정했습니다. '원原풍경'은 오늘날 일반적으로 볼 수 있는 풍경의 원래 모습, 즉 원래 모습이 있던 과거의 어느 한순간이라는 의미로 이해하면 좋겠습니다.

여러분은 현재의 한일관계에 대해 어떻게 생각하나요? 저마다 다양한 생각이 있겠지요. 사실은 지금도 티격태격하는 한일관계가 고대 시대, 예를 들어 신라나 발해 같은 나라와 당시의 일본 사이에서도 있었습니다. '예나 지금이나 한일관계가 많이 닮았구나' 하는 생각이 들 거예요.

오늘날 한일관계의 원풍경을 찾아간다면, 8~9세기 신라와 일본의 관계에서 발견할 수 있습니다. 그래서 제1강에서는 신라와 일본의 관계를 이야기하려고 합니다. 당시 신라와 일본의 관계를 특징짓는 두 개의 키워드는 '자존'과 '교류'라고 할 수 있어요. 지금도 마찬가지예요. 한국과 일본 사이에는 서로 지지 않으려고 자존심을 굽히지 않는 대항 의식이 있습니다. 한편으로 두 나라는 분발케 하는 자극제로서 서로를 바라보기도 합니다.

한일관계는 한국사에서도, 일본사에서도 비중이 꽤 큽니다. 한국이나 일본 두 나라 모두 관계사를 통해 자기 나라의 본모습, 진면목을 확인할 수 있기 때문입니다. 관계사 연구는 단순히 A와 B의 관계를 공부하는 것으로 끝나는 게 아니라, 상대방을 통해서 자기 자신의 모습을 돌아볼 수 있는 중요한 방법론이기도 합니다. 그렇다면 한국과 일본은 서로를 얼마나 잘 알고 있고, 또 진지하게 알려고 할까요? 잠깐 소개하고 싶은 기사가 있는데요, 2019년 10월, 한국의 한 언론사 소속 도쿄 특파원이 쓴 기사로 제목은 '한국을 뒤덮은 위험한 낙관론'입니다.

> 최근 한일의 상황을 비교하자면 일본 사회는 한국 연구에 몰두한 반면, 한국은 일본 비난에 더 많은 힘을 쏟는 것처럼 보인다. (…) 지난달 한중일 3국 협력 사무국 사무총장으로 서울에 부임한 일본 외교관 미치가미 히사시道上尙史는 이런 상황을 분석해 『문예춘추文藝春秋』 최근호에 기고했다. 그는 '한국을 뒤덮은 위험한 낙관론의 정체'라는 글에서 한국에서는 이제 일본을 공부하는 분위기가 사라졌다고 지적했다. "일본은 (한국인에게) 관광, 음식의 대상이 돼 버렸다."며 "과거처럼 상대방 일본의 산업기술, 법률, 행정, 학문, 패션에 대해 열심히 연구해서 배우는 것은 대폭 줄었다."고 했다. 미치가미는 서울대 유학 후 주한 일본 대사관 참사관·공사, 부산 주재 총영사로 10년간 근무한 한국 전문가라는 점에서 그의 관찰은 아프게 다가온다.[1]

2019년 10월에 일본 아베 신조安倍晉三 정권이 한국 반도체 산업에 치명타를 입히려고 핵심 소재 수출을 규제하면서 한바탕 난리가 났지요. 게다가 한국 사회에서는 엄청난 반일 열풍이 불었습니다. 과연 이 기사의 내용처럼 한국 사회는 일본을 일방적으로 비난하고, 일본 사회는 한국을 제대로 연구하고 있었을까요? 그 당시 일본에 체류하고 있던 제 지인은 TV만 틀면 온종일 한국을 욕하는 방송만 나온다고 전했습니다. 하지만 일본에서도 한국을 욕하는 데 열을 올리는 사람이 있는가 하면, 차분하게 한국이 왜 저렇게 반응하는지 공부하는 사람도 있었을 거예요. 한국 사회에서도 일본을 비난하는 데만 힘을 쏟은 것은 아니었겠죠. 다만 기사 중에서 나름 한국에 정통한 일본인 전문가가 '한국은 더 이상 일본을 배우려고 하지 않는다'고 지적한 내용은 어느 정도 맞는 듯합니다.

최근 뉴스를 보면 일본 엔화 가치가 끝없이 추락하고 일본이 세계 3위 경제대국에서 밀려나게 될 날이 머지않았다거나, 한국과의 비교에서 개인의 구매력을 고려한 소득수준은 이미 한국에 추월당했다는 이야기도 나옵니다. 2021년에는 『한일역전』이라는 책이 출간되기도 했습니다.[2] 이 책에서는 한국과 일본이 이미 역전되었다고 주장합니다. 그런데 그 근거는 다름 아닌 일본 언론이나 오피니언 리더의 발언 내용이었습니다. 일본 스스로가 현재 한국과 일본이 역전되었다고 느끼고 있음을 지적한 거지요. 물론 책 제목이 다소 자극적이지만 그동안 우리가 생각하던 한국과 일본의 관계가 뒤바뀌었거나 뒤바뀌는 과정에 있다는 것을 이야기합니다. 그러니 일본의 한 외교관이 지적한 한국인들의 '낙관'에는 그만한 이유가 있다고 생각합니다. 한국이 낙관론에만 빠져서 일본에 대해 공부하지 않고 비난만 하고 있는 것은 전혀 아닙니다.

그렇다면 우리는 왜 일본을 이해해야 할까요?

연구의 대상이자 '방법'인 일본

한일관계는 두 나라의 국사에서도 상당한 비중을 차지하므로, 한국의 역사를 공부하기 위해서는 숙명적으로 일본에도 관심을 가지고 연구해야 합니다. 과거사에는 긍정적인 경험과 부정적인 경험이 포함되어 있습니다. 현대적 관점에서는 어떨까요? 일본은 한국이 산업화 과정에서 많이 모방하고 추종한, 근대화의 모델이기도 했다는 점은 부정할 수 없는 사실입니다.

제가 일본에서 유학하던 시절에는 한국과 일본 사이에 한 20~30년의 격차가 있다는 이야기를 자주 들었습니다. 과거 일본이 한국을 강제로 식민지로 삼아 지배한 기간이 35년이니까 이때 생겨난 20~30년의 격차는 쉽게 좁혀질 수 없을 거라고 생각했지요. 그런데 2020년대에 접어들며 '한일역전'이나, '한국의 낙관론' 같은 이야기가 나오는 것을 보니, 조금씩 분위기가 달라지고 있음을 느낍니다. 여전히 일본은 한국의 중요한 이웃입니다. 한때는 모방하고 추종하는 모델이었지만, 만약 한일역전이 사실이라면 이제는 일본을 반면교사로서도 바라볼 수 있지 않을까 생각합니다. 특히 고령화나 저출산, '잃어버린 30년'으로 표현되는 장기적인 경제 불황 등을 보면 한국도 일본 사례를 참조해 대비할 수 있는 부분이 많다고 생각합니다. 그런 의미에서 일본을 계속 주시하고 연구하고 이해하려는 노력이 필요합니다.

누군가 나에게 '일본이 대체 무엇이냐'고 질문한다면, 일본은 연구의 대상인 동시에 '방법' 그 자체라고 말하고 싶습니다. 일본 연구를 통해 일본에 관한 이야기를 할 수도 있지만, 동시에 한국을 이야기할 수도 있고, 또 일본을 통해서 아시아나 세계를 이야기할 수도 있습니다. 일본은 어떤 대상을 이해하기 위한 인식의 소재가 되는 거지요. 이처럼 무언가를 인식의 소재, 연구의 방법으로 삼으려면 흥미와 관심이 필요합니다. 흥미와 관심이 생겨나면 오래 바라보고 주의 깊게 보게 되고 한 걸음 더 나아가면 자세히 관찰하게 됩니다. 관찰한다는 것은 학술적으로 말하면 '연구한다'라고 표현할 수 있습니다. 연구하다 보면 또 다른 분야로 흥미와 관심이 뻗어 나가게 되고 다시 주시와 관찰을 거쳐 연구의 범위가 확장하게 됩니다. 흥미와 공부가 꼬리에 꼬리를 무는 선순환이 만들어질 것입니다.

역사는 곧 지금의 문제

아득히 먼 과거를 아는 것이 지금 우리에게 어떤 의미가 있을까요? 다시 말해 역사를 기억한다는 것, 또는 역사를 생각한다는 것이 어떤 현재적 의미가 있을까요? 저는 고대와 현재, 즉 바로 지금 이 순간 사이에는 어떤 접점이 있다고 생각합니다. 어떤 사람은 역사 중에서 근현대사가 현재와 관련 있지 고대사는 현시대와 상관없는 것 같은데 왜 공부하냐고 핀잔주기도 합니다. 하지만 계속 고대사를 공부하다 보니 고대사는 고대사대로 현재와 연결되는 접점이 있음을 알게 되었습니다.

1,000년 또는 그 이상 아득히 먼 고대라는 시간대의 어느 한 순간이 어떻게 지금 이 순간과 접점을 가질 수 있을까요? 보통 역사를 '본다'라고 많이 이야기합니다. 본다는 것은 시각적인 표현입니다. 그런데 눈으로 볼 때 여러분은 앞을 보나요, 아니면 뒤를 보나요? 눈으로는 항상 앞을 보게 됩니다. 만약 뒤를 본다고 하더라도, 우리는 몸의 방향을 뒤로 돌린 다음에 그 앞을 보는 거예요. 결국 본다는 것은 언제나 앞을 보는 것이기에, '본다'라는 개념을 '과거'에 적용한다 하더라도 그 역시 언제나 앞을 본다는 의미라는 생각이 듭니다.

실제로 '역사'는 지난 과거의 행위나 사실에 대한 현재의 생각과 태도를 의미하는 것에 가깝습니다. 과거는 곧 기억입니다.

『조선왕조실록』 같은 방대한 역사 자료는 조선시대에 있었던 많은 역사적 사실을 기록하고 있는데, 사실 그 기록에는 "우리 시대에 대해서는 이런 일이 있었다는 것을 기억해 주세요."라는 조선 유학자와 사관史官의 마음이 담겨 있는 거지요. 따라서 현재 남아 있는 역사 자료는 어떤 종류든 결국 기억과 관련된 행위의 산물이라고 할 수 있습니다. 이러한 기억은 우리의 의식 속에서 언제나 '현재', '지금'과 연결되어 있습니다. 10년 전 개인적 경험을 떠올리는 것이나, 1,000년 전 신라가 삼국을 통일한 역사적 사실을 머릿속에 떠올리는 일에는 어떤 시차도 없습니다. 가까운 역사이든 먼 역사이든 그것을 기억하는 순간은 항상 현재이고 지금입니다. 역사가 기억의 문제인 한, 과거도 결국은 현재의 문제라는 것을 느낍니다.

일본에도 비슷한 감각이 있습니다. 일본어에 '사키先/前'라는 말과 '아토後/跡'라는 말이 있습니다. 먼저 '사키'는 한자로는 '앞 선先' 자를 쓰기도 하고 '앞 전前' 자를 쓰기도 합니다. 그런데 '선'이라는 글자에는 시간적으로 '먼저'라는 뜻과 함께 '앞날'이라는 미래 의미도 담겨 있습니다. 말 속에 과거와 미래 표현이 공존하는 것입니다. '아토'라는 말도 비슷합니다. 한자로는 '뒤 후後' 자를 쓰기도 하고 '흔적 적跡' 자를 쓰기도 하는데, 흔적이란 과거에 생긴 것을 가리키지만, '뒤'라는 말에는 어떤 일의 다음이라는 의미에서 역시 미래를 의미하기도 합니다. '사키'와 '아토'와 같이 과거 시제를 표현하면서 미래 시제를 나타내는 말처럼, 기억도 과거의 일에 대한 기억이지만 그 기억을 소환하는 것은 현재이며, 결국 이것을 통해 앞을 보게 된다는 점에서, 고대사 또한 얼마든지 현재의 문제로서 접근할 가능성이 있습니다. 고대와 현재는 우리의 인식선 위에서는 언제나 동시적입니다.

고대의 한일관계는 어땠을까

고대의 한일관계에는 다양한 양상이 포함되어 있습니다. 기원후 7세기 무렵을 기준으로 본다면 당시 일본 열도에는 왜인倭人이라 불리는 사람과 이들의 나라인 왜국倭國, 그리고 조금 뒤이긴 하지만 일본日本이라는 나라가 있었고, 한반도에는 가야, 백제, 신라, 고구려, 좀 더 시간이 흘러 발해 같은 나라도 있었습니다. 그러므로 한일관계라고 해도, 실제로는 가야와 일본, 백제와 일본, 신라와 일본처럼 다양한 관계가 있을 수 있습니다.

고고학적으로는 가야가 일본 열도에 남긴 흔적과 유물이 비교적 많은 편입니다. 다만 문헌에는 가야와 관련된 내용이 별로 남아 있지 않습니다. 오히려 백제와 왜국의 관계에 관한 기록이 비교적 많은 편입니다. 특히 일본의 역사서 『일본서기日本書紀』에 백제와 관련된 기사들이 많이 보입니다. 이 『일본서기』에는 현재는 찾아볼 수 없는 백제를 다룬 역사서 『백제기百濟記』, 『백제본기百濟本記』, 『백제신찬百濟新撰』과 같은, 이른바 '백제삼서百濟三書'를 인용한 부분도 많이 보이는 등 유난히 백제 관련 기록이 많습니다. 고구려는 어떨까요? 광개토대왕비에는 고구려가 왜와 싸웠다는 기록이 남아 있기도 합니다. 또 일본 측 역사서를 보면 572년, 거의 6세기 중후반에 처음으로 고구려와 국교를 맺었다는 기록이 보입니다. 하지만 백제보다는 상대적으로 덜 언급되지요.

그렇다면 신라와의 관계는 어땠을까요? 7세기경, 신라와 왜의 관계는 그야말로 늘 서로 티격태격하는, 적대적인 관계로 많이 묘사됩니다. 특히 『일본서기』에는 신라가 일본에 복속되어 조공을 바쳐야 하는 국가이고 만약 그 의무를 다하지 않으면 일본이 정벌해서 일깨워야 하는 대상으로 묘사되는 경우가 많습니다. 8세기 이후에는 신라가 삼국을 통일하기 때문에 자연스럽게 한일관계는 신라와 일본이 중심을 이루지만, 이때에도 신라와 일본의 관계는 늘 '친선'과 '반목'을 되풀이합니다.

제1강에서는 바로 신라와 일본의 관계에 주목하려 합니다. 역사서 『일본서기』는 7~8세기 신라와 일본의 관계를 이해하는 데 중요한 자료가 됩니다. 그런데 『일본서기』는 720년에 간행되었어요. 8세기 초에 완성된 이 역사서에서는 그 이전 시기의 한반도 여러 나라와 일본이 어떠한 관계였는지를 규정한 거지요. 『일본서기』 이후 편찬된 모든 역사서는 『일본서기』에서 정리한 것을 이어받았기 때문에 그 맥락이 연결됩니다. 『일본서기』에서 한반도 여러 나라, 특히 신라에 대해 8세기 초의 시각으로 일본과의 관계를 정리하고 규정했으므로 일본은 이를 바탕으로 8세기 이후의 신라, 발해와의 관계까지도 인식하고 정책적으로 대응해 나가고자 했던 것입니다. 그래서 걸핏하면 일본이 "신라, 너희 문제 많아!"라는 식으로 핏대를 세우게 되는 거지요. 사실 8세기뿐만 아니라 그 이후로도 마찬가지입니다. 『일본서기』가 묘사한 한일관계가 이미 하나의 기준점이 되어서 좀처럼 바뀌지 않은 채 지금까지 이어져 내려오고 있다고도 볼 수 있습니다. 이른바 '정한론征韓論'의 원형도 어떻게 보면 『일본서기』에서 찾아볼 수 있습니다.

『일본서기』에서는 한일관계를 어떻게 묘사할까

일본의 인식을 규정한 『일본서기』는 어떻게 성립되었을까요? 우리에게 익숙한 일본이라는 국명은 대략 7세기 후반부터 사용되었습니다. 그 이전까지는 왜, 또는 왜국이라 칭했습니다. 물론 정확한 시점이 언제인지는 여러 가지 견해가 엇갈리고 있지만, 현재까지 이어진 일본이라는 나라가 7세기 후반에 만들어진 것만은 분명합니다. 이때 국명과 함께, 국내적으로 이른바 천황天皇이라는 군주가 나라를 다스리는 국가 시스템이 성립해 오늘날까지 이어지고 있습니다. 나라 이름은 '일본'이고, 그 일본을 다스리는 군주는 '천황'이라고 하는, 두 가지 규정이 모두 이때 만들어진 거지요. 이 당시 한반도는 대략 신라가 삼국을 통일하고 전국을 지배하는 체제를 구축해 가는 한편, 북방에서는 발해 건국 움직임이 일어나는 시기였습니다. 양쪽에서 모두 국가 체제를 정비하고 있었던 셈이지요.

이 당시, 이전에는 없었던 국가를 통치하기 위해 새로운 '규칙'을 규정하는 움직임이 등장합니다. 바로 '율령律令'이라는 법전法典이 등장하게 됩니다. 율령은 본래 중국에서 처음 만들어진 법전을 가리키는 말인데, 이것이 한반도와 일본에 들어오게 된 거예요. 『삼국사기三國史記』에도 고구려 소수림왕과 신라 법흥왕이 율령을 반포했다는 기록이 있습니다. 다만 여기서 말하는 율령이 유기적인 법체계를 갖춘 종합 법률과 같은 단계를 지칭하는 것은 아니었으리라고 보는 게 일반적입니다.

일본도 7세기 후반에는 중국을 모방해서 율령을 도입하게 되었는데, 이때 율령뿐만 아니라 여러 가지 제도를 중국식으로 모방하게 됩니다. 특히 주변국을 대하는 대외인식도 중국의 영향을 많이 받았지요. 예를 들면 중국의 황제, 즉 천자天子는 주변국으로부터 조공을 받는 존재라는 인식이 그것입니다. 중국의 천자가 그렇다면 일본 천황도 그래야 한다고 인식하게 된 거지요. 중국의 법전을 가져오면서 천황의 위상도 중국 황제의 위상에 버금가게 설정했던 것입니다.

이것은 일본이 원래 체험했던 역사적 사실과는 별개로, 중국의 율령을 도입하다 보니 새롭게 형성된 대외관이었습니다. 그런데 이 당시 외국이라고 하면 상대는 당연히 신라와 발해밖에 없었습니다. 7세기까지는 백제, 고구려 같은 나라도 있었지만 8세기경에는 모두 사라졌으니, 과거의 관계를 역사서에서 어떻게 정리할 것인지를 고민하다가 한반도에 있었던 백제, 고구려, 신라, 가야가 모두 일본에 복속되어 조공을 바치는 나라였다고 설정을 해버립니다.

그래서 8세기 법전의 해설서를 보면 번국藩國과 인국隣國이라는 표현이 나옵니다. 번국은 복속되어 조공을 바치는 나라라는 의미입니다. 중국 당唐나라가 번국이라는 용어를 사용했는데, 일본도 똑같이 가져와서 번국이라는 표현을 쓴 거지요. 번국에 해당하는 나라가 백제, 고구려, 신라 같은 한반도에 있던 나라입니다. 한편 인국의 인隣은 이웃을 의미합니다. 인국은 이웃 나라이지요. 당시 일본은 중국 당나라를 이웃 나라로 인식했습니다. 정작 8세기경 일본에 바로 '이웃한 나라'는 신라와 발해였지만, 일본은 신라와 발해를 '번국'으로 취급했던 거예요.

그런데 아이러니하게도 인국이라는 단어는 '도나리노쿠니どなりのくに'라고 해서 일본식 표현이 존재하는데, 번국에 대해서는 일본식으로 읽는 표현이 따로 없습니다. 번국이 정말로 일본에 복속되어 조공을 바친 나라였다면 이런 나라를 가리키는 일본 고유의 표현이 있었을 텐데, 그 말이 없는 거지요. 심지어

어떤 경우에는 '번국'이라고 적어 놓고 '인국'을 의미하는 '도나리노쿠니'라고 읽기도 합니다. 번국이라는 말이 자기의 경험에서 생겨난, 일상적으로 사용하던 말이 아니었음을 의미합니다. 중국의 체제와 법률을 수용하다 보니 중국이 사용하던 번국이라는 용어를 그대로 가져다 쓰게 되었지만, 정작 이것을 자기 고유의 언어로 표현하는 수단은 없었던 겁니다. 역사적으로 실제 존재했던 것은 오직 '도나리노쿠니', 즉 이웃 나라뿐입니다. 과거에는 일본 주변의 나라들이 다 이웃 나라였던 거예요. 이웃 나라라는 표현에는 번국, 조공국, 복속국 같은 상하 등급의 차이가 전제되지 않습니다. 그런데 8세기경 『일본서기』를 쓰게 되었을 때는 이미 중국적 마인드를 수용해 과거 존재했던 고구려, 백제, 가야는 물론 당시에도 현존했던 신라까지 모두 일본에 복속되어 조공을 바쳐야 하는 국가, 즉 번국으로 규정했던 거예요.

그럼 고구려, 백제, 신라 등은 왜 일본의 번국이 되었을까요? 『일본서기』에서는 그 유래도 제시합니다. 조금 뒤에 그 유래와 근거를 이야기할 텐데, 한번 들어보면 기가 찰지도 몰라요. 8세기경 일본에서는 전국적인 지배 체제를 갖춰 토지와 사람을 지배하게 됩니다. 그래서 관료제도, 호적제도, 토지제도, 조세제도, 지방편제 같은 각종 제도가 만들어지게 됩니다. 그리고 이 모든 것과 함께 일본이라는 국명과 천황이라고 하는 군주의 호칭도 만들어지게 됩니다. 이처럼 많은 것이 새롭게 만들어지는 시기였으므로 일본의 성립과 유래를 정리해 보려는 욕구도 생겨납니다. 『일본서기』는 바로 이런 목적으로 쓰여진 책입니다. 『일본서기』는 총 30권과 계도系圖 1권으로 구성되어 있는데, 제1권과 제2권은 신화의 시대를 다루고, 제3권부터는 천황이 다스리는 인간 세상의 역사를 다루고 있습니다.

『일본서기』에 담긴 역사 인식

720년에 편찬된 『일본서기』는 일본 조정이 인정한 최초의 공식 역사서입니다. 『일본서기』보다 조금 앞선 712년에 『고사기古事記』라는 역사서도 편찬되었는데 이 책은 공식적인 역사서로 인정받지 못했습니다. 그 이후로도 오랫동안 사실상 잊힌 책이었죠. 그러다가 18세기경에 느닷없이 일본 국학國學의 완성자인 모토오리 노리나가本居宣長가 『고사기』를 높이 평가하면서, 현재는 『고사기』가 『일본서기』보다 더 유명해졌습니다. 하지만 『일본서기』가 일본이 이해하는 역사의 기본을 설정한 책이라고 할 수 있지요.

『일본서기』 초반의 내용은 대략 이렇습니다. '아마테라스 오미카미天照大御神', 보통 줄여서 '아마테라스'라고 하는, 천상계를 다스리는 태양신이 있었는데 그 신의 손자인 '니니기노미코토瓊瓊杵尊'가 지상에 내려와서 살게 됩니다. 이것을 '천손강림天孫降臨' 신화라고 부릅니다. 중국에서는 세상을 다스리는 통치자를 '천자'라고 부르지요. 본래 천天, 즉 하늘이 세상을 직접 다스려야 하지만 그럴 수가 없어서 대리자를 지정해 대신 다스리도록 명을 내립니다. 이처럼 하늘의 위임을 받아서 천하를 대신 통치하는 사람을 천자라고 합니다. 즉, 중국에서는 천자라고 말해도 하늘로부터 위임을 받았을 뿐 어디까지나 사람인 거지요. 하지만 일본에서는 진짜 하늘의 '손자'입니다. 태양신의 아들의 아들, 즉 손자인 니니기노미코토가 천상에서 지상으로 내려온 거예요. 그리고 니니기노미코토의 증손자인 간야마토이와레비코노미코토神日本磐余彦尊가 일본을 건국하고 천황으로 즉위를 했는데, 바로 초대 천황인 진무神武천황입니다. 진무천황은 기원전 660년 음력 1월 1일에 즉위했는데, 건국일이 하필 정월 초하루라는 것부터 뭔가 조작의 냄새가 납니다.

아무튼 『일본서기』에서는 일본을 신의 후손이 세운 나라, '신국神國'으로 규정하고, 일본 안의 여러 지배 세력은 물론 주변의 여러 나라도 모두 신의 자손인 천황이 다스리는 나라에 복속해 조공을 바쳤다는 식의 상황을 설정해 나갑니다. 이것은 신이 다스리는 나라로서 일본국의 유래를 설명함으로써 통치의 정통성, 정당성을 합리화하려는 의도였다고 할 수 있습니다.

따라서 『일본서기』가 쓰인 720년 시점에 일본의 지배층이 가진 역사관은 크게 두 가지였다고 볼 수 있습니다. 하나가 일본은 천상계에서 신의 자손이 내려와 세우고 다스리며, 여전히 그 자손이 통치하는 신국이라는 거지요. 이것은 자기들의 신화에 바탕한 토착적 역사관이라고 할 수 있습니다. 또 하나는 주변국들은 모두 천황이 다스리는 일본에 복속하고 조공을 바쳐야 한다는 것으로, 이것은 중국의 대외관, 즉 화이사상華夷思想에 영향을 받은 역사관이라고 할 수 있습니다. 이처럼 토착적인 역사관과 중국적인 역사관이 혼합되어 『일본서기』의 역사 인식을 구성하게 됩니다.

중국의 '하늘'과 일본의 '하늘'

그런데 일본과 중국의 역사관에는 큰 차이가 있습니다. 중국의 황제, 즉 천자는 하늘로부터 통치를 위임받은 것에 불과하므로, 천자가 통치를 그르치면 하늘은 지진이나 태풍, 기근 같은 자연재해로 경고를 하기도 하고, 심지어는 아예 지배자를 바꾸어 버리는 역성혁명易姓革命을 일으키기도 합니다. 이것이 중국적인 논리라면, 일본의 경우에는 천신天神이 자기 자손을 땅으로 내려보냈고, 그 자손이 천황이 되어 세상을 다스린다는 거예요. 즉, 세상의 근본인 신의 자손이 직접 지상 세계를 통치하므로 일본에서는 역성혁명이 일어날 수가 없습니다. 일본의 천황가는 대략 6세기 이후부터 지금까지 이어져 내려오므로 중국이나 우리나라의 왕조가 교체되는 양상하고는 차이가 있습니다. 그래서 권력의 원천을 의미하는 '천', 즉

'하늘'에 대한 인식도 중국과 일본은 차이가 있습니다.

중국의 하늘은 상당히 추상적인 개념입니다. 하늘이 천자에게 천하를 위임했다고 하지만, 그 하늘이 구체적으로 무엇을 가리키는지는 알 수 없습니다. 그저 개념적이죠. 그에 비해 일본의 '천'은 매우 구체적으로 천신의 존재를 전제하고 있습니다. 예를 들면 『그리스 로마 신화』에 나오는 올림포스산의 신들처럼 구체적인 실체로서 묘사하는 거지요. 그리고 그 신이 정말로 땅으로 내려와서 일본을 다스린다고 보는 점에서, 중국의 천과 일본의 천은 차이가 있습니다. 다만, 주변의 오랑캐들이 모두 자기에게 복속해야 한다는 논리만큼은 같습니다.

이런 논리를 바탕으로 『일본서기』가 고구려, 백제, 신라, 가야를 모두 천황에게 복속한 나라로 설정한 것은 허상입니다. 옛날부터 이웃 나라와 일본의 관계는 이러했을 거라고 자신들이 설정하고 싶은 대로 서술한 허구의 역사입니다. 그러나 『일본서기』에서 이렇게 이야기를 허구적으로 서술하더라도, 당시에는 이미 멸망해서 없어져 버린 고구려나 백제, 가야가 항의할 수도 없는 노릇이었겠지요. 이미 없어진 나라를 두고, 일본에 조공을 바치는 나라였다고 하는 중국적인 화이관을 덮어씌운 서술, 그것이 일본이라는 나라가 성립하던 단계에서 만들어진 역사서 『일본서기』가 설계한 논리예요. 이것은 역사적 사실과는 상당히 동떨어진 설정이었다고 할 수 있습니다. 이처럼 7세기 후반, 일본에서 천황제의 율령 국가가 형성된 시기에, 한반도의 국가들이 일본에 복속되어 있었다는 '한반도 복속관'이 형성됩니다.

한편, 한반도에 여전히 존속하던 신라는 어떠했을까요? 7세기 후반에 이르면 신라는 삼국을 통일합니다. 이처럼 통일이라는 위업을 달성한 신라가 가지고 있는 역사 인식은 '삼한일통三韓一統'이었다고 생각합니다. 여기서 말하는 '삼한三韓'은 삼국시대 이전에 존재했던 마한馬韓, 진한辰韓, 변한弁韓을 가리키는 것이 아니라 고구려, 백제, 신라 삼국을 가리킵니다. 실제로 중국이나 일본에 남아 있는 문헌자료에서도 삼한이라고 하면 아주 극소수의 경우를 제외하고는 대부분 고구려, 백제, 신라 삼국을 의미합니다. 이 삼국을 하나로 통일했다는 것, 원래는 하나였는데 세 나라로 쪼개졌던 한반도를 다시 통일했다는 자부심, 그것이 신라가 가진 삼한일통의 논리입니다.

이에 대비해서 바다 건너 일본이 가지고 있었던 관점은, 앞서 살펴본 것처럼 '삼한복속론'이었습니다. 신라는 삼국을 통일했다는 자부심으로 삼한일통의 역사관을 발전시키는데, 같은 시기 일본은 자신들의 역사서에다가 한반도 국가들이 꼬박꼬박 일본에 인사하고 조공을 바쳐왔다는 기록을 남기면서, 양쪽의 역사관은 극명한 대비를 이룹니다. 이것은 오늘날까지도 마찬가지입니다. 우리나라에서는 고대 한일관계를 묘사할 때 이른바 '문화전승론'이 인기를 끌었습니다. 고대 시대에 문명적으로 더 발전했던 한반도의 나라가, 문명도가 떨어지는 왜국과 왜인들에게 선진적인 문물을 전해 줘서 일본의 고대 문명이 발달할 수 있었다는 논리입니다. 예를 들어 오경五經에 통달했다는 오경박사를 일본에 보내 유학을 전파했다는 이야기, 토기나 기왓장 만드는 법을 가르쳐 주었다는 이야기가 있습니다. 결국 일본을 우리가 발전시켰다는 것이 문화전승론, 문명전수론의 핵심입니다.

'동이의 소제국'이라는 자기 인식

그렇다면 일본은 이에 대해서 어떻게 생각할까요? 일본을 대표하는 또 하나의 논리가 '동이東夷의 소제국小帝國'입니다. '동이'는 중국 중심의 세계에서 볼 때 동쪽에 있는 오랑캐를 뜻합니다. 중국에서 볼 때 가장 동쪽에 있는 나라가 바로 일본이지요. 중국이 사방의 지역을 모두 자기 아래 복속시켜 대제국의 모습을 갖추었다면, 일본도 중국만큼은 아니더라도 동쪽에서는 자신들이 제국이라는, (기껏해야 한반도에만 영향을 미칠 수 있는 정도이겠지만)동쪽의 작은 제국이라는 이미지를 만들어 냈습니다. 이것은 일본의 저명한 역사학자 이시모다 쇼石母田正의 주장입니다.

'동이의 소제국'이라는 일본의 자기 인식을 엿볼 수 있는 사례가 있습니다. 660년에 백제가 멸망한 직후, 663년에 왜가 백제 유민들의 백제 부흥 운동을 지원하려고 한반도에 군대를 보냈다가 신라와 당나라의 연합군에 크게 패한 유명한 사건이 있었습니다. '백강구白江口의 전투'라고도 하고 '백촌강白村江의 전투'라고도 부르지요. 이 사건을 일본에서는 어떻게 이해하고 있을까요? 일본이 보는 주된 관점은 '대제국주의와 소제국주의의 대결'입니다. 대제국은 물론 중국을 가리킵니다. 대제국 중국은 당나라 이전, 수나라 때부터 이미 한반도를 정벌하기 위해서 대규모 원정을 감행합니다. 그러나 수나라는 고구려에 패하고, 그 뒤에 멸망하고 말았습니다. 그 뒤를 이은 당나라가 자기 세력을 한반도까지 넓혀서 대제국으로서의 풍모를 갖추려고 신라와 손을 잡았다고 보는 거지요. 다시 말해서 신라의 입장에서는 삼국통일 과정이었지만, 당나라의 입장에서는 자기 세력을 한반도 남부까지 넓히려는 제국주의적 속셈이 있었다고 보는 거예요. 그런데 일본도 자신들은 동쪽의 소제국이라는 인식이 있었으므로 자기 '영역'에 속한 백제가 멸망하는 상황을 그냥 두고만 볼 수는 없었다는 논리입니다. 그러니까 일본이 백제의 유민들을 지원하기 위해 군대를 보낸 것은, 자기도 나름 지역의 패자로서 역할을 하기 위해서였다는 뜻입니다. '백강구의 전투'는 중국의 대제국주의와 일본의 소제국주의가 맞붙었다고 보는 거지요. 사실 이런 논리가 일본에서는 매우 일반적인 생각으로 자리잡고 있습니다. 그런데 이 이야기를 들으니 근대에 있었던 '청일전쟁'이 떠오르지 않나요? 근대에 조선에 대한 이권을 두고서 청나라와 일본이 맞붙었던 전쟁이 청일전쟁이었다면, 고대에 백제 멸망 이후 한반도에서 당나라와 일본이 충돌한 것도 비슷한 맥락으로 보입니다. 마치 청일전쟁에서 보였던 대결 구도를 먼 고대에 그대로 오버랩한 것 같은 느낌을 주네요.

이처럼 일본이 고대 한일관계 속에서, 또는 독자적으로 자기의 위상을 이론적으로 정립한 것이 '동이의 소제국'이라는 논리였습니다. 이 논리가 메이지유신明治維新 이후 근대 일본에서는 '동아東亞의 대제국'으로 발전됩니다. '동아의 대제국'은 제가 만들어 낸 표현인데요, '동이의 소제국'이 동쪽에 치우친 작은 제국의 이미지라면, '동아의 대제국'은 동아시아 전체에 영향을 미치는 거대한 대제국을 지향하는 이미지입니다. 그뿐만 아니라 일본은 동남아와 태평양으로까지 뻗어 나가려고 하면서 '동아'에 '대大'라는 글자를 덧붙이기까지 하지요. 그래서 '대동아공영권'이라는 주장이 나오고, 일본이 벌인 태평양전쟁은 대동아의 공영을 위한 불가피한 선택이었다고 합리화하는 주장이 가능해지는 거예요. 어떻게 보면 고대의 일본에 '동이의 소제국' 이미지가 부여된 것은, 청일전쟁과 러일전쟁을 겪은 일본이 점차 제국주의화 되어가는 심리가 고대사를 해석하는 데까지 투영된 결과였다고 볼 수도 있습니다.

진구황후의 신라정벌
— 8세기 일본 vs 신라 관계의 원형 설정

일본이 이해하는 한일관계의 원형이 『일본서기』가 설정한 역사관에 있다고 할 때, 그 원형을 가장 잘 나타내는 서술은 역시 진구神功황후의 '삼한정벌三韓征伐' 전승입니다. 정벌征伐 또는 정토征討라는 표현은, 본래 중국에서 덕德 있는 천자가 자기에게 복속하지 않는 미개한 야만국을 무력으로 공격해서 깨우쳐 준다는 의미가 담긴, 매우 편향적인 표현입니다. 두 나라가 대등한 관계일 때에는 정벌이나 정토라는 표현은 사용할 수가 없습니다. 그런데 일본은 신라를 상대로 '정벌'이라고 표현하고 있습니다. 신라를 이미 일본에 복속한, 복속되어야만 하는 나라로 설정했기 때문이지요.

『일본서기』에 서술된 진구황후의 이야기를 먼저 해 보도록 할게요. 『일본서기』는 일본의 군주인 천황의 치세를 연대별로 정리하는 방식으로 서술되어 있습니다. 그런데 『일본서기』에 유일하게 천황이 아닌 사람의 전기傳記가 하나 들어가 있고, 심지어 분량도 전체 30권 중에서 당당히 한 권을 차지하고 있습니다. 그 주인공이 바로 진구황후입니다. 진구황후는 주아이仲哀 천황의 부인이었습니다. 주아이천황은 지금의 규슈九州 구마모토熊本 지역에 해당하는 구마소熊襲를 정벌하려고 했습니다. 그런데 별안간 신神이 주아이천황 앞에 나타나서는 바다 건너 금은보화가 넘쳐나는 신라를 정벌하라고 이야기합니다. 그런데 주아이천황은 신의 말을 거역하고, 자기가 계획했던 대로 구마소를 칩니다. 신의 뜻을 거슬렀기 때문인지 정벌 과정에서 갑작스럽게 죽게 됩니다. 이때 진구황후는 만삭의 몸으로 남편을 따라 전쟁터에 와 있었는데, 남편이 갑자기 죽어버리자 그 이유를 신에게 묻습니다. 그러고는 남편이 신의 말을 거역하고 엉뚱한 정벌을 벌이다가 갑자기 죽었다는 것을 알게 되지요. 이에 진구황후는 자기가 대신 신의 뜻을 받들어 신라를 치겠다고 다짐하고, 만삭의 몸으로 갑옷을 입고 병사들을 거느리고 신라로 쳐들어갑니다. 과연 신의 뜻이었는지, 신라가 싸울 의지도 보이지 않고 항복을 했다고 해요. 이것이 『일본서기』에 기록된 이른바 삼한정벌 전승의 개요입니다.

신은 왜 신라를 정벌하라고 했을까요? 그 이유는 신이 진구황후의 배 속에 있던 아직 태어나지도 않은 아이에게 장차 삼한을 다스릴 지배권을 주기 위해서였다고 합니다. 진구황후의 아들로, 훗날 천황이 되는 사람이 오진應神천황입니다. 『일본서기』에서는 오진천황이 삼한의 통치권을 가질 운명이었음을 설명하려고 만삭의 몸으로 몸소 바다를 건너 신라를 정벌하러 떠나는 진구황후의 이야기를 창작했던 거지요. 실제 『일본서기』에는 다음과 같이 기록되어 있습니다.

겨울 10월 기해 삭朔 신축. 와니노쓰和珥津에서 출발했다. 이때 바람의 신이 바람을 일으키고, 파도의 신이 파도를 일으켜 바닷속 큰 고기들이 다 떠올라 배를 도왔다. (…) 신라 왕은 전전긍긍하며 어찌할 바를 몰랐다. (…) 마침내 정신을 차리고 "내가 들으니 동쪽에 신국이 있다. 일본이라고 한다. 또한 성스러운 왕[聖王]이 있다. 천황天皇이라고 한다. 반드시 그 나라의 신병神兵일 것이다. 어찌 군사를 내어 방어할 수 있겠는가"라고 말하고 백기를 들어 항복했다.

정벌하러 가는 배를 바닷속 큰 고기들이 떠올라 밀어줬다는 따위의 이야기는 매우 흔한 신화적 허구입니다. 이 사료에서는 신라 왕의 입에서 '신국'이라는 표현이 등장하는 것이 흥미롭습니다. 『일본서기』에서는 신의 자손이 땅으로 내려와 일본을 건국했고, 그 신의 자손들이 천황이 되어 대대로 다스린다면서 일본이 신이 다스리는 나라임을 그렇게 강조하는데, 정작 신국이라는 표현은 이 부분에서 딱 한 번, 그것도 외국인인 신라 왕의 입을 통해서 등장합니다.

[신라 왕이] 도적圖籍을 바치고, 왕선王船 앞에서 항복했다. 그리고 "금후는 길이 건곤乾坤과 같이 엎드려 사부飼部(말먹이꾼)가 되겠습니다. 배의 키가 마를 사이 없이, 춘추로 말 빗과 말 채찍을 바치겠습니다. 또, 바다가 멀지만 매년 남녀의 조調(복속세)를 바치겠습니다."라고 말했다. 거듭 맹세하여 "동에서 나오는 해가 서에서 나오지 않는 한, 또 아리나레阿利那禮 강이 역류하고 강의 돌이 하늘에 올라가 별이 되는 일이 없는 한, 춘추의 조를 빼거나 태만하여 빗과 채찍

을 바치지 아니하면 천신지기天神地祇와 함께 죄를 주십시오."라고 말했다. (…) 신라 왕 파사매금波沙寐錦은 미질기지파진간기微叱己知波珍干岐를 인질로 보내고, 금은채색 및 능라綾羅 비단을 가지고 80척의 배에 실어 관군官軍을 따라가게 했다. 이로써 신라 왕은 항상 배 80척의 조를 일본국에 바친다. 이것이 그 연유이다.

신라 왕은 '아리나레 강'이 역류하고 강에 있는 돌이 하늘에 올라가서 별이 되지 않는 한 충성을 다하겠다고 맹세합니다. 그런데 아리나레 강은 무슨 강을 말하는 걸까요? 나레는 우리말로 내천, 즉 강을 말합니다. 아리는 강의 이름일 텐데, 요즘도 '아리수'라고 하면 한강물을 의미하죠. 그래서 '아리나레'는 한강이라고 추측합니다. 또 신라 왕은 일본에 많은 금과 은을 바쳤다고 기록되어 있는데, 『일본서기』에는 신라가 금은이 많은 나라로 묘사됩니다.

신라 왕은 진구황후에게 복속을 맹세하고 매년 조공을 바치기로 합니다. 신라 왕의 이름도 '파사매금'이라고 구체적으로 명시합니다. 그런데 파사매금은, 『삼국사기』에는 '파사니사금婆娑尼師今'이라고 되어 있는데, 재위 기간이 80년부터 112년까지라고 나옵니다. 또 『일본서기』에서 신라 왕이 일본에 인질로 보냈다는 미질기지파진간기는 '박제상 설화'에 등장하는 미사흔未斯欣으로 보이는데, 한국의 기록에는 433년에 죽은 것으로 되어 있습니다. 그러니 파사매금은 1~2세기 사람, 미질기지파진간기는 5세기 사람이니까 적어도 300년 정도 연대 차이가 납니다. 도저히 같은 시대에 존재할 수가 없는 사람들이죠. 그러니 진구황후의 전설은 신라 역사서를 보고 왕 이름, 인질 이름을 적당히 하나씩 가져와 만들어 낸 창작이라고 볼 수 있습니다.

진구황후라는 인물이 실제로 존재했는지도 수상합니다. 신라를 복속시키고 일본으로 돌아가서 아이를 낳고, 그 뒤로 60년 이상 섭정을 했다고 기록되어 있는데, 그렇다면 대체 그 아들은 몇 살에 천황이 되었을까요? 섭정이란 아이가 성인이 되기 전까지 하는 건데 60세가 넘은 아들을 대신해서 섭정한다는 것은 있을 수 없는 이야기입니다. 일본에서도 당시 60세면 이미 죽거나 양위를 하고 물러나는 게 일반적일 텐데 말이죠. 진구황후도 가공의 인물이라고 생각됩니다. 『일본서기』에는 진구황후의 이름이 오키나가타라시히메노미코토氣長足姬尊라고 되어 있습니다. 이 이름도 제34대 천황인 조메이舒明천황의 이름인 오키나가타라시히로누카氣長足日廣額와 제35대 천황인 고교쿠皇極천황의 이름인 아메토요타카라이카시히타라시히메노미코토天豊財重日足姬尊에서 각각 따온 것으로 보입니다.

신라가 일본에 복속을 맹세하고 조공하기 시작한 시기가 바로 진구황후 때라고 되어 있는데, 『일본서기』의 기록을 보면 신라뿐만 아니라 고구려와 백제 두 나라의 왕도 신라의 소식을 듣자, 도저히 일본을 이길 수 없다는 걸 알아차리고 스스로 머리를 조아리며 항복했다고 기록하고 있습니다. 이른바 진구황후의 삼한정벌 전승이라는 거지요.

바로 여기에서 역사 왜곡을 둘러싼 한일관계의 화근이 시작되었습니다. 삼한정벌 전승이 일본인들의 한반도에 대한 인식을 규정하게 되면서, 일본 역사에서 이 삼한정벌은 '정한征韓'이라는 이름으로 계속해서 부활을 거듭하게 되지요. 이 이야기는 명백히 허구이지만, 나중에는 사실인지 아닌지를 따지는 것보다 신라가 일본에 조공하기로 했다는 기억만으로 약속을 지켜야 한다는 주장만 되풀이하게 됩니다. 지금 일본이 주장하는 태도와도 비슷합니다. 일본은 위안부 문제나 강제 징용자 피해 문제도 과거 한일협정 때 약속한 것을 왜 지키지 않느냐는 식으로 이야기합니다. 반면 우리는 약속보다는 정의正義가 필요하다고 생각하지요. 역사적 사건을 둘러싸고 피해자와 희생자가 엄연히 존재하는 만큼 그 사람들이 합당한 배상을 받는 것이 정의가 이루어지는 길이라고 생각합니다. 서로 주장하는 논점 자체가 다른 거지요.

신라정벌 전승의 재생산

일본에서 진구황후가 어떠한 위상인지 몇 점의 이미지를 통해 살펴볼까요? 1860년에 간행된 『일본국개벽유래기日本國開闢由来記』라는 책에 실린 우키요에浮世繪

는 신라 왕이 바다를 건너온 진구황후에게 복속하는 모습을 묘사하고 있습니다.(fig.1) 1881년에는 일본 정부가 개조지폐改造紙幣라는 새로운 지폐를 발행했는데, 이때 1엔 지폐의 도안으로 진구황후의 초상화가 등장합니다.(fig.2) 그런데 겉모습이 일본인 같지 않죠? 당시에 도안을 일본인 화가가 아닌 서양인 화가에게 맡겼더니, 서양인과 비슷한 모습으로 그려졌습니다. 그보다 좀 이른 시기에 일본의 제1국립은행에서 발행한 10엔짜리 지폐에도 진구황후가 말을 타고서 신라를 평정하는 장면이 등장합니다.(fig.3) 두 지폐 모두 삼한정벌, 정한론의 이야기를 도안에 집어넣은 거지요. 그리고 일본에서 꽤 오랫동안 사용된 지폐 중에는 흰 수염이 풍성한 할아버지가 모델로 등장하기도 합니다.(fig.4) 진구황후가 섭정하던 시기의 관료 다케시우치노 스쿠네武内宿禰인데 진구황후의 아들을 가르친 스승이기도 합니다. 사실 역사적으로는 그렇게 중요한 인물이 아닌데, 진구황후를 보필했던 충신이라는 이유로 지폐에까지 그려지게 된 거지요. 지폐뿐만 아니라 당시 제작된 많은 출판물과 우키요에에서도 진구황후의 삼한정벌은 단골 소재였습니다.(fig.5, 6, 7)

여기서 2013년, 박근혜 대통령 집권 당시 일본의 아베 수상이 한국에 관해 언급한 『주간문춘週刊文春』의 기사를 소개할까 합니다.[3] 제목은 「한국의 '급소'를 찌르다」인데 기사 내용에 따르면 아베 수상이 "중국은 싫은 나라지만 외교는 가능한 나라, 한국은 교섭조차 할 수 없는 아주 어리석은 나라"라고 이야기했다

fig. 1

우타가와 구니요시歌川国芳, 〈진구황후에게 귀순하는 신라 왕〉, 『日本國開闢由来記』 6권, 1860년, 국립공문서관 디지털 아카이브

fig. 2

1881년 발행된 개조지폐 1엔권

1

2

3

4

fig. 3

1873년 발행된 제1국립은행 지폐 10엔권

fig. 4

1889년 발행된 일본은행 태환지폐 1엔권

fig. 5

쓰키오카 요시토시月岡芳年, 〈제15대 진구황후의 삼한정벌〉, 『大日本史略圖會』, 1879년

fig. 6

쓰치야 고이쓰土屋光逸, 〈진구황후〉, 『教育歷史畵』 제2집, 1902년

fig. 7

우타가와 히로시게歌川廣重, 〈진구황후의 삼한정벌〉, 1847~1852년경, 호놀룰루미술관 소장

 5

 6

 7

고 합니다. 『주간문춘』의 이 기사를 한국 언론사 YTN에서도 보도했는데, 이에 따르면 아베 측근 중에는 '신新정한론'을 언급한 사람도 있었다고 합니다. 진구황후의 삼한정벌 전승에서 시작된 정한론이 오늘날까지도 재생산되고 있음을 보여주는 사례라고 생각합니다.

요컨대 진구황후의 삼한정벌 전승은 고대 일본의 자존적 역사 인식의 발로라고 볼 수 있습니다. 물론 자기의 역사를 과장하고 자랑거리로 삼으려는 심리는 어느 나라에나 다 있습니다. 한국도 얼마든지 그럴 수 있으므로 일본만 그래서는 안 된다고 하는 것도 잘못된 일입니다. 그 출발은, 자기 나라를 최대한 멋지고 자랑스럽게 보이도록 하려는 의식이었겠지요.

신라는 일본을 어떻게 인식했을까
— '가짜'(?) 사신 기노미쓰 사건

고대 시대 일본에서 편찬된 역사서에서 신라에 관한 공식적인 언급이 가장 마지막으로 확인되는 시점은 836년입니다. 『속일본후기續日本後紀』라는 역사서에 기록되어 있습니다. 물론 그 이후에도 개인 간에 주고받은 서신이나 상인들의 상거래 활동 기록 등은 계속 등장하지만 '신라국' 대 '일본국'의 관계를 다룬 사료는 바로 이 기사가 마지막입니다. 앞에서 살펴본 『일본서기』의 진구황후 기사가 신라에 대한 인식의 출발점, 최초의 설정을 보여주는 기사라면, 이제 살펴볼 『속일본후기』의 기사는 일본의 공식적인 역사 기록에 남아 있는 신라의 마지막 모습이라는 점에서 주목할 만합니다.

『속일본후기』에는 당시 신라의 최고 행정기관 집사성執事省에서 일본의 태정관太政官이라는 동급의 관청에 보낸 첩장牒狀이 원문 그대로 수록되어 있어요. 이 첩장 내용을 살펴보기 전에 원문이 수록된 배경을 이해할 필요가 있습니다. 당시 일본은 중국 당나라에 견당사遣唐使라는 사절단을 파견하려고 했습니다. 하지만 바다 건너 먼 길을 가다 보면 사고가 발생할 우려가 있겠지요. 일본은 배 한 척만 보내는 것이 아니라 대사大使, 부사副使 등을 네 척의 배에 나눠서 태워 보냅니다. 혹시라도 대사가 탄 배가 사고를 당한다면, 부사가 대신 사신의 임무를 다하도록 한 거죠. 그런데 일본은 배가 풍랑을 만나 표류해 한반도로 흘러 들어갈 것을 대비해 사전에 신라에도 기별을 전하는 사신을 파견합니다. 『속일본후기』에는 일본이 신라에 기노미쓰紀三津라는 사신을 보냈다고 기록되어 있어요. 아마 일본은 신라에 사신을 보내서 혹시라도 견당사 일행이 풍랑을 만나 신라 영토에 표착하게 되면 잘 보호하고 먹을 것도 좀 챙겨 달라고 이야기했을 거예요.

그런데 신라에 도착한 기노미쓰는 정작 견당사 이야기는 쏙 빼버리고 일본과 신라의 우호 관계를 위해서 왔다는 등 모호한 말을 늘어놓습니다. 이런 태도가 신라의 의심을 사게 되지요. 기노미쓰가 소지한 공식 문서에는 일본이 견당사를 파견할 예정이고, 혹시 도중에 무슨 일이 생기면 협조를 구한다는 내용이 담겨 있는데 사신은 문서 내용과는 달리 우호를 운운하니까, 신라에서는 사신이나 문서, 둘 중 하나는 가짜라고 생각했습니다. 그도 그럴 것이 그 당시는 드넓은 바다에 해적이며 유랑민처럼 신분이 확실하지 않은 온갖 수상한 사람이 많았기 때문입니다. 기노미쓰가 지닌 문서에는 물론 도장도 날인되어 있었지만, 당시에는 위조된 도장을 찍은 가짜 신분증이나 통행허가서 등을 들고 다니다가 단속된 사례도 많았습니다. 그래서 결국 신라는 기노미쓰를 일본으로 돌려보내면서 "이자가 수상한 말을 하니 죽이려다가 대국의 아량으로 풀어주니 너희 나라에서 한번 잘 조사해 보라."는 취지의 문서를 들려서 보냅니다.

그러자 이번에는 이 문서를 받은 일본에서 발끈합니다. 일본은 어디까지나 당나라로 가는 사신이 풍랑을 만나 한반도에 표착할 경우를 대비하려고 정당하게 사신을 파견한 건데 신라가 괜한 트집을 잡고 '대국의 아량'을 운운하며 돌려보냈다는 것이지요. 그래서 일본에서는 신라를 꾸짖으려고 이 사건을 역사서에 기록합니다. 그리고 후대 일본인에게 신라가 저지른 잘못을 보이겠다는 의도에서 신라가 보낸 문서를 그대로 옮겨 적은 거지요. 그래서 아이러니하게도 신라의 최고 행정기구였던 집사성에서 작성한 문서가 일본의 공식 역사서 속에 남아 있게 된 것입니다.

> [기노미쓰가] 말하는 것과 첩문의 내용이 어긋나 진위를 판별할 수가 없었습니다. 이미 교린交隣의 사신이 아니라면 반드시 충심에서 우러나오는 물건이 아닐 것이므로 일의 진실성을 믿을 수 없으니 어찌 헛되이 받아들이겠습니까. (…) 사신 미쓰三津는 전대專對할 만한 사람은 아니었으며 신뢰하기 어려웠습니다. 우리 담당 관청에서는 재삼 형장刑章을 바르게 하여 간사한 무리들을 막자고 청했으나 주사主司에서는 대체大體를 보존하는 데 힘쓰고 허물을 버리고 좋은 결과를 구하고자 하여, 소인의 거칠고 궁색하게 지은 죄를 용서하고 대국大國의 너그러운 아량으로 대처하기로 했습니다.[4]

어떻게 보면 신라는 이 건을 스스로 대국임을 자처하는 계기로 삼은 것이고, 반대로 일본으로서는 창피를 당한 셈이었죠. 집사성이 보낸 문서에 기노미쓰를 '소인小人'이라고 칭하는데, 결국 너희 일본은 '소인의 나라'이고, 소인을 넓은 아량으로 용서해 준 신라는 '대국'임을 드러낸 것입니다.

일본 역사서에 신라와 일본의 공식적인 외교 관계를 다룬 기사는 이것이 마지막입니다. 이 이후로는 더는 기사가 등장하지 않습니다. 그러니까 일본의 역사서에 일본과 신라의 관계는 신라가 일본에 복속할 것을 맹세하는 진구황후의 삼한정벌 전승으로 시작해서, 신라가 일본에 대국의 아량을 베푼다고 하는 대국관을 암시하는 기사로 끝납니다. 그렇다면 두 나라의 관계가 실제로는 어떠했을지 어느 정도 판단할 수 있습니다. 사실은 두 나라는 오랜 세월 서로 티격태격하는 사이였겠구나 하는 것을 짐작할 수 있지요.

고대에는 사신이 왕래할 때도 용건을 적은 문서를 소지하기보다는 구두로 소통을 했던 것 같습니다. 그런데 말은 내뱉고 나면 사라져 버리죠. 나중에 그 일에 대해서 기록을 남길 때는 자기 입맛대로 고치게 됩니다. 신라 사신이 일본에 가서 조공을 바치겠다고 직접 이야기한 적은 없었겠지만, 일본의 관원이 기록을 남길 때는 예전부터 조공을 바쳐왔던 신라가 또 조공을 보내왔다는 식으로 기록을 남겼을 거예요. 하지만 신라에서 이 기록을 보았다면 도저히 조공을 바쳤다는 것을 인정할 것 같지는 않습니다.

신라와 일본의 관계는 어떻게 변해 갔을까
— 밀월 관계에서 '밀당' 관계로

신라와 일본은 허상과 실상 사이에서 끊임없이 서로 충돌하고 길항하는 관계였던 것으로 보입니다. 물론 두 나라가 항상 사이가 나빴던 것은 아니에요. 두 나라가 굉장히 사이가 좋을 때는 밀월蜜月 관계처럼 긴밀했던 시기도 있었습니다. 679년, 그러니까 신라가 삼국을 통일한 직후의 사료를 보겠습니다.

> 갑자. 신라가 아손阿飡 김항나金項那 사손沙飡 살류생薩蘽生을 보내 조공했다. 조租로 바친 물건은 금은철정金銀鐵鼎, 금錦, 견絹, 포布, 피皮, 마馬, 구狗(개), 라騾(낙타) 등의 10여 종이었다. 또 따로 바친 물건이 있었다. 천황, 황후, 태자에게 금, 은, 도刀, 기旗 따위를 바친 것도 각각 많았다.[5]

이 기사를 보면 신라에서 일본에 여러 가지 귀금속과 비단, 가죽 같은 물건과 함께 말이나 낙타 같은 진귀한 동물도 보냈다고 나옵니다. 어떤 일본인 학자는 이 물품 목록을 보고, 이것은 중국이 주변의 복속국에 선물을 내릴 때 주로 포함되는 품목이라고 지적을 하기도 했습니다. 신라에서 그와 비슷한 품목을 정해서 보낸 것은, 이러한 증여 의식을 통해서 신라가 일본에 대해 대국으로서의 의식을 발휘하려고 한 증거가 아니겠느냐고 해석을 하기도 합니다.

679년 시점에는 신라도 당나라를 몰아낸 바로 뒤였으므로 언제 또 당나라와 충돌하게 될지 모르는 상황이었고 바다 건너에 있는 일본하고는 좋은 관계를 유지하는 편이 유리했을 겁니다. 7세기 후반에는 한일관계에 이런 밀월의 시기가 있었나 싶을 정도로 서로 대등한 관계 속에서 빈번히 사신을 주고받았습니다. 그런데 7세기 후반은, 앞서 살펴본 것처럼 일본이 국가의 지배체제를 형성해 나가던 시기였습니다. 그래서 신라가 먼저 체득한 여러 가지 지식과 통치의 노하우, 체제로부터 많은 영향을 받으면서 일본 나름의 시스템을 만들어 가게 됩니다. 실제로 일본이 7세기 후반 중국 당나라의 율령을 참조해서 일본의 통치 체제를 만들었다고 이야기했는데 당시에는 일본과 당나라 사이에 직접적인 교류는 전혀 없었습니다. 오히려 일본은 신라하고는 서너 달에 한 번씩 사신이 왕래할 정도로 긴밀한 관계를 유지하면서 일본의 율령 체제가 만들어집니다. 아마도 통일신라가 당나라의 율령을 참조해서 체제를 정비하는 것을 보고 일본이 많이 배우지 않았을까 생각됩니다. 만약 일본이 당나라와 직접 교류를 했다면 율령도 당나라에서 바로 들여올 수 있었겠지만, 그런 관계가 없는 시기에 이루어졌기에 일본의 국가 체제 정비 과정에는 신라의 공헌이 매우 컸을 거라고 봅니다.

그런데 8세기 이후가 되면 두 나라의 관계가 매우 험악해집니다. 다음은 735년 기사입니다.

> 계축癸丑 중납언中納言 정삼 다지히노아가타모리多治比眞人縣守를 병부조사兵部曹司에 보내어 신라 사신이 입조入朝한 이유를 물었다. 그런데 신라국이 갑자기 본래의 이름을 바꿔 왕성국王城國이라 했으므로 이 때문에 그 사신을 되돌려 보냈다.[6]

이때 신라에서 갑자기 사신을 보내와서는 나라 이름을 신라에서 '왕성국'으로 바꾸었다고 통보했다는 거예요. 왕성王城이란 중국 고대 문헌에서는 세상의 중심이라는 의미입니다. 그러니까 왕성국은 세상의 중심이 되는 나라라는 뜻이지요. 일본도 중국 고전에 대한 지식이 있으니까 무슨 의미인지 파악을 했을 겁니다. 그런데 일본이 생각하기로는 신라는 진구황후 시절부터 이미 일본에 복속되어 꾸준히 조공을 바쳐온 나라인데, 갑자기 세상의 중심인 왕성국을 자처한다니까 받아들일 수가 없었겠죠. 그래서 사신을 대접도 안 하고 돌려보내 버립니다.

그다음에 일본이 신라에 사신을 보내자, 신라도 똑같이 일본 사신을 그냥 돌려보냅니다. 그리고 일본이 신라에 보내는 사신의 격을 낮춰버리자, 신라도 그에 맞춰서 사신의 급을 낮춥니다. 이렇게 보면 8세기 당시 신라와 일본은 정말 서로 밀고 당기는 관계였다는 게 확실해 보입니다.

당나라에서 벌어진 신라와 일본의 자리다툼 사건

티격태격하는 두 나라의 관계를 보여주는 재밌는 일화가 있습니다. 바로 신라와 일본의 쟁장爭長 사건입니다. 쟁장이란 누가 '우두머리[長]'인지를 '다툰다[爭]'라는 의미입니다. 때는 754년, 일본에서는 오오토모노스쿠네 고마로大伴宿禰古麻呂를 당나라에 사신으로 보냅니다. 『속일본기』의 기록에는 이 사람이 정사正使가 아니라 부사副使로 기록이 되어 있는데, 아마도 정사는 어떤 이유로 당나라에 도착하지 못했던 거 같아요. 아무튼 부사로서 당나라에 다녀온 오오토모노스쿠네 고마로가 귀국 후에 당나라에서 있었던 일을 보고하는데, 이때 신라와 쟁장 사건이 있었다고 이야기합니다.

정월 초하루에 당나라 황제에게 새해 축하 인사를 하는 신년 하례식이 있었습니다. 여기에는 일본 사신뿐 아니라 신라를 포함해서 중국 주변의 여러 나라 사신도 참석했는데, 자리 배치를 보니까 신라 사신은 등급이 높은 동반東畔에 자리를 받았는데 일본 사신은 등급이 낮은 서반西畔에 자리가 배치되었다고 합니다. 그래서 오오토모노스쿠네 고마로가 당나라 관리에게 '신라는 예로부터 일본에 조공을 바쳐온 나라인데 어떻게 일본보다 상석을 받을 수 있냐'고 따져서 결국 당나라 관리가 신라와 일본 사신의 자리를 바꾸었다고 해요. 이 내용은 중국이나 한국 역사 기록에는 전혀 등장하지 않는데 오직 일본 역사서인 『속일본기』에만 기록이 남아 있습니다. 신라에서 사신을 보냈다는 기록도 찾아볼 수 없습니다. 그러니까 이때 정말 이런 신년 하례식이 있었는지도 알 수 없지요. 또 신년 하례식은 있었다고 치더라도, 자리다툼이 정말 있었는지, 아니면 사신으로 갔다 온 오오토모노스쿠네 고마로가 자기 공을 자랑하려고 거짓말을 한 건지 그것도 알 수 없습니다. 물론 그런 일이 실제로 있었을 가능성도 배제할 수는 없죠. 그런데 중요한 것은 당시에 당나라가 신라와 일본 두 나라의 위상을 어떻게 보았는가 하는 점입니다. 이 기록에서만 보더라도 신라는 1등국, 일본은 2등국으로 인식하고 있음을 알 수 있어요. 진구황후 때부터 신라는 이미 일본에 복속된 관계였다고 하는 일본의 인식과는 다른 거지요.

'자칭' 신라 왕자, 김태렴의 일본 방문

『속일본기』에 기록된 재밌는 사례를 하나 더 살펴볼게요. 일본의 도다이지東大寺에 '대불大佛'이라 불리는 커다란 불상을 만들었는데(fig.8), 이즈음에 신라에서 김태렴金泰廉이 일본을 방문합니다. 그것도 700명이나 되는 사람들을 이끌고서 말이죠. 그런데 이 사람이, 스스로 자기는 신라의 왕자라고 소개하면서 왕을 대신해서 조공을 바치러 왔다고 말합니다. 이 말을 들은 일본 천황은 대단히 기뻐하지요. 늘 티격태격했던 나라에서 왕자를 앞세워 조공을 바치러 왔다고 하니, 대단히 우쭐한 기분이 들었을 거예요.

그런데 김태렴이 정말 신라의 왕자였을까요? 현재 학계에서는 대부분 가짜였을 것으로 추정합니다. 그렇다면 김태렴은 왜 왕자 행세를 했던 걸까요? 그즈음에는 유명한 사찰인 도다이지에 그 큰 대불을 제작하고 있어서 각종 자재와 불교 관련 용품에 대한 수요가 생겨났습니다. 한마디로 커다란 시장이 생겨난 거죠. 게다가 어떤 물건들은 일본 안에서는 구하기 어려워 당나라에서 수입해야 했습니다. 김태렴이 이끌고 왔다는 700여 명은

fig. 8
〈도다이지 비로자나불〉, 나라현 도다이지 대불전(금당)의 본존불로 흔히 도다이지 대불, 나라 대불이라고 불린다. 745년 제작이 개시되어 752년 완성되었다. 수차례 소실, 훼손되어 재건되었고 당초에 제작된 부분은 극히 일부만 남아 있다.
사진: 1년간 쌓인 대불의 먼지를 청소하는 의식(촬영일: 2019. 8. 7)
The Asahi Shimbun via Getty Image / 게티이미지 코리아

아마도 이 시장을 노리고, 일본의 비위를 맞추면서 큰 장사를 해 볼 요량이 있었나 봐요.

이 일이 있고 나서 얼마 뒤 일본이 신라에 사신을 보냅니다. 김태렴이라는 신라 왕자를 보내 조공을 바칠 정도였으니까, 일본은 신라가 이제야 개과천선을 했구나 생각하고 우쭐한 마음에 사신을 보냈을지도 모릅니다. 그런데 신라에서는 일본 사신의 태도가 오만무례하다며 만나주지도 않았대요. 일본의 예상과는 달리 신라의 태도는 달라진 게 하나도 없었던 거죠. 그렇다 보니 김태렴이 신라 왕자가 아니라 사실은 거물급 상인들이 모여 한바탕 사기극을 벌인 게 아니냐는 추측도 나오는 겁니다.

일본이 보낸 사신이 신라 왕을 접견도 못 하고 쫓겨난 지 몇 년이 지나, 이번에는 신라에서 다시 일본에 사신을 보내옵니다. 그러자 이번에는 일본에서도 지난번에 신라 왕자라는 사람이 와서 모든 것을 옛 자취를 따라 받들고 조공을 잘 바치겠다고 약속해 놓고도 일본이 보낸 사신을 접견도 안 하고 쫓아냈는데, 왕자보다도 지위가 낮은 자의 말을 어찌 믿겠냐며 사신으로 대접하지 않습니다. 그러면서 앞으로 외교를 하려면 확실한 문서를 가지고 오라고 주문을 합니다. 그러자 이후로는 신라에서 공식적으로 사신을 보내는 일이 거의 중단되게 됩니다.

761년에는 일본이 심지어 신라를 침공할 계획을 세우기도 합니다. 다만 이것은 계획으로만 그치는데, 그 이유에 대해서도 여러 가지 추측이 있습니다. 이 당시 당나라에서는 안록산安祿山과

사사명史思明이 반란을 일으킨 이른바 '안사安史의 난'이 한창이어서 사회적으로 매우 혼란스러웠습니다. 이때 발해가 이 소식을 일본에 전달합니다. 아마 당시 당나라가 얼마나 심각한 상황인지를 일본에 전했겠죠. 그러자 이 소식을 들은 일본은 당나라가 정신없는 지금이야말로 신라를 칠 수 있는 적기라면서 침공 계획을 세웁니다. 그런데 발해는 당나라와 관계가 좋아지자 슬그머니 뒤로 빠집니다. 그러자 일본도 혼자서 신라를 침공하기엔 역부족이기 때문에 결국 이 침공 계획 자체가 무산되었다고 해석하기도 합니다. 또 어떤 이는 당시 권력자였던 후지와라노나카마로藤原仲麻呂가 자기 권력 기반을 공고히 하려고 고의적으로 안보 위기를 불러일으켰다고도 합니다. 신라를 공격해야 한다는 명분으로 군사를 끌어모으면서 자기의 권력을 강화하려고 했다는 거죠.

『속일본기』의 기록에 따르면 신라를 침공하기 위해서 지역마다 소년 20명씩 모아서 신라어를 배우게 했다는 둥, 진구황후를 모시는 신사인 가시이노미야香椎宮에 공물을 바쳤다는 둥 호들갑을 떨었는데, 정작 이 이후로 신라정벌과 관련된 기사는 전혀 등장하지 않습니다. 아무 일도 없었다는 듯이 침공 계획은 사라져 버리고 맙니다.

동아시아 해역에서 활약하는 신라 상인들

770년대 이후가 되면 두 나라의 공식적인 외교 관계는 단절됩니다. 836년에 신라 집사성에서 일본에 문서 첩장을 보낸 것이 신라에 관한 마지막 기록이었지만, 이것은 중국 당나라에 견당사를 파견하려고 준비 중이던 일본이 신라에 부탁할 일이 있어서 보낸 문서에 대한 대답이지 신라가 일본에 어떤 용건 때문에 사신을 보낸 건 아니었습니다. 그러니까 770년대에는 두 나라의 공식적인 외교 관계가 거의 끊어진 상태였습니다.

이제 국가 간의 공식적인 관계가 끝난 이후에, 그 공간에 새로운 주역들이 등장합니다. 바로 상인들이죠. 이제 한일관계는 국가와 국가 간의 관계가 아니라, 개인과 개인, 집단과 집단의 관계로 차원이 달라지게 됩니다.

신라와 일본의 국가 대 국가의 공식적인 관계가 단절된 9세기 이후로는 동아시아 해역을 무대로 활동하는 상인들이 등장합니다. 물론 상인은 어느 시대에나, 어느 지역에나 있었습니다. 중국에도, 신라에도, 일본에도 저마다 그 나라의 상인들이 있었지요. 그런데 이 시기에 중국, 신라, 일본을 오가며 동아시아 해역을 무대로 광역의 장사를 해서 큰돈을 벌어보겠다는 사람과 세력이 등장합니다. 그래서 역사적으로는 8세기까지가 정치 논리가 우세했던 시기, 9세기 이후는 경제적 논리가 더 우세했던 경제의 시대라고 보는 견해도 있습니다. 한중일 3국을 설명하는 기본 틀이 정치적인 것에서 경제적인 것으로 바뀌었다는 주장이지요.

이런 분위기 속에서 신라 상인은 동아시아 해역의 국제적 상인으로 먼저 두각을 나타냅니다. 당나라 상인은 오히려 나중에 등장합니다. 신라 상인과 거의 비슷한 시기에 신라 해적이 등장하게 됩니다. 이 당시에는 장사하다가 '수틀리면' 바로 해적으로 전환하는 것이 일반적이었지요. 사실 우리에게 익숙한 왜구도 비슷한 거죠. 고려 말, 조선 초에 들끓었던 왜구도 따지고 보면 자신들이 원하는 것을 정상적인 방법으로는 얻을 수 없었으므로 무장을 하고 도적으로 변했던 거예요.

869년의 기록을 하나 더 볼까요? 이것은 일본 규슈에 있는 다자이후太宰府에 신라 해적이 출몰했다고 조정에 보고하는 내용입니다. 이 기록을 보면 869년(조간貞觀 11) 5월 22일 밤, 신라 해적이 배 두 척을 타고 하카타博多 앞바다에 나타나서 부젠국豊前國이 바친 세금과 비단 등을 빼앗아 도망쳤는데, 다자이후에서 병사를 보내 쫓아가려 했지만 끝내 못 잡았다고 합니다. 그 당시 신라 해적이 타고 있던 배는 아마도 '신라선'이었을 겁니다. 신라선은 신라에서 만든 배라는 뜻이 아니라, 배의 종류를 의미하는 이름이었던 것 같습니다. 왜냐하면 일본 안에서도 신라선을 제조했다는 기록이 남아 있기 때문입니다. 그래도 신라선이라는 이름이 붙은 것을 보니 역시 원조는 신라였던 것 같아요. 오늘날에도 한국이 조선 강국인데, 이 당시에도 배를 잘 만들었나 봅니다. 신라 해적이 세금을 탈취해서 도망가는데, 후쿠오카 앞바다에서 그 모습을 뻔히 보고도 쫓아갈 수 없는 이런 상황이었으니, 일본으로서는 안타까움이 이루 말할 수 없었겠죠.

또 893년에서 894년 사이에 신라적新羅賊, 신라적도新羅賊徒가 쓰시마對馬 등 규슈 북부 지역에 나타났다는 기록도 있습니다. 이 신라 해적은 아마도 신라의 서남해 연안에서 발호한 호족들이 해적이 된 게 아닐까라는 설도 있습니다. 어떤 역사학자는 이 신라 해적들이 극성을 부렸기 때문에 9세기 이후 일본의 대외방침이 개방적 시스템에서 소극적이고 폐쇄적인 시스템으로 바뀌었다고 이야기하기도 합니다. 일본이 움츠러들게 되는 결정적 계기가 신라 해적의 출몰이었다는 거죠. 이즈음에 청해진을 설치하고 해상 무역을 주도한 장보고張保皐도 등장을 합니다. 이 역시 동아시아 해역의 정세와 아주 밀접한 관계가 있었던 거예요.

이렇게 신라 상인들이 활개를 치니까, 일본 정부는 결국 신라 상인이 일본으로 오는 것을 원천적으로 막아버립니다. 그 이야기가 『유취삼대격類聚三代格』의 기록에 보입니다. 842년(조와承和 9) 일본 최고의 관청인 태정관은 규슈의 지방행정 기관 다자이후에 일본으로 들어오는 신라 상인은 돌려보내라고 명령을 내립니다. 즉 신라인들의 출입을 금지하는 거지요. 또 신라 상인에 대해서 관사선매官司先買 대상에서 제외한다고도 되어 있습니다. 관사선매란 관에서 먼저 구입한다는 뜻입니다. 이 당시에 외국에서 진귀한 물건들이 들어오면 아무나 선착순으로 물건을 사 갈 수 있는 게 아니라 우선은 물건의 목록을 일일이 적어서 조정에 보고해야 합니다. 그러면 위로 천황부터 누가 어떤 물품을 구매할 건지 적어서 내려보냅니다. 먼저 조정이나 관청에서 물건을 구매하고 그다음에 기타 상인들이 남는 것을 구매하는 방식이었지요. 이처럼 외국 물건을 자유롭게 교역하는 게 아니라 항상 관, 조정에서 먼저 구매할 수 있도록 제도화한 것을 관사선매라고 불렀습니다. 하지만 신라 상인들이 가져온 물건은 이 관사선매의 대상에서 제외한다는 거죠.

또 홍려관鴻臚館에서 숙식을 제공하는 것도 금지했습니다. 홍려관이란 당시에 사신을 접대하는 시설의 이름입니다. 그 터가 나중에 발굴되었는데, 지금의 후쿠오카에 있습니다. 홍려관에서는 외국 상인들에게는 물품 목록을 접수하고 장사할 수 있도록 최대한 편의를 봐주었는데, 신라 상인은 아예 들이지 말고 내쫓으라고 조처한 거예요. 그동안 당나라, 신라, 일본을 오가던 신라 상인들이 이제는 일본 땅을 디딜 수조차 없게 되었습니다. 그러자 그 빈자리를 당나라 상인들이 차지하게 됩니다. 동아시아 해역에서 당나라 상인은 신라 상인들보다 나중에 등장하지만, 일본의 이런 조치로 당나라가 중국과 일본 사이의 무역을 독점하게 됩니다.

일본은 왜 당나라 상인은 받아들이고 신라 상인은 거부했던 걸까요? 신라가 일본과 지역적으로 너무 가까웠기 때문에 일본이 고민하지 않았을까 생각됩니다. 상인이나 해적으로 가장한 신라 현지의 세력이 규슈 지역의 백성이나 재력가, 심지어 관원들과 결탁해서 이익을 취하거나 국가에 반기를 들면 일본 정부도 곤란해지므로 신라만큼은 끊어버려야겠다고 생각했겠지요.

8세기 후반에 국가 대 국가의 관계가 끊어지고, 9세기에는 상인들의 출입마저 막게 되자, 신라가 일본에 조공을 바치는 번국이라는 인식도 조금 달라집니다. 조공은 외교적 관계가 있어야 가능한 일인데, 더는 조공을 바쳐야 한다는 등의 말을 할 수 있는 상황도 아니지요. 그래서 신라를 지칭하는 표현도 번국이 아니라 인국 또는 아예 적국敵國으로 바뀝니다. 물론 번국이라는 표현이 계속 등장하지만, 조공 관계에 기초한 번국관은 점점 옅어지게 됩니다. 고려시대에는 이제 번국이라는 말이 쓰이지 않게 됩니다. 주변 나라들은 그냥 인국이 되어 버리죠.

중세 시기가 되면, 일본의 대외관은 삼국관三國觀으로 표현됩니다. 삼국관은 불교의 영향을 받아 이 세상을 세 나라를 중심으로 이해하는 인식입니다. 일본이 인식하는 세 개의 나라는 각각 중국, 천축天竺(인도), 그리고 일본이지요. 삼국관에는 고려나 조선이 아예 들어 있지 않습니다. 이처럼 중세 이후 일본인들의 뇌리에 삼한의 존재는 점점 희미해져 갔습니다.

그러면 한반도에서는 어땠을까요? 고려나 조선도 비슷했습니다. 왜국에 대한 인식은 멸시에 가까웠죠. 결국 중세 이후 양국 관계는 아마도 상호 무관심에 가까웠던 게 아닐까 싶습니다.

비슷한 시기, 중세 유럽에서는 사람들이 이 나라 저 나라를 오가며 유학도 하고 장사도 했던 것과는 대비되는 모습이죠.

동아시아 세계에서는 공식적인 사절단이 오가는 것을 제외하면 일체 통행이 금지되었습니다. 한반도의 일반 백성이 당나라나 일본으로 이주하는 일은 거의 없었습니다. 그만큼 유럽 사회하고는 달리 민民의 교류가 활발하지 못했고, 그러다 보니 서로가 서로에게 무관심해질 수밖에 없는 구조가 있었던 게 아닐까 싶습니다.

나가며
— 동아시아사의 구조 속에서 조망하는 한일관계

우리는 일본을 잘 모르는데, 일본은 우리를 잘 안다고 이야기합니다. 그러나 역사적으로 보면 일본도 우리를 잘 모릅니다. 서로 교류를 잘 안 하는데, 우리는 일본을 어떻게 알고, 일본은 우리를 어떻게 알 수 있을까요? 그나마 일본은 옛 문헌에 남아 있는 기록을 통해서 우리를 알았을 텐데 말이죠. 일본 옛 문헌에서 제일 먼저 눈에 들어오는 기록은 진구황후가 신라를 정벌했고, 삼한이 원래 일본에 조공을 바치던 나라였다는 사실입니다. 그런 인식이 일본인들의 머릿속에 깊이 뿌리내렸고, 일본 우위의 인식이 점점 한반도에 대한 관심을 멀어지게 만들었습니다.

한국은 한국대로 일본을 전체로 접할 기회가 많지 않았습니다. 임진왜란과 같이 국가 대 국가로 전쟁을 치른 적도 있지만 대부분 왜구나 쓰시마(대마도) 같은 극히 일부분으로만 일본을 접했지요. 그러다 보니 일본이 만만해 보일 수도 있었을 것 같습니다. 작은 나라로 보였던 거죠. 그러나 실상은 일본이 조선보다 땅도 좀 더 크고, 인구도 많았습니다. 만약 예전부터 한국과 일본이 활발히 교류했다면 어땠을까요? 우리는 일본을 더 잘 알고, 일본에 대해 모르는 채로 당하는 일도 없지 않았을까 하는 생각이 듭니다.

지금까지 살펴본 것처럼 한일관계의 원풍경으로 옛날 신라와 일본의 관계가 있었습니다. 이제는 크게는 동아시아라고 하는 전체 구조 속에서 우리 모습을 보고, 또 일본이라는 상대방의 모습을 보고, 그 속에서 한일관계를 조망하는 눈을 길러야 한다고 생각합니다.

주

1. 이하원,「도쿄리포트-한국을 뒤덮은 위험한 낙관론」,『조선일보』, 2019. 10. 7.
2. 이명찬,『일본인들이 증언하는 한일역전』, 서울셀렉션, 2021.
3. 「韓国の「急所」を突く」,『週刊文春』, 2013. 11. 21.
4. 『속일본후기』, 닌묘仁明천황 조와承和 3년(836) 12월 정유조.
5. 『일본서기』, 덴무天武천황 8년(679) 10월 갑자조.
6. 『일본서기』, 쇼무聖武천황 7년(735) 2월 계축조.

더 읽을 거리

- 이재석, 『고대 한일관계와 일본서기: 일본서기의 허상과 실상』, 동북아역사재단, 2019.
- 김현구, 박현숙, 우재병, 이재석, 『일본서기 한국관계기사 연구』, 일지사, 2002~4.
- 연민수·김은숙·이근우·정효운·나행주·서보경·박재용 엮음, 『역주 일본서기 1~3』, 동북아역사재단, 2013.
- 스가노노 마미치 엮음, 이근우 옮김, 『속일본기 1~4』, 지식을만드는지식, 2009.
- 연민수 역주, 『역주 속일본기 상/중/하』, 혜안, 2022.
- 일본사학회, 『아틀라스 일본사』, 사계절, 2011.
- 오노 야스마로 지음, 강용자 옮김, 『고사기』, 지식을만드는지식, 2014.
- 이재석, 「日本古代國家의 自畵像과 他者像」, 『일본역사연구』 24, 일본사학회, 2006.

가 볼 만한 곳

① 홍려관(고로칸) 유적지

홍려관은 중국과 한반도에서 온 사절단을 맞이하던 영빈관이자, 일본에서 파견된 외교 사절인 견당사와 견신라사의 숙소로도 사용되던 외교 시설이다. 교토와 오사카에도 설치되었다고 전해지지만, 현재 정확한 위치가 확인된 곳은 후쿠오카시 마이즈루 공원 일대가 유일하다. 후쿠오카의 홍려관은 7세기 후반부터 11세기까지 약 400여 년 동안 외교와 무역 등 대외 관계의 창구 역할을 하다가 1047년 큰 화재로 불에 타서 사라졌다. 홍려관의 위치는 후쿠오카 성터 근처로 추정되었는데, 1987년 이 지역 프로야구단의 홈구장으로 쓰이던 헤이와다이 야구장의 외야석 개축 보수 공사 중 옛 목조 건축의 자취를 발견하여 본격적인 발굴 조사가 시작됐다. 국제 교류의 장이었던 만큼 홍려관 터에서는 중국, 한반도, 이슬람 지역의 도자기와 페르시아산 유리 제품 등이 출토되었다. 특히 고대 일본의 화장실 문화를 알 수 있는 유적이 주목을 끌었다. 조사에 따르면 당시 남녀의 화장실이 분리되어 있었을 뿐만 아니라, 기생충 알의 분석을 통해 육식을 했던 외국인용 화장실과 일본인의 화장실이 나누어져 있었음을 확인할 수 있었다. 뒤처리용으로 쓰이던 나무판 등도 발견됐다. 발굴 조사가 끝난 뒤, 1995년에 개관한 홍려관 전시관에서는 발굴 당시의 유적과 출토품을 비롯해 복원한 건물을 볼 수 있다.

홍려관 유적지가 있는 후쿠오카성은 1600년 도쿠가와 이에야스가 천하를 통일한 최후의 전투인 세키가하라關ヶ原 전투에서 공을 세운 구로다 나가마사黑田長政가 쌓은 성이다. 구로다는 임진왜란 때 조선에도 출병했다. 후쿠오카성은 메이지유신 이후 대부분 소실되었지만 돌담과 경계가 당시 그대로 남아 있어 국가 사적으로도 지정됐으며, 벚꽃놀이 장소로도 유명한 곳이다. '후쿠오카성 옛 탐방관'에서는 고지도와 재현 모형 등으로 성의 역사를 체감할 수 있고 후쿠오카성·홍려관 안내소인 '미노마루 스퀘어'에서 기모노를 대여해 성과 공원을 산책할 수도 있다.

https://fukuokajyo.com/kourokan/

지하철 아카사카역赤坂驛에서 도보 7분, 니시테쓰버스 헤이와다이平和台 정류장에서 도보 3분

홍려관 전시관 내부

② 도다이지

나라奈良시대(710~794년)를 대표하는 절이자 일본 화엄종 총본산인 도다이지東大寺는 재해와 전염병 등 사회적 혼란을 부처의 힘으로 타개하고자 했던 쇼무聖武천황이 죽은 황태자의 명복을 빌기 위해 세웠다. 세계 최대 규모의 목조건축인 대불전의 본존 비로자나불(일명: 나라대불)은 높이 48미터, 무게 250톤으로 압도적인 규모를 자랑한다. 도다이지와 대불의 건립에는 백제계 및 인도에서 일본으로 건너온 도래인의 역할이 컸다고 전해진다. 나라의 상징이기도 한 사슴들이 반겨주는 정문 남대문은 높이 약 25미터로 일본 최대급 중층문이다. '도다이지의 인왕님'으로 불리는 금강역사입상은 1203년 운케이運慶와 가이케이快慶가 69일 만에 만들었다고 한다. 남대문을 비롯해 대불전, 법화당, 이월당 등 아홉 개의 건축물이 국보로 지정되어 있고 대불, 금강역사입상 외에도 일광·월광보살상, 법화당의 사천왕상 등 다양한 기법과 재질로 만든 총 14건의 불상도 국보로 지정됐다.

도다이지 남대문

대불전 북서쪽에 있는 쇼소인正倉院(정창원)은 756년, 고묘光明황후가 남편 쇼무천황의 명복을 빌기 위해 도다이지에 애장품을 헌납한 이후, 황실의 보물 창고로 쓰였다. 특히 한반도를 포함해 당나라, 인도, 페르시아산 유물, 고문서 등이 소장되어 있어 고대 아시아의 문화 교류와 생활상을 엿볼 수 있다. 한반도에서 전해진 유물로는 붉은 옻칠을 한 나무함(적칠문관목주자), 바둑판, 신라금(가야금의 일종), 놋그릇 등이 있다. 또한 쇼소인에서 발견된 고문서인 '신라장적'(신라 촌락문서)과 '매신라물해買新羅物解'는 신라와 고대 일본의 교류 관계를 잘 보여준다. '매신라물해'는 752년 김태렴의 사절단이 가져온 외래품을 사기 위해 황족과 귀족이 담당 관청에 제출한 목록 및 구입신청서이다. 쇼소인은 정해진 시간에 건물 외관만 관람할 수 있지만 매해 1회 가을(10월 말경)에 나라국립박물관에서 쇼소인 보물을 일부 선별 전시하고 있다.

도다이지 https://www.todaiji.or.jp/

쇼소인 https://shosoin.kunaicho.go.jp/ JR나라奈良역·긴데쓰나라역에서
시내 순환 버스 도다이지대불전, 가스가타이샤 앞春日大社前 정류장 하차 도보 5분

도다이지 대불전

쇼소인의 외관-지표의 습기를 막고 원활한 통풍을 위해 바닥을 띄운 고상식高床式으로 지었다.

김현경

서울대학교 역사학부 강사. 서울대학교와 일본 교토대학에서 각각 석사학위를 취득했고, 교토대학에서 박사학위를 취득했다. 9~12세기 일본의 역사를 주로 공부하고 있다. 주요 논문으로는 「일본 헤이안시대 중후기 家格의 형성」(『동양사학연구』 158, 2022), 「일본 고대사 연구의 '왕조(王朝)' 개념」(『한국고대사연구』 110, 2023), 「平安貴族社會と'貴種'」(『史林』 100(4), 2017), 「平安後期における武士の階層移動」(『日本史研究』 682, 2019)이 있다. 공저로 『고대 동아시아의 수군과 해양활동』(온샘, 2022), 『攝關·院政期研究を讀みなおす』(思文閣出版, 2023, 일본어)가 있다.

2

왜왕과 천황 사이

김현경
서울대 역사학부 강사

들어가며
— 일본 고대사 속 천황을 찾아서

안녕하세요, 제2강 강의를 맡은 김현경입니다. 저는 일본사 중에서도 헤이안시대平安時代라고 불리는 9~12세기의 역사를 주로 다루는 연구자입니다. 특히 귀족사회의 상류층이 자신들의 정치적, 사회적 지위를 세습하는 현상과 신분, 계층의 형성에 대해 공부하고 있습니다. 이제는 벌써 오래된 말이 된 것 같지만 오늘날이라면 '금수저'라고 불렸을 법한 사람들의 이야기라고 보면 되겠어요.

이번에 '일본사 시민강좌'에서 강의할 기회를 얻게 되면서, 강의 주제를 어떻게 할까 고민을 했습니다. "막연한 혐오와 적대감을 걷어내"기 위해 일본의 역사와 관련된 지식을 전달하는 것이 강좌의 중요한 목적이라면, 제가 전공하는 분야와 내용이 강좌에 잘 어울리지 않기 때문이지요. 한국인에게 일반적으로 알려져 있지 않은 낯선 소재이기도 하고요.

그때 '천황'에 관해 이야기해 보면 어떠냐는 제안을 받았습니다. 분명 천황은 일본과 관련하여 한국인이 관심을 갖고 또 민감하게 여기는 대표적인 키워드라 할 수 있겠지요. 그런 천황의 존재가 일본사에서 어떤 의미를 갖고, 어떻게 전개되었는지를 개략적으로 정리하는 작업은 중요하다고 생각합니다. 다만 제게 주어진 짧은 시간 안에 일본사 전체를 통틀어 천황의 역사와 의미를 설명하는 일은 어렵기 때문에 이 강의에서는 '천황'이라는 용어 자체에 집중하면서 고대사를 중심으로 이야기해 보고자 합니다.

천황인가 일왕인가

'천황'이라는 말을 들으면 어떤 이미지가 떠오르나요? 대부분 부정적인 이미지를 떠올리겠지요. '천황'이라는 말에 대부분 자동적으로 '일왕日王'이라고 불러야 하는 것이 아니냐고 반문하거든요. 지금 한국의 언론 매체에서는 대부분 천황이라는 호칭을 일왕으로 바꾸고 있습니다. 이 문제를 두고 박훈 선생님이 『경향신문』에 「천황인가 일왕인가」라는 칼럼을 기고한 적이 있는데요, 그중 한 대목을 읽어볼까요?

> 칼럼을 쓰다 보면 신문사에서 일본 천황을 곧잘 일왕으로 고친다. 일본의 임금을 무어라 부르면 좋을까. 해방 후 오랫동안 천황이라 불러왔으나, 대략 1990년대부터 매스 미디어는 일왕이라 하기 시작했다. 그러나 한국 정부는 공식적으로는 여전히 천황이라고 한다. 이낙연 총리가 일본을 방문했을 때도, 강창일 주

일대사가 부임했을 때도 천황이라 불렀다.[1]

칼럼을 보면 해방 이후에도 상당 기간 한국에서는 일본의 군주를 천황이라고 불렀다고 합니다. 과연 사실일까요? 『경향신문』에 실린 또 다른 기사를 통해서 한번 살펴봅시다.

> 8일 아침, 극동군사재판법정은 도조東條 이하 26명의 일본 주요 전범자戰犯者에 대한 소련 측의 기소를 개시하였는데 (…) 기소문 요점은 대략 다음과 같다. **일본 천황**日本天皇은 1941년 7월 2일 개최된 일본 육해군 및 각료회의를 주재하였으며 같은 회의에서 일본은 외교 교섭을 가장하고 비밀히 대소對蘇 전쟁 준비를 진행시킬 것을 결의하였던 것이다. 일본정부 전체가 일본 침략에 대한 책임을 져야 할 것이다. (…) 고튼스키 소련 검사는 **천황 히로히토**天皇裕仁도 전범자로 공판에 회부하여야 한다고 주장하였다.[2] (강조는 인용자)

기사를 살펴보면, 일본의 군주인 천황도 전범으로 기소의 대상이라는 소련 측의 주장을 전하고 있는데, 보시다시피 '일본 천황' 또는 '천황 히로히토'라고 쓰여 있습니다. 1949년 3월 18일 기사 「일황日皇 A전범서 제외」에서도 일단 제목부터 '일황'이 등장하고, 본문에는 "A급 전범자에 대한 극동위원회의 정책 결정은 일본 천황에게는 적용되지 않는다 한다. 전범자에 관한 극동위원회 원지령原指令에서 천황 문제가 제외되고 있는 것이다."라고 하여 '천황'이 그대로 쓰였음을 알 수 있습니다. 두 기사가 천황의 전쟁 책임이라는 민감한 사안을 다루고 있는데도 일본의 군주를 '일왕' 또는 '왜왕'이 아닌 '천황'으로 부르는 점은 주목할 만합니다.

대부분 기사에서는 '천황'으로 표기하지만, '일본 천황' 또는 '일천황日天皇'처럼 앞에 일본을 분명히 밝히는 사례도 많아요. 이런 경우, 단순히 천황보다는 앞에 '일본' 또는 '일'을 덧붙여서 일본의 군주임을 더욱 분명하게 드러내는 효과가 있습니다. 그 밖에 '일황日皇'이라는 표현도 종종 사용됩니다. 이것은 단순히 일본 천황의 줄임말이거나 천황이라는 말에서 천天을 일日이라는 글자로 대체한 것으로 볼 수 있겠지요.

그렇다면 일본 군주에 대한 각 호칭들의 사용 빈도는 어땠을까요? 천황, 일황, 일왕, 왜황의 네 항목으로 네이버 뉴스 라이브러리와 『경향신문』 홈페이지 등에서 키워드를 검색해 조사해봤습니다.(표1) '일본 국왕'이라는 표현은 '국왕'이라는 호칭이 일본에 국한되지 않고 왕정국가의 군주에 보편적으로 사용되기 때문에 별도로 조사하지 않았습니다.

먼저 '천황'은 예전부터 일반적인 표현으로 사용되었습니다. 1990년대에는 천황이라는 표현이 큰 폭으로 줄어들었다가 2000년대 이후 다시 많이 등장하게 됩니다. 대신 같은 시기에 '일왕'이라는 표현이 점점 늘어나지요. 물론 2000년대 이후 '천황' 호칭이 다시 늘어나는데도 여전히 '일왕' 호칭을 사용하는 사례가 많은 것은 일본 보도 건수가 많아졌기 때문이에요. '일황'은 처음부터 자주 쓰이지 않았고, 1980년대에 잠시 많이 쓰이다가 1990년대 이후 거의 사용되지 않습니다. '왜황'은 간간이 등장하는 예외적 표현입니다.

표 1 『경향신문』 기사 속 일본 군주를 가리킨 말(단위: 건)

※ 한 기사 안에 중복되는 표현도 따로 계산함.

기간(년)	천황天皇	일황日皇	일왕日王	왜황倭皇
1946~1949	33	21	0	1
1950~1959	80	19	1	2
1960~1969	222	26	0	1
1970~1979	394	26	2	1
1980~1989	379	136	96	0
1990~1999	195	11	531	2
2000~2009	239	4	310	0
2010~2019	427	1	610	0
합계	1,969	244	1,550	7

우리가 천황을 대체하는 말로 생각하는 '일왕'은 놀랍게도 1980년대 이전에는 거의 사용되지 않았어요. 해방 직후인 1946~1949년에는 한 건도 사용된 적이 없고, 1950년대에 한 건, 1970년대에 두 건이 확인되었습니다.

1980년대 이후에 '일왕' 표현이 많아지게 된 데는 계기가 있었습니다. 1989년에 당시 일본 천황 히로히토가 사망하면서 한국 정부가 조문을 가야 하느냐, 간다면 어떤 식으로 조문해야 하느냐를 두고 갑론을박이 있었어요. 이를 계기로 일본의 군주를 언급할 일이 많아지면서 '일왕'이라는 표현을 사용하게 되었지요.

> 히로히토 일왕의 사망 소식을 접한 외무부는 7일 상오 이미 오래전부터 일왕의 사망설이 나돌았기 때문인지 차분하고도 신중하게 정부 차원의 대책을 준비. (중략) 외무부가 이날 발표한 조전은 '본인은 히로히토 천황 폐하의 서거 소식에 접해 폐하를 비롯한 유족과 일본 국민에게 심심한 애도의 뜻을 표하고 삼가 고인의 명복을 빈다'는 내용. 이재춘李在春 아주국장은 '천황 폐하', '서거'라는 문구에 대해 '외교상의 공식화된 표현'이라고 설명하고 조문사절단의 규모와 관련, '일왕의 장례식이 사후 45~50일 사이에 있게 되므로 사절단의 성격과 규모에 대해서는 시간을 갖고 검토하게 될 것'이라고.(…) [3]

이 기사를 보면 '천황 폐하'나 '서거'라는 표현을 한국 정부에서 어떻게 사용할 건지에 대한 이야기가 나오는데, 같은 기사 안에서도 '천황'과 '일왕' 표현이 섞여 있는 것을 볼 수 있습니다. 이로부터 약 10년 뒤인 1998년도에도 다시 한번 한국 정부에서 사용하는 공식 호칭을 두고 논란을 벌인 적이 있습니다.[4]

그리고 앞서 인용한 박훈 선생님의 칼럼에서 당시 이낙연 총리가 천황이라는 호칭을 사용했다는 내용이 있었지요? 2019년 4월 30일, 천황 아키히토明仁가 아들 나루히토德仁에게 양위하자, 이낙연 총리는 트위터에 다음과 같은 트윗을 게재했습니다.

> 일본, 5월 1일부터 '레이와令和'시대. 한일관계를 중시하셨던 아키히토 천황님께 감사드립니다. 즉위하실 나루히토 천황님께서는 작년 3월 브라질리아 물 포럼에서 뵙고 꽤 깊은 말씀을 나누게 해주셔서 감사드립니다. 한일양국이 새로운 우호협력관계를 구축하도록 지도자들이 함께 노력합시다.[5]

아키히토와 나루히토는 각각 이름이고, 천황이라는 정식 호칭에 '님'까지 붙어 천황님이라는 약간 어색한 표현이 되었습니다. 이 트윗에 달린 댓글 중에는 천황이라는 명칭이 '잘못되었고' 일왕으로 '고쳐야' 한다고 지적하거나 그 표현이 거북하다는 내용이 많았습니다. 2019년에도 천황은 잘못된 표현이고 천황이라는 표현이 듣기 불편하다는 인식이 있었던 거지요.

앞서 소개한 박훈 선생님의 칼럼에도 부정적인 반응이 있었습니다. 예를 들면 '일왕도 과하고 왜왕으로 불러야 한다'는 댓글이 있었어요. 또 다른 댓글은 천황의 말뜻이 '하늘의 황제'라면 예수나 부처보다도 높은 거냐고 비꼬듯이 말하기도 합니다. 덧붙여 고유명사를 따질 거라면 천황이 아니라 '덴노'라고 해야 바른 표현이라고 말합니다. 덴노는 '천황'의 일본어 발음입니다. 이원복 교수의 『먼나라 이웃나라』에서도 천황을 덴노라고 부르기 때문에 이 명칭이 널리 알려졌는데, 그 영향으로 고유명사로서 덴노라고 부르자는 의견도 많이 제기되고 있습니다. 칼럼에서 박훈 선생님은 천황 호칭에 대한 사람들의 부정적 인식에 다음과 같이 논평합니다.

> 천황이라는 호칭을 거부하는 사람들에게 왜 그러냐고 물어보면 대부분 기분 나쁘고 자존심 상한다고 한다. 우리가 일본 밑에 있을 수 없다는 것이다. 지금 우리는 왕조시대에 살고 있나? 천황이라고 하면 우리 대통령보다 높은 게 되나? 천황이면 어떻고 일왕이면 어떻고 애초에 이런 시대착오적인 역사 감각에 신경 쓸 필요가 있는가.[6]

일본인들이 자기 나라 군주를 천황이라고 부르는 것은 공화국의 국민인 한국인으로서는 상당히 시대착오적인 발상이므로 그들의 역사 감각에 신경 쓸 필요가 없다는 뜻이지요.

그런데 천황의 뜻이 '하늘의 황제'라고 말한 댓글에 주목할 필요가 있습니다. 아마 천황의 말뜻을 비슷하게 생각하는 사람이 많을 텐데요, 1993년 『경향신문』 기사에서도 비슷한 인식을 확인할 수 있습니다.

> 황제라면 또 프랑스의 루이나 나폴레옹, 독일의 빌헬름이나 프리드리히, 러시아의 표트르나 니콜라이 황제부터 떠올릴지 모른다. 이들을 제쳐놓고 진시황제부터 거론할 사람도 많을 것이다. '황제'라는 칭호를 진시황이 처음 썼다는 역사 지식을 들춰가며.
>
> '황제黃帝'가 중국의 삼황三皇 등 전설상의 제왕인데 비해 '황제皇帝'는 천자

> 天子, 즉 하느님(천부天父)의 아들이다. 하늘이 도대체 어떻게 애를 낳게 하는지는 몰라도 아무튼 아비인 하늘의 뜻을 받아 천하를 다스리는 제국의 군주를 '황제'라 일컫는다. 더욱 방자한 칭호는 '천황'이다. 천자(황왕皇王)인 동시에 천제天帝라는 뜻이다. 곧 하느님이다. 무소불능無所不能의 '인신人神'이다.[7]

종합해 보면 사람들이 천황 호칭을 부정적으로 인식하는 이유는 크게 두 가지입니다. 하나는 일본이 과거 한국을 식민지 지배했던 역사에 대해 제대로 사과하지 않았기 때문입니다. 이 문제로 생긴 악감정이 천황 호칭 문제로 반영된 거지요. 이에 대해서는 국민의 반일 감정과 일본과의 외교 행동이나 군주 호칭 문제는 분리해서 생각해야 한다는 반론도 있습니다.

또 다른 이유는 천황이라는 호칭 자체에 대한 반감이나 괘씸함입니다. 아무래도 천황이라는 말이 천天, 즉 하늘이나 신의 개념과 연결되어 있다고 생각하기 때문이지요. 왜 우리가 일본의 군주를 신격화해서 하느님이라고 불러야 하느냐는 논리입니다. 천황을 일왕으로 부르게 되면 '천'과 '황'을 각각 한 단계씩 '일(일본)'과 '왕'으로 낮춘 것처럼 보입니다.

국민 정서상 천황 호칭을 받아들이기 어렵다는 의견에는 저도 충분히 공감합니다. 특히 일제강점기 동안 식민지 조선의 사람들이 겪었던 수탈과 차별을 생각하면 더욱 그렇지요. 게다가 1930년대 후반 격화되었던 황민화 정책은 조선인들에게 천황이라는 존재를 군주로 여기게 만들고, 그들을 천황의 신하로 만들려고 했습니다. 당시 국사國史라는 이름으로 '신국神國' 일본의 역사를 공부하며 초대 천황 이래 백여 명의 천황 이름을 달달 외워야 했던 사람들[8]에게는 '천황'이라는 말이 당연히 반감을 불러일으킬 수밖에 없습니다.

1923년 9월에 일본에서 간토關東대지진이 발생한 뒤, 재해를 틈타 조선인들이 우물에 독을 풀었다거나 마을을 습격해 올 거라는 등의 유언비어가 나돌면서, 마을을 지키려고 조직된 자경단이 조선인들을 닥치는 대로 적발해 학살하는 사건이 일어났습니다. 이때 자경단은 일본의 국가國歌에 해당하는 기미가요君が代를 조선인에게 불러보게 하거나 메이지明治천황이 내린 '교육칙어教育勅語'를 조선인에게 암송시켰고, 또는 발음하기 어려운 일본어를 조선인에게 발음하게 하면서 조선인을 구분했습니다. 또 다른 방법으로는 역대 천황의 이름을 외워보게 했지요. 문제는 일본인 중에도 역대 천황의 이름을 못 외우는 사람들이 분명히 있었다는 점입니다. 이런 사람들까지 조선인으로 오인받아 희생되는 일이 적지 않았다고 합니다. 천황의 존재는 일본인과 조선인을 구분하고, 일본인다움을 정의하는 요소로 인식된 거예요.

일본의 군주를 가리키는 호칭으로 과연 어떤 게 적절할까요? 솔직히 판단하기 어려운 일이에요. 각자가 처한 상황에 따라서 선택이 달라질 테니까요. 다만 제2강에서는 천황 호칭을 써도 되느냐 쓰지 말아야 하느냐 하는 문제를 떠나서, 정말 천황이 하느님이나 하늘의 황제라는 의미를 담고 있는지, 그리고 천황은 원래 어떤 의미로 사용되었는지에 대해 고민해 보려고 합니다.

일본에서는 언제부터 자기 나라의 군주를 천황이라고 부르기 시작했을까요? 한국사를 보더라도 신라 최초의 임금인 혁거세赫居世에게는 거서간居西干이라는 호칭이 붙습니다. 그 후 차차웅次次雄, 이사금尼師今, 마립간麻立干 등의 칭호를 쓰다가 지증왕智證王 대에 왕王이라는 호칭을 사용합니다. 또 고려 등의 나라에서는 외왕내제外王內帝라고 하여 대외적으로는 왕으로 부르지만 내부적으로는 황제로 불렀다고 보기도 합니다. 대한제국 시기에는 공식적으로 황제 호칭을 사용하는 등 한국의 역사에서도 군주 호칭은 '왕' 하나가 아니었어요. 그렇다면 일본도 처음부터 천황 호칭을 사용하지 않았을 거예요. 천황이라는 군주 호칭은 고대 일본에서 생겨났고, 그 이전에는 왕 또는 '왜왕'이라는 호칭이 존재했습니다.

일본에서 군주 호칭이 변화하는 과정을 살펴본다면, 우리가 일본의 군주를 어떻게 부를지 고민하는 데도 참고할 만한 좋은 자료가 될 거예요. 제2강에서는 굳이 천황을 일왕으로 바꾸지 않고, 필요에 따라 '천황'이라는 말을 역사 용어로 그대로 사용하겠습니다.

'천황' 신화

고대 일본의 군주들에 대한 이른 시기의 기록으로는 『고사기』와 『일본서기』가 있습니다. 『고사기』는 712년에 편찬된, 현존하는 일본의 역사서 중 가장 오래된 거예요. 이 책은 천지가 개벽한 시점부터 600년대까지의 이야기를 기록하고 있는데, 옛 제왕과 호족의 구전 전승을 문장으로 정리한 책입니다. 한국인에게도 유명한 『일본서기』는 720년에 편찬되었고, 일본에서 가장 오래된 정사正史로 알려져 있습니다. 신화시대부터 지토持統천황 재위 시기까지의 기사가 수록되었으며, 한문으로 된 편년체 역사서입니다.

『고사기』와 『일본서기』 모두 천황의 등장 배경과 그 계보를 기록하고 있습니다. 두 책의 전체적인 줄거리는 비슷하지만, 구체적인 내용에서 약간의 차이가 있습니다. 여기서는 두 책의 내용을 함께 살펴보도록 하겠습니다.

이야기는 태초에 하늘과 땅이 나뉘지 않은 혼돈 속에서 하늘과 땅이 분리되어 생겨난 것으로 시작됩니다. 그 안에서 신들이 태어나는데, 그들도 하늘과 땅이 나뉜 것처럼 남자 신과 여자 신으로 나뉩니다. 그중 남신 이자나기伊弉諾와 여신 이자나미伊弉冉는 국토가 필요하다고 생각하게 되지요. 그들은 보석이 박혀 있는 창을 바다에 넣어 휘적휘적 휘젓다가 끄집어냈는데, 그 창끝에서 소금물이 뚝뚝 떨어지다가 바닷물이 굳어져 섬이 만들어졌답니다. 그 섬에서 두 신이 부부의 연을 맺어서 국토의 신들을 하나둘 낳기 시작한 것이 일본 열도의 시작이라고 해요.

이자나기와 이자나미는 국토를 낳은 다음 산과 강, 나무와 풀 등을 낳았습니다. 이제 국토도 생기고 그 위에 산과 나무, 풀도 무성해졌으니 이 세상을 다스릴 만한 신을 낳으려고 합니다. 가장 먼저 태양의 신 아마테라스 오미카미天照大神가 태어납니다. 하지만 이 신은 땅을 다스리기에는 너무 능력이 뛰어났기 때문에 천상으로 보내졌습니다. 뒤이어 두 신은 달의 신 쓰쿠요미노미코토月夜見尊를 낳았는데 그 또한 너무 뛰어난 능력 때문에 천상으로 보내졌지요. 하늘에 해와 달이 떠 있는 자연현상에 대한 신화적 해석이라고 할 수 있지요. 그다음에 태어난 아이는 성하지 못해 배에 실어 바람에 맡겨 떠내려 보냈다고 합니다.

그다음에 스사노오노미코토素戔嗚尊라는 신이 태어나지요. 이 신은 용감하지만 성격이 잔인해 이곳저곳에서 소란을 일으켰으므로 '네노쿠니根の國'로 보냈다고 합니다. '네'는 '뿌리'를 뜻하는 일본어로, '네노쿠니'는 '뿌리의 나라'라는 뜻이에요. 어떤 이는 저승이라고도 해석합니다. 스사노오는 네노쿠니로 가기 전에 다카마가하라高天原라는 천상계로 가서 누나 아마테라스를 만나겠다고 하지요. 이때 누나는 동생이 나쁜 마음을 먹고 찾아왔을까 싶어 못 오게 하지만, 스사노오가 절대 나쁜 의도가 없다고 맹세를 하자 잠시 다카마가하라에 머물도록 허락합니다. 그런데 스사노오는 그곳에서 난폭하게 행동하고, 결국 예상 밖의 여러 일이 생기게 되지요. 아마테라스는 더는 두고 볼 수 없어 하늘의 동굴 속에 숨었고, 태양의 신인 아마테라스가 사라지자 세상은 빛을 잃고 말았습니다. 온갖 신이 아마테라스를 다시 동굴 밖으로 끌어내려고 춤을 추고 악기를 연주하며 소란을 피우자 아마테라스는 바깥이 너무 시끄러워 동굴 문틈으로 바깥을 살짝 내다보았지요. 이때를 노려 힘 잘 쓰는 신이 동굴 문을 열어젖혀 아마테라스를 밖으로 나오게 했습니다.

아마테라스를 겨우 동굴 밖으로 끌어낸 신들은 이 소동의 원인을 제공한 스사노오를 천상계에서 추방합니다. 그렇게 스사노오는 지상의 이즈모出雲라는 지역으로 내려오게 됩니다. 이즈모는 지금의 시마네현島根縣 일대라고 합니다. 여기에는 머리와 꼬리가 여덟 개인 큰 뱀이 있었는데, 이곳 사람들은 여자를 제물로 바치며 뱀에게 순종하고 있었습니다. 스사노오는 사람들의 부탁으로 큰 뱀을 퇴치합니다. 그러고는 뱀의 꼬리로부터 칼 한 자루를 얻게 되는데, 이 칼은 구사나기노쓰루기草薙劍라고 하며 천황이 대대로 계승한다는 '세 가지 신기[삼종신기三種神器]' 중 하나로 전해집니다. 스사노오는 뱀에게 잡아먹힐 뻔했던 여인을 구하고, 그 여인과 결혼해 아들 오나무치大己貴를 낳습니다. 스사노오가 예정대로 네노쿠니로 돌아간 뒤, 오나무치는 지상에 남아 이즈모와 주변 나라들을 평정했다고 합니다.

한편, 아마테라스는 자신의 손자 호노니니기火瓊瓊杵를 천상계와 저승 사이에 있는 아시하라노 나카쓰쿠니葦原中國, 즉 갈대

밭이 넓게 펼쳐진 가운데 나라로 내려보내 이곳을 다스리게 합니다. 아시하라노 나카쓰쿠니는 일본의 별칭인데 아마테라스는 손자에게 일본을 통치하라고 내려보낸 거지요. 지상은 이미 오나무치가 평정해서 다스리고 있었지만, 오나무치는 호노니니기가 내려오자 그에게 나라를 양보하고 아득히 먼 어딘가로 숨어버립니다. 그 대신 이즈모에서 자기를 신으로 모셔 달라고 부탁하는데 이것이 이즈모의 거대한 신사인 이즈모타이샤出雲大社가 탄생하는 배경입니다. 그리고 호노니니기는 휴가日向, 즉 지금의 규슈 남부 지역으로 내려옵니다.

호노니니기는 이때 오야마쓰미라는 신의 딸 고노하나노사쿠야히메木花開耶姬를 만납니다. 그러자 오야마쓰미는 고노하나노사쿠야히메와 그녀의 언니인 이와나가히메磐長姬를 함께 호노니니기에게 보냅니다. 고노하나노사쿠야히메의 이름에는 '하나(꽃을 뜻하는 일본어)', 이와나가히메의 이름에는 '이와(바위를 뜻하는 일본어)'가 들어가는데, 그 이름처럼 고노하나노사쿠야히메는 예쁜 여성인 반면 이와나가히메는 못생겼다고 합니다. 이에 호노니니기는 이와나가히메를 돌려보냈고, 아버지 오야마쓰미는 크게 노하여 두 딸을 호노니니기에게 보낸 것은 꽃과 같이 번성하고 바위와 같이 영원하라는 의미였다고 말하면서 이제 두 딸 중 바위를 돌려보냈으니 본래 신의 자손이었던 너희 집안은 수명이 유한해질 거라고 하지요. 이 이야기는 신의 자손인 천황의 수명이 왜 유한한지를 신화적으로 풀이하는 장치라 하겠습니다.

호노니니기의 증손 히코호호데미彦火火出見는 45세 때 동쪽으로 정벌을 나섭니다. 분명 오나무치가 천하를 평정했는데, 여기에서는 또 새로운 정벌이 필요한 것처럼 서술됩니다. 히코호호데미는 규슈 남부에서 출발해 규슈 동부와 세토내해瀬戸内海 연안, 오사카 등을 거쳐 야마토, 즉 지금의 나라奈良 일대에 다다릅니다. 그리고 가시하라橿原라는 땅에 터전을 잡고 천황으로 즉위하는데 그가 바로 일본 최초의 천황인 진무천황입니다. 진무가 정벌을 위해 동쪽으로 향하다가 깊은 산속에 있는 구마노熊野를 지날 때 야타가라스八咫烏라는 이름의 까마귀가 길잡이를 했다고 합니다. 야타가라스는 보통 발이 세 개인 삼족오三足烏로 묘사됩니다. 현재 일본축구협회가 사용하는 심벌마크에도 삼족오 야타가라스가 들어 있는데, 삼족오가 들어간 마크는 1931년부터 사용되었다고 합니다.(fig.1) [9]

fig. 1
일본축구협회 엠블럼에 사용된 삼족오

결사팔대의 천황들

『일본서기』에 따르면 정벌을 마친 히코호호데미가 진무천황으로 즉위를 한 해가 신유년辛酉年 봄 정월 경진庚辰 초하루라고 합니다. 이날을 양력으로 환산하면 기원전 660년 2월 11일이에요. 일본에서는 1873년부터 달력을 음력에서 양력으로 고치는데, 이때 양력으로 환산된 진무천황의 즉위일 2월 11일을 '기원절紀元節'이라고 부르고 이 날짜에 여러 행사를 진행했습니다. 그러나 제2차 세계대전에서 일본이 패배한 뒤에는 천황 중심의 역사관과 군국주의에 대한 비판으로 기원절이 폐지됩니다.

그런데도 기원절을 여전히 중요하게 여기며 '건국의 날'로 정하자는 주장이 여러 차례 제기되었습니다. 결국 1966년에 나라를 사랑하는 마음을 기른다는 취지로 2월 11일을 다시금 '건국 기념의 날'로 제정하고 휴일로 지정했습니다. 하지만 건국 기념의 날을 반대하는 목소리도 있습니다. 예를 들면 일본공산당에서는 다음과 같은 태도를 밝히고 있습니다.

> '건국 기념의 날'은 원래 천황을 신격화하고 그 정치를 미화한 전전戰前의 '기원절'을 부활시킨 것으로, 주권재민을 정한 헌법의 민주주의 원칙에 반합니다. 일본공산당은 헌법의 국민주권 원칙과 언론, 사상, 신교信敎, 학문의 자유를 지키는 입장에서 '건국 기념의 날'에 반대하고 있습니다. (중략) 진무천황이 즉위하

고 나서 일본의 역사가 시작되었고, 그 자손에 의한 통치는 영원히 변하지 않는 것이라고 하는 천황 중심의 비과학적 역사관입니다. 메이지 정부는 '기원절' 날을 골라 대일본제국헌법을 반포(1889)한다든지, '구름에 솟아오르는 다카치호의'로 시작하는 '기원절' 노래를 소학교 등에서 부르게 하고, 러일전쟁의 개전을 이날에 맞추는 등 국민에게 황국사관과 군국주의를 강요하는 기회로 삼아 왔습니다. 그러나 메이지 정부의 설명대로라면 기원전 660년 2월 11일이 진무천황 즉위일이 됩니다. 그 무렵의 일본은 아직 조몬縄文시대이고, 문자나 달력도 알려지지 않았습니다. 계급도 발생하지 않았고, 천황도 없었습니다. 진무천황이 실재하지 않는 인물임은 역사학의 상식입니다. 2월 11일을 '건국 기념의 날'로 삼는 과학적인 근거는 없습니다. 전후戰後 '기원절'은 헌법의 주권재민 원칙에 반하는 것으로서 폐지되었습니다. 그런데 자민당 정부는 1967년부터 '건국 기념의 날'로 부활시켰습니다. 이는 그 후의 원호元號 법제화, '히노마루', '기미가요'를 교육 현장에 강요하는 일 등 교육의 반동화, 헌법 개악의 움직임과 결부된 것입니다.[10]

이 글에 따르면 기원전 660년은 고고학 및 역사학의 시대 구분으로는 조몬시대에 해당하며, 아직 일본에 문자나 달력도 전해지지 않았습니다. 조몬縄文은 밧줄 무늬라는 뜻으로, 새끼줄로 누르거나 비빈 듯한 무늬를 새긴 토기를 조몬토기라고 하고(fig.2), 조몬토기가 출토되는 유적 문화의 시대를 조몬시대라고 부릅니다. 끝나는 시점에 대해서는 여러 설이 있지만, 조몬시대의 범위는 대략 기원전 1만 4,000년부터 기원전 4세기 무렵까

fig. 2
〈조몬토기〉, 조몬시대 중기(기원전 3000~기원전 2000년), 높이 48.2cm, 구경 36.2cm, 도쿄국립박물관 소장, 출처: ColBase(https://colbase.nich.go.jp/)

지입니다. 조몬시대에는 토기와 활, 화살 등이 사용되지만 아직 농경이 발달하지 않은 신석기시대에 해당합니다. 그런 시대에는 아직 국가가 발달하지 못하고 천황이 없었던 건 분명해 보이므로 진무천황은 실존 인물이 아니라는 게 역사학의 상식이라는 거지요. 그러니 전후에 폐지된 기원절을 다시 건국 기념의 날로 부활시킨 것은 일본 연호의 법제화 등과 마찬가지로 헌법 개악改惡의 움직임과 결부되어 있다는 주장이 나오는 거지요.

이렇듯 최초의 천황으로 알려진 진무천황은 실존 여부가 불분명한 신화 속의 존재예요. 그런데 그 이후에 등장하는 천황들도 결코 실존 인물로 보이지는 않습니다. 제2대부터 제9대까지의 천황들을 가리켜 결사팔대缺史八代라고 합니다. '결사'라는 것은 역사가 '결락되어 있다', '빠져 있다'는 의미인데요, 『고사기』와 『일본서기』에는 이 천황들의 이름이 무엇이고, 누구의 아들이며, 누구와 결혼하고 누구를 낳았는지는 적혀 있어요. 그러나 이들이 구체적으로 어떤 행위를 했고 일본을 어떻게 통치했는지에 대한 기록은 없어 단순히 이름을 나열하는 정도에 그치고 있습니다.

또한 여덟 명의 천황은 모두 부자 관계로 연결되어 있는데, 기록상의 생몰년과 나이를 보면 매우 부자연스럽습니다.(표2) 예를 들면 제1대 진무천황은 127세에 사망했는데, 무려 80세 때 아들인 스이제이綏靖천황을 낳았다고 합니다. 그리고 제5대인 고쇼孝昭천황은 80세에 고안孝安천황을 낳고, 고안은 86세 나이에 아들을 보았습니다. 이처럼 대부분 60~80대에 아들을 낳고,

100세 이상 장수했다고 해요. 물론 아버지의 나이가 많아도 아이를 낳는 어머니가 젊다면 충분히 자식을 볼 수 있을 거예요. 하지만 제6대 고안천황은 기원전 367년에 오시히메라는 사람을 아내로 맞이하는데, 이 오시히메가 첫 번째 아들인 고레이孝靈천황을 낳은 때가 무려 25년 후인 기원전 342년이라고 합니다. 어머니가 결혼 후 25년 동안 자식이 없다가 첫 번째 아들을 낳았다는 것은 아무래도 부자연스럽게 느껴집니다.

표 2 결사팔대의 천황들

대수	한풍 시호	생몰년(『일본서기』에 의함)	향년	태어날 때 아버지 나이
제1대	진무神武	기원전 711~기원전 585	127세	-
제2대	스이제이綏靖	기원전 632~기원전 549	84세	80세
제3대	안네이安寧	기원전 577~기원전 511	57세	56세
제4대	이토쿠懿德	기원전 553~기원전 477	77세	25세
제5대	고쇼孝昭	기원전 506~기원전 393	113세	48세
제6대	고안孝安	기원전 427~기원전 291	137세	80세
제7대	고레이孝靈	기원전 342~기원전 215	128세	86세
제8대	고겐孝元	기원전 273~기원전 158	116세	70세
제9대	가이카開化	기원전 208~기원전 98	111세	66세

그래서 많은 사람이 이 결사팔대의 천황은 실제로는 존재하지 않았고, 후대에 추가해 넣은 것으로 추정하지요. 참고로 여기서 '스이제이'니 '안네이'니 하는 이름은 그들이 생전에 실제 사용했던 이름이 아니라 '한풍 시호漢風諡號'입니다. '한풍'은 중국풍이라는 뜻이며, 8세기에 한자 두 글자의 시호를 바친 것을 한풍 시호라 부릅니다. 『일본서기』에 기록된 일본 천황들의 이름을 보면 대부분 매우 길어요. 예를 들면 제2대 스이제이천황의 이름은 간누나카와미미노 미코토神渟名川耳尊입니다. 그러다 보니 비록 나중에 붙여진 이름이지만 원래의 명칭 대신 한풍 시호를 많이 사용하게 되었지요. 이 책에서도 천황의 이름은 편의상 시호로 표기하겠습니다.

이렇게 역사 연구자들은 사실 진무천황이나 결사팔대의 천황들이 실존했다고 보기 어렵다는 입장입니다. 게다가 그 이후로도 여러 천황이 아예 존재하지 않거나 역사적 실체와는 거리가 먼 인물이었음이 계속 지적되었지요. 현재 일본 천황 나루히토는 제126대 천황인데, 그 대수는 제1대인 진무천황부터 헤아린 거예요. '제1대' 진무천황의 실존 여부가 불분명한 만큼, 일본의 역사학자 중에는 진무로부터 헤아리는 천황의 대수를 쓰지 않는 사람도 많습니다.

그런데 『고사기』와 『일본서기』는 모두 700년대에 편찬된 역사서로, 다루고 있는 시대보다 훨씬 나중에 편찬되었어요. 이 책들에서는 일본이 건국된 시점부터 군주의 호칭이 당연히 '천황'

인 것처럼 서술하고 있지만, 실제로는 그렇지 않을 가능성이 매우 큽니다. 이처럼 후대의 편찬 사료를 통해 '천황' 호칭의 시작을 살피기에는 무리가 있으므로 동시대의 상황을 전해주는 다른 나라의 사료나 고고학 유적에서 출토된 유물에 나타난 문자 기록을 활용하는 방법이 더 효과적일 것입니다.

'왜왕'은 언제 등장했을까 — 왜노국 또는 노국의 왕

일본에서 '왕'이라 부를 수 있는 통치자는 어느 시기에 등장할까요? 고고학적으로는 보통 야요이시대부터라고 이야기합니다. 야요이彌生란 오늘날 도쿄대학 혼고本鄕캠퍼스 부근의 동네 지명이에요. 이곳의 유적에서 발견된 조개무덤에서 토기들이 출토되지요. 이 토기를 야요이토기라고 하고(fig.3), 야요이토기를 사용하는 문화가 나타나는 대략 기원전 3세기부터 기원후 3세기까지의 시대를 야요이시대라고 부릅니다.(최근에는 기원전 10세기부터 시작된다는 설도 제기되었습니다.) 이 시대는 논농사가 시작되고, 청동기와 철기가 대륙 및 한반도를 통해 일본에 전파된다는 점이 특징입니다.

철기가 일본 전국으로 퍼져 나가면서 농업 생산력이 증가하고, 그 결과 토지와 잉여 생산물을 차지하려고 전투가 많이 일어

fig. 3
〈야요이토기〉, 야요이시대 중기(기원전 2~1세기), 높이 19.5cm, 구경 19.2cm,
도쿄국립박물관 소장, 출처: ColBase(https://colbase.nich.go.jp/)

났을 거예요. 마을 주변을 해자로 빙 두르거나 울타리로 감싸거나, 아예 마을 자체를 높은 고지대에 건설해서 방어력을 높인 취락의 유적이 발굴됩니다. 또 고인돌이나 거대한 고분, 건물들이 출현해 취락의 공동체에는 수장이 존재했음을 짐작할 수 있습니다.

이처럼 야요이시대는 사람들이 모여 사는 촌락이 아닌, 수장이 존재하는 작은 나라가 곳곳에 생겨난 시기예요. 야요이시대의 실상을 알려주는 중요한 유적이 바로 요시노가리吉野ケ里입니다. 요시노가리 유적은 규슈九州 북부의 사가현佐賀縣에 있었는데, 기원전 3세기 무렵에 환호취락環濠聚落, 즉 호濠(해자)를 두른 마을이 형성된 흔적이 보이고, 기원전 2세기부터는 수장의 묘와 대규모 옹관묘도 확인되었습니다. 옹관묘는 커다란 항아리 두 개를 이어붙여 관을 만든 무덤을 말합니다.(fig.4) 요시노가리 유적은 기원후 3세기 무렵에는 호가 메워지고 중심부의 기능이 없어졌는데, 그전까지는 상당히 발달된 군장의 세력 아래 있었던 것으로 여겨집니다. 요시노가리 유적에서는 마을 주변으로 구덩이를 파고 구조물들을 설치해 적의 접근을 막았습니다. 그리고 발굴된 옹관묘 중에는 두개골이 없는 유골이 발견되거나 옹관 바닥에 부러진 돌 화살촉과 청동으로 만들어진 무기 조각이 나오기도 했어요. 이로 보아 요시노가리 유적에 있었던 취락은 외적과의 격렬한 투쟁 상태였고, 전쟁 중에 사망한 사람들이 옹관묘에 묻힌 것으로 추정됩니다.

야요이시대 일본에서는 규모는 작지만 국가에 가까운 조직체가 여럿 등장한 것으로 확인되고, 그곳에는 왕과 같은 존재들이 있었습니다. 『일본서기』 등의 역사서에는 일본에 일찌감치 천황이 존재했다고 하지만 아무래도 현실과는 동떨어진 신화적 서술인 것 같습니다. 여기서 참고할 만한 것이 바로 중국의 사료입니다. 한반도의 역사를 살펴볼 때도 중국의 역사서인 『후한서後漢書』나 『삼국지三國志』를 많이 참조하는 것과 마찬가지로, 일본 고대사를 연구할 때도 중국의 역사서가 중요한 자료로 활용됩니다.

일본 열도에 살았던 사람들에 대한 기록 중 가장 이른 것으로는 전한前漢의 역사를 기록한 역사서인 『한서漢書』를 들 수 있습니다. 『한서』 「지리지地理志」를 보면 "낙랑樂浪 바다 가운데 왜

fig. 4
요시노가리 유적에서 발굴된 옹관묘, 요시노가리역사공원 소장

인倭人이 있어 백여 국으로 나뉘었다. 때에 맞추어 와서 공물을 바치며 알현한다고 한다."라는 기록이 있습니다. 낙랑이 어디에 있었느냐에 대해서는 다양한 의견이 있지만, 낙랑의 고분 등 관련 유적들이 지금의 평양 인근에서 많이 발견되므로 낙랑의 중심지를 평양 부근으로 보는 견해가 우세합니다. 그렇다면 낙랑 바다는 낙랑 인근에 있는 바다를 포함한 주변 지역을 가리키고, 우리가 왜라고 부르는 집단들도 대체로 이 지역에 있던 것으로 볼 수 있습니다.

『후한서』에는 한무제漢武帝가 위만조선을 멸망시키자 동이東夷가 처음으로 한나라의 수도와 통하게 되었는데, 여기에 왜인 100여 나라도 포함되었다고 기록되어 있습니다. 위만조선이 무너지게 되자, 그 주변 여러 나라들이 한나라 황제에게 직접 조공을 바치는 외교 행위를 할 수 있는 길이 열리게 된 거예요. 『후한서』 권1하의 「광무제기光武帝紀」에는 중원中元 2년(57)에 동쪽 오랑캐인 왜노국왕倭奴國王이 사신을 보내 공물을 바쳤다고 기록되어 있습니다. 『후한서』「동이열전」에는 이에 관한 보다 자세한 기록이 보입니다.

> 중원 2년(57)에 왜노국이 공물을 바치고 조하朝賀했는데 사자는 대부大夫를 자칭했다. 왜국에서 가장 남쪽에 있는 나라이다. 광무제는 인장과 끈을 하사했다. 안제 영초 원년(107)에 왜국왕 수승帥升 등이 생구生口 160인을 바치고 황제에게 알현하기를 청했다.

왜노국에서 공물을 바치자 후한의 황제인 광무제가 인장(도장)과 끈을 하사했다고 하는데요, 놀랍게도 광무제가 준 도장으로 추정되는 유물이 오늘날에도 전해지고 있습니다. 1784년, 일본 후쿠오카현福岡縣 시카노시마志賀島에서 한 농부가 수로를 공사하던 중에 금으로 된 도장을 발견했습니다.(fig.5) 당시 정치적 중심지도 아니었던 외딴섬에서 너무 완벽한 모양으로 갑작스럽게 발견되자 위조된 도장일 거라는 의혹이 꾸준히 제기되었습니다. 그러나 20세기 중엽에 한나라에서 주변의 다른 지역 제후들에게 보낸 도장들이 발굴되면서 이것들과 비교해 보며 진품으로 보는 견해가 힘을 얻었지요.

물론 이 도장에는 여전히 많은 미스터리가 남아 있습니다. 그 중 하나는 '한위노국왕漢委奴國王'이라는 다섯 글자 중에서 '위노국'이 어디를 가리키는가 하는 거예요. 먼저 '위委'에 대해서는 사람 인 변〔亻〕 하나만 붙이면 왜倭라는 글자가 되므로 왜를 의미한다고 보는 게 일반적입니다. 하지만 굳이 위委라는 한자를 쓴 데는 이유가 있을 거라고 보는 연구자도 있어요. 그래서 위노국委奴國이 『삼국지』에 나오는 왜의 여러 소국 중 하나인 이도국伊都國(일본어로 이토코쿠)을 가리킨다는 거지요.

한편 '위노국=왜노국'이라고 보는 사람들 사이에도 민족으로서의 왜, 나라 이름으로서의 노국奴國을 가리키느냐, 아니면 왜노국이 그 자체로 이름이냐를 두고 의견이 갈립니다. 왜의 여러 소국 중에는 노국奴國(일본어로 나코쿠)이라는 나라도 있었습

fig. 5

〈'한위노국왕漢委奴国王'이라고 새긴 금인金印〉, 57년, 2.347cm 높이 2.236cm 무게 108g, 후쿠오카시박물관 소장

니다. 전자는 바로 왜인의 나라인 노국의 왕에게 한나라가 인장을 준 거라고 보며, 현재로서는 이 견해가 통설에 해당합니다. 이에 반해 도장에 새겨진 문구가 '한+왜(민족)+노국(나라)+왕'으로 구성되는 것은 이상하고, 왜와 노국을 따로 볼 게 아니라 합쳐서 왜노국으로 봐야 한다는 게 후자의 의견입니다. 왜노국은 왜국에 '노예 노奴' 자를 붙인 말로, 결국 왜국과 똑같은 말이라는 거지요.

야마타이국은 어디인가

어느 쪽이 되었든 후한의 광무제로부터 책봉을 받은 왜노국 또는 노국의 군주는 '왕'으로 불렸던 것이 분명합니다. 『후한서』에 따르면 왜에는 100여 나라가 있고, 그 중에서 한무제 이래로 한나라와 통교한 나라가 30여 개국인데 그 나라들의 군주는 모두 왕이라고 칭했으며 그중에도 왜 전체를 통솔하는 군주는 '대왜왕大倭王'이라 불렸다고 합니다. 대왜왕은 야마대국邪馬臺國(일본어로는 야마타이코쿠)에 있었다고 합니다. 그런데 『삼국지』에서는 야마대국을 '야마일국邪馬壹國'이라고 적고 있습니다. 야마대국의 '대臺'와 야마일국의 '일壹'의 글자 형태가 매우 비슷하므로, 아마도 '일'은 '대'를 잘못 옮겨 적어 생긴 오자일 거라는 견해가 일반적이에요. (지금부터는 일본 발

음 야마타이국으로 부르겠습니다)

여기에서 잠시 중국 측 사료에 대해 설명하면, 『후한서』는 후한(22~220)의 역사를, 『삼국지』는 후한 말기와 삼국시대를 다룬 역사서입니다. 따라서 『후한서』는 『삼국지』보다 더 이른 시기를 다루고 있습니다. 하지만 책의 편찬 시기는 반대로 『후한서』가 더 늦지요. 『삼국지』는 3세기 무렵에 진수陳壽에 의해, 『후한서』는 그보다 한참 뒤인 5세기 무렵에 범엽范曄에 의해 편찬되었습니다. 『삼국지』에는 왜에 대한 기록이 자세하게 서술되어 있지만, 『후한서』는 오히려 앞서 나온 『삼국지』의 기록을 참조한 흔적이 보이며, 그중 일부 내용을 적절히 생략하고 정리한 곳이 눈에 띕니다.

그렇다면 『삼국지』에서는 왜의 왕들을 어떻게 기록하고 있을까요? 야마타이국은 '여왕'이 도읍을 삼은 곳으로 기술되어 있으며, '여왕국女王國'이라는 표현도 보입니다. 여왕이 다스리는 야마타이국은 아마도 한나라와 사절을 통하는 30개의 소국을 통솔하는 연합의 중심이었을 거예요.

문제는 이 야마타이국이 대체 어디에 있었는지 불분명하다는 것입니다. 한반도에서 고조선의 중심지가 어디였느냐를 두고 여러 가지 설이 제기되는 것과 마찬가지로, 일본의 역사에서 신화가 아닌 역사적 실체로서 최초로 존재를 확인할 수 있는 국가인 왜, 그 왜 연합의 맹주에 해당하는 야마타이국이 어디에 있었는지는 여전히 논쟁의 대상이 되고 있습니다.

현재로서는 크게 두 가지 설이 대립하고 있는데, 하나는 규슈설, 다른 하나는 기나이畿內설입니다. 먼저 규슈설을 살펴보겠습니다. 『삼국지』에는 낙랑으로부터 야마타이국까지 가는 길이 자세히 설명되어 있습니다. 문제는 그 기록 그대로 따라가다 보면 한없이 남쪽으로 내려가서 멀리 바다 한가운데에 이르게 됩니다. 그러니까 이 기록을 곧이곧대로 믿을 수는 없습니다. 대신 낙랑에서 여왕국까지 대략 1만 2,000리 정도라고 적혀 있어서, 그 거리를 토대로 따져볼 때 규슈에 위치한 것으로 추정하는 거지요. 또 마침 후쿠오카현 남부에는 야마토山門라는 지명도 있습니다. 야마타이국의 타이臺를 '토'라고도 읽을 수 있다면 야마타이국은 야마토를 가리킬 수도 있습니다.

반면 기나이는 긴키近畿 지방이라고도 불리며 현재의 오사카大阪, 나라奈良 일대를 가리킵니다. 특히 나라현 일대는 야마토大倭/大和라는 이름으로도 불립니다. 기나이설에서는 『삼국지』에 기록된 루트를 따라가되, 방향만 남쪽이 아닌 동쪽으로 바꾸면, 이동하는 거리나 시간을 따져볼 때 오사카, 나라 인근 지역까지 도달하게 된다고 봅니다. 오늘날 연구자들이 '야마토 정권'이라고 부르는 일본의 고대 왕권이 바로 야마토를 중심으로 발전한 것만 보더라도, 기나이 지역을 고대 국가의 중심지로 보는 것이 훨씬 적합하다는 의견이에요. 이 두 설의 절충안으로, 야마타이국이 원래 규슈에 있다가 점차 중심지가 기나이 지역으로 옮겨갔거나 기나이 세력에 의해 흡수되었다고 보는 시각도 있습니다.

야마타이국은 여왕국이라고 하는데, 그 여왕으로 비미호卑彌呼, 일본 발음으로는 '히미코'라는 인물이 등장합니다. 107년에 왜국왕 수승이 조공을 바쳤고, 그로부터 70~80여 년이 지난 후에 왜국에서 대란大亂이 일어났습니다. 이때 왜국 사람들이 한 여인을 추대해 왕으로 세워 난리가 진정되었습니다. 그 여인이 바로 히미코입니다. 『삼국지』에서는 히미코가 귀도鬼道, 즉 귀신의 도를 섬기며 능히 무리를 미혹하는 힘이 있다고 하여 무당과 같은 존재로 묘사하고 있습니다. 히미코는 나이가 많았지만 남편을 두지 않고 남동생이 통치를 보좌했어요. 또한 사람들과 잘 접촉하지 않고 대부분 여자들이 시중들었으며 히미코의 명을 출납하는 사람은 남자 한 명뿐이었다고 해요.

그런데 히미코가 238년에 대부 난승미難升米를 대방군帶方郡에 보내 천자를 알현하고 싶다고 요청합니다. 대방군은 낙랑군 밑에 새로 설치된 행정구역이었습니다. 당시 후한도 이미 멸망하고 위魏나라가 들어섰는데, 난승미는 위나라의 수도까지 찾아가서 노비와 베 등을 바칩니다. 이때 위나라의 황제는 명제明帝 조예曹叡인데, 우리에게 삼국지의 등장인물로 잘 알려진 조조曹操의 손자입니다. 조예는 히미코에게 '친위왜왕親魏倭王'이라는 호칭을 주고 금으로 된 도장과 자색의 인끈을 수여했다고 합니다. 사신에게도 관직을 수여하고 비단과 동경銅鏡(청동 거울) 등을 하사했습니다.

그런데 247년, 야마타이국과 구노국狗奴國이 싸움을 벌였습니다. 구노국은 야마타이국의 영향이 미치지 않는 먼 남쪽에 있는 나라였습니다. 여왕이 다스리는 야마타이국과 남자가 다스리는 구노국의 대결이었지요. 그러던 와중에 원인은 자세히 알 수 없지만 여왕 히미코가 사망합니다. 그래서 히미코를 매장하기 위해 지름 100여 보 크기의 무덤을 만들고 그곳에 노비 100여 명을 순장했다고 전해집니다. 그 뒤 야마타이국에서는 남자를 왕으로 세웠는데, 사람들이 승복하지 않아서 유혈사태로 이어졌습니다. 결국 히미코의 친척인 열세 살 도요臺與가 즉위한 다음에야 겨우 나라가 안정을 되찾았다는 설화가 『삼국지』에 기록되어 있습니다. 히미코의 뒤를 이은 왜왕 도요는 266년, 서진西晉에 사신을 파견합니다.

덧붙이자면, 야마타이국의 위치에 대한 두 가지 설 중 '기나이설'의 중심지로 지목되고 있는 나라 지역에는 하시하카箸墓라는 고분이 있습니다.(fig.6) 연구자들은 이 고분이 히미코의 무덤일 거라고 추정합니다. 지금은 숲으로 덮여 있어 얼핏 보면 무덤 같지 않습니다. 이 무덤은 열쇠 구멍 모양으로 생겼는데 앞부분은 각지고 뒷부분은 둥근 모양이에요. 원형부에는 시신을 묻고 각진 부분에는 제단 등의 용도로 사용했지요. 이런 모양의 고분을 전방후원분前方後圓墳이라고 부릅니다. 전방후원분은 3세기부터 6세기 무렵까지 전국적으로 많이 만들어졌어요. 그중 비교적 초창기에 등장하는 대형 무덤 중의 하나가 바로 하시하카이고, 이것을 히미코의 무덤으로 추정하는 거지요.

다섯 명의 왜왕과 '오키미'

도요의 사신 파견으로부터 150년 동안, 왜가 중국에 사신을 보냈다는 기록은 확인되지 않습니다. 그런데 남조 송宋나라 건국 이듬해인 421년, 왜왕 찬讚이 사신을 보냅니다. 이후 송나라가 멸망할 때까지 무려 다섯 명의 왜왕이 차례로 사신을 파견해 옵니다. 역사적으로 이들을 '왜 5왕'이라고 부릅니다. 송나라의 역사를 다룬 『송서宋書』에서는 왜 5왕의 이름을 각각 찬讚, 진珍, 제濟, 흥興, 무武라고 기록하고 있습니다.

fig. 6
하시하카 고분

또 이들의 가족 관계도 설명하고 있는데 찬과 진은 형제 관계이고, 무는 제의 아들이며 흥의 동생이라고 기록되어 있습니다.

그렇다면 『송서』 속 왜 5왕과 같은 인물을 『일본서기』에서 찾아볼 수 있을까요? 앞서 이야기했듯이 『일본서기』와 『고사기』의 전반부에 기록되어 있는 천황의 계보는 그 실체를 인정하기 어려운 신화 이야기로 가득합니다. 하지만 대략 5세기 무렵에는 실존했을 법한 인물들이 등장해요.

『송서』에는 왜왕 무가 송나라 황제에게 바친 상표문이 수록되어 있는데, 그에 따르면 아버지 제가 죽고 오래지 않아 형인 흥도 죽었습니다. 『일본서기』를 보면 인교允恭천황이 사망한 다음 그 아들인 안코安康천황이 뒤를 잇지만, 역시 일찍 죽고 안코의 동생인 유랴쿠雄略가 계승했다고 합니다. 그래서 『송서』에 기록된 제는 인교, 흥은 안코, 무는 유랴쿠에 각각 대응할 가능성이 큽니다. 이때부터 조금씩 중국의 기록과 일본의 기록을 크로스체크할 수 있습니다. 다시 앞 시기로 돌아가서, 왜왕 찬에 대해 자세히 살펴보겠습니다.

왜국은 고려의 동남쪽 큰 바다 가운데 있는데, 대대로 공물을 바쳤다. 고조 영초 2년(421)에 조詔하기를, "왜찬倭讚은 만리 바깥에서 공물을 바치니 멀리서 온 정성이 참으로 크므로, 제수를 내려야 할 것이다."라고 했다. 태조 원가 2년(425)에 찬이 다시 사마조달을 보내어 표를 올리고 방물을 바쳤다.

421년에 찬은 송나라에 공물을 바치고 관직을 받게 되죠. 이때 찬이 '왜찬'이라고 불린다는 점이 흥미롭습니다. 마치 성이 왜이고 이름이 찬인 것처럼 기록하고 있습니다. 사신으로 온 인물 중에는 아래 인용문에도 보이는 왜수倭隋도 있는 것으로 보아, 왕과 사신은 국제무대에 나오면서 자신의 나라 이름을 성씨로 삼은 게 아닐까 추정됩니다. 훗날 천황은 성씨를 하사하는 입장에 있으며 스스로는 성씨를 갖지 않는 존재였던 것에 비하면 사뭇 대조적입니다.

다음은 왜 5왕 중 진에 대한 기록입니다.

> 찬이 죽고 아우인 진이 즉위하자 사신을 보내어 공물을 바쳤다. 스스로 칭하기를 사지절使持節 도독都督 왜·백제·신라·임나任那·진한秦韓·모한慕韓 육국제군사六國諸軍事 안동대장군安東大將軍 왜국왕이라고 했다. 표를 올려 정식으로 임명해 주기를 구하므로 조를 내려 안동장군 왜국왕에 제수했다. 진이 또한 왜수倭隋 등 13인의 평서, 정로, 관군, 보국장군이라는 칭호를 정식으로 임명해 주기를 바라므로 조를 내려 모두 허락했다.

이 기록을 보면, 왜왕 진이 자신의 도독 칭호와 장군호, 왕호를 스스로 칭한 뒤에 그것을 정식으로 임명해 달라고 요청했습니다. 그뿐만 아니라 자기가 거느린 신하들까지 송나라에 관직을 내려 달라고 하여 허락을 받았습니다. 이러한 현상은 사실 왜에서만 보이는 것이 아니라, 당시 중국의 왕조와 외교 관계를 맺고 있었던 다른 나라에서도 마찬가지였습니다. 예를 들어 백제의 경우, 전지왕腆支王은 동진東晉으로부터 백제왕 칭호와 장군호를 받았습니다. 이는 중국 남조 황제로서는 주변 외국을 회유하는 정책의 하나였고 왜왕을 비롯한 주변국의 군주들로서는 황제에게 부여받은 권위를 바탕으로 내부를 통솔하려는 게 목적이었지요.

지금까지 살펴본 바와 같이 중국 측 사료에는 일본 열도에 있었던 정치체의 군주를 왕 또는 왜왕이라고 기록했습니다. 즉, '일본'의 군주가 처음부터 '천황'이라고 불렸던 것처럼 기록한 『일본서기』나 『고사기』와는 달리 그들도 처음에는 왕이라고 불린 시기가 있었던 거예요. 백제에서 일본으로 보낸 칠지도七支刀에도 '왜왕을 위하여 정교하게 만들었다[爲倭王旨造].'[11]라는 문구가 적혀 있는데, 백제에서 왜의 군주를 대상으로 '왜왕'이라는 호칭을 사용한 것을 확인할 수 있습니다.

그렇다면 당시 왜의 군주는 국내에서도 왕이라는 호칭을 사용했을까요? 『송서』에 등장하는 왜 5왕 중 마지막에 등장하는 무는 478년 송나라에 사신을 보내 조공을 하고 안동대장군이라는 장군호를 받았습니다. 그 형인 흥이 송나라에 사신을 보냈던 것이 462년이니까, 무의 활동 시기는 대략 460~470년대라고 볼 수 있습니다. 일본 측 사료에서 왜왕 무로 추정되는 인물이 바로 유랴쿠천황입니다. 유랴쿠의 재위 기간은 457~479년이므로 대략 그 시기가 일치합니다. 여기서 유랴쿠라는 이름은 후대에 붙여진 한풍 시호라는 점에 주의해야 합니다. 일본의 기록에 따르면 유랴쿠의 이름은 오하쓰세大泊瀨였습니다. 그리고 그에게 주어진 존호尊號는 '오하쓰세노 와카타케루노 스메라미코토大泊瀨幼武天皇[12]'였다고 『일본서기』에 기록되어 있습니다. '와카타케루'에서 '와카'는 젊다는 뜻이고, '타케루'는 용맹하다는 뜻입니다. 그런데 일본어 '타케루'는 무武라는 한자를 가져다가 표기하곤 합니다. 『송서』에 기록된 왜왕의 이름이 바로 무였죠. 아마도 와카타케루는 송나라에 조공을 바치려고 사신을 보낼 때, 중국에서는 보통 한 글자 성에 한 글자 또는 두 글자의 이름을 사용하니까, 와카타케루에서 '무武'라는 한자를 가져왔을 가능성이 큽니다. 성씨가 필요한 경우에는 나라 이름인 왜를 붙여서 '왜무'라고 칭했을지도 모릅니다. 이 밖에 여러 가지 이유로 오늘날에는 『송서』 속 왜왕 무와 『일본서기』의 유랴쿠천황을 같은 인물로 보는 경향이 있습니다.

그런데 와카타케루의 호칭과 관련된 중요한 유물이 출토된 바 있습니다. 도쿄 북쪽에 위치한 사이타마현埼玉縣 교다시行田市에 이나리야마稻荷山 고분이라는 전방후원분이 있습니다. 이 무덤에서 출토된 철검에는 115자의 글자가 새겨져 있었는데, '신해년辛亥年' 471년 7월에 기록된 것입니다. 특히 획가다지로대왕獲加多支鹵大王이라는 문구가 보이는데 '획가다지로'는 일본어로는 '와카타케루'라고 읽을 수 있습니다.(fig.7) 그리고 여기에 '대왕'이라는 호칭이 붙어 있습니다. 또한 구마모토현熊本縣

fig. 7
〈이나리야마 출토 철검(금석명金錯銘철검)〉, 471년, 73.5cm,
사이타마현립 사키타마사적박물관 소장

다마나군玉名郡에 소재한 에타후나야마江田船山 고분에서도 철로 만들어진 칼이 하나 출토되었는데, 이 칼에 새겨진 명문에도 '치천하획□□□로대왕세(治天下獲□□□鹵大王世. □는 판독 불가)'라는 문구가 있습니다. 글자가 많이 없어져 일부 글씨는 판독할 수 없지만 다행히 획獲 자와 로鹵 자는 확인할 수 있습니다. 그래서 이나리야마 고분 철검에 나오는 '획가다지로'와 같은 인물을 가리킨다고 볼 수 있지요. 해석하자면 '천하를 다스리는 와케타케루 대왕의 치세'가 됩니다. 5세기의 왜왕이 '대왕'의 칭호로 불렸음을 알 수 있습니다.

'천하'라는 말은 중국에서 사용하는 '천하' 표현을 빌려와서 '대왕'이 통치하는 세계를 나타낸 거예요. 한편으로는 『일본서기』 등에 기록된 신화 속 다카마가하라高天原라는 천상의 세계에서 태양신 아마테라스의 손자가 내려와 지상 세계를 다스렸다고 하니, 천상 세계에 대비되는 의미에서 하늘 아래를 '천하'로 표현했을 수도 있겠습니다. 둘 중에 어느 것이 맞는지는 단언할 수 없지만, 적어도 이 시기에 대왕이라고 불린 사람들의 의식 속에는 자기만의 독자적인 천하를 다스린다는 개념이 있었던 것은 분명해 보입니다. 비슷한 시기에 고구려가 왕의 칭호를 '태왕太王'으로 한 것이나 백제에서 왕을 '대왕폐하'라고 칭한 것 등을 보면, 대략 4~5세기 무렵에 동아시아의 여러 나라가 자기 나름의 독자적인 천하관을 정립하면서 왕의 칭호를 높이는 것은 공통된 현상이었습니다.

그렇다면 '대왕大王'이라는 말은 일본에서는 실제로 어떻게 발음했을까요? 오늘날에는 한자로 대왕이라고 적고 일본 발음으로는 '다이오'라고 읽습니다만, 이 시대에는 '오키미'라고 읽었던 모양입니다. 600년, 일본은 수隋나라로 사신을 보냈는데 수나라의 역사를 서술한 『수서隋書』에는 이때 왕의 성씨는 아매阿每이고 자字는 다리사비고多利思比孤이며, 호는 아배계미阿輩雞彌였다고 합니다. 아매와 다리사비고는 아마도 일본어로 '아메타라시히코(하늘에서 내려온 남자)'를 의미하고 아배계미는 '오키미'의 발음을 표기한 것으로 추정됩니다. 이것을 보면 왜왕이 더는 성씨를 '왜'라고 칭하지 않으며, 그 호칭도 '오키미'였음을 알 수 있습니다. 또 다른 중국의 기록을 보면, 아배계미는 천아天兒, 즉 하늘의 자식을 뜻한다고 해설되어 있습니다.

이렇게 해서 왜의 군주가 '대왕大王＝오키미'라고 불렸음을 확인할 수 있어요. 그렇다면 그 사례를 일본 측 역사서에서도 찾을 수 있을까요? 『일본서기』에서는 군주에 대한 호칭이 천황으로 굳어진 다음에, 이것을 과거의 모든 군주에게 소급해 적용하고 있으므로 오키미라는 호칭은 좀처럼 찾아볼 수가 없습니다. 하지만 이 호칭이 간간이 숨어 있기도 합니다. 천황의 일화 속에 인용된 노래 가사가 대표적인 사례입니다. 예를 들어 스이코推古천황 20년(612) 정월 7일 자 기사에는 당시 불렸던 노래 가사가 인용되어 있는데, 일본어 발음을 한자 한 글자씩 대응시켜서 표기하고 있습니다. 그 가사 중에 '화아어붕기미和餓於朋耆彌'라는 문구가 보이는데, 이 표기를 일본식으로 한 글자씩 발음하면 '와가 오호키미', 즉 우리(와가) 대왕(오키미)이라고 읽을 수 있지요. 그러므로 5세기 이후 일본 열도에 있었던 정치체의 군주는 오키미라는 호칭으로 불렸고, 그 표기로는 '대왕'이라는 한자어가 대입되었음을 확인할 수 있습니다.

'천황'이라는 호칭은 언제부터 사용했을까

일본의 공식 역사서인 『일본서기』는 과거 모든 왕의 호칭을 천황으로 바꾸었기 때문에 일본에서 언제부터 호칭을 천황으로 바꾸었는지에 대한 기록은 찾을 수 없습니다. 왜냐하면 『일본서기』의 서술 구조상 일본의 군주는 처음부터 천황이어야만 하기 때문이지요. 그러나 앞서 살펴본 것처럼 분명 천황 이전에는 왜(일본)의 군주를 일컫는 명칭으로 왕, 대왕(오키미) 등이 있었습니다.

왕이나 대왕 대신 천황이라는 칭호를 사용한 시기가 언제인지에 대해서는 여전히 논쟁이 벌어지고 있습니다. 대체로 두 가지 설이 있는데요, 첫 번째는 대략 600년경이라고 보는 설입니다. 그 근거는 이렇습니다. 607년, 왜에서는 중국 수나라에 두 번째로 사신을 파견합니다. 이때 왜의 사신이 가져간 국서에는 "해 뜨는 곳의 천자[日出處天子]가 해 지는 곳의 천자[日沒處天子]

에게 편지를 보낸다. 무탈하신가?"라는 글이 적혀 있었습니다. 이 글을 읽은 수나라 양제煬帝는 매우 불쾌해했습니다. 수나라의 황제가 유일한 천자이고 천하의 진정한 주인인데, 조공을 바치는 상황에 있던 왜왕이 수나라 황제와 동급인 천자를 칭했기 때문입니다.

그러나 왜로서는 자신들의 군주가 '오키미', 즉 하늘의 아들을 표방하고 있으니 천자라고 표현을 해도 무리가 없었겠죠. 그래도 자신을 스스로 천자라고 칭한 것은 외교적으로는 좀 미숙했다고 할까요? 물론 수나라가 어떤 반응을 보일지 의도적으로 한번 떠본 것일 수도 있겠지만, 천자가 천자에게 보내는 방식으로 국서를 보냈으므로 수나라로부터 무례하다는 평가를 받게 되었습니다.

그래도 왜는 수나라로부터 답신을 받습니다. 『일본서기』에 따르면 수나라에서 보낸 국서에는 "황제문왜황皇帝問倭皇", 즉 "황제가 왜황에게 묻는다."라고 적혀 있었다고 합니다. 그러나 아무리 생각해도 수나라 황제가 왜나라의 왕을 '왜황'으로 칭하지는 않았을 것 같습니다. 아마도 원문에는 왜왕倭王이라고 쓰인 것을 왜황으로 고친 듯합니다. 다만 이것을 고쳐 적은 주체가 당시의 관료인지, 아니면 『일본서기』 편찬자 그룹인지는 확실하지 않습니다. 내부적으로 국가의 틀을 갖춰 나가면서 하늘의 아들이라는 뜻의 '오키미'를 군주의 호칭으로 사용하던 왜는 그에 걸맞은 '천자'라는 호칭도 사용하려고 했지만 그럴 수는 없었습니다. 어쩌면 '왜황'은 그 대안으로서 고려되었을 수도 있겠습니다.

608년에는 수나라에 세 번째로 사신을 보냈습니다. 『일본서기』에 따르면 이때 보낸 국서에는 "동천황東天皇이 서황제西皇帝에게 삼가 아뢥니다."라고 되어 있습니다. '동천황', 즉 동쪽의 천황이라는 표현은 『일본서기』 상의 표기이므로 정말로 국서에 동천황이라는 글자가 적혀 있었는지, 아니면 다른 호칭인데 『일본서기』의 편찬자가 천황으로 바꿔 버렸는지 알 수는 없습니다.

이처럼 왜는 수나라와의 외교 과정에서 자기 나라 왕을 높여 황제와 동등해지려고 시도합니다. 마침 이때는 '헌법 17조'라는 관리들의 복무수칙에 해당하는 규정이 정비되었고, 벼슬아치들의 계급을 세세하게 정하는 관위 12계가 정립되는 등 왜가 고대국가로서의 기틀을 형성해 나가던 시기였습니다. 즉, 국가의 틀을 마련하고 대외적인 군주 호칭을 창출하는 가운데 '천황'이라는 호칭도 등장했다는 추정입니다.

두 번째는 670년 무렵으로 보는 설입니다. 670~690년의 시기는 덴무天武천황과 지토천황이 통치하던 시기로, 왜가 중앙집권제 국가로 발돋움하는 때였습니다. 왕 밑의 모든 백성을 공민公民으로서 파악하려 했고, 관료제도 한층 더 성숙해졌습니다. '일본'이라는 국호도 이때 비로소 사용되었다는 것이 정설입니다. 그래서 일본 국호와 세트로 천황 호칭도 등장한다는 거지요. 일본이라는 국호를 사용하기 시작했다는 내용은 중국의 역사서에도 등장합니다.

> 일본국은 왜국의 별종別種이다. 그 나라가 해가 뜨는 곳에 있기 때문에 일본을 나라 이름으로 했다. 혹은 말하기를, 왜국이 스스로 그 이름이 우아하지 못한 것을 싫어하여 일본으로 고쳤다고 한다. 혹은 말하기를, 일본은 과거에는 작은 나라였는데, 왜국의 땅을 병합했다고 한다.[13]
>
> 천지天智가 죽자 아들 천무天武가 섰다. (천무가) 죽자 아들 총지總持가 섰다. 함형 원년(670)에 사신을 보내어 고려(고구려)를 평정한 것을 축하했다. 그 후에 점차 중국말을 익히면서 왜라는 이름을 싫어하여 일본으로 이름을 바꾸었다. 사자들 자신의 말로는 나라가 해가 뜨는 곳에서 가까우므로 이름하였다고 한다. 혹은 말하기를 일본은 작은 나라인데 왜에 병합되었으므로 그 칭호를 쓰게 되었다고 한다. 사자가 사실을 말하지 않으므로 의심했다.[14]

중국 측 기록에서는 왜倭가 나라 이름을 일본日本으로 고친 이유에 대해 여러 가지 설을 제시하면서, 그즈음 일본의 군주 이름이 천지, 천무, 총지였다고 기록하고 있습니다. 천무가 바로 덴무이고요, 총지는 글자를 뒤집으면 지총持總이 되는데 아마도 지토持統를 가리키는 것으로 보입니다. 다만, 지토천황은 실제로는 덴무의 아들이 아니라 덴무의 부인인 여성이었습니다.

위의 두 가지 설을 뒷받침할 만한 물증이 있을까요? 먼저 600년대 설의 근거로는 대표적인 한 가지만 들자면 호류지法隆寺라는 일본의 유명한 사찰에 소장되어 있는 약사여래좌상이 있습니다.(fig.8, 9) 이 약사여래좌상의 광배 뒷면에는 '오하리다노오미야小治田大宮에서 천하를 다스리는 "대왕천황大王天皇"(스이코)과 동궁성왕東宮聖王(쇼토쿠태자)이 정묘년(607)에 제작'했다는 명문이 적혀 있습니다. 이 명문대로라면 607년에 이미 '천황'이라는 호칭이 사용된 것입니다. 하지만 이 불상의 제작 연대 자체가 실제로는 607년보다 늦다는 주장이 있고, 불상 자체는 607년에 만들어졌어도 광배 뒷면의 명문은 나중에라도 얼마든지 새길 수 있다는 주장도 제기되어서 확실한 증거로 쓰기에는 어렵습니다.

다음으로 670년 설의 근거로는 1998년에 나라현 아스카촌明日香村 아스카이케飛鳥池 유적에서 나무막대기에 글씨를 적은 목간木簡을 들 수 있습니다.(fig.10) 이 목간에서 '천황'이라는 글씨가 확인된 거지요. 함께 발견된 목간에 정축년丁丑年이라는 연도가 표기되어 있어, 677년에 기록된 거라고 비정할 수 있습니다. 그래서 늦어도 677년 전후에는 천황 호칭이 사용되었을 거라고 보는 것입니다.

677년은 덴무천황이 다스린 시기에 해당합니다. 마침 당나라 황제 고종高宗이 674년에 자신의 존호尊號로 천황을 사용했기 때문에, 덴무가 이것을 알고 천황이라고 칭하기 시작했다는 설도 있습니다. 덴무의 일본식 존호인 '아마노 누나하라 오키노 마히토天渟中原瀛眞人'에는 신선들이 사는 곳인 영주瀛洲의 '영瀛' 자, 도의 깊은 뜻을 깨달은 선인을 뜻하는 '진인眞人'이 사용될 정도

fig. 8
호류지(2008년 12월 8일 필자 촬영)

fig. 9
〈호류지 약사여래상〉 출처 : 『호류지대경法隆寺大鏡』 48, 도쿄미술학교 편, 1926년

fig. 10
아스카촌 아스카이케飛鳥池 유적 출토 목간, 출처 : 나라문화재연구소

8

9

10

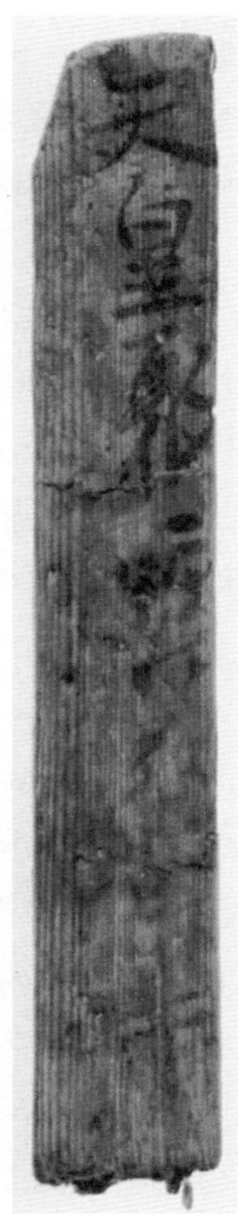

로 도교道教와 연관이 있는데 혹시 천황 호칭이 덴무의 재위 시기에 등장했다면, 이러한 도교적인 배경에서 만들어졌을 수도 있습니다.

앞서 5세기 무렵 일본의 군주에 대한 호칭으로 '치천하대왕', 즉 천하를 다스리는 대왕(오키미)이라는 말이 사용되었다고 했는데, 이것을 일본식으로 발음하면 '아메노시타 시로시메스 오키미'가 됩니다. 700년대에 들어서면 이 말에 대한 한자 표기는 '어우천황御宇天皇'으로 대체됩니다. 어御는 다스린다는 뜻이고, 우宇는 우내宇內, 즉 온 세상인 천하라는 말입니다. 치천하治天下가 그 뜻 그대로 어우御宇로 치환되었음을 알 수 있습니다. 아마도 대왕에서 천황으로 용어가 바뀌면서, 기존의 '치천하' 표현에 '천'이라는 글자가 중복되어 '치천하천황'이 되므로 '치천하'를 의미가 같은 '어우'로 바꿨을 가능성이 있습니다.

'천황'이라는 말은 오늘날 흔히 '덴노'라고 부르지만 일본 고유의 말로는 '스메라미코토' 또는 '스메미마노미코토'라고 읽기도 합니다. 당나라의 기록에서도 일본 국왕의 이름이 '스메라미코토'라고 알려졌습니다. '미코토'라는 말은 신 또는 귀인을 높여서 부르는 말입니다. '스메라'라는 말은 여러 가지 설이 있지만 '신성하다' 또는 '다스리다'의 의미가 있다고 추정됩니다. 이상의 내용을 정리하자면, '천황天皇'으로 쓰고 '스메라미코토'라고 읽는 왕의 호칭이 대략 600년대 말에서 700년대 초에는 확립되었던 것입니다.

나가며
— 변화하는 '천황' 호칭

일본 역사서의 기록과는 달리, 일본 군주의 호칭이 처음부터 천황이었던 것은 아니었습니다. 일본이 차츰 독자적인 천하관을 형성해 나가면서, 군주의 호칭에 자신들이 인식하는 천하를 다스리는 대왕이라는 개념이 반영되고, 또 고대 국가로서의 기틀이 점차 확립되어 가면서 중국의 황제와도 맞먹을 '하늘의 아들'로서의 지위를 호칭에 반영하기 시작합니다. 그러한 과정에서 '천황'이라는 호칭이 고안된 것으로 보입니다. 이것이 나중에 『일본서기』에 서술된 것과 같은 천황신화, 신들의 세계로부터 이어지는 '천손'의 계보와 밀접하게 결합하게 된 거지요.

그 이후로 일본에서는 항상 일관되게 '천황'을 군주의 호칭으로 사용한 것도 아니었습니다. 예를 들면 중국에서 사용하는 '황제' 호칭을 일본에서도 사용하여, 황제 또는 그냥 제帝라고 부르기도 했습니다. '제'는 일본어로는 '미카도'라고 읽는데, 이것은 본래 궁궐이나 저택의 문을 높여 부르는 말이었습니다. 중세에는 '국왕', '일본 국왕'이라든지 '공가公家' 같은 말도 천황을 지칭하는 표현으로 사용되었습니다. 천황이라는 호칭은 공식적으로는 남아 있었지만, '왕' 또는 '왕'이 들어가는 용어를 사용해도 문제가 되지는 않았습니다.

'○○천황'이라는 호칭도 늘 사용된 것이 아니었습니다. 일부 예외를 제외하고, 9~10세기부터는 천황에게 한풍 시호를 바치지 않았고, 또 퇴위하거나 사망한 천황에게 '천황' 호칭조차 붙여지지 않았습니다. 일본에서는 은퇴한 천황이 거처하는 장소를 원(院, 일본어 발음은 인)이라고 했으며, 이 말이 은퇴한 천황 자체를 가리키게 되었는데, 사후에 붙인 통칭과 '원'을 합쳐서 '시라카와인白河院', '도바인鳥羽院' 등으로 부르게 됩니다. 시라카와인, 도바인은 오늘날에는 각각 시라카와천황, 도바천황으로 부르지만 당시에는 천황으로 불리지 않았지요.

훗날 1840년에 사망한 상황上皇에게 '고카쿠光格'라는 시호를 올리고, 또 원 대신 천황 호칭을 사용함으로써 공식적으로 한풍 시호와 천황 호칭이 다시 사용되는데 이는 1841년의 일이었습니다. 요컨대 근대로 접어들면서 일본은 다시 천황 호칭에 눈을 돌린 것입니다.[15]

주

1. 박훈, 「천황인가, 일왕인가」, 『경향신문』, 2021. 5. 13.
2. 「일제도 전범자」, 『경향신문』, 1946. 10. 9. (인용문의 문장은 현대어에 맞게 적절히 수정했습니다.)
3. 「천황 폐하 서거 표현」, 『경향신문』, 1989. 1. 7.
4. 「'천황이냐' '일왕이냐' 호칭 논란」, 『경향신문』, 1998. 5. 14 ; 「데스크 창」, 『경향신문』 매거진X, 1998. 5. 18 ; 「시민공청회: 천황 호칭」, 『경향신문』, 1998. 9. 16.
5. 이낙연 트위터, 2019년 4월 30일, https://twitter.com/nylee21/status/1123073740550500352
6. 박훈, 「천황인가, 일왕인가」, 『경향신문』, 2021. 5. 13.
7. 「여적」, 『경향신문』, 1993. 6. 12.
8. 「반사경」, 『경향신문』, 1962. 5. 21.
9. 小泉一敏, 「八咫烏が日本サッカーのシンボルになった理由 和歌山出身の高等師範學生が普及に注いだ情熱」, 『産經WEST』, 2015. 8. 6. https://www.sankei.com/article/20150806-LLH2CVK4QZMUVIA7LVVADKXBJE/
10. "「建國記念の日」に反對するのは?", 日本共産黨, 1999. 2. 11. https://www.jcp.or.jp/faq_box/001/990211_faq.html
11. 일설에는 '왜왕 지旨를 위해 만들었다'고도 해석됩니다.
12. '스메라미코토'를 '天皇'이라는 한자로 표기한 것은 당시의 표기라고 볼 수는 없으며, 여기서는 『일본서기』의 표기에 따라 적었습니다.
13. 『구당서』 권199상, 「동이열전」, 일본.
14. 『신당서』 권220, 「동이열전」, 일본.
15. 19세기 한풍 시호와 천황 호칭 사용 과정에 관해서는 김형진, 「에도 시대 후기 조정의 변화와 천황호·한풍시호 재흥」(『역사학보』 256, 2022)을 참조.

더 읽을 거리

- 오노 야스마로 지음, 강용자 옮김, 『고사기』, 지식을만드는지식, 2014.
- 연민수·김은숙·이근우·정효운·나행주·서보경·박재용 엮음, 『역주 일본서기 1~3』, 동북아역사재단, 2013.
- 국립경주박물관 편저, 『일본의 고훈古墳문화』, 꿈과놀다, 2015.
- 김후련, 『일본 신화와 천황제 이데올로기: 신화와 역사 사이에서』, 책세상, 2012.
- 쓰데 히로시 지음, 김대환 옮김, 『전방후원분과 사회』, 학연문화사, 2013.
- 오야마 세이이치 지음, 연민수·서각수 옮김, 『일본서기와 '천황제'의 창출: 후지와라노 후히토의 구상』, 동북아역사재단, 2012.
- 이재석, 『고대 한일관계와 일본서기: 일본서기의 허상과 실상』, 동북아역사재단, 2019.
- 일본역사교육자협의회 엮음, 김현숙 옮김, 『천황제 50문 50답』, 혜안, 2001.
- 한·일관계사연구논집 편찬위원회 편, 『왜 5왕 문제와 한·일관계(한·일관계사연구논집 2)』, 경인문화사, 2005.
- 홍성화, 『왜 5왕: 수수께기의 5세기 왜국 왕(인물로 보는 일본역사 1)』, 살림, 2019.
- 홍성화, 『칠지도와 일본서기: 4~6세기 한일관계사 연구』, 경인문화사, 2021.
- 河内春人, 『日本古代君主号の研究: 倭国王·天子·天皇』, 八木書店, 2015.
- 河内春人, 『倭の五王: 王位継承と五世紀の東アジア』, 中央公論新社, 2018.
- 冨谷至, 『漢倭奴国王から日本国天皇へ: 国号「日本」と称号「天皇」の誕生』, 臨川書店, 2018.
- 吉田孝, 『日本の誕生』, 岩波書店, 1997.

① 시카노시마

후쿠오카현 후쿠오카시에 속해 있는 섬 시카노시마志賀島는 후쿠오카 앞바다인 하카타만博多灣 북쪽에 위치하고 있다. 모래가 쌓여 사주沙洲가 성장하면서 규슈 본섬의 육지와 연결된 육계도이다. 바로 이 섬에서 '한위노국왕' 명문이 새겨진 금 도장이 발견되었다. 금 도장은 금인공원金印公園에서 발견되었는데, 이곳은 하카타만이 내다보이는 좋은 경치를 자랑한다. 공원에는 '한위노국왕금인발광지처漢委奴國王金印發光之處', 즉 '한위노국왕 금 도장이 빛을 발한 곳'이라는 명문이 쓰인 비석이 세워졌고, 금 도장과 그 인면印面을 소재로 한 오브제들이 설치되어 있다. 금 도장 자체는 후쿠오카시박물관(한국어판 홈페이지 https://museum.city.fukuoka.jp/ko/)에 소장되어 있다.

이 밖에도 시카노시마에는 고려와 몽골 연합군의 일본 원정과 관련된 장소가 있다. 1274년에 몽골군이 하카타만에 나타나 일본군과 격전을 벌였는데, 그들은 해가 지자

시카노시마 금인공원

몽고총

일단 배로 돌아갔다. 하지만 밤에 배가 풍랑을 만나 침몰하거나 파손되면서 결국 난파하게 된 몽골군은 시카노시마를 비롯한 하카타만 연안 일대에서 전사하거나 붙잡혀 죽임을 당했다. 그 후 시카노시마 일대에는 구비키레즈카首切塚(목이 잘린 이들의 무덤), 도진즈카唐人塚(당인, 즉 중국 사람들의 무덤) 등의 명칭으로 불리는 무덤과 공양탑이 생겨났으며, 그들의 명복을 빌기 위한 불당도 세워졌다. 1920년대에는 이러한 시설들이 모코즈카蒙古塚(몽고총)이라는 이름으로 대대적으로 정비되었다고 한다.

— 시카노시마 금인공원

후쿠오카현 후쿠오카시 히가시구 시카노시마 1863

② 호류지

『일본서기』에 기록된 천황들 중 최초의 여성 천황으로 등장하는 스이코천황은 592년에 즉위했고, 이듬해에 우마야도廐戶를 '황태자'로 임명했다. 물론 천황 호칭이 스이코 시대에 등장하지 않았다면 당시에는 '황태자'라는 호칭도 없었을 가능성이 높다. 스이코는 이때 우마야도를 다음 왕위 계승자로 여겼던 듯하며, 우마야도는 국정을 위임받아 통치를 수행했다고 한다. 그렇다면 우마야도는 스이코의 전전대 천황 요메이用明의 아들로, 요메이의 여자 형제인 스이코에게는 조카였던 셈이다. 훗날 불교를 번성시키고 국가의 기틀을 갖추는 등 큰 업적을 세워 존경과 신앙의 대상이 되면서 쇼토쿠태자聖德太子라는 호칭으로 불렸다.

우마야도는 601년에 이카루가斑鳩라는 곳에 궁을 조성하기 시작한 뒤, 그곳을 거처로 삼았다. 그리고 이미 세상을 떠난 아버지 요메이의 명복을 빌기 위해 자신의 궁 근처에 사원을 세웠는데 607년 무렵에 완성된 호류지法隆寺였다. 호류지에 소장된 약사여래좌상이 607년에 만들어진 것도 바로 호류지의 건립과 연관이 있는데, 사실 이 불상은 요메이가 자신의 병이 낫기를 기원하며 만들게 했다가 사망하여 완성시키지 못한 것을 스이코와 우마야도가 제작한 것이라고 명문에 적혀 있다. 명문에는 요메이가 '이케노헤 대궁에서 천하를 다스리는 천황[池邊大宮治天下天皇]'이라는 글귀가 있다.

호류지는 670년에 건물들이 남김없이 불에 타는 비극을 겪었지만, 나라시대에 이전 시대의 건물 양식대로 가람 재건이 이루어졌다. 이것이 바로 세계에서도 가장 오래된 목조 건축물인 사이인西院 가람이었다. 한편 우마야도가 살던 이카루가궁은 그의 아들인 야마시로노 오에山背大兄 때 일족이 멸망하면서 황폐해졌고, 나라시대에 승려 교신行信이 우마야도의 명복을 빌고자 궁의 옛터에 유메도노夢殿라는 팔각형 불당을 세웠다. 유메도노를 중심으로 한 가람을 도인東院 가람이라고 부른다.

— 호류지

http://www.horyuji.or.jp/ | JR야마토지선大和路線 호류지역에서 도보 20분

호류지 금당과 오중탑

호류지 유메도노

금당과 오중탑을 둘러싸듯 펼쳐진 회랑

호류지 대강당

박수철

서울대학교 역사학부 교수. 전남대학교 사학과 교수와 일본 도쿄대학·교토대학·캐나다 브리티시 컬럼비아British Columbia대학의 외국인연구원·객원교수·방문교수를 역임했다. 16세기 일본의 국가 체제 및 사회 변동을 시야에 두면서, 주로 오다 노부나가와 도요토미 히데요시 시기 무사와 종교(천황) 관계를 연구하고 있다. 주요 저서로 『오다·도요토미 정권의 사사寺社지배와 천황』(서울대학교출판문화원, 2012), 편역서 『오다 노부나가와 도요토미 히데요시는 어떤 인물인가: 16세기 예수회 선교사 루이스 프로이스의 기록』(위더스북, 2017), 공저 『아틀라스 일본사』(사계절, 2011) 등과 다수의 논문이 있다.

3

'전국시대', 총과 은 이야기

/ 박수철 서울대 역사학부 교수

Indigenæ candidi sunt proceræq; staturæ In bello sunt strenui sed crudeles & barbari
Vuoqui
Baca
Foquy
Inaba
Tango
Argenti fodinæ
Hizumi
Hivami
IA
Tagima
Vacasa
P
Meaco
Mimasaca
Nagato
Suro
Aquy
Vigo
Tamba
Hitchu
Fcungocuny
Farima
Itoqulchima
FON GO
Buge
Couxima
Figen
all
Sacay
Cavachi
Firando
Checugen
LAS
Bungo
Hyo
Samuqui
Tonsa
Ava
Hizumi
Quimocuni
P.Bom
Duco
Ogoto
Qvivro
Xiqui
BVN
Chicugo
Figi
Fumay
TONSA
C. dos Cesto
Xa
ganoxeque
GO
Finga
Vsuqi
Mmo
Fango
Meaxuma
Cuila ma
Cangaxu ma
S. Clara
Nanga xuma
Osumi
Tenora
Saceuma
Minato
Tomo rum
Tanaxuma
Ciambo
Navigij genus ex Insula Japonia v
ex arundine contextis ligilisq; anchor
Isla do Fogo
OCEANUS

들어가며
— '긴 16세기'의 일본

안녕하십니까. 제3강 강의를 맡은 박수철입니다. 저는 16세기 일본 전국戰國(센고쿠)시대, 특히 오다 노부나가織田信長(1534~1582)를 중심으로 연구하고 있습니다. 오다 노부나가라는 이름을 들어본 적이 있는지요? 본격적으로 일본을 하나로 통합할 때 아케치 미쓰히데明智光秀라는 부하의 배신으로 죽임을 당한 인물이에요. 한국인에게 익숙한 도요토미 히데요시豊臣秀吉의 주군이기도 하지요. 노부나가가 남긴 미완성의 통일 과업은 히데요시가 이어받았고 최종적으로 1615년 도쿠가와 이에야스德川家康가 '겐나엔부元和偃武('무기를 눕히다'라는 뜻, 즉 종전과 평화)'를 선언해 통일을 이루었습니다.

사실 일본 학계에서는 노부나가 시기부터 근세近世로 분류합니다. 노부나가 이전은 전국시대이며, 전국시대는 중세中世라는 주장입니다. 그렇지만 제3강에서는 노부나가부터 이에야스 시기까지를 좀 더 넓은 의미에서 '전국시대'라는 개념으로 다뤄보려고 합니다. 에릭 홉스봄Eric Hobsbawm이 명명한 '긴 19세기The Long 19th Century' 개념을 차용한다면, 이 시기를 '긴 16세기'라고도 부를 수 있겠지요. 시기적으로 보면 대략 유럽의 대항해시대가 시작되는 15세기 후반부터 에도막부가 외국 세력과의 접촉을 극도로 제한하는 이른바 '쇄국'을 단행한 17세기 중반까지입니다.

'긴 16세기'로서의 전국시대는 일본 내부적으로 큰 혼란과 변화의 시기였지만 외부적으로도 세계사적 대전환이 시작된 격변의 시기였습니다. 이번 강의에서는 대부분 한국인이 다소 낯설게 느낄 이러한 외적 변화를 이야기하고자 합니다. 일본이 전국시대를 겪고 있을 무렵 당시 세계사는 어떻게 돌아가고 있었는지, 그러한 외부 환경의 변화가 일본 사회에 어떤 영향을 미쳤는지 하는 점입니다.

이 시기 일본 사회가 외부에서 받은 자극은 '총銃'과 '은銀'으로 상징됩니다. 이 두 가지는 당시 일본 사회에 드라마틱한 변화를 가져다주었습니다. 그러면 이러한 변화가 역사적으로 어떤 의미를 지니는지 한번 살펴볼까요?

'전국시대'는 어느 시기를 말할까

구체적인 이야기를 시작하기 전에 이번 강의 주제인 전국시대가 일본 역사상 과연 어느 시기에 위치하는지, 즉 일본사 전 시기 중 전국시대는 도대체 언제를 말하는지 알아보겠습니다. 이를 위해서는 우선 막부幕府의 추이를 이해해야 합니다.

장군의 지휘소[막사幕舍]에서 뜻이 유래하는 막부는 보통 일본의 무사 정권을 지칭합니다. 그리고 일본 역사상 막부는 오직 세 개만 있습니다. 첫 번째는 12세기 후반 미나모토노 요리토모源賴朝가 세운 가마쿠라鎌倉막부입니다. 흥미로운 사실은 거의 비슷한 시기에 고려에서는 무신 정권이 세워졌지요.[1] 아울러 고려 무신 정권이나 가마쿠라막부는 모두 몽골의 침공을 받았습니다.

가마쿠라막부는 몽골·고려 침공 이후에 봇물 터지듯 쏟아진 각종 내부 모순을 수습하지 못한 채 결국 무너졌습니다. 뒤이어 14세기 중반 두 번째 무로마치室町막부가 등장합니다. 특히 무로마치 3대 쇼군將軍 아시카가 요시미쓰足利義滿는 교토京都 무로마치도오리室町通り 이마데가와今出川 부근에 화려한 저택을 마련했는데 여기서 무로마치막부라는 이름이 유래합니다. 무로마치시대는 대략 조선 전기에 해당합니다.

그런데 무로마치 후기에 일본 사회가 다시 혼란스러워졌습니다. 쇼군 가문의 계승 문제로 막부 내부가 두 파로 갈리면서 쇼군의 권위가 실추되었고 그 틈을 타서 각 지역 유력자인 다이묘大名들이 발호해 서로 싸웠습니다. 일본은 분열되고 전란의 상태가 됩니다. 15세기 후반부터 대략 1세기 동안 이런 상황이 계속되었지요. 이 시기를 통상 전국시대라고 부릅니다. 대체로 무로마치 후기가 전국시대에 해당됩니다. 무로마치막부가 여전히 존속했지만 쇼군의 명령은 잘 관철되지 않았고, 전국 다이묘라는 유력 지역 영주가 자기 지역에 맞는 독자적인 법(분국법分國法·전국법戰國法)을 제정하는 등 자립의 움직임이 뚜렷해졌습니다.

이후 노부나가, 히데요시 시대를 지나 17세기 초 도쿠가와 이에야스가 세 번째 막부인 에도江戸막부를 세웠습니다. 에도막부는 그 후 약 260여 년간 유지되다가 19세기 중반 메이지유신을 계기로 역사 속으로 사라졌습니다.

fig. 1
1570년경 유력 다이묘 세력 지도
(괄호 속은 각 다이묘의 근거지)

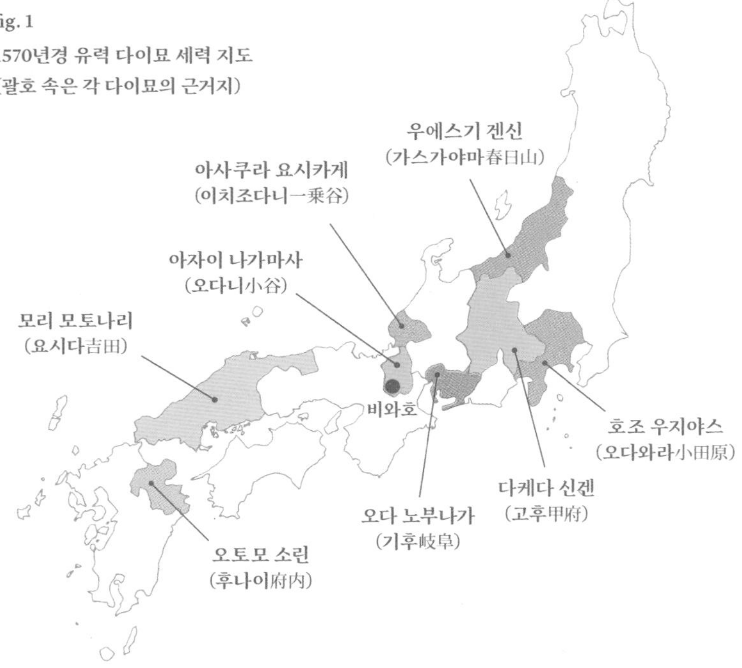

이렇게 전국시대는 일반적으로 무로마치 후기를 지칭하지만, 여기서는 '긴 16세기' 일본이란 관점에 서서 무로마치 후기부터 에도시대 초기까지를 '전국시대'라는 용어로 설명하겠습니다(이 강의에서 전국시대는 통설에서 말하는 전국시대를, 인용부호를 붙인 '전국시대'는 '긴 16세기' 즉 전국시대부터 노부나가·히데요시·이에야스까지의 시대를 지칭합니다.) 한국사와 비교하면 조선 전기에서 후기로 넘어가는 시기에 해당합니다.

전국시대의 특징
— 다이묘가 할거하고 하극상이 휩쓸다

일본의 전국시대는 중국의 춘추전국시대처럼 각 지역에서 할거한 유력자들이 서로 경쟁하고 싸우는 시대였습니다. 전란기로 인해 내로라하는 인물이 각 지역에서 출현했습니다.(fig.1) 몇몇 중요 인물을 꼽아보면 먼저 노부나가의 라이벌이자 숙적 다케다 신겐武田信玄이 있습니다. 이 신겐과 지역 패권을 다투었던 우에스기 겐신上杉謙信도 유명합니다. 서쪽으로는 작은 시골 영주에서 단번에 전국적 인물로 뛰어오른 모리 모토나리毛利元就가 있고, 동쪽으로는 유서 깊은 가마쿠라 지역을 차지한 호조 우지야스北条氏康가 있습니다. 그 외 규슈 지역의 크리스천 다이묘로 유명한 오토모 소린大友宗麟, 교토 인근의 아사쿠라 요시카게朝倉義景, 아자이 나가마사淺井長政 등이 있습니다.

당시 노부나가가 차지한 오와리尾張 지역(당시는 지역을 '구니國'라고 불렀습니다)은 대략 현재 나고야名古屋 일대입니다. 이 지역은 거리상 교토에서 그리 먼 곳이 아니었습니다. 그렇다고 교토 중앙의 정치적 변동에 직접 영향을 받을 정도로 아주 가까운 곳도 아니었지요. 너무 덥지도 춥지도 않은 딱 좋은 위치라고 할까요. 아주 적절한 정도의 거리였습니다. 더욱이 상당히 넓은 평야 지대로 물산이 풍부하고, 동서 지역을 잇는 대동맥 도카이도東海道가 지나가는 교통의 요지였습니다. 경제적인 면에서 당시 교토·오사카 등을 일컫는 기나이 선진 지역에 비교해도 크게 뒤떨어지지 않았지요. 노부나가는 오와리 지역을 기반으로 삼아 이웃 미노美濃 지역을 손에 넣는 등 주변 여러 세력과 싸우면서 차츰차츰 교토 방면으로 세력을 확장했습니다.

각 지역의 유력자(다이묘)들이 싸우던 전국시대의 특질을 한마디로 표현하면 '하극상' 풍조입니다. 노부나가는 말할 것도 없고 그 외 대다수 전국 다이묘도 가신家臣에서 성장해서 주군을 제거 또는 제압하고 권력을 잡은 사람들입니다.

당시 일본 사회의 주요 특징이 하극상이었음을 외부인의 시선에서 설명한 흥미로운 자료가 있습니다. 중국 명나라 이지조李之藻가 서양의 과학 기술을 수용해 만든 동아시아 최초의 세계지도인 〈곤여만국전도坤輿萬國全圖〉입니다. 지도에서는 일본을 다음과 같이 설명하고 있습니다.

> 지금 [일본에는] 66주州가 있어 각기 국주國主가 있다. 풍속은 강력함을 숭상하고 총왕總王이 있지만 권력은 강신强臣에게 있다. 그 백성[民]은 다수가 무武를 익히고 소수가 문을 익힌다. 토산품은 은, 철, 좋은 칠漆이다.

66주란 66개의 구니國로 일본은 자국을 66개 지역(국)으로 나누어 다스렸습니다. 여기서 주의 국주는 일본의 유력 영주領主로서 대략 다이묘들이겠지요. 총왕은 일본의 천황입니다. 중국인 이지조가 천황이 아니라 총왕이라고 적은 점은 흥미롭습니다. 그는 일본을 총왕이 아닌 막강한 신하가 권력을 가진 나라로 파악했습니다. 힘을 숭상하는 하극상 나라 일본으로 본 거지요.

전국시대라는 명칭은 어떻게 생겨났을까

중국 춘추전국시대의 명칭이 각각 『춘추』와 『전국책』의 책 이름에서 따왔다는 것은 널리 알려진 사실입니다. 일본도 전국시대가 중국의 춘추전국시대처럼 하극상 양상을 띠고 있었으므로 이런 명칭을 사용했습니다.

그렇지만 정작 당시 일본에서는 전국시대라는 말이 쓰이지 않았습니다. 전국시대는 19세기에 이르러 널리 쓰인 학술 용어입니다. 1923년에 발간된 다나카 요시나리田中義成의 『아시카가시대사足利時代史』에는 "오닌應仁의 대란이 일어나 두루 해내海內에 미쳐 군웅할거群雄割據의 세를 이루어, 이른바 전국시대가 출현했다."라고 서술되어 있습니다. 그런데 일본 문부성(교육부)에서 소학교(초등학교) 교과서를 만들 때 당시 권위자였던 다나카의 주장이 거의 그대로 채택되었습니다. 그래서 전국시대라는 명칭이 널리 퍼졌고 또 전국시대의 시작을 '오닌의 난'으로 보는 것이 상식으로 되어버렸습니다.

잠깐 이야기를 보충하면, '오닌의 난'이란 1467년(오닌應仁 1)부터 1477년(분메이文明 9)까지 약 10년간 무로마치막부 세력이 크게 둘로 나뉘어 싸운 내전을 가리킵니다. 무로마치 8대 쇼군 아시카가 요시마사足利義政의 후계자 자리를 두고, 이미 정해놓은 요시마사의 동생을 지지하는 세력과 새로 태어난 요시마사의 어린 친아들을 미는 세력 간에 알력과 갈등이 생겼습니다. 여기에 하타케야마畠山 등 막부의 유력 중신 가문 내 상속 분쟁도 이 문제와 함께 엮이면서 두 세력 간 싸움이 커졌습니다. 이 내란이 시작된 1467년 당시 연호가 오닌이었으므로 통상 오닌의 난, 또는 전란은 계속되었기에 다음 연호 분메이와 합쳐 '오닌·분메이의 난'이라 부릅니다.

하지만 오늘날 학계에서는 오닌의 난을 전국시대의 시작으로 보지 않는 주장이 힘을 얻고 있습니다. 오닌의 난 직후에도 쇼군의 권위가 여전히 실추되지 않았고 무로마치막부 체제는 그런대로 잘 유지되었다는 거지요. 이런 관점에서 1493년에 일어난 '메이오明應정변'에 주목하기도 합니다. 메이오정변이란 막부 중신인 호소카와 마사모토細川政元가 자기의 주군(아시카가 요시키足利義材, 후에 요시타네義稙로 개명)을 폐위시키고 자기 입맛에 맞는 아시카가 일족 중 한 명을 새로운 쇼군으로 앉힌 사건입니다. 어찌 보면 이야말로 가신이 주군을 제압하고 권력을 휘두른 하극상의 전형적인 모습이지요. 최근에는 오닌의 난보다 메이오정변을 훨씬 중시합니다.

물론 전국시대란 명칭이 19세기 말 이후에 등장했지만, 노부나가 등이 활동했던 당시에도 '전국戰國' 또는 '전국의 세상戰國の世'이라는 말은 있었습니다. 전국이란 말은 일본 측 자료에서 널리 보이며 유럽 측 자료에서도 확인됩니다. 예수회 선교사들이 만든 일본어-포루투갈어 사전에서는 전국을 '다타카이노쿠니(戰いの國)'로 풀이하고 있습니다. '다타카이'는 싸운다는 뜻이고 '쿠니(구니)'는 나라(지역)라는 의미입니다. 당시 전국은 '싸우는 나라', '나라끼리 싸우는 세상' 정도로 쓰이다가 나중에 여기에 시대를 붙여 전국시대가 되었지요.

오닌의 난 또는 메이오의 정변이 전국시대의 시작이라고 한다면 그 끝은 언제일까요? 통설에서는 노부나가가 무로마치막부의 마지막 쇼군 아시카가 요시아키足利義昭를 내쫓고 중앙 권력을 장악한 1573년으로 봅니다. 물론 요시아키는 이후에도 여전히 쇼군의 자리에 있었지만, 더 이상 아시카가의 무로마치시대가 아니고 사실상 노부나가의 집권 시기로 보아 노부나가의 근거지였던 아즈치성安土城의 이름을 따서 아즈치시대라고 불렀습니다. 이처럼 일반적으로는 노부나가를 '중세' 무로마치시대와 다른, '근세(아즈치-에도)'의 새로운 시대를 연 사람, '혁명아' 내지 '혁신적' 인물로 파악하고 있습니다.

그렇지만 노부나가의 출현으로 전국시대가 갑자기 끝난 것은 아니었습니다. 요시아키는 1582년에 노부나가가 죽고 나서도 1588년이 되어서야 출가하여 무로마치 쇼군 자리에서 공식적으로 물러납니다. 노부나가의 뒤를 이은 히데요시는 1590년이 되어서야 당시까지 건재했던 전국 다이묘 호조 가문을 멸망시켰습니다. 그러니까 노부나가가 죽은 뒤에도 일본은 계속해서 전국, 즉 '싸우는 나라'의 상태였고 각지에는 여전히 유력 다이묘가 할거하고 있었습니다.

또한 도요토미 히데요시가 일본을 통일했지만, 그가 죽은 뒤 일본은 다시 '싸우는 나라'로 되돌아갔지요. 1600년의 세키가하라 전투에서 이시다 미쓰나리石田三成, 고니시 유키나가小西行長 등 이에야스를 반대하는 세력과 이에야스를 따르는 세력이 대대적으로 충돌했습니다. 그 이후에도 1614~1615년에 히데요시 아들 히데요리와 이에야스의 갈등으로 오사카 여름 전투와 겨울 전투라는 큰 전쟁이 두 차례 일어났습니다. 그러니까 전국시대의 본질을 '지역[國] 간 서로 싸우는' 전쟁의 시대 또는 '하극상'의 시대라고 본다면, 가신 이에야스가 주군 도요토미 가문을 멸망시킬 때까지도 넓은 의미에서 '전국시대'로 파악할 수 있습니다.

흥미롭게도 우리 조상 중에도 당시 일본 사회를 춘추전국시대로 인식한 사람이 있었습니다. 1597년에 일본으로 끌려간 강항姜沆인데요, 강항은 『간양록看羊錄』에서 일본 사회가 "흡사 춘추전국시대와 같다(酷似春秋戰國之世)."라고 적었습니다. 따라서 지금 일본 학계에서는 전국시대라고 하면 보통 노부나가 이전 시대를 말하지만, 여기서는 강항의 입장을 따라 좀 더 폭넓게 '전국시대'라는 관점에서 이 시대를 살펴보겠습니다.

나가시노 전투의 역사적 의미
— 총은 어떻게 전해졌을까

전국시대의 전투 양상이 이전 시대와 크게 달라진 계기는 총의 도입에 있습니다. 나가시노長篠 전투는 '전국시대'에 총이 잘 활용된 대표적인 사례입니다.

1575년에 노부나가·이에야스의 연합군 약 3만 8,000명과 다케다 신겐의 아들 가쓰요리勝頼의 병력 약 1만 5,000명은 나가시노(현재 아이치현 신시로시新城市)라는 지역에서 맞붙어 싸웠습니다. 나가시노는 구릉이 많은 요철 지대라 전체 지형이 한눈에 잘 들어오지 않아요. 그렇기에 가쓰요리는 노부나가·이에야스 연합군의 전체 병력이 얼마나 되는지 잘 파악할 수 없었습니다. 이런 상황 속에서 양측은 전면전을 벌였습니다. 만일 가쓰요리가 노부나가 측의 전체 병력을 알았다면 과연 전면전을 감행했을지 의문이 듭니다. 어쨌든 전투가 벌어졌고 결과적으로 이 전투가 '전국시대'의 분기점 또는 상징이라고 할 정도로 중요한 의미를 갖게 되었습니다.

전투의 승패는 결국 양측의 병력에서 차이가 컸던 게 원인이지만, 여기에 노부나가가 동원한 막대한 수량의 총을 활용한 것도 승패에 큰 영향을 미쳤습니다. 후세에 나가시노 전투를 묘사한 그림에서도 알 수 있듯이 노부나가의 군대는 총을 적극적으로 사용했지요.(fig.2)

다케다 군은 전통적으로 강력한 기마병을 가지고 있었습니다. 다케다의 기마병은 '전국시대 최강'이라는 수식어가 붙을 정도로 명성이 높았습니다. 그런데도 기마병은 총으로 무장한 노부나가 군대에게 격파를 당하게 됩니다. 이 사건을 일본 학계에서는 서양 유럽에서 기사 계급이 화포의 등장으로 몰락한 것과 유사한 현상으로 파악합니다. 16~17세기경 유럽은 '군사혁명Military Revolution'이 일어나 무기 체계가 화기火器 중심으로 바뀌었습니다. 일본에서도 이와 비슷한 흐름이 나타나 노부나가가 화기인 총을 사용하여 기마 중심의 전통적 무사 계급을 격파했다는 거지요. 신무기를 잘 활용한 노부나가는 기존 낡은 질서를 종식시키고 새로운 시대를 연 '혁신적' 인물이라는 주장입니다.

나가시노 전투는 일반적으로 이렇게 파악되고 있습니다. 그렇다면 나가시노 전투의 핵심이라 할 총은 어떤 과정을 거쳐 일본에 전해졌을까요?

사실 총의 전래 상황을 정확히 기록한 1차 사료는 없습니다. 다만 회고록이긴 하나 규슈의 어떤 승려 문집에 총 전래 과정이 자세히 기록되어 있습니다. 호가 난포南浦인 분시 겐쇼文之玄昌

fig. 2
〈나가시노합전도병풍〉(부분), 에도시대(18세기), 도쿠가와미술관 소장

(1555~1620)라는 승려가 1598년에서 1620년 사이에 편집한 『남포문집南浦文集』 상上권에 「철포기鐵砲記」라는 글이 실려 있어요. 철포는 총인데 일본말로는 '뎃포'라고 합니다.

> 덴분天文 12년(1543) 8월 25일 우리 니시노무라(규슈 다네가시마)의 작은 포구에 큰 배가 있었다. (배가) 어느 나라에서 왔는지는 알 수 없었다. 배에 탄 사람은 100여 명이었다. 얼굴은 달랐고 말은 통하지 않았고 행색은 기괴했다. 대명大明 유생이 있었는데 오봉五峯이라 일컫는 자였다. 지금은 성[姓字]이 기억나지 않지만, 니시노무라의 소영주[主宰] 오리베노조라는 자가 있었다. 그는 글을 곧잘 읽었다. 오봉을 만나 막대기로 모래 위에 글자를 적었다. (…) 호인[賈胡]의 장長이 두 명 있었는데, 한 명은 프란시스코牟良叔舍라고 하고 한 명은 기리시타다모타喜利志多佗孟太라고 하며 (각각) 손에 물건 하나를 쥐고 있었다. 길이는 2~3척이고, 형태는 안은 뚫려 있고 밖은 일직선인데 묵직했다. 안으로 뚫려 있다고 해도 바닥은 꽉 막혀 있었다. 옆에 작은 구멍 하나가 나 있는데 불을 붙이는 통로였다. 그 형태는 어떤 물건에도 비유할 수 없다. 그 사용은 화약을 큰 구멍 속에 넣고 다시 작은 납덩이를 넣는다. (…) 그 물건을 쥐고 자세를 잡고 눈을 가늘게 뜨고 작은 구멍에 불을 붙이면 맞추지 못함이 없다. 발사가 될 때 뇌전의 빛과 같고, 소리는 천둥이 울리는 듯하다. 이를 듣고 귀를 막지 않는 자가 없다.

즉, 1543년 규슈의 다네가시마種子島라는 섬에 난파선이 흘러왔습니다. 선원은 100여 명이었고 그중에는 호인胡人, 그러니까 서양인도 두 사람이 있었습니다. 그런데 선원들이 외국인이라서 말이 통하지 않았지요. 다행히 이 배에는 오봉이란 명나라 유생이 있어 오리베노조와 바닷가 모래 위에 글자(한자)를 써가며 대화를 했습니다. 그 후 오봉 등은 다네가시마 영주의 거주지로 보내졌고 더욱 자세한 정황이 알려지게 됩니다. 두 명의 서양인 우두머리 이름은 각각 프란시스코와 기리시타 다모타였는데 이들은 당시 일본인들이 처음 보는 신기한 물건을 가지고 있었습니다.

이 시기 일본은 나라 전체가 전쟁 중이었는데 이런 놀라운 무기가 나타났으니 얼마나 신기했을까요? 다네가시마의 영주는 포르투갈인에게 많은 돈을 주고 총 두 자루를 삽니다.(fig.3) 그중 한 자루는 기슈紀州에 있는 절 네고로지根來寺의 스기노보杉坊가 얻었습니다. 기슈는 대략 지금의 와카야마현和歌山縣 지역을 가

fig. 3
포르투갈인이 전한 뎃포(화승총, 조총). 다네가시마 개발종합센터 뎃포관 소장

리키는데, 이 지역의 네고로지 승려들은 승려인 동시에 돈을 받고 싸우는 용병이었습니다. 매우 독특한 집단으로 이 승려 집단은 전국시대에 용맹무쌍하고 총을 능숙하게 사용한 것으로 유명했지요. 노부나가나 히데요시도 이 세력과 싸울 때 상당히 고전했습니다.

어쨌든 총 두 자루 중 한 자루는 네고로지로 흘러 들어갔고 이제 한 자루가 남았습니다. 다네가시마의 영주는 이 한 자루를 실력이 뛰어난 대장장이 야이타 긴베에八板金兵衛(곤뵤에라고도 부릅니다)에게 주어 똑같이 만들라고 지시하지요. 그런데 총을 복제하는 작업은 쉽지 않았습니다. 겉모양은 그럴싸하게 만들 수 있었지만, 문제는 총을 발사하면 화약의 폭발력을 견디지 못해 총 뒷부분이 자꾸만 터져버렸습니다. 그래서 거의 포기하고 있었는데 마침 다음해 포르투갈인들이 다시 일본에 왔습니다. 그중에 총 제작 기술자가 있어 비로소 그에게서 총 뒤쪽을 단단히 밀폐할 수 있는 핵심 기술을 터득할 수 있었다고 합니다. 그 핵심 기술은 바로 나사를 사용하는 거였어요. 나사로 단단히 조여 뒤를 막아야만 화약의 폭발력을 견딜 수 있었던 것입니다. 당시 긴베에라는 대장장이는 이 나사 제작법을 알아내려고 자기 딸을 포르투갈인에게 시집보냈다는 이야기가 전해질 정도입니다.

나사를 이용한 핵심 기술을 터득하는 데까지 시간은 좀 걸렸지만, 드디어 다네가시마 영주는 자체적으로 총을 만들 수 있었습니다. 순식간에 수십 정의 총이 제작되었습니다. 이것은 포르투갈인에게 핵심 기술을 배운 덕분에 가능했지만, 다네가시마라는 지역이 본래 제철업이 발달해서 어느 정도 자체적으로 철을 다루는 기술이 있었기 때문입니다. 기술적 토대가 전혀 없었다면 아예 총을 만드는 게 불가능했겠지요. 마침 이곳에 머무르던 사카이堺 출신 상인이었던 다치바나야 마타사부로橘屋又三郎는 다네가시마 총을 기나이 지역으로 전파했고 전국시대라는 시대적 상황 속에 총은 일본 각지로 빠르게 퍼져 나갔습니다. 그리고 노부나가가 나가시노 전투에서 제대로 활용했던 거지요. 또한 다들 알겠지만 '임진전쟁(임진왜란)' 시기에는 조선에까지 들어오게 됩니다.

뎃포라는 명칭의 유래와 가마쿠라 무사

조선에서는 조총鳥銃이라고 불렀지만 일본에서는 철포, 즉 뎃포라고 했습니다. 그런데 왜 뎃포라는 이름을 쓰게 되었는지는 명확하지 않습니다. 「뎃포기(철포기)」에서도 '뎃포'라는 이름을 명나라 사람이 붙인 건지 다네가시마 사람이 붙인 건지 모르겠다고 기술되어 있습니다.

그런데 다네가시마가 속한 규슈 지역은 과거 몽골과 고려가 쳐들어와 큰 전쟁을 벌인 적이 있습니다. 이때도 뎃포라는 말이 등장한 적이 있습니다. 당시 뎃포는 몽골과 고려군이 사용한 것으로 화약을 터트려 쇳조각을 비산시키는 화기를 가리켰지요. 오늘날 수류탄과 비슷했어요. 가마쿠라시대에 그려진 두루마리 그림인 〈몽고습래회사蒙古襲來繪詞〉의 한 폭에는 가운데 상단에 이때 사용된 뎃포를 확인할 수 있습니다.(fig.4) 그림 위에 히라가나로 뎃포라고 쓰여 있습니다. 나중에 규슈 지방에서 총이 만들어지고 나서 같은 화포류라고 생각해서 뎃포라고 이름 붙인 게 아닐까 추측합니다.

fig. 4
〈몽고습래회사〉(부분), 가마쿠라시대(13세기),
황거 산노마루상장관 소장, 출처: ColBase(https://colbase.nich.go.jp/)

그런데 총을 설명할 때 떼려야 뗄 수 없는 문제가 무사 모습의 변화입니다. 〈몽고습래회사〉의 오른쪽 말을 탄 무사는 13세기 가마쿠라시대의 전형적인 무사를 생동감 있게 보여줍니다. 사실 가마쿠라시대 무사의 특징은 말과 활에 있습니다. 말을 타고 활을 쏘는 기사騎射 무사가 중세의 전형적인 무사입니다. 무사가 되려면 기본적으로 자기 말을 소유해야 하고 또 능숙하게 탈 수 있어야 합니다. 말을 기르고 유지하는 데에 상당한 재력이 필요하고 승마술을 익히는 데에도 적지 않은 시간이 들기 때문에 현실적으로 누구나 무사가 될 수는 없었습니다.

말과 함께 활도 가마쿠라시대 무사의 주요 징표였습니다. 무사도武士道라는 단어를 들어봤지요? 하지만 가마쿠라시대에는 무사도라는 단어가 아니라 궁마도弓馬道라는 말이 주로 사용되었습니다. 궁은 활을 뜻하고 마는 말을 뜻하지요. 활쏘기와 승마가 무사의 기본 자격이었던 셈입니다.

무로마치시대가 되면 이러한 무사의 모습은 조금씩 변화합니다. 이미 가마쿠라 후기부터 '도보참격전徒步斬擊戰'이란 새로운 전술이 등장하며 16세기 전국시대가 되면 이러한 경향이 가속화합니다. 이웃 나라[國]와 싸움이 끊이지 않으니 가능한 많은 사람을 전쟁에 동원해야 했지요. 말을 소유하지 않은 사람들, 즉 직접 걸어서 전쟁에 참여할 수밖에 없는 일반 백성들까지도 끌어들여 말단 하급 무사나 예비 무사(주겐中間, 고모노小者라고 불렀습니다.)의 신분을 주었습니다. 이제 더 이상 말을 탄 무사만으로 전투를 수행할 수 없게 되자 병력 대부분을 차지하는 도보 병사를 중심으로 군대가 편성되었고, 일부 병사에게는 새로운 무기인 총을 사용하게 했습니다. 이렇게 16세기에 접어들어 대규모 병사와 각종 무기가 대량으로 동원되면서 기사 무사 중심의 기존 전투 양상은 크게 바뀌었습니다.

무사라는 말을 들으면 가장 먼저 어떤 이미지가 떠오르나요? 허리춤에 칼 두 자루를 차고 활보하는 사람이 그려질 텐데, 사실 이것은 16세기 이후에 나타난 새로운 무사의 이미지였습니다. 그전까지는 말과 활이 무사의 상징이었지요.

왜구, 총이 전래되는 데 큰 역할을 하다

그런데 총이 전래된 의의를 살필 때 조금 주의할 점이 있습니다. 총이 전래된 것을 곧바로 유럽 선진 문물이 도입된 것으로 등치시켜 파악하는 관점은 타당하지 않습니다.

일부이기는 하나, 유럽 신무기인 총을 가장 빨리 받아들인 일본이 이 경험을 바탕으로 19세기에 들어와 메이지유신을 통해 서구 근대화를 가장 먼저 달성한 것은 결코 우연이 아니라는 주장도 있어요. 총의 전래를 가지고 '선진 문물'을 수용한 일본과 그렇지 못한 '뒤처진' 다른 동아시아 국가라는 도식으로 파악하는 관점입니다. 이런 주장은 사실에 맞지 않습니다.

'유럽에서 전래한 총'이라 하면 보통 유럽인이 직접 배를 타고 와서 일본에 총을 전해준 것으로 생각하기 쉽지만, 당시 실제 일본에 온 배는 유럽 배가 아니라 중국 배였습니다. 100여 명의 선원도 대부분 중국인이었지요. 오봉이라는 중국인과 일본인이 필담한 것도 그런 사정이 있었던 거예요. 더욱이 다네가시마에 전해진 총도 방아쇠를 당긴 후 천천히 발사되는 유럽형 완발식緩發式 화승총이 아니었습니다. 동남아시아에 널리 보급된, 방아쇠를 당기자마자 총알이 바로 나가는 순발식瞬發式 화승총이었지요. 즉 애초에 유럽 총이 아닌 동남아시아 지역에서 개량된 총이 일본에 전해졌습니다. 총은 동남아시아와 중국을 매개로 전해졌으므로 유럽인의 역할만을 과도하게 부각시키는 관점은 타당하지 않습니다.

16세기 포르투갈 세력은 아직 동아시아 바다를 장악하지 못했습니다. 대항해시대 포르투갈인들은 이미 형성된 기존 교역 질서와 타협할 수밖에 없었습니다. 그래서 중국 배에 포르투갈인도 편승했던 거지요.

그런데 당시 동아시아에는 왜구倭寇로 표상화된 세력이 일종의 교역 네트워크를 구축하고 있었습니다. 왜구라고 하면 고려 말 조선 초 빈번하게 한반도를 약탈한 왜구를 떠올리게 되지만, 실은 시기적으로 꽤 다양한 양상을 띠고 있습니다. 14세기 여말선초 시기에 극성을 부린 왜구는 보통 전기前期 왜구에 해당하고, 16세기에 출몰하던 왜구는 후기後期 왜구인데 두 왜구는 구성원이나 활동 양상 면에서 다소 달랐습니다. 물론 후기 왜구도 참가자 대다수가 일본인이었지만, 여기에 중국인도 일부 가세해 왜구 구성원 자체는 다민족화합니다. 이를 상징적으로 보여주는 인물이 중국 안후이성安徽省 출신 왕직王直이에요.

왕직은 후기 왜구의 전형이라고나 할까요. 이들은 16세기 동아시아 해역을 무대로 중국과 일본을 오가며 밀무역을 하고 상황이 여의치 않으면 해적으로 돌변해 약탈을 일삼았습니다. 그러다가 1557년 왕직은 절강순무총독인 호종헌에게 체포되어 2년 뒤인 1559년에 처형을 당합니다. 이후 왜구 세력도 급속히 약해지지만 후기 왜구는 동아시아 바다에서 계속 활동하고 있었습니다.

당시 왜구의 모습을 잘 표현한 그림이 있습니다. 명나라 화공이 그린 것으로 추정되는 〈왜구도권倭寇圖卷〉입니다.

〈왜구도권〉 첫머리에는 왜구 배가 그려져 있고(fig.5) 중간 부분에는 명나라 병사와 왜구의 전투 장면이 생생히 묘사되어 있습니다.(fig.6) 왜구와 관련해 자주 인용되는 그림 자료입니다. 해전이 펼쳐지는 장면을 잘 보면 배 중간에 깃발이 있는데 그 안에 무슨 글자가 적혀 있습니다. 색이 바래 오랫동안 해석하지 못했는데, 적외선 판독이 가능해지면서 비로소 안에 적힌 글씨를 읽을 수 있게 되었습니다. 글씨를 확인해 보면 "日本弘治四年"이라고 적혀 있습니다. 홍치弘治(고지)란 일본 연호로서 고지 4년은 1558년입니다. 왜구의 우두머리인 왕직이 체포된 바로 다음 해이기도 합니다. 왕직이 체포된 이후에도 왜구는 여전히

fig. 5
〈왜구도권〉(부분)에 묘사된 왜구 배, 도쿄대학사료편찬소 소장

fig. 6
〈왜구도권〉(부분)에 묘사된 명나라와 왜구의 전투 장면, 도쿄대학사료편찬소 소장

5

6

남아 있었던 거지요.

일본 히라도平戶에 가면 지금도 왕직의 저택 터가 남아 있습니다. 히라도는 규슈 서쪽 끝자락에 있는데 이웃한 고토五島 열도를 따라 쭉 서쪽으로 가면 중국 연안까지 갈 수 있었습니다. 중국 관원의 견제를 받던 왕직은 영주 마쓰라松浦의 권유로 추종하는 세력과 함께 히라도로 옮겨 와 중국과 계속 밀무역을 했습니다.

그런데 이 왕직의 호가 바로 오봉五峯·五峰입니다. 앞서 이야기한 「뎃포기」에 등장한, 1543년 다네가시마에 표착한 명나라 유생 오봉과 같은 이름이에요. 과연 두 사람이 동일 인물인지, 그냥 우연의 일치로 이름만 같은 다른 인물인지, 현재로서는 단정할 수 없습니다. 뎃포 전래의 일화를 전한 거의 유일한 자료인 「뎃포기」가 실제 사건으로부터 적어도 60년이나 지나서 등장한 거니까요. 그렇지만 당시 규슈 지역 사람들의 인식 속에 명나라 배를 타고 온 사람을 오봉이라 적을 정도로 오봉이란 이름이 이 지역에 널리 각인된 사실은 충분히 알 수 있습니다.

총의 전래에 왜구를 매개로 형성된 동아시아 교역망이 큰 역할을 했다는 사실은 주목할 필요가 있습니다. 이 부분을 간과한 채 총의 전래를 오로지 유럽 선진 문물의 도입이란 도식으로 파악하는 것은 타당하지 않아요. 동아시아 지역 내 실제 상황을 무시한 유럽(또는 일본) 중심 사관이라 할 것입니다.

뎃포는 어떤 구조로 이루어졌을까

뎃포는 화승총이라고도 합니다. 화승火繩이라 불리는 심지에 불을 붙여 격발시키는 구조의 총이기 때문이지요. 그런데 화승은 총 바깥에 위치합니다. 총 바깥쪽에 붙어 있는 화승이 어떻게 작용하여 총 안의 총알을 발사시키는 걸까요? 방아쇠를 당기면 바로 총알이 나가는 현재 소총 구조를 생각한다면 절대 알 수 없습니다.

그 비밀은 앞서 「뎃포기」에 서술된 "불을 붙이는 통로"에 있습니다. 화승에 불을 붙인 상태에서 안전장치(히부타火ぶた라고 부릅니다.)를 젖히고 방아쇠를 당기면, 불붙은 화승이 히자라火皿라는 총신 옆 접시 모양 장치에 딱 붙습니다. 이 히자라 중심부에는 작은 구멍이 뚫려 있는데, 바늘처럼 얇은 이 구멍은 통로처럼 총신의 안쪽까지 이어져 있어요. 여기에 아주 고운 화약을 넣어 심지 역할을 하게 합니다. 즉 히자라에 떨어진 불씨가 고운 화약을 타고 총신 안쪽까지 타들어 가서 총신 안에 미리 넣어 둔 거친 화약을 폭발시키면 총알이 발사되는 구조입니다.(fig.7)

격발까지의 과정이 복잡했으므로 화승총 다루기가 결코 쉬운 일은 아니었습니다. 우선 화승에 불을 붙이는 것부터가 어려워요. 진지가 잘 구축된 곳에서야 모닥불을 피워 언제든 화승에 불을 붙일 수 있지만, 이동하면서 급히 전투를 해야 할 때는 쉽지 않았습니다.

fig. 7
화승총의 구조

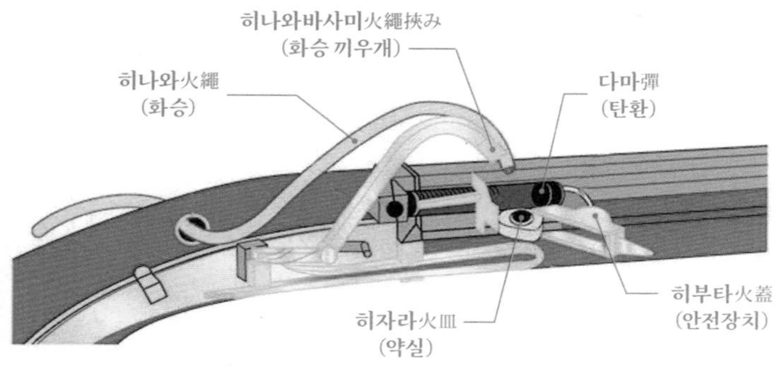

그러면 이때는 어떻게 불을 붙일 수 있을까요? 그 비밀은 부싯돌과 쑥에 있습니다. 먼저 부싯돌로 불씨를 만듭니다. 그리고 미리 준비한 잘 말린 쑥으로 불씨를 키웁니다. 쑥을 마치 번개탄처럼 착화제로 삼아 불을 키운 뒤 화승에 불을 옮겨 붙이는 것이지요.

그러니까 총을 한 번 쏘려면 화약만 해도 히자라에 넣는 고운 화약과 총구에 넣는 거칠고 굵은 화약 두 종류를 지녀야 하고, 불을 붙이기 위한 부싯돌과 쑥을 넣은 주머니도 따로 준비해야 합니다. 거기에다가 납 등으로 만든 총알도 지녀야 하고, 총알을 총신 깊숙이 집어넣기 위한 막대기도 가지고 있어야 했습니다. 그 결과 각종 도구를 온몸에 주렁주렁 차고 다녀야 했지요.

또한 당시 화승총의 확실한 살상 사거리는 대략 30~50미터 정도였습니다. 물론 총탄은 100~120미터 훨씬 이상을 날아가는데, 대략 이 정도 유효 사거리에 들어오면 사격이 시작됩니다. 일본은 활보다 총의 사거리가 길기 때문에 전투는 대체로 총의 사격으로 시작되지요. 그런데 숙달되어도 한 발을 쏘는 데는 약 18~20초 내외(15초설도 있음)가 걸리고, 1분이면 대략 세 발 남짓 쏠 수 있습니다. 초보자는 한 발 쏘는 데 1분이 넘어가기도 합니다. 약 18초 내외라고 하면 성인 남성이 뛰어 100미터 이상 갈 수 있는 시간이지요. 그러니까 달려오는 적을 향해 한 발을 쏘아 맞추지 못하면 그다음에는 적이 나에게 덮쳐온다고 생각해야 됩니다. 게다가 비가 오면 화약이 젖어 아예 쏠 수도 없습니다.

'3단 전법'의 실상

그러면 노부나가는 이런 한계를 지닌 총의 불리함을 어떻게 극복했을까요? 결론은 압도적인 물량 공세입니다. 노부나가는 당시 다른 전국 다이묘들과 비교할 때 훨씬 많은 총을 보유하고 있었습니다. 나가시노 전투 때 노부나가가 무려 3,000정을 동원했다는 기록이 있을 정도예요.

다만 노부나가가 대량의 총을 보유하는 데 그치지 않고, 이를 활용해 효율적인 전법을 구사했다는 주장도 있습니다. 이른바 노부나가의 '3단 전법'입니다. 전법의 요지는 총 부대를 셋으로 나누어 맨 앞의 1진이 총을 쏘고 빠지면, 뒤에 대기하고 있던 2진이 이를 이어 발사하고, 그다음에는 3진이 발사하는 총의 연사에 있어요. 신무기인 총을 선제적으로 도입했을 뿐 아니라 심지어 3단 전법이라는 새롭고 혁신 전법까지 고안했다니, 노부나가는 정말 남다른 사람이었던 것 같지요? 그러나 최근 일본 학계에서는 노부나가의 혁신 이미지에 적지 않은 의문을 제기하고 있습니다. 과연 어떤 의문이 제기되고 있는지 하나하나 살펴보도록 하겠습니다.

3단 전법과 3,000정은 에도 초기에 활동한 오제 호안小瀬甫庵의 저서에 처음 나옵니다. 의사였던 호안은 오다 노부나가의 가신 이케다 쓰네오키池田恒興와 도요토미 히데요시의 조카 도요토미 히데쓰구豊臣秀次 등을 섬겼습니다. 그는 여러 기록물을 남겼는데 대표작이 히데요시의 일대기를 다룬 『태합기太閤記』입니다. 『태합기』는 문장이 좋고 흡입력이 있어 에도시대에 널리 읽혔습니다. 그러나 반면에 재미를 추구하다 보니 호안이 꾸며낸 이야기와 에피소드가 꽤 많이 들어 있습니다. 또 호안은 유교 가치관에 입각해 인물을 평가했고 전반적으로 사실에 입각한 기록으로 보기 어렵습니다. 호안은 노부나가 일대기를 책으로 썼는데 바로 『신장기信長記』입니다. 이 책에 처음으로 3단 전법이나 총 3,000정 이야기가 나옵니다. 그렇지만 『태합기』와 마찬가지로 『신장기』도 살을 덧대고 윤색을 꽤 많이 했어요. 그래서 역사가들은 『신장기』의 기록을 그다지 신뢰하지 않습니다.

그러면 역사가들은 이 시기 어떤 자료를 신뢰할까요? 노부나가의 가신인 오타 규이치太田牛一가 기록한 『신장공기信長公記』라는 책입니다.[2] 규이치는 매우 고지식했으므로 직접 보거나 확인한 내용만을 적었다고 합니다. 『신장공기』는 현재도 노부나가 시대를 연구할 때 가장 중요한 사료 중 하나입니다. 사실 호안이 쓴 『신장기』도 이 『신장공기』를 근거로 윤색한 거지요.

그런데 『신장공기』는 문체가 워낙 딱딱하고 사실만을 나열해 놓은 서술이라 재미가 없습니다. 그러다 보니 에도시대에 호안의 『신장기』는 널리 읽혀도 규이치의 『신장공기』는 잘 읽히지 않았습니다. 역사의 아이러니라고 할까요. 아무튼 믿을 만한 기록인 『신장공기』에는 나가시노 전투 항목에 노부나가가 3단 전법을 사용했다는 서술이 없습니다. 또 총기의 숫자에서도 약간 논란이 있는데, 요메이문고본陽明文庫本 『신장공기』에는 3,000정이 아니라 1,000정이라고 기록되어 있습니다. 다만 오카야마岡山대학에 소장된 규이치의 친필로 알려진 이케다본池田本에서는 천千이라는 글자 옆에 작은 글자로 삼三을 추가로 적어 놓았어요. 이케다본은 규이치의 친필본이다 보니 3,000정이란 숫자는 사실일 수도 있습니다. 다만 규이치가 삼三 자를 왜 추가했는지, 가필한 시점은 과연 언제인지 자세한 내막을 알기 어려워요. 이 문제를 해결하지 못하는 지금으로선, 나가시노 전투 때 동원된 총 숫자가 1,000정 정도였을 가능성도 완전히 배제할 수 없습니다.

그런데 그나마 사실일 가능성이 있는 3,000정과 달리 3단 전법은 대체로 허구일 가능성이 커 보입니다. 무엇보다 『신장공기』를 비롯해 당시 각종 1차 사료에는 전혀 언급되지 않고 있으며, 나중에 작성된 호안의 『신장기』에 처음 나오기 때문입니다.

나루세 가문成瀨家의 〈나가시노 전투도 병풍長篠合戰圖屛風〉도 이를 반증합니다. 나가시노 전투에 직접 참여했던 이에야스의 부하 중 나루세 마사카즈成瀨正一라는 무사가 있었습니다. 훗날 마사카즈의 아들 마사나리正成는 자기 아버지의 군공을 드러내고 가문의 명예를 드높이고자 나가시노 전투의 모습을 그림으로 그려 병풍을 만들었습니다.(fig.8) 3단 전법 같은 획기적인 전술이 사용되었다면 그림 속에 묘사될 법도 한데, 3단 전법을 전혀 확인할 수 없습니다. 총을 쏘는 모습은 보이지만 대부분 1열이나 2열을 이루고 있습니다.(fig.9) 물론 이 그림은 17세기 후반에 제작된 것으로 동시대 작품이 아니라는 점에서 3단 전법을 완전히 부정할 수 있는 자료가 아니긴 해요.

그렇지만 현재 군사 애호가들이 진행한 여러 모의 실험에서 증명되었듯이, 전투 현장에서 총을 소지한 병사를 1,000명씩 3열로 세워놓고 3단 전법을 구사하기란 현실적으로 어렵습니다. 전장의 혼란 속에서 넓게 흩어진 많은 인원에게 일제히 발사를 지시할 방법도 마땅치 않아요. 또한 총의 발사도 사람마다 숙련도에 따라 달라지므로 인원이 많으면 많을수록 동시 발사가 곤란할 수밖에 없습니다. 노부나가가 여러 부대로 나누어져 있던

fig. 8
〈나가시노 전투도 병풍〉 나루세본, 17세기 후반 무렵, 이누야마성 하쿠테이문고 소장

fig. 9
〈나가시노 전투도 병풍〉 나루세본(부분), 17세기 후반 무렵,
이누야마성 하쿠테이문고 소장

8

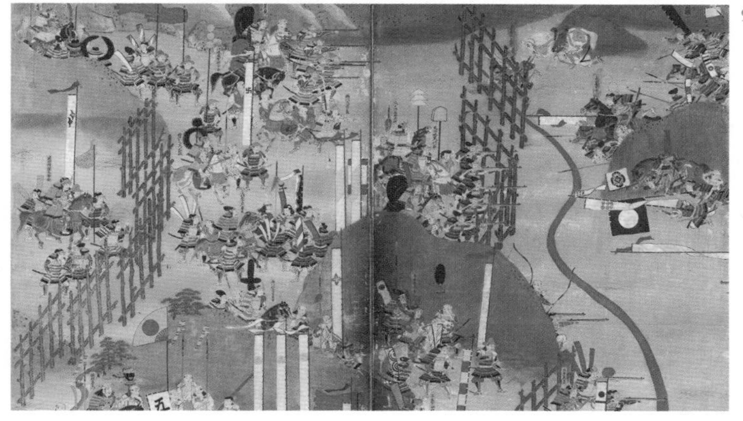
9

총을 끌어모았지만, 병사를 동원해 대규모로 일제 사격을 연습했다는 흔적은 찾기 어렵습니다. 현재 일본사학계에서는 3단 전법이 적어도 나가시노 전투 단계에서는 없었다고 봅니다.[3] '3단 전법→전술의 천재→혁명아 노부나가'라는 도식이 큰 도전을 받고 있는 셈이지요.

기마병의 실상

다른 한편에서는 "노부나가의 상대방 다케다 군대가 과연 기마군단이었을까?"라는 의문도 제기되고 있습니다. 보통 기마군단이라면 말을 타고 무서운 기세로 적진으로 돌진해 휘젓고 다니는 모습을 상상하게 됩니다. 그러나 그러한 돌격 전술은 어릴 때부터 말과 더불어 살아가는 유목민족이 주로 구사하는 고도의 기술이었습니다. 일본은 기본적으로 농업 사회였으므로 무사들이 실제 승마술을 훈련했지만 유목민족처럼 노상 말과 부대끼며 살아가는 수준은 아니었지요. 무사에게 말은 돌격의 수단이라기보다는 이동 수단에 가까웠다는 전국시대 기록도 있습니다.

16세기에 예수회 선교사 루이스 프로이스는 일본에서 그리스도교 포교 활동을 했습니다. 프로이스는 『일본사Historia de Japam』라는 아주 유명한 책을 썼는데 여기에 전국시대 기마 무

사의 전투 모습을 묘사한 부분이 있습니다.[4]

> 와다 도노는 계산을 잘못하여 성에서 1,500명을 거느리고 출발한 것으로 착각했기 때문에 적의 병사 수를 두려워하지 않았다. 그래서 새 성에서 반 리 정도 떨어진 곳에서 적을 발견하자 아들과 함께 오고 있는 500명의 후발대를 기다리지 않고 일동을 말에서 내리게 하여(교전 때 도보로 싸우는 것이 일본의 관습이었다), 자기 쪽으로 적 1,000명이 다가오는 것을 모른 채 200명만으로 공격에 나섰다. 그들은 금방 발각되었고 곧바로 구릉 기슭에서 숨어 있던 2,000명에게 포위당하고 말았다. 최초 교전에서 적은 바로 가운데에 몰려 있던 와다의 군대에게 300정의 총을 일제히 발사했다. 200명의 와다 군대는 자신의 총사령관과 한 몸이 되어 다가오는 위험에 용감무쌍하게 맞서 싸웠다.

'와다 도노'는 무로마치 마지막 쇼군 아시카가 요시아키의 중신 와다 고레마사和田惟政입니다. 고레마사는 말을 타고 이동을 하다가 적을 발견한 뒤에는 말에서 내려 도보로 싸웠습니다. 프로이스는 신기했던지 도보 전투가 일본의 관습이라고 설명을 덧붙였어요. 따라서 전국시대 전투는 흔히 생각하듯이 말을 타고 적진을 향해 돌진하는 것이 아니라 적당한 거리까지 말로 이동한 다음에 도보 상태에서 싸웠을 거라고 추측됩니다.

물론 반론도 있습니다. 실제 말을 타고 전투를 벌인 사실을 기록한 자료가 많이 있습니다. 또한 이 고레마사의 전투는 현재 교토·오사카 인근, 기나이라고 불리는 간사이 지역에서 벌어졌습니다. 그래서 간토 지역 무사에 대한 서술은 아니라는 거지요. 실제 프로이스를 비롯한 예수회 선교사들은 규슈·기나이 등 일본 서쪽 지역에서만 포교했고 간토 지역에는 가보지 못했습니다. 따라서 어쩌면 가마쿠라막부 이래 기마 무사의 전통이 강했던 동쪽 지역의 무사들은 돌격과 비슷한 전술을 구사했을 수도 있습니다.

비교적 최근에 히라야마 유平山優라는 연구자가 유력한 간토 지역 전국 다이묘 세력의 기마병 보유 현황을 조사했습니다. 그랬더니 호조 가문이 무사 4.7명당 기마병 1기를 보유했다고 합니다. 기마병의 비율이 거의 20퍼센트가 넘으니 굉장히 높죠. 다케다 가문은 6.8명당 1기니까 약 15퍼센트 정도였어요. 간토 무사단의 명성을 생각하면 조금 떨어지는 숫자이지만 그래도 무사 일곱 명 중에 한 명은 말을 타고 있으니까 적다고는 할 수 없습니다. 우에스기 세력 같은 경우에는 9.7명당 1기니까 약 10퍼센트 정도 됩니다. 이런 자료를 바탕으로 히랴아마는 우리가 흔히 생각하는 영화와 같은 기마 돌격 전술이 처음부터 단행된 것은 아니지만, 나가시노 전투 중후반에 기마병이 적진을 혼란시키는 정도의 전술은 충분히 사용되었을 것으로 보았습니다. 비교적 타당한 견해로 보이며 역시 나가시노 전투를 총과 말의 대결로 파악해도 큰 무리는 없어 보입니다.

나가시노 전투의 본질을 어떻게 볼 것인가

나가시노 전투에서 다케다 가문이 패한 원인은 총이라는 외부에서 전해진 신무기뿐만이 아니라 다케다 가문 내의 갈등이라는 내부 요소도 중요합니다.

전국시대는 하극상이 시대 풍조였고 여러 유서 깊은 명문 가문이 몰락했습니다. 다케다 가문 역시 가마쿠라시대 이래 전통의 명문 가문이었죠. 그런데 가쓰요리는 사실 다케다 신겐의 적자가 아니라 서자였습니다. 가쓰요리의 원래 성(묘지名字)은 스와諏訪입니다. 용맹한 가이국의 다케다 신겐은 이웃 시나노국을 침공하여 유력 세력인 스와 가문을 제압했고 혼인 관계를 맺어 아들 가쓰요리를 얻었습니다. 신겐은 가쓰요리를 스와 가문의 후계자로 삼을 생각이었습니다. 그런데 훗날 신겐의 적자嫡子인 첫째 아들이 모반을 일으키자, 신겐은 어쩔 수 없이 이를 제거하고 넷째 아들 스와 가쓰요리를 새로운 후계자로 삼았습니다. 둘째 아들은 맹인이었고 셋째 아들은 일찍 죽었으므로 신겐으로서는 어쩔 수 없는 선택이었지요. 그런데 다케다 가문은 유서 깊은 명문가이다 보니 전통을 자랑하는 휘하 중신들의 힘도 만만치 않았습니다. 중신들은 가쓰요리를 높이 평가하지 않았어요. 그래서 신겐이 죽자 서자 출신의 가쓰요리와 중신들 사이에 알력이 심해져 불화가 생겼고 나가시노 전투에서 나쁜 결과로 작동했던 것입니다.

일본의 유명한 영화감독 구로사와 아키라黒澤明의 영화 중에 〈가게무샤影武者〉가 있습니다. 이 영화는 다케다 신겐과 가쓰요리를 중심으로 1570년대 다케다 가문의 이야기를 다루고 있습니다. 물론 영화는 픽션이지만 가쓰요리와 중신들 사이의 갈등 구조를 잘 묘사해 놓았습니다. 이러한 다케다 가문의 내부 사정을 알고 보면 영화를 훨씬 흥미롭게 볼 수 있습니다. 영화 후반부에는 나가시노 전투 장면도 나옵니다.아무튼 상대적으로 신흥 세력 노부나가와 전통의 명문 가문 다케다의 충돌은 신구의 대결, 새로운 시대의 전환점이라고 볼 여지가 있어요. 또 다케다 가문 내부에서도 신구 대결이 전개되고 있었다는 점은 알아둘 필요가 있지요.

이처럼 나가시노 전투의 성격에 관해 총과 말의 싸움이었다거나 또는 신구 세력의 싸움이었다는 등 다양한 평가가 있습니다. 그렇지만 승패의 본질은 사실 양자의 경제력의 차이에 있었습니다. 교토와 오사카, 사카이 등 지역은 지금 한국으로 비유하면 서울·경기 지역에 해당하는 경제적 선진 지역이에요. 당시 이 지역은 다양한 세력들의 이해관계가 얽혀 있어 복잡한 상황이었습니다. 앞서 승려들로 구성된 네고로지라는 용병 집단도 언급했지만, 그 외에도 교토의 엔랴쿠지延暦寺와 나라의 고후쿠지興福寺 등 오래된 종교 세력이 있었고, 상대적으로 신흥 종교 세력이라 할 혼간지本願寺 등과 연계해 잇키一揆(반란·봉기)를 일으킨 백성 세력도 무시할 수 없습니다. 여기에 고대 이래 전통적인 권위를 지닌 천황 및 공가公家와 현실 권력을 지닌 무로마치 쇼군과 이를 추종하는 세력도 있었지요. 그러다 보니 전국시대가 본격화되었을 때 어떤 세력도 이 지역을 독차지할 수 없었습니다.

그런데 노부나가가 등장하여 여러 다양한 세력을 하나씩 격파하거나 흡수·제압하면서 결과적으로 기나이 전체를 장악하게 됩니다. 나가시노 전투 때 노부나가가 대량의 총을 확보할 수 있었던 것도 이곳의 경제력과 기술력이 뒷받침되었기 때문에 가능했지요. 당시 일본은 화약의 원료였던 염초를 제조할 수 없어 초석을 모두 해외에서 수입해야 했고, 노부나가가 지배한 사카이라는 국제 항구를 통해 들여올 수 있었습니다. 간토 지역의 다케다로서는 따라갈 수 없는 환경이었습니다. 노부나가의 나가시노 전투 승리 이면에 경제력의 본질적 차이가 있었음을 간과해서는 안 됩니다.

일본, 금의 나라에서 은의 나라로

일본은 오래전부터 금이 많이 나는 나라로 알려져 있습니다. 마르코 폴로의 『동방견문록』에는 지팡구Cipangu, 즉 일본은 "온통 순금으로 뒤덮인 멋진 궁전"을 지닌 "헤아릴 수도 없이 많은 금이 나는" 금의 나라로 묘사되어 있습니다. 그래서 서양인들은 오랫동안 일본을 금이 많은 환상의 나라로 인식하고 있었고 15세기 후반 대항해시대가 시작되자 유럽인들은 금의 나라를 찾아 떠났지요.

대항해시대에 에스파냐(스페인)는 서쪽 대서양을 건너 아메리카 대륙을 개척해 나갔고, 이와 반대로 동쪽으로 간 포르투갈은 아프리카 최남단인 희망봉을 돌아 인도의 고아Goa를 지나 말라카 해협의 동남아시아까지 도달했습니다. 당초 포르투갈 상인들은 고기 누린내를 없애주는 후추·정향·육두구 같은 향신료를 얻으려고 동남아시아로 왔습니다. 그러다가 중국으로 눈을 돌려 1557년경 마카오 개발에 나섰고 1572년에는 마카오 거주를 공식적으로 인정받게 됩니다.

포루투갈인들은 일본과도 교역에 나섰고, 막상 와 보니 금보다 은이 많이 난다는 걸 알게 되었습니다. 16세기에 유럽에서 제작된 근대지도첩인 오르텔리우스의 『세계의 무대Theatrum Orbis Terrarum』에 수록된 테이세라의 〈일본 지도〉(1595년판)에는 일본의 대표적인 은광산인 이와미Hivami가 표시될 정도였지요.(fig.10) 이지조의 〈곤여만국전도〉에도 일본의 주요 토산품이 "은, 철, 좋은 칠"이라고 기록되어 있듯이 일본은 은의 주요 산출지였습니다.

심지어 17세기 무렵 세계 은 생산량의 약 3분의 1 정도가 일본에서 나왔다고 주장하는 일본 연구자도 있습니다. 물론 요즘같이 정확한 통계가 작성되지 않던 시기이니 얼마나 정확한 추정치인지는 알 수 없습니다. 그렇지만 1542년 『중종실록』(4월 25일)에도 일본 쇼군의 사절이라 칭하는 승려 안신安心이 8만 냥(약 3,200킬로그램)이란 막대한 은을 가져왔다고 기록되어 있습니다. 일본에서 은이 많이 생산되고 상당한 양이 외부로 유출되었던 것만은 사실로 보입니다.

fig. 10
『세계의 무대Theatrum Orbis Terrarum』에 수록된 테이세라의 〈일본 지도〉(1595년판)에 기재된 이와미Hivami, 시마네현립 고대이즈모역사박물관 소장

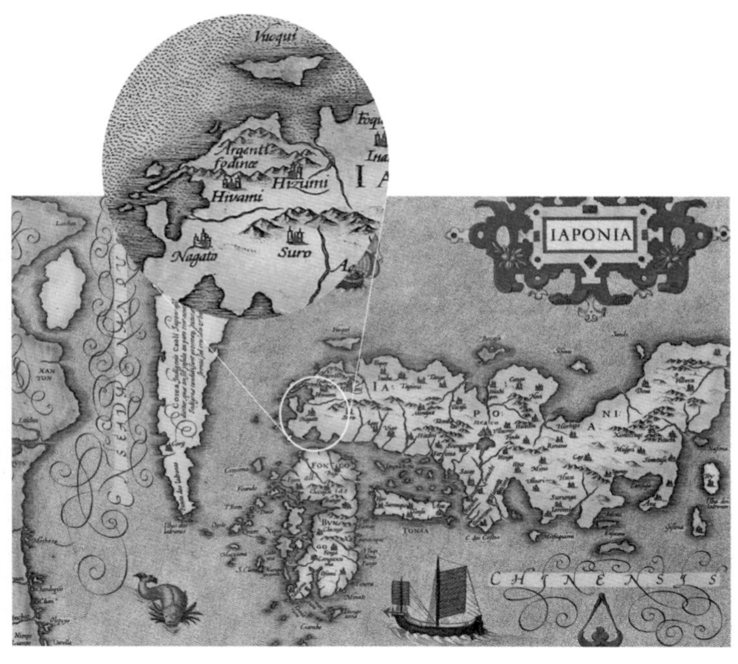

포르투갈 상인들은 일본에 은이 흔하니 중국과 일본 사이만 왔다 갔다 해도 큰돈을 벌 수 있다는 사실을 깨달았습니다. 중국산 도자기나 비단의 재료인 생사生絲를 한가득 싣고 가서 값싼 일본산 은과 교환하면 큰 이익을 얻을 수 있었지요. 자연히 포르투갈인들이 일본을 찾는 일이 잦아졌습니다. 1570년대에 들어서면 중국 마카오와 일본 나가사키 간에 포르투갈의 정기 무역선까지 운항하게 됩니다.

일본 은 생산의 중심에는 이와미石見 은광이 있었습니다. 현재 시마네현에 속한 이와미 은광은 지금은 폐광된 광산이지만 세계문화유산으로 등록될 정도로 유명한 곳입니다. 이와미 은광 주변 지도를 보면 붉은색으로 표시된 지역이 은광 지역이고, 여기에서 산출된 은이 보라색으로 표시된 길을 따라 초록색으로 표시된 도모가우라鞆ヶ浦와 오키도마리沖泊라는 항구까지 운반됩니다. 이곳에서 다시 규슈 나가사키로 옮겨져 해외로 수출되었습니다.(fig.11)

거의 비슷한 시기인 16세기 중엽에는 현재 볼리비아에 속한 포토시Potosi와 멕시코의 사카테카스Zacatecas에서도 엄청난 규모의 은광이 개발되었습니다. 막대한 부를 쌓은 에스파냐는 1570년대에 태평양을 넘어 필리핀까지 나아가 마닐라에도 거점을 마련했습니다. 에스파냐는 멕시코의 아카풀코Acapulco라는 항구를 기점으로 풍부한 아메리카 대륙 은을 가지고 마닐라로 가서 중국의 비단과 도자기를 대량으로 구입한 후 다시 갤리온

이라는 무역선에 싣고 되돌아갔지요. 이를 갤리온 무역이라고 합니다.

당시 중국만이 생산할 수 있던 고급 도자기나 비단 같은 하이테크 상품을 구매하려고 세계 각지에서 상인이 몰려왔습니다. 콧대가 높아진 중국은 은으로 무역 대금을 받았으므로 전세계의 은이 중국으로 빨려 들어가는 현상이 나타났어요. 이른바 '은의 대행진'입니다. 이처럼 1570년대에는 은을 매개로 중국 마카오와 일본 나가사키, 그리고 동남아시아의 마닐라와 북아메리카의 아카풀코 사이를 잇는 전지구적인 국제 무역 루트가

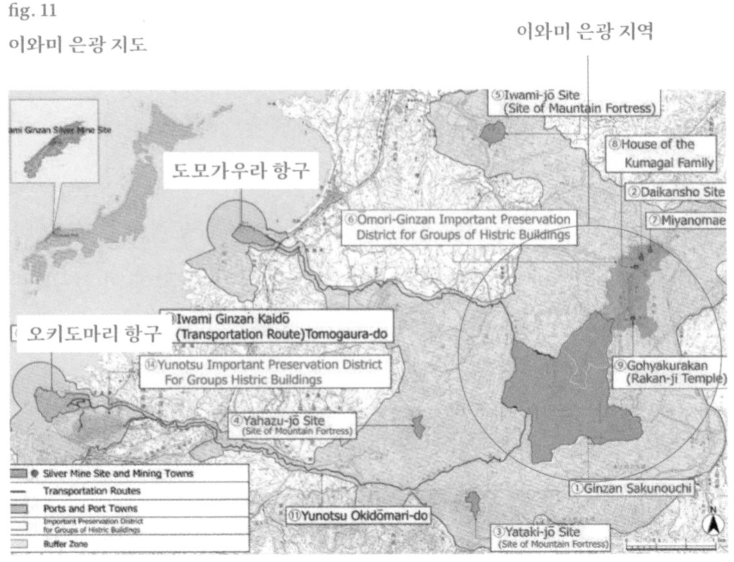

fig. 11
이와미 은광 지도

만들어졌습니다.

당시 일본은 전국시대의 정점이었습니다. 각 지역 다이묘들은 살아남기 위해 부국강병을 추구했고 금광과 은광을 개발하는 데 힘을 쏟았습니다. 그 대표 사례 중 하나가 이와미 은광이었습니다. 일본은 막대한 은을 매개로 이후 유럽 세력이 주도할 세계 무역 질서에 편승할 '티켓'을 손에 쥘 수 있었습니다.

이와미 은광, 새로운 제련법으로 꽃피다

지금까지의 이야기만 들으면 "일본은 아주 '운'이 좋았네. 은도 많이 나오고."라고 생각할지도 모르겠습니다. 그런데 흥미롭게도 일본에서 은이 대량으로 쏟아져 나온 이면에는 조선과 깊은 관계가 있었습니다. 조선에서 새로운 은 제련 기술이 전해진 거지요. 조선의 신기술을 도입한 이와미 은광의 사례를 계기로 일본의 은 생산이 폭발적으로 늘어나게 됩니다. 후대에 큰 영향을 끼친 신기술이란 관점에서 보면 포르투갈인의 총 전래와 유사한 측면이 있습니다.

19세기 초 「은산구기銀山舊記」(『石見銀山要集』)에는 이와미 은광이 언제부터 채굴되었는지를 포함하여 은광의 개발 역사가 자세히 기록되어 있습니다.

「은산구기」에 따르면 이와미 은광의 발견은 1300년대 초까지 거슬러 올라갑니다. 당시 스오국周防國이라는, 대략 지금의 야마구치현山口縣에 속한 지역에 오우치 히로유키大內弘幸라는 영주가 있었습니다. 오우치는 옛날 한반도에서 일본으로 건너간 가문으로서 스스로 백제 성왕의 셋째 아들인 임성琳聖태자의 후손이라고 칭하는 독특한 가문이었지요. 조선에 자주 사절을 보내 대장경을 선물로 요구했고 조선에서도 왜구 통제를 목적으로 오우치를 각별히 대우했습니다.

1309년 어느 날 히로유키의 꿈에 오우치 수호신인 북극성이 나타나 선산仙山, 그러니까 신선들이 사는 산에 은이 많으니 만일 일본이 위험에 처하면 쓰라고 했습니다. 당시 사람들은 신앙심이 매우 깊었으므로 꿈속 이야기를 허투루 여기지 않았습니다. 선산으로 알려진 긴푸산銀峰山에 올라가 보니, 정말로 지면에 은이 하얀 눈처럼 깔려 있었습니다. 아마도 노천 상태의 자연은自然銀이라고 생각됩니다. 이제부터가 재미있는데 히로유키는 은을 가져다 백제 군병에게 주었다고 해요. 물론 여기서 말하는 백제는 시기적으로 가마쿠라시대에 일본을 침공한 고려를 지칭합니다.[5]

히로유키가 긴푸산 은을 백제 군병에게 주었더니 몽골 군대가 분노를 가라앉히고 일본에서 물러났다고 합니다. 고려(백제)에게 은을 주어 몽골이 물러났다고 생각하는 점과 이와미 은이 크게 공헌했다고 기록한 점이 무엇보다 흥미롭습니다. 현재 시각으로 보면 믿기 어려운 이야기이지만, 어쨌든 우리는 이와미 은광이 대략 가마쿠라 말기쯤 역사 무대에 등장했음을 확인할 수 있습니다.

가마쿠라시대 이후 일본은 무로마치시대로 이어집니다. 그런데 이때는 아직 갱도를 파서 광석을 캐는 기술이 없었습니다. 그래서 지면에 드러난 은만 캤고 노면의 은은 금방 고갈되어 버렸습니다. 이와미 은도 어느새 옛날의 일로 잊혀졌습니다. 그러다가 1520년경 이와미 은광이 다시 역사의 표면에 등장했습니다. 규슈 하카타 상인인 가미야 주테이神谷壽亭(神屋壽禎)에 의해서입니다.

주테이는 규슈 하카타를 거점으로 일본에서 채굴한 동銅을 조선에 수출하던 상인으로 추정됩니다. 1526년 어느 날 이즈모라는 현재 시마네현 지역을 방문했다가 남쪽 산에서 빛이 번쩍이는 모습을 보게 되었어요. 신기하게 생각한 주테이가 현지 출신 선원에게 빛의 정체를 물었습니다. 선원은 저 남쪽은 긴푸산인데 옛날 오우치가 북극성의 가호로 캔 적이 있지만, 지금은 폐허가 되어 관음상만 덩그러니 남아 산을 지키고 있다고 말했지요. 그 이야기를 들은 주테이는 자기도 관음보살에게 은을 좀 달라고 빌어 봐야겠다며 긴푸산에 올랐고 그곳에서 은을 발견했다고 합니다.

그 후 몇 년이 지난 1533년경, 이번에는 주테이가 하카타에서 두 명의 기술자를 데려와 본격적으로 은을 채굴했습니다. 이때 사용한 기술이 바로 '연은분리법'이었습니다. 일본에서는 하이후키법灰吹法이라고 부르는데, 재灰를 넣어 납과 은을 분리해 순도 높은 은을 추출하는 신기술이었습니다. 참고로 에스파냐는 포토시 등지에서 수은을 이용한 아말감 방식으로 은을 얻었다고 합니다.

연은분리법은 우선 은이 많이 포함된 광석에 납을 넣어 함께 녹입니다. 그러면 납과 은이 서로 융합해 연은鉛銀, 즉 은을 포함한 납을 뜻하는 함은연含銀鉛이 됩니다. 이때 함은연은 약간 푸르스름한 빛이 도는 것이 마치 얼음처럼 보인다고 일본에서는 보통 '고오리氷'라고 불렀습니다. 여기까지가 연은분리법의 제1단계입니다.

그다음에는 함은연에서 순도 높은 은을 추출합니다. 이것이 제2단계인데 납과 은을 분리하기 위해 재를 넣습니다. 즉 함은연과 재를 함께 넣어 끓이면, 녹는 융점이 서로 달라 낮은 융점의 납이 먼저 녹아 재에 스며들게 되고 결과적으로 순수한 은만 남게 됩니다.

이 방법은 당시로서는 매우 혁신적 기술이었습니다. 연은분리법 이전에는 대체로 은이 포함된 광석을 1~2밀리미터 크기로 매우 잘게 쪼개서 물에 넣고 광석의 비중 차이를 이용해 은을 추출했습니다. 마치 사금 접시를 이용해 금을 채취하는 방식과 비슷합니다. 이 방법은 광석을 쪼개고 다시 은을 건져내는 데에만 해도 엄청난 노동력이 들며, 또 잘게 쪼개는 과정에서 은이 함유된 광석 조각이 어쩔 수 없이 내버려지기도 했습니다.

이에 비해 연은분리법은 훨씬 손쉽게 손실 없이 순도 높은 은을 얻을 수 있었지요. 예수회 선교사들의 기록을 보면 연은분리법으로 은을 정련하면 은의 순도가 높다는 내용이 나옵니다. 이런 신기술의 도입으로 일본의 은 산출량은 획기적으로 늘어날 수 있었습니다.

그럼 조선의 기록에 처음 연은분리법이 등장하는 것은 언제일까요? 1503년 『연산군일기』(5월 18일)입니다.

> 양인良人 김감불金甘佛과 장례원掌隷院 종 김검동金儉同이 납[鉛鐵]으로 은銀을 불리어 바치며 아뢰기를, "납 한 근으로 은 두 돈을 불릴 수 있는데, 납은 우리나라에서 나는 것이니, 은을 넉넉히 쓸 수 있게 되었습니다. 불리는 법은 무쇠 화로나 남비 안에 매운 재를 둘러놓고 납을 조각조각 끊어서 그 안에 채운 다음 깨어진 질그릇으로 사방을 덮고, 숯을 위아래로 피워 녹입니다." 하니, 전교하기를 "시험해 보라." 하였다.

이때부터 다시 약 30여 년이 지난 1539년 『중종실록』(8월 10일)에는 사헌부가 유서종柳緖宗이라는 전라도 전주 판관을 탄핵한 내용이 나옵니다.

사헌부는 유서종이 "왜노와 사사로이 통해서 연철鉛鐵을 많이 사다가 자기 집에서 불려 은으로 만드는가 하면 왜노에게 그 방법을 전습"했다며 처벌할 것을 주청했습니다. 무반 출신 유서종은 이전에도 사인私人을 이끌고 김해 가덕도에서 수렵한다든지, 서울 부상富商을 자신의 거처에 거주시키고 우리나라 복장으로 갈아입힌 왜인과 매매를 하게 한다든지, 왜인들과 모종의 인적 네트워크가 있었던 것으로 보입니다.(『중종실록』, 1539년 윤7월 1일)

유서종은 자신의 시골집에서 연철로 은을 만들었는데(『중종실록』, 1539년 8월 19일), 이때의 연철이 함은연으로 보입니다. 그러니까 유서종이 처음부터 연은분리법을 일본에 전수해 준 것이 아니라, 우선은 아마도 함은연 상태로 들여온 것이 아닐까 추측됩니다. 그러다가 어느 순간 연은분리법이 왜인에게 유출되지요. 유서종 측이 스스로 알려준 건지 아니면 기술을 탈취당한 건지는 명확하지 않습니다. 그렇지만 1530년대에 지방 관리가 참여할 정도로 일본과의 은 밀무역이 생각보다 널리 퍼진 상황은 확인할 수 있습니다.

앞서 언급한 「은산구기」에는 주테이가 종단宗丹(일본어로 소탄)과 계수桂壽(일본어로 게이주)라는 기술자를 데려와 은을 캤다는 이야기도 나옵니다. 계수는 달리 경수慶壽라고도 하며 대체로 조선인 기술자로 추정합니다. 주테이도 국제항인 규슈 하카타를 거점으로 두고 동을 조선에 수출해 왔으니 이런 인적 네트워크를 이용해 기술자를 확보할 수 있었지요. 무라이 쇼스케村井章介라는 연구자는 당시 유서종-종단·계수-주테이로 이어지는 한일 무역 네트워크가 존재했다고 보고 있습니다.

나가며
— 16세기 일본의 사례로 본 '열린 사회'의 중요성

'긴 16세기'는 세계사적으로 대변혁의 시기였습니다. 총과 은은 이런 대변혁의 상징이었지요. 일본은 어쩌면 우연적 요소가 겹치면서 이런 세계 흐름에 잘 올라탔습니다.

만일 당시 일본이 여러 지방의 유력자들이 경쟁하는 전국시대가 아니라 강력한 중앙집권적 정부가 통제하는 시기였다면, 총과 은 기술은 이렇게 널리 퍼지지 않았을 수도 있었습니다. 전국시대에는 중앙정부가 일본 구석구석을 통제할 힘을 잃은 상태였고, 각 지역의 유력자들은 살아남기 위해 끊임없이 부국강병을 추구해야 하는 상황이었지요. 외부의 유럽인·조선인과 적극적으로 계속 접촉했고 그들의 신기술을 적극적으로 수용했습니다.

유럽인, 특히 포르투갈인들은 일본에 찾아올 때마다 신기한 문물을 전달해 주고 배가 항구로 들어올 때 입항세라는 적지 않은 세금도 지불했습니다. 규슈 다이묘들은 포르투갈 무역선을 자기 영지로 오게 하려고 저마다 경쟁했습니다. 오토모 소린 등처럼 아예 개종해 크리스천 다이묘가 되는 일도 있었습니다. 또 크리스천 영주 중에는 자기 일족을 로마로 보내기도 했습니다. 그들은 1582년 로마에 가서 유럽 문물을 접하고 1590년 구텐베르크 인쇄기 등을 가지고 돌아온 네 명의 크리스천 청년입니다.

(fig.12) 이들은 '덴쇼견구소년사절天正遣歐小年使節'이라 칭하는데 도요토미 히데요시가 주최하는 연회에서 서양 악기를 연주해 히데요시가 관심을 보였다는 기록도 남아 있습니다. 16세기 '전국시대' 일본은 외부 세계에 개방적인 '열린 사회'였습니다.

내부적으로 볼 때 16세기 일본은 말과 활을 활용하는 기마군단에서 화기의 보병 군단으로 이행하던 시기였습니다. 나가시

fig. 12
〈덴쇼견구소년사절 초상화〉, 1586년, 31.4cm×38.1cm, 교토대학 소장
Newe Zeyttung auss der Insel aponien(일본 섬에서 온 뉴스)라는 제목으로 독일 아우구스브루크에서 인쇄되었고 사절단 네 명과 안내 겸 통역을 한 메스키타 신부가 그려져 있다.

노 전투가 이를 상징합니다. 이제 전쟁은 말을 탄 무사들만의 싸움이 아니라 수많은 보병들의 싸움이 되었습니다. 〈곤여만국전도〉에 일본인들은 "문文을 아는 사람들이 적고 대부분 무武를 숭상한다."고 적혀 있듯이, 이제 무사들만이 무에 관여하는 것이 아니라 대다수 일본인이 무에 관여하는 집단이 되어 갑니다. 바로 '호무好武'의 일본인, '무국武國 일본'이 출현합니다.[6]

물론 무에 관여한다고 해서 맨날 전쟁만 벌인 것은 아닙니다. 전쟁에 나가지 않을 때는 각종 성을 쌓는 데 동원되었습니다. 오사카성, 구마모토성 등 지금까지 남아 있는 일본 각지의 성은 대부분 이 시기에 축성되었습니다. 이 시기를 '대건설의 시대'라고도 해요. 지금도 그렇지만 건설 업종이 활발해지면 대체로 경제는 호황기입니다. 경기는 좋아지고 사회는 활기차게 돌아갑니다. 성들이 만들어지자 무사 가신들이 주군의 성 주변에 모여 살게 됩니다. 그런데 무사들끼리만 생활할 수 없으니까 각종 물자를 공급할 상공업자(조닌町人)도 옮겨와 살게 했습니다. 이 과정에서 여러 도시가 만들어졌고 농촌에는 백성(농민)들만 남았습니다. 지배층인 무사[兵]와 피지배층인 백성[農]이 신분적으로 공간적으로 서로 분리된 채 살아가는 매우 독특한 사회가 나타났습니다. 이를 '병농분리'사회라고 하는데, 에도시대의 가장 중요한 특질 중 하나입니다. 바로 16세기 '전국시대'라는 큰 사회 변화의 귀결이었습니다.

일본의 인구 변화 추이를 나타낸 표는 이 점을 잘 보여줍니다.

(fig.13) 인구의 증가 비율을 보여주는 그래프 기울기에 주목해 보세요. 가장 가파르게 인구가 증가한 시기는 다이쇼·쇼와시대 이후입니다. 메이지유신이란 근대화의 산물이며 비교할 수 없는 압도적 변화입니다.

그런데 역사상 가파른 기울기를 보인 시기가 하나 더 있습니다. 1600년대 초반입니다. 약 1,200만이었던 인구가 100년 남짓한 기간에 약 3,000만 명으로 거의 2.5배 이상 폭증했습니다. '긴 16세기'를 거치면서 오랜 기간 전쟁을 수행하면서 위로는 무사부터 아래로는 백성까지 잘 짜인 조직화된 사회 구조가 만

fig. 13
일본 인구의 장기 추이

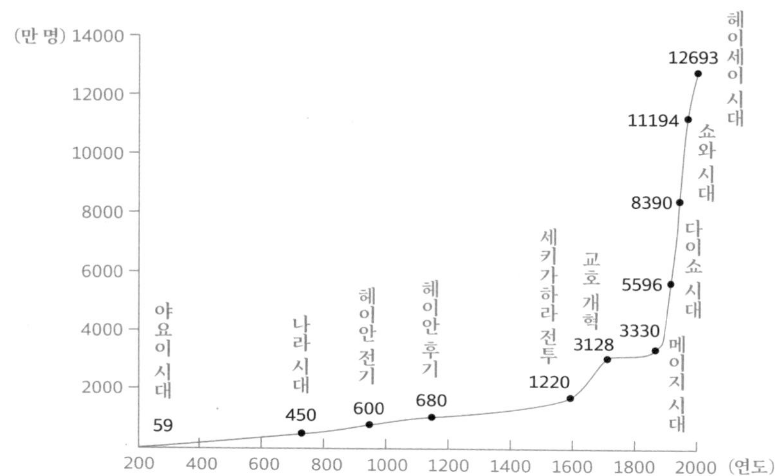

참고 자료: 鬼頭宏, 『人口から読む日本の歴史』, 講談社, 2000, pp.16~17.

들어졌습니다. 이 구조가 전쟁이 끝난 후에는 새로운 토지 개간 등 경제 부분에 집중적으로 활용되었지요. 경작지는 급속도로 확대되었고, 식량 생산량이 한 해 2,000만 석(1600년경)에서 3,000만 석(1700년경)으로 크게 증가했습니다. '대건설의 시대' 등으로 호경기가 도래하면서 사회는 풍요로워졌고 자연히 인구도 늘어났습니다. 저는 이것이 '긴 16세기'의 유산이라고 봅니다. 하지만 17세기 중반 에도막부는 '쇄국' 정책을 단행하였고 이후 개방된 '열린 사회'를 더 이상 추구하지 않습니다. 이후 에도시대는 약 3,000만 명 정도에서 인구가 정체되고 19세기 후반까지 더 이상 큰 인구 증가는 없게 됩니다.

주

1. 무신 정권기는 1170~1270년, 가마쿠라시대는 1185~1333년입니다.
2. 원제목은 오제 호안의 책과 마찬가지로 『신장기』로 적혀 있으나 호안의 『신장기』와 구별하기 위해 통상 『신장공기』라고 합니다.
3. 1638년에 중국에서 간행된 『군기도설軍器圖說』이라는 자료를 보면 총을 든 병사들이 3열로 늘어서 각각 발사하고 대기하고 준비하는 장면을 묘사한 그림이 수록되어 있습니다. 17세기 이후 3단 전법이 점차 실체화되었을 가능성은 있습니다.
4. 박수철 편역, 『오다 노부나가와 도요토미 히데요시는 어떤 인물인가—16세기 예수회 선교사 루이스 프로이스의 기록』, 위더스북, 2017.
5. 일본에서는 종종 이렇게 과거의 이름으로 한반도 국가를 지칭하곤 했습니다. 이를테면 도요토미 히데요시도 조선을 고려라 칭했습니다.
6. 박수철, 「16세기 일본인의 자국 인식과 '무국(武國)'」, 『아시아를 상상하다—닫힘과 열림』, 진인진, 2023.

- 아사오 나오히로 외 엮음, 이계황 외 3인 옮김, 『새로 쓴 일본사』, 창비, 2003.
- 다카하시 마사아키 지음, 박영철 옮김, 『사무라이의 역사』, 한울, 2020.
- 박수철 편역, 『오다 노부나가와 도요토미 히데요시는 어떤 인물인가-16세기 예수회 선교사 루이스 프로이스의 기록』, 위더스북, 2017.
- 김수미·송완범 지음, 『몽고습래에고토바-일본역사를 그림으로 읽다-』, 이담북스, 2017.
- 야마구치 게이지 지음, 김현영 옮김, 『일본근세의 쇄국과 개국』, 혜안, 2001.
- 무라이 쇼스케 지음, 이영 옮김, 『중세 왜인의 세계』, 소화, 1998.

① 아즈치성

원래 기후성을 근거지로 삼았던 오다 노부나가가 교토와 더 가까운 아즈치산(해발 199미터)에 1576년부터 3년에 걸쳐 축조한 산성이다. 오다 노부나가 사망한 후 화재로 소실되었지만 노부나가의 천하통일 위업을 과시하는 웅장하고 호화로운 성이었다. 특히 그 당시에는 볼 수 없던 대형 천수각天守閣(아즈치성의 경우 천주天主라고 표기되어 있다)을 성 중심부에 세워 이후 일본 근세 성곽의 전범이 되었다. 『신장공기』를 쓴 오타 규이치와 예수회 선교사 루이스 프로이스가 남긴 기록에 따르면 천수각은 약 33미터에 달하는 5층層 7계階(지하 1계, 지상 6계) 건물로 금색과 붉은색으로 칠해진 팔각당 형태에 내부는 검은 옻칠을 하고 화려한 장벽화로 장식했다고 한다. 현재 돌담과 돌계단, 아들 오다 노부타다의 저택터, 가신 모리 란마루 등의 집터 초석 등 흔적만 남아 있지만 국가 사적으로 지정되어

성을 세울 당시 조달된
석재 중에는 석불과 묘석까지
있었다고 한다. 신앙의
대상이지만 축성의 경위를
보여주기 위해 발굴 당시의 모습
그대로 보존하고 있다.

아즈치성 천수각 터

역사 애호가가 즐겨 찾고 있다. 아즈치성 근처에는 〈아즈치성곽 자료관〉, 〈시가현립 아즈치성 고고박물관〉, 〈아즈치성 천주 노부나가의 관館〉 등이 있어 함께 둘러보면 좋다.

② 나가시노 전투 관련 유적지

다케다 신겐의 기마군단에 뎃포로 맞선 노부나가-이에야스 연합군이 격돌한 전투로 일본사 3대 결전 중 하나로 알려진 나가시노 전투의 유적지 인근에는 〈나가시노 성터 사적보존관〉과 〈시타라가하라設楽原 역사자료관〉이 있다. 이 지역에서 출토된 뎃포 총탄, 당시 참전 병사의 갑옷, 창 등의 유물을 통해 나가시노 전투의 상황을 알기 쉽게 설명하는 전시를 관람할 수 있다. 주변 성터와 사적, 결전지 이곳저곳에서 옛 모습대로 재현해 놓은 마방책을 볼 수 있다. 마방책은 적 기마병의 침입을 막기 위해 말뚝을 박은 울타리인데 이곳에 뎃포를 거치해 사격을 했다고 한다. 매년 5월 5일에 나가시노 전투 전사자를 위령하기 위해 열리는 노보리 마쓰리(축제)에서는 전투 당시 군대와 가문의 문양이 새겨진 수천 장의 노보리(장대에 달린 천과 깃발)를 걸고 갑옷을 입은 뎃포 군대의 화승총 발포 실연도 펼쳐진다.

— 나가시노 성터 사적보존관 JR이이다선飯田線 나가시노조역長篠城驛 도보 8분
— 시타라가하라 역사자료관 JR이이다선飯田線 미카와토고역三河東郷驛 도보 20분

나가시노 전적지 마방책

나가시노 전투 노보리 마쓰리

③ 이와미 은광(이와미긴잔)

시마네현 오다시에 있는 이와미 은광은 전국시대 후기부터 에도시대 전기에 걸쳐 전성기를 누렸던 일본 최대의 은광산이다. 지금은 폐광되었지만 은광 갱도, 제련소, 정련소, 광산촌 등을 포함한 고고학적 유산은 '이와미 은산 유적과 문화적 경관'으로서 2007년 광산 유적으로는 아시아 최초로 세계유산에 등록되었다. 이와미 은광에는 크고 작은 700여 개의 갱도가 있다. 류겐지 마부龍源寺間歩는 에도시대 중기에 개발된 막부 직영의 갱도로 전체 600미터 중 일부를 둘러볼 수 있다. 전부 수작업으로 파낸 갱도의 벽면에는 정(끌)으로 채굴한 흔적과 배수를 위해 수직으로 100미터나 파 내려간 갱도가 지금도 남아 있다.

이와미 은광 세계유산 센터
https://ginzan.city.oda.lg.jp/

이와미 은광
류겐지 마부(갱도)를
발굴 당시의 모습
그대로 보존하고 있다.

이와미 은광 오쿠보 마부大久保間歩 내부 견학 장면

김선희

건국대학교 아시아콘텐츠연구소 선임연구원. 근세 일본의 유학사상사를 중심으로 공부했으며 '경계'를 키워드로 일본의 역사와 문화에 관련한 글쓰기를 하고 있다. 『왕인박사』(주류성, 2022), 『일본 근세 유학과 지식의 활용』(보고사, 2021), 『한국인, 근대적 건강을 상상하다』(소명출판, 2021), 『명동 길거리 문화사』(한국학중앙연구원출판부, 2019), 『동북아시아의 근대체험과 문화공간』(경인문화사, 2021), 『韓流·日流—東アジア文化交流の時代』(勉誠出版, 2014), 『現代アジアの女性たち: グローバル社会を生きる』(新水社, 2014), 『국학과 일본주의: 일본 보수주의의 원류』(동북아역사재단, 2011) 외 다수의 공저가 있고, 『일본의 『논어』 읽기: '배움'을 구하다』(빈서재, 2024), 『대한제국 식민지 조선의 철도 여행 안내』(소명출판, 2023), 『에도시대를 생각한다』(빈서재, 2023), 『일본 정치사상사』(고려대학교 출판문화원, 2017) 등을 번역했다.

4

사무라이, 칼을 차고 유학을 말하다

/ 김선희
건국대 아시아콘텐츠연구소 선임연구원

들어가며
— '유학'을 통해 보는 일본

안녕하세요? 제4강 강의를 맡은 김선희입니다. 본격적인 이야기를 하기 전에 질문 하나 드릴게요. 한국 사람이 해외 여행지로 가장 선호하는 나라는 어디일까요? 바로 일본입니다. 코로나19 확산 이전, 2018년도 한 해에 무려 700만 명이 일본을 찾았습니다. 아마 국경 건너에 있는 나라 중 가장 가기 쉽고 가까운 곳이기 때문일 거예요. 동시에 한국 사람으로서 일본 사회를 경험할 때면 항상 '친밀감'과 '이질감'을 느끼게 됩니다. 이것이 집단적인 감정이라는 것은, 진부하지만 "가깝고도 먼 나라"라는 표현이 여전히 자주 언급되는 사실로도 알 수 있습니다.

이번 강의도 친밀감과 이질감 사이에 있는 이야기입니다. 에도시대는 조선 후기에 해당하는 시대입니다. 오늘날 한국 사람의 일상에 영향을 미치는 이른바 '전통문화' 대부분이 조선시대 후기에 형성되었듯이 에도시대 또한 일본적인 문화의 많은 것이 형성되고 정착되었습니다. 그래서 이 시대를 중심으로 한국과 일본을 비교해 보는 것은 두 나라의 공통점과 차이점을 이해하는 데 도움이 될 거예요. 그중에서도 유학 사상에 대해 이야기하려고 합니다.

왜 유학 사상일까요? 유학 사상이라 하면 이미 시효가 만료된 고리타분한 봉건사상이라고 생각하는 사람이 있을지도 모르겠지만 저는 아직도 대한민국이 여전히 유교적인 사회라고 생각합니다. 명절이면 뉴스의 단골 소재인 명절증후군이니 하는 갈등에도 불구하고 여전히 60퍼센트 이상의 가정에서 제사와 차례를 지내지요. 지하철이나 버스에 마련된 노약자석을 보더라도 장유유서의 유교적인 사회라는 것을 느낍니다. 나를 서운하게 하거나 나쁜 짓을 저지른 상대를 꾸짖을 때 흔히 하는 말도 생각해 보세요. "네가 어떻게 그럴 수 있냐?", "네가 그러고도 사람이냐?"라는 말을 합니다. 이 말의 뜻을 헤아려 보면 사실 '너는 인간으로서 마땅한 도리를 행하지 않았다.'는 매우 유교적인 표현이라고 할 수 있습니다. 이런 사례들 통해 여전히 우리 사회가 유교적 가치에 매우 친숙한 사회라는 것을 느낍니다. 조선왕조 500년의 유구한 역사의 흔적일 테지요.

그러면 일본은 어떨까요? 이번 강의 제목은 "사무라이, 칼을 차고 유학을 말하다"인데요, 일본이 사무라이가 지배한 무가사회였다는 것은 잘 알고 있을 거예요. 그런데 칼을 찬 무사들과 문치文治의 대명사인 유학은 공존하기 어려운, 상반되는 것처럼 보입니다. 그러나 전근대 시대에 동아시아에서 가장 강력한 통치 이데올로기로서 2,000년 이상 유지해 온 유학 사상은 동아시아 끝 바다 건너 뚝 떨어진 섬나라 일본에도 큰 영향을 미쳤습니다.

사무라이들은 지배층의 상징이었던 칼을 목숨처럼 여겼지만 유학도 공부하고 활용했습니다. 다만, 중국에서 탄생한 유학이 조선에 들어오고 또 일본으로 건너가 받아들여져 정착하는 모습은 매우 다르게 나타납니다. 비유하자면 유학이라는 공통분모에 서로 다른 분자가 올라가 있는 셈입니다. 그래서 그 모습을 살펴봄으로써 앞에서 이야기한 '친근감'과 '이질감' 사이의 괴리를 메워보려고 합니다. 이 이야기를 따라가다 보면, 각자 자신의 경험을 통해 만들어진 일본관과 연결되는 지점이 있을 거예요. 동시에 일본이라는 거울에 비친 우리의 모습도 되돌아보는 기회가 될 것입니다.

여러분은 일본하면 무엇이 떠오르나요? 예를 들어 일본에서 가장 높다는 후지산富士山이나, 다양한 신을 모시는 신사神社를 보면 '일본적'이라는 느낌이 들지 않나요? 성城을 봐도 한국의 산성과 달리 일본은 평지에 세운 성이 많고, 오사카성이나 구마모토성의 배치나 높이 솟은 천수각을 봐도 그런 생각이 들죠. 또 씨름과 비슷한 스모相撲를 봐도 우리는 백이면 백 이질감을 느낍니다. 그런데 여기서 한 걸음 더 들어가 생각해 볼 문제는 우리는 왜 그런 대상을 보면서 '일본적'이라고 느끼는가, 입니다.

최근 온라인에서 많이 회자되었던 사진을 하나 볼까요? 사진 속 남자가 먹으려는 것은 대다수 댓글처럼 누가 봐도 빨간 고

춧가루 양념이 묻은 김치로 보이지 않나요?(fig.1)

하지만 원본 사진을 보면 배추김치가 아니라 피자 조각임을 바로 알 수 있습니다.(fig.2) 다른 손에 든 피자 상자를 보고 나면 그제야 우리는 '그렇지, 외국 남자가 저런 곳에서 배추김치를—그것도 토종 한국인만 할 것 같은 포즈로—먹을 리가 없지.' 하는 생각이 들죠. (제가 강조하고 싶은 것은) 우리가 눈에 보이는 대상이 어떠하다고 인식할 때 그렇게 인식하도록 만드는 '배경'이 있다는 것입니다. 마치 우리 눈에는 피자가 김치처럼 보이게 만드는 인식의 배경이 있는 것처럼, 어떤 것을 '일본적'이라고 느낄 때 그렇게 느끼도록 만드는 뇌의 작용이 있다는 것입니다. 너무 당연한 이야기라 의식하지 못하는 이 점을 염두에 두면서 일본의 유학에 대한 이야기를 풀어보도록 하겠습니다.

유학이란

대체 유학이란 무엇일까요? 유학 또는 유교는 중국 춘추시대 말기, 공자의 가르침에서 처음 생겼습니다. 유학의 가장 큰 지향점은 바로 '내성외왕內聖外王', 즉 안으로는 성인의 덕을 갖추고 밖으로는 왕의 자격을 갖추는 거지요. 안으로 성인의 덕을 갖춘다는 것은 하늘의 도를 나의 내면에 구현한다는 것입니다. 동아시아 세계관에서 천지 만물 우주의 의지

1

2

출처: https://www.instagram.com/moritz_hau/
(모델 모리츠 하우MORITZ HAU 인스타그램)

를 담고 있는 존재가 천天, 하늘입니다. 인간은 이 하늘의 도에 따라서 운영되는 자연의 일부입니다. 그러니까 인간은 하늘과 동떨어진 존재가 아니라 연결되어 있으며, 자기 안에 우주의 이치를 품고 있는 존재입니다. 인간에게 존재하는 우주의 이치를, 하늘이 부여한 성질이라고 하여 '천성天性'이라고 부릅니다. 이것이 우리의 본성입니다. 그런데 천성을 잘 발현하기 위해서는 끊임없이 자신을 수양해야 합니다. 아무것도 안 하고 있으면 천성은 발현될 수가 없습니다. 그래서 수기修己, 자기 수양의 노력으로 내 안에 성인의 도덕을 구현해야 합니다. 여기에서 끝이 아닙니다. 열심히 노력하여 성인의 덕을 갖추면, 이제 바깥세상으로 나아가야 합니다. 유학이 동아시아에서 가장 강력한 통치론이 될 수 있었던 이론적 근거가 여기에 있습니다.

유학의 창시자는 공자였는데 북송의 주렴계朱濂溪(1017~1073), 장횡거張橫渠(1020~1077), 정호程顥(1032~1085), 정이程頤(1033~1107) 같은 선구자들의 논의를 계승하면서 이론적 체계를 완성한 사람은 남송南宋의 주희朱熹(1130~1200)였습니다. 공자처럼 높여 주자朱子라고도 부르지요. 그리고 주자가 완성한 학문의 체계를 주자학이라고 합니다. 주자학은 빈틈을 찾기 힘들 만큼 이론 체계가 논리정연하고 정합적입니다.

주자학적 세계관에서 세상 만물은 기氣로 이루어져 있습니다. 봄에 꽃이 피고 여름에 수목이 우거지다가 가을에 단풍이 들고 겨울에 잎이 떨어지는 것, 동물이 태어나고 자라서 활발히 활동하다가 이윽고 늙어서 죽는 것. 이 모든 것이 기가 움직여서 나타나는 현상이라고 말합니다. 그런데 기는 반드시 어떤 원칙에 따라서만 움직입니다. 봄이 지나면 반드시 여름이 오고, 가을이 지나면 반드시 겨울이 옵니다. 어린이는 청년이 되고, 청년은 노인이 되며, 노인은 때가 되면 반드시 죽습니다. 거기에는 까닭이 있어요. 이처럼 기의 움직임을 생성하는 원리가 이理입니다. 주자학의 세계관에서는 이것을 이기이원론理氣二元論이라고 부릅니다.

사람도 만물의 일부이므로 당연히 이와 기가 있습니다. 오경의 하나인 『서경』「태서상편」에 '사람은 만물의 영장惟人, 萬物之靈'이라는 말이 나옵니다. 자연 만물 중 사람이 가장 뛰어나다는 뜻입니다. 금수와 달리 사람이 가장 뛰어난 존재인 이유는 바로 하늘이 부여해 준 천성 때문입니다. 그래서 사람은 천성을 잘 보존하고, 항상 사람으로서 '마땅함'을 잃지 않으려고 노력해야 합니다. 그 '사람다움'이 바로 어짊, 인仁입니다.

공자의 말씀을 기록한 『논어』를 읽으면 공자가 시작부터 끝까지 일관되게 강조하는 것이 바로 '인'입니다. 주자는 이를 이론적으로 체계화했습니다. 인간이 내면에 자기의 본성(=천성)을 완전히 갖추기 위한 수양 방법으로 네 가지를 제시했는데, 뜻을 세우고(입지立志), 몸과 마음을 경건하게 하고(거경居敬), 사물의 이치를 끝까지 추구하여(격물格物), 깨달음에 이르는(치지致知) 것입니다. 이렇게 수양을 쌓아 내 본래의 성을 되찾으면, 천하를 다스리는 일로 나아가 '공적인 사람'이 되어야 합니다. 그 말은 천하를 다스리는 데 사리사욕을 앞세워서는 안 된다는 뜻이에요. 지금도 사용하는 '공무원公務員'이라는 말에는, 이처럼 사적인 이利보다 공적인 의義를 추구해야 한다는 인식이 담겨 있는 것입니다.

이렇게 해서 주자학에서는 잘못을 저지르면 벌을 주는 신과 같은 초월적인 존재를 만들지 않더라도, 스스로 양심에 따라야 할 도덕의 원천과 정당성이 확보됩니다. 우주의 이치에서 출발하여 개인의 수양, 나아가 세상을 다스리는 통치론에 이르기까지 포괄적이면서 종합적인 체계를 갖추었다는 것이 주자학의 특징입니다.

에도시대, 왜 유학인가?

그러면 이제 주자학이 에도시대의 일본에서 어떻게 받아들여지고, 조선 사회와 사뭇 다른 모습으로 정착되는지 살펴보겠습니다. 사실 유학이 일본에 전파된 것은 에도시대보다 훨씬 이전인 6세기 초의 일이었습니다. 백제에서 다섯 종류의 유교 경전에 정통했다는 오경박사五經博士를 일본에 보내서 유학을 전했다는 이야기는 많이 들어봤을 거예요. 이처럼 유학 자체는 일본에 일찍 전해졌지만 그것이 통속 학문으로 발전하기 시작한 것은 17세기 초, 에도시대에 들어서면서부터입니다. 그전까지는 주로 불가의 승려들이 그저 교양 차원에서 곁가지로 익히는 정도에 불과했습니다.

그렇다면 왜 에도시대에 유학이 부흥했던 걸까요? 100년에 걸친 전란이 이어진 전국시대가 끝난 것과 관련이 있습니다. 오다 노부나가의 뒤를 이어 도요토미 히데요시가 전란을 종식시키고 일본을 통일했으나, 최종적으로 천하의 패자에 오른 사람은 도쿠가와 이에야스였습니다. 도쿠가와 가문이 정적 도요토미 가문을 멸망시키고 평화로운 새 시대를 열었다는 일종의 슬로건이 바로 '원화언무元和偃武', 일본어로는 '겐나엔부'라고 읽는데요, 겐나元和는 1615년부터 1624년까지 사용된 일본의 연호였습니다. 그리고 엔부偃武는 '무기[武]를 눕힌다[偃]'는 뜻입니다. 즉, 겐나 시기에 들어 더는 무기를 들지 않아도 되는 태평한 시대의 시작을 선언하는 것이었죠. 물론 이 표현은 겐나 당시가 아니라, 훨씬 나중에 유학자들이 막부의 정치를 칭송하려고 만들어 낸 말이지만 이러한 인식은 널리 공유되고 있었습니다.

'평화'의 시대가 도래했음을 보여주는 사례가 또 있습니다. 오사카에서 신칸센을 타고 도쿄로 가는 도중 후지산이 보이는 곳이 시즈오카静岡인데요, 이곳의 구노산久能山에 도쿠가와 이에야스의 사당인 동조궁東照宮(도쇼구)이 있습니다. 이에야스는 죽고 난 뒤 신격화되어 동조대권현東照大權現이라는 시호가 내려졌습니다. 이에야스 사당답게 매우 화려하고 일본의 국보로도 지정되었습니다.(fig.3) 동조궁 안에 있는 여러 채의 건물마다 화려한 조각들로 장식되어 있는데, 배전拜殿 중앙에는 재미있는 장면이 묘사되어 있습니다.(fig.4) 이 조각은 중국 북송北宋의 정치가로 『자치통감』을 편찬한 사마광司馬光(1019~1086)의 일화에서 유래합니다. 사마광이 어렸을 때 집에서 친구들과 장난치며 놀다가 친구가 집에 있던 커다란 항아리에 빠져버리고 말았습니다. 공교롭게도 항아리에 물이 가득 차 있어서 친구는 숨도 못 쉬고 허우적대고 있었습니다. 사마광은 결국 항아리를 깨뜨렸고, 다행히 친구는 무사히 빠져나왔습니다. 문제는 이 항아리가 아버지가 무척 아끼는 보물이었다는 것입니다. 사마광은 아버지께 혼이 날까 봐 걱정했지만 오히려 칭찬을 들었습니다. 아무리 값진 항아리라고 하더라도 사람의 목숨보다 중요하지는 않다는 거였지요. 이 일화는 사람의 목숨이 가장 귀함을 강조하는 소재로 자주 인용됩니다. 그런데 이에야스를 모신 동조궁에 바로 이 이야기를 조각으로 새겨둔 것입니다. 이제 전란이 그쳤으니, 사람의 목숨을 더 소중히 여기는 그런 새로운 시대를 열겠다는 의지를 담은 것입니다.

하지만 문제는 사람의 목숨이 중시되는 새로운 세상을 어떻게 만드느냐는 것이었어요. 새로운 시대에 어울리는 새로운 통치 방법은 무엇일까요? 이런 질문에 답을 찾는 과정에서 유학이 부상하게 되었습니다. 실제로 도쿠가와 가문이 다스린 에도시대 270년은 평화로웠습니다. 살기 어려운 농민들이 들고 일어

fig. 3
구노산 동조궁 배전

fig. 4
동조궁 배전 조각

3

4

나는 무장봉기인 잇키一揆가 발생하기도 했지만, 외적의 침입이나 내전은 전혀 없었습니다. 그래서 '팍스 로마나Pax Romana'라는 표현에 빗대어 '팍스 도쿠가와나Pax Tokugawana'라고 하기도 합니다.

막번체제는 어떤 특징이 있을까?

다만 '도쿠가와에 의한 평화'였던 에도시대 일본의 태평성대는, 성인聖人의 통치로 천하가 잘 다스려진다는 유학적 관점의 태평성대와는 차이가 있습니다. 에도시대의 통치 체제는 보통 막번체제幕藩體制라고 하는데요, 지배의 정점에 중앙정부라고 할 수 있는 막부가 있고 그 수장이 바로 쇼군將軍입니다. 지방 영주인 다이묘大名가 다스리는 영지와 조직을 통틀어 번藩이라고 하는데, 쇼군과 다이묘는 어은御恩과 봉공奉公을 기반으로 한 주종 관계를 맺고 있습니다.

쇼군과 다이묘 사이의 피라미드식 지배 체제는 사실 막부의 압도적인 무력에 기초한 구조입니다. 유학적 도리에 따라 하늘이 인정한 유일무이의 존재인 천자에게 충성을 다하는 것이 아니라, 어디까지나 쌍무적 계약관계였습니다. 이것이 막번체제의 기본 구조인데 사실 숨어 있는 요소가 하나 더 있습니다. 바로 조정朝廷, 즉 천황의 존재입니다.

당시에는 천황의 조정을 금리禁裏, 쇼군의 막부를 공의公儀라고 불렀습니다. 실질적인 정치는 막부가 전담했지만, 형식적으로나마 조정에서 막부의 수장을 임명했습니다. 이런 이중구조의 피라미드 체제(fig.5)는 쇼군의 위엄과 권위가 굳건할 때는 큰 문제없이 유지될 수 있지만, 내우외환이 발생하여 막부의 권위가 실추되면, 다이묘들은 쇼군이 아니라 쇼군을 임명하는 더 큰 권위자와 새로운 주종 관계를 고민하게 됩니다. 이것이 훗날 메이지유신의 원동력이 된 존왕론尊王論의 출발점입니다. 무사 정권을 끝내고 일본을 천황 중심의 근대국가로 나아가게 한 존왕론의 형성에 큰 영향을 미친 학문이 바로 유학이었습니다.

fig. 5
막번체제 구조

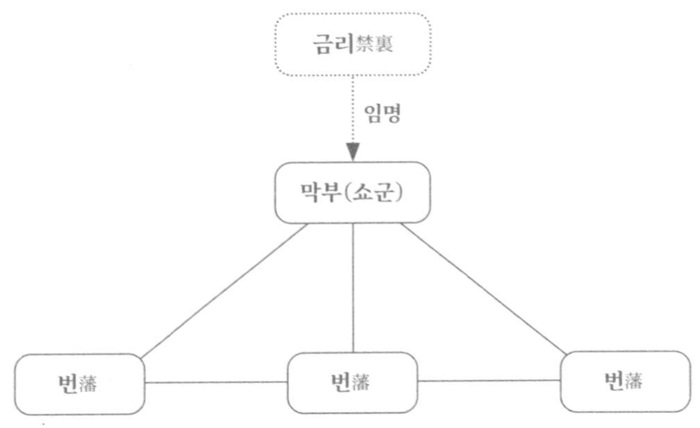

에도시대에는 총 열다섯 명의 쇼군이 있었습니다. 학술적으로 엄밀한 구분은 아니지만, 쇼군별로 보자면 1대부터 3대까지는 확실히 무력에 의존한 무단 정치의 시대였습니다. 4대부터 7대 무렵까지 점차 문치 정치로 옮아간 시기인데, 17세기 후반에서 18세기 전반에 해당하는 이 시기에 유학이 크게 부흥합니다. 이후 이른바 에도의 3대 개혁이 이루어지는 개혁의 시대가 닥쳐옵니다. 3대 개혁은 당시 연호를 따서 교호享保, 간세이寬政, 텐포天保의 개혁이라고 부르는데, 그 과정에서 유학자들이 활약했다는 사실을 기억해야 합니다.

무가제법도와 유가 사상

다시 에도시대 초반으로 이야기를 돌리면, 이에야스가 정권을 잡은 뒤 새 시대에 걸맞은 새로운 구상이 필요해졌지만 사실 그는 무사이면서도 중국의 통치 관련 서적을 많이 읽었다고 합니다. 그중에서도 바로 명군名君으로 칭송받은 당태종과 신하들의 정치 문답을 기록한 『정관정요貞觀政要』를 애독했다고 알려집니다. 이 책에는 정권은 얻는 것보다 수성守成, 즉 잘 지키는 것이 더 중요하다는 이야기가 담겨 있지요. 그래서 그는 통치권을 지키려면 무력에만 의지할 것이 아니라 법으로 지배해야 한다고 생각했어요. 그 결과 다이묘들을 다스리기 위한 무가제법도武家諸法度가 만들어집니다.

최초의 무가제법도는 이에야스가 사망하기 한 해 전인 1615년, 그의 셋째 아들이자 2대 쇼군이었던 도쿠가와 히데타다德川秀忠(1579~1632)의 이름으로 반포되었습니다. 이후에 기본 틀은 유지가 되면서 몇 차례 개정됩니다. 처음 반포된 무가제법도 제1조는 "문무궁마지도文武弓馬之道에 힘쓸 것"입니다. 여전히 궁술과 기마술 같은 무사의 기본 소양을 강조하고 있지만 그래도 첫머리에 문文에도 힘써야 한다고 한 것을 보면, 확실히 시대의 변화를 느낄 수 있습니다. 제5대 쇼군인 쓰나요시綱吉(1646~1709)시대가 되면, 제1조는 "학문과 무예에 힘쓰고 충효를 다하며 예의를 바르게 할 것"으로 '충효'가 새로 추가됩니다. 쓰나요시는 유학에 관심이 많았던 만큼, 확실히 유학적인 개념이 더 들어간 것을 알 수 있습니다.

결정판은 제6대 쇼군 이에노부家宣(1662~1712) 때인 1710년에 개정된 것입니다. 제1조는 "문무의 도를 닦고, 인륜을 밝히며, 풍風과 속俗을 바로잡을 것"이라고 되어 있습니다. 이쯤 되면 사실상 유학적 통치관을 천하에 표명했다고 봐도 무방할 정도입니다. 여기 풍속이라는 말이 등장하는데, 풍은 윗사람의 기강을 의미하고 속은 아랫사람들의 습속을 뜻합니다. 바야흐로 다이묘들이 도와 인륜이라는 유학적인 가치관으로 풍속을 바로잡는 정치를 해야 한다는 거지요. 이처럼 무위를 근간으로 성립한 막부의 정치도 17세기 후반부터는 유학적 통치에 관심이 상당히 높아졌습니다.

최상위 지배층의 인식이 바뀌면서 그 아래 점차 유학을 접하는 사무라이의 비율도 늘어갑니다. 이것은 전국시대와는 달라진 사회상과 관련이 있습니다. 전란의 시대에는 말을 잘 타고 활과 칼을 능숙하게 다룰 수 있으면 자신의 존재 가치를 충분히 인정받았습니다. 그러나 전란의 시대가 끝나고 태평한 시대가 이어지면 더 이상 '궁마지도'를 보여줄 기회가 없습니다. 무사들에게 전장에서 활약할 기회의 상실은 심각한 정체성의 위기로 이어집니다. 여전히 사무라이의 상징인 칼을 차고 있고, 민중들은 그들을 두려워하며 길에서 마주치면 엎드려 절을 하면서 경외심을 드러내지만, 정작 무사로서의 존재 가치를 증명할 기회가 없는 것입니다.

에도시대 초반까지는 그래도 옛 기억이 남아 있으므로 그런대로 체면이 유지되었지만, 시간이 흐를수록 사람들은 떨떠름하게 바라보게 됩니다. 자기 정체성이 흔들린다는 것은 삶의 의미와 목적의 상실로도 이어지는 큰 문제입니다. 이제껏 느끼지 못한 위기감을 떨쳐버리고자 무사들은 기회만 있으면 어떻게든 무사다움을 과시하려고 과잉 행동도 서슴지 않았습니다. 대표적인 것이 순사殉死입니다. 자신이 섬기던 주군이 죽으면 따라서 죽는 자살 행위를 뜻합니다. 그래서 무가제법도에 순사를 금지한다는 조항이 들어갈 정도로, 무사들에게는 그만큼 자신의 존재 가치를 보여줄 기회가 사라져 갔던 거지요.

이처럼 정체성의 위기를 겪는 무사들에게 새로운 가능성으로 유학이 부상합니다. 칼을 휘두르며 싸우는 무사로서의 사士가 아니라, 유학적인 지식을 갖춘 선비로서의 '사'라는 새로운 정체성을 얻게 되는 거지요. 또 무사들은 지위에 따라 주군을 섬기는 봉사奉事의 주체이면서, 한편으로는 휘하 가신을 다스리는 통치의 주체였으므로 유학의 통치론이 가신단을 운영하는 데 도움이 되기도 했습니다. 이런 이유로 점차 유학적인 지식을 습득해 나가는 무사들이 늘어갑니다.

이러한 경향은 지배층에게만 한정되지 않았습니다. 피지배층 중에서도 비교적 잘사는 서민층에 속하는 사람들, 특히 돈깨나 만지게 된 상인 중에도 유학을 배우려는 사람들이 나타납니다. 다만 학문이라기보다는 유예遊藝로서의 유학입니다. 유遊는 즐긴다는 의미이고, 예藝는 재주나 기술 같은 것을 말하는데, '조금 노력해서 배워야 하는 취미' 정도로 이해할 수 있습니다. 그러니까 다도茶道라든지, 꽃꽂이라든지, 또는 시 짓기처럼 그 기술을 가지고 있는 스승에게 배워 즐기는 고급 전통 놀이와 비슷한 것이었습니다. 이처럼 '취미'로 배우다 보니, 본래 유학이 중시하는 도덕론이나 우주론 같은 추상적인 이론은 별로 관심의 대상이 되지 못했습니다. 반대로 이들의 유학은 대단히 실용화된 유학이었다고 하겠습니다.

직업적 유학자, 유자의 등장

이처럼 사회 분위기가 변화해 가는 가운데 유학을 전문적으로 공부하는 직업적인 유자儒者가 등장합니다. 하지만 유자는 결코 사회에서 존중받는 직업인은 아니었습니다. 18세기 후반에 활동했던 화가 시바 고칸司馬江漢(1747~1818)이 전국을 여행하면서 쓴 『강한서유일기江漢西遊日記』에 실린 일화가 있습니다. 그가 여행 중에 어느 부잣집 앞을 지나게 되었는데, 으리으리한 대문에 "유자, 학자, 허명자虛名者와 거지는 출입금지"라고 쓴 종이가 붙어 있었다고 합니다. 그러니까 유학자와 거지를 동급으로 취급했던 것입니다. 비록 유학이 교양으로서 확대되었다고는 하나, 직업적 유자의 사회적 지위는 그다지 높지 않았음을 알 수 있습니다.

조선시대는 어땠을까요? 조선 선비들의 지고한 목표는 사서오경을 열심히 공부해 국가시험인 과거에 급제해서 관료가 되는 것이었습니다. 이것이 바로 유학이 중시하는 수기치인修己治人의 궁극적인 실현이었습니다. 우리 사회에서 여전히 큰 축을 차지하는 대학입시에서 그런 흔적을 찾을 수 있습니다. 우리가 얼마나 대학에 진심인지, 오죽하면 대학을 상아탑이 아닌 '우골탑'이라고 불렀을까요? 가난한 살림에 내가 뼈 빠지게 고생하더라도 자식은 어떻게든 대학공부를 시키겠다는 일념으로, 뒷바라지를 위해 농가의 가장 큰 재산인 소까지 팔아버린다고 해서 나온 말이지요. 우리가 힘들게 공부해서 대학에 가는 이유는 조선 시대 선비들이 공부하던 목적과 크게 다르지 않습니다. 예나 지금이나 공부는 사회에서 번듯하게 살 수 있는 가장 확실한 방편입니다.

그런데 일본에서는 유학자를 거지와 동급으로 생각했다니 좀 놀랍지요? 조선과의 결정적 차이는 바로 과거제도의 유무에 있습니다. 이것이 조선과 일본에서 유학자로서 살아가는 생활 양태를 완전히 상반되게 했습니다. 에도시대 유학자는 제아무리 사서오경을 달달 외우고 공부에 천부적인 소질이 있더라도 국가시험을 통해 실력을 인정받아 관료가 될 수 있는 길이 없었던 것입니다. 그러니 유학자의 삶이 얼마나 불안했을까요? 만년 '취준생'으로 고달픈 삶이었겠죠.

하지만 모든 일에는 양면성이 있지 않겠습니까? 과거제도가 없었다는 것은 달리 말하면 학문의 정답, 즉 표준이 없었다는 뜻입니다. 시험이 공신력을 가지려면 반드시 공정성과 객관성이 담보되는 '정답'이 있어야만 하는데, 그런 제도 자체가 없으니 정답이 되는 학문이란 것도 없는 셈이지요. 이 점이 매우 중요합니다. 조선의 경우 주자학이 학문의 표준이었기에, 여기에서 조금만 벗어나도 사문난적斯文亂賊으로 몰거나 상대를 비판하는 근거가 되고, 심하면 집권 세력이 급변하면서 정국이 수시로 바뀌는 환국換局 정치와 같은 정치적 혼란이 발생했습니다. 일본의 경우에는 유학자가 높은 사회적 지위나 권력을 누리지 못했지만, 그만큼 학문의 '자유'를 누릴 수 있었습니다. 그래서 가능했던 학문의 다양성이 근대 일본을 만드는 데 큰 역할을 합니다.

하지만 유학자가 세속적으로 권력을 갖지 못했다고 해서 일본에서 유학의 사회적 파급력이 전혀 없었던 것은 아닙니다. 유학이 일부 부유한 서민들의 취미생활 내지는 통치에 도움이 되는 기술 정도로 여겨지다가 에도시대 후기로 갈수록 '팍스 도쿠가와나'를 위협하는 사상으로 변화합니다. '아코 사건'을 둘러싼 논쟁이 그 사례입니다.

아코 사건

아코번赤穂藩은 현재 효고현兵庫縣의 서쪽에 있었는데요, 당시 번주였던 아사노 나가노리淺野長矩(1667~1701)는 1701년 3월 에도성에서 조정의 사절을 접대하는 임무를 맡았습니다. 그런데 준비 과정에서 쇼군 직속 관리로 의전을 총괄하던 기라 요시나카吉良義央(1641~1702)와 의견이 충돌합니다. 왜 갈등이 시작됐는지 구체적인 내용은 알려지지 않았습니다. 아무튼 말다툼 끝에 아사노가 발끈하여 칼을 뽑아 기라에게 달려들어 상해를 입히는 엄청난 일을 저지르고 말았습니다. 에도성은 쇼군이 기거하는 곳인 만큼 그 안에서 칼부림을 벌인다는 것은 상상도 할 수 없는 일이었고 당연히 무거운 처벌이 예상되었습니다.

전국시대 이래 무사 양자 간 사적인 무력 충돌이 발생할 경우, 이유를 따질 것도 없이 쌍방을 모두 처벌하는 관습이 있었습니다. 양쪽 모두를 처벌하지 않으면 사태를 수습하기가 쉽지 않았기 때문이지요. 이번에도 두 사람 모두 벌을 받을 거라고 생각했지만 막부는 예상 외로 아사노에게만 할복과 가산 몰수라는 가혹한 처벌을 내리고, 기라에게는 아무런 죄를 묻지 않았습니다. 관습과 달리 막부가 이렇게 처분을 내린 이유에 대해 여러 가지 설이 있지만 어찌 됐든 아코번 가신들은 이 결정을 도저히 받아들일 수 없었겠지요. 하루아침에 주군을 잃은 아코번의 가신들은, 멀쩡히 살아 있는 기라를 보면서 절치부심하며 복수의 칼을 갈게 되었습니다.

이윽고 이듬해인 1702년 12월 14일, 아코번의 가로家老였던 오이시 구라노스케大石内蔵助(1659~1703)를 필두로 총 마흔일곱 명의 무사들이 기라의 저택을 급습하여 원수의 목을 베어버립니다. 그리고 전원 할복 처분을 받아 생을 마쳤습니다. 이 사실이 세간에 알려지면서 엄청난 반향을 불러일으켰습니다. 대체로 일반인들에게는 주군에 대한 충정을 다한 무사도의 표본으로서 인기가 대단히 높았습니다. 그 후 47년이 지나 이 실화를 각색한 것이 바로 '주신구라忠臣蔵'입니다. 서민들이 즐기던 가부키歌舞伎 같은 각종 대중문화의 소재가 되었을 뿐 아니라, 그들을 기리는 신사도 만들어졌습니다. 심지어 오늘날까지도 꾸준히 인기 있어 영화로 제작되고, NHK 대하드라마로도 여러 번 만들어졌습니다. 지금도 아코시에서는 인기 있는 문화 콘텐츠이자 관광 자원으로서 '주신구라'를 다양하게 활용하고 있습니다.(fig.6) 그런데 조금 주의해야 할 점이 있습니다. 대중문화 콘텐츠로서 에도시대부터 만들어져서 근대 청일전쟁과 러일전쟁 이후에 완성된 뒤 활발하게 전해져 온 '주신구라'를 실제 역사적 사실과 혼동해서는 안 된다는 점입니다. 대중은 미디어가 창출한 '이상적인 야마토大和 무사의 이미지'로서 읽고 소비할 뿐입니다.

한편, 아코 사건은 이후 입소문을 타고 세간에 화제가 되었을 뿐더러, 유학자들 또한 큰 관심을 드러내며 활발한 논쟁으로 이어졌습니다. 학파마다 또 같은 학파 안에서도 해석이 분분했습니다. 핵심 논점은 아코 무사들의 행위가 주군에 대한 절대 충성을 보여준 의로운 행위였느냐, 아니면 막부의 판결에 불복한 불법 테러 행위였느냐로 요약할 수 있습니다. 즉, 주군에 대한 충성이 먼저냐, 아니면 나라의 법이 먼저냐를 두고 사회적 논쟁이 벌어졌습니다. 당대 활발한 유학자들의 논쟁이 현대 연구자들에게 좋은 소재가 되는데요, 대표적인 학자가 사상사 연구의 대가였던 마루야마 마사오丸山眞男(1914~1996)입니다. 그는 막부의 판결에 불복종한 아코 무사들의 행위를 비판한 대표적인 유학자인 오규 소라이荻生徂徠(1666~1728)의 견해를 개인 도덕과 정치판단의 분리로 '읽어' 내서 근대성과 연관시켜 높이 평가했습니다. 그러나 우리가 아코 사건을 바라볼 때 기억해야 할 점은 바로 18세기 초라는 시대성입니다. 막부와 번 사이 계약관계를 바탕으로 성립한 정치체제 아래, 관료주의와 문치주의로 기울어 가는 시대에 무사 집단이 가진 딜레마가 무엇이었는지, 그리고 죽음을 무릅쓴 아코 무사들의 무력행사에 어째서 유학자들이 눈을 반짝이며 깊은 관심을 가졌는지 말입니다. 전근대에서 근대의 맹아를 찾으려는 목적의식적인 해석은 이제는 유효성을 잃었다고 생각합니다.

fig. 6
아코역 '주신구라' 액자

에도시대 유학의 세 가지 특징

에도시대의 사상이라고 하면, 사실 불교나 유학뿐 아니라 다양한 사상들이 공존했습니다. 유학의 방법론에서 영향을 받아서 모토오리 노리나가本居宣長(1730~1801)가 집대성한 국학國學 사상이 있었습니다. 고대 일본이 가장 아름답고 위대했다고 보고, 고대 일본으로 돌아가자고 주장하는 사상이었습니다. 또 국학과는 성질이 사뭇 다른, 네덜란드를 통해 들어온 서양학도 있었습니다. 당시 일본에서는 네덜란드를 화란和蘭, 화란타和蘭陀, 아란타阿蘭陀 등으로 음역하여 표기했었지요. 여기에서 유래하여 서양 학문을 난학蘭學이라고 불렀습니다. 이 밖에도 19세기 중반이 되면 신도神道에 기반한 천리교天理教 같은 민중 신앙도 다양하게 생겨났습니다.

유학에서도 마찬가지였습니다. 조선에서는 유학의 한 갈래임에도 양명학조차 이단시되었지만, 일본에서는 유학 안에 주자학파와 양명학파는 물론, 고학파古學派, 후기 미토학水戸學, 그리고 석문심학石門心學으로 대표되는 상인 도덕에 이르기까지 다양한 갈래가 있었습니다. 이것이 에도시대 유학의 첫 번째 특징입니다.

두 번째 특징은, 에도시대 유학자의 경우 앞서 언급한 이기이원론 중에서 이理에 그다지 깊은 관심이 없었다는 점입니다. 퇴계退溪 이황李滉(1501~1570)과 고봉高峯 기대승奇大升(1527~1572)

이 펼친 사단칠정론四端七情論에서 비롯된 사칠변론四七辯論은 그 후로도 오랫동안 이어지면서 조선 성리학의 특징을 보여주는데요, 이러한 태도에서 조선과 일본의 유학이 대비됩니다. 그렇다면 그들은 무엇에 관심이 있었는가, 이것이 제가 생각하는 일본 유학의 세 번째 특징인데, 바로 '종속從俗'의 논리입니다. 종속이란 '세속을 따라야 한다'는 뜻인데, 조선의 유학자에게는 보이지 않는 논리입니다. 당연히 그들이 말하는 속俗은 조선의 유학에서 이야기하는 속의 개념과 다릅니다. 이 점은 뒷부분에서 좀 더 설명하겠습니다.

주자학파의 선구자 후지와라 세이카

에도시대 주자학파를 지역에 따라 크게 세 갈래로 구분할 수 있는데, 교토를 중심으로 한 경학파, 교토에서 남쪽에 위치한 시코쿠四國를 중심으로 발전한 남학파, 그리고 가마쿠라시대와 무로마치시대에 유입된 유학의 계통을 이어간 사쓰마薩摩(지금의 가고시마) 지방의 사쓰난薩南학파 등이 있습니다.

이처럼 주자학파에도 여러 갈래가 있는데 역시 에도시대 주자학의 선구자라고 하면 제일 먼저 떠오르는 인물이 바로 후지와라 세이카藤原惺窩(1561~1619)입니다. 조선의 유학자, 강항

(1567~1618)과 친분이 깊었던 사람으로 유명하지요. 세이카는 사실 승려였습니다. 불교의 승려가 왜 유학을 공부하나, 의문이 들지요? 사실 에도시대 이전에도 승려들은 '교양'으로서 유학을 공부했기에 그리 이상한 일은 아닙니다. 다만 세이카는 여기서 더 나아가 불교에 회의를 느끼고 '유학자'로 변신한 것입니다. 유학자로서 자기정체성을 새롭게 자각했다고 할까요? 세이카뿐 아니라 뒤이어 언급할 하야시 라잔이나 야마자키 안사이도 마찬가지입니다.

후지와라 세이카는 도쿠가와 이에야스를 알현할 때 승려의 복장 대신 유학자의 옷인 심의도복深衣道服 차림이었다고 하는데, 이것을 보면 스스로 유학자로 여겼음을 알 수 있습니다. 그래서 일본 사상사에서는 일반적으로 세이카를 근세 유학의 자립을 상징하는 인물이라고 일컫습니다. 그는 학식도 굉장히 뛰어나서 이에야스에게 『정관정요』를 강의하기도 했습니다. 그런 세이카가 운명처럼 만나게 된 인물이 바로 강항이었습니다. 그는 전라남도 영광 출신으로 형조좌랑 등의 관직을 역임했는데요, 정유재란 때 영광이 함락되자 가족을 데리고 탈출하다 포로로 붙잡혀 일본으로 가게 됩니다. 처음에는 오즈大洲에서 지내다가 나중에는 교토에서 구금 생활을 했는데, 거기서 세이카와 만나게 되었습니다. 훗날 강항의 억류 당시 썼던 글을 모아서 후손이 출판한 『간양록』은 일본의 역사와 제도, 생활 등 일본에 관한 정보가 가득해 일본에 파견된 통신사들에게 필독서였습니다. 이 책에는 세이카와 나눈 대화도 많이 들어 있는데, 두 사람이 쌓은 교분과 두터운 우정을 엿볼 수 있습니다. 그뿐 아니라 세이카가 보편적 이理에 대한 강한 믿음과 날카로운 현실비판 인식의 소유자였음을 알 수 있습니다. 세이카가 살았던 시대는 험난한 전란의 시대여서 그는 백성들의 생활이 지금처럼 초췌한 때가 없었다고 한탄하기도 하고, 또 강항에게 명나라와 조선이 함께 일본에 쳐들어와, 유학의 덕으로 다스려줬으면 좋겠다는 바람을 피력하기도 했습니다.

그런데 한 가지 주의할 부분이 있습니다. 두 사람의 만남을 일본의 유학 사상사에서 획기적인 일로 평가하여, '강항이 세이카에게 주자학을 처음 전파했고, 그래서 일본에서 주자학이 시작하였다.'라는 해석입니다. 한국뿐 아니라 일본인 학자들 중에서도 목적은 다르지만 그렇게 주장하는 사람들이 있었습니다. 앞에서 언급한 대로 주자학이 일본에 처음 유입된 것은 훨씬 이전인 가마쿠라시대였습니다. 그리고 세이카가 강항과 함께 사서오경에 훈점을 다는 등 학문적으로 교류를 하면서 많은 영향을 받았고, 그로 인해 에도시대 유학의 출발로서 의의가 크지만, 그의 학문에는 양명학적 요소도 많이 보이므로 역사적 사실을 너무 도식적으로 해석하고 서술하는 것은 조심해야 합니다. 더더욱 중요한 것은 두 사람의 만남과 학문적 작업에 담긴 '사상사적' 의미를 밝히는 것입니다. 학술적으로는 유학 사상사의 전체 맥락에서 한국과 일본의 관계성을 파악하는 작업이 더 큰 의미가 있기 때문입니다.

한편, 오즈시와 영광군은 자매도시로 활발하게 교류했습니다. 오즈시에는 강항 선생을 기리는 '홍유강항현창비鴻儒姜沆顯彰碑'가 세워졌고(fig.7), 학생들의 수학여행지로 오가기도 했습니다. 역사를 활용한 문화 콘텐츠 개발과 지역 간 상호 교류 측면에서 성공적인 사례로 꼽히지만 안타깝게도 여러 문제와 코로나19 팬데믹 등으로 지금은 교류가 중단되었다고 합니다. 선린우호에 기반한 교류가 다시 이어지기를 바랍니다.

어용유자의 시조, 하야시 라잔

하야시 라잔林羅山(1583~1657)은 후지와라 세이카의 수제자로, 어려서부터 학구열이 높고 엄청난 독서가였습니다. 또 당시 외국문물이 유입되는 창이었던 나가사키長崎를 통해 들여온 중국 서적을 모조리 수집할 정도로 책 욕심이 많았습니다. 스승과 대화를 나누다 보면 세이카가 라잔에게 "그 책 안 읽어봤는데 좀 빌려주시게."라고 말할 정도였다고 합니다. 그만큼 박학다식하였기에 제1대 쇼군인 이에야스부터 제4대 쇼군인 이에쓰나德川家綱(1641~1680)까지 무려 4대에 걸쳐 쇼군에게 직접 강의하는 시강侍講 노릇을 했고, 조선에서 온 통신사를 응접하고 외교 문서를 도맡아 작성했습니다. 에도시대

fig. 7
홍유강항현창비

에 중요한 교육기관 역할을 하던 사설 글방을 사숙私塾이라고 합니다. 주로 재야의 유학자나 나중에는 서양학을 공부한 학자들이 개설하여 막부나 번의 가신과 그 자제들을 가르쳤습니다. 라잔의 사숙은 훗날 막부 공식 학문소인 쇼헤이코昌平黌로 발전합니다.

이처럼 라잔은 훌륭한 능력을 갖췄지만 늘 꼬리표 하나가 따라다녔습니다. 바로 '어용유자御用儒者'입니다. 어용이라는 말은 정부의 일이라는 뜻도 있지만, 자기의 이익을 위해 권력자에게 영합하여 행동하는 것을 경멸하는 뜻으로 쓰지요. 라잔이 이렇게 손가락질을 받은 이유는 무엇보다 막부의 신하이자 주자학자를 자처하면서 드러난 자기모순 때문입니다. 라잔은 '상하정분上下定分의 도리'를 강조했는데요, 마치 하늘은 머리 위에 있고, 땅은 발아래에 있는 것처럼 위아래의 자리와 분수가 정해져 있다는 것입니다. 사람 또한 통치자가 되는 윗사람과 피지배자가 되는 아랫사람의 위치가 날 때부터 이미 정해졌으므로 타고난 이외의 것을 더 바라거나 누리려고 하는 것은 도리에 어긋나는 일이라고 주장합니다. 당연히 통치의 주체인 막부에게는 쓸만한 논리겠지요.

또 자국에 대한 인식도 스승과 차이가 큽니다. 보편적인 이理를 중시하면서 중국과 조선을 동경했던 세이카와 달리, 라잔은 "이가 보편적이라면 사방천지에 두루 존재할 것이며, 그렇다면 당연히 일본에도 존재한다. 따라서 일본도 중화와 다를 바 없는 군자의 나라"라고 말합니다. 한 걸음 더 나아가 일본은 신국神國이라고까지 합니다. 여기에서 유학과 신도神道의 접점이 생깁니다.

일본의 창조신화에서 천손이 강림하면서 가져온 '세 가지 신기神器'가 황위의 표식으로서 역대 천황에게 대대로 계승된다는 이야기는 들어봤을 거예요. 바로 검劍과 경鏡, 옥玉인데, 라잔은 이것이 유학에서 말하는 용勇, 지智, 인仁의 삼덕三德을 상징한다고 하면서 사실 신도와 유학이 서로 같다는 신유합일神儒合一을 주장합니다. 우리가 듣기에는 억지로 갖다 붙인 것 같지만, 라잔이 그렇게 주장하는 이유가 있습니다. 에도시대 초기 유학자들의 당면 과제는 당시 가장 강력한 종교적 지위를 가진 불교와의 사상적 경쟁에서 살아남는 것이었습니다. 그런데 불교는 신불습합神佛習合, 즉 신도와 융합되어 온 역사가 매우 길었으므로 유학자들은 불교 대신 신유합일을 주장하면서 사상적 기반 확립을 꾀했던 것입니다. 불교나 유교나 외래사상인 만큼, 토착의 신도와 융합하여 경쟁력을 갖추려던 것입니다. 라잔의 삼덕설은 신유합일 주장의 초기적 형태라 하겠습니다.

이처럼 라잔은 자기 자신과 자국 일본에 대한 자부심이 대단했는데 이를 상징적으로 보여주는 사건이 있었습니다. 1643년 통신사로 일본에 갔던 통신부사通信副使 조경趙絅(1586~1669)과 필담을 주고받았는데, 거기서 라잔은 "도에는 안팎이 없고 이理에는 멀고 가까움이 없으니 이것은 사해四海가 서로 기준이 되는 것이다. 우주가 모두 나에게 갖추어져 있으니 한탄할 바가 없다."라고 씁니다. 두 차례의 변란이 끝나고 에도시대 재개된 통신사의 왕래를 흔히 선린외교의 꽃으로 표현하지만, 사실 실제 현장을 들여다보면 거기에는 조선과 일본의 지식인들 사이에 팽팽한 기 싸움도 만만치 않았습니다. 가뜩이나 조선을 두 번이나 침략한 도요토미 히데요시의 나라, 문명에서 한참 떨어진 야만의 나라로 인식했던 조선의 고위 지식인이 라잔의 서간을 읽고 어떤 느낌이었을지 상상하는 건 어렵지 않습니다. 조경은 매우 정중하면서도 비유와 상징이 가득한 수려한 문장으로 답신을 보냈는데요, 그 핵심은 "무근본無根本", 즉 라잔에게는 근본이 없다는 비판이었습니다. 명청 교체기 조선의 유학자다운 비판이지요. 바로 라잔이 박식함을 자랑하며 유학자 행세를 하고 있지만, 겉으로 드러나는 모습은 머리카락을 싹 밀어버렸기 때문입니다. "라잔, 당신은 유학자라 자처하면서 어째서 허망한 부처를 믿는 중의 모습을 하고 있느냐? 입으로만 번지르르했지, 근본이 없는 사람이다." 조경은 이렇게 라잔의 정체성을 건드리며 그가 말하는 안팎이 없는 도리에는 알맹이가 없다고 비판한 것입니다. 이 지점은 나아가 아직 '문명'의 도리가 갖춰지지 않은 일본에 대한 비판이기도 합니다.

그렇다면 라잔은 왜 승려의 모습을 하고 있었던 걸까요? 그리고 그가 스스로 합리화하는 논리는 무엇이었을까요? 앞서 말했듯 일본에는 과거제도가 없었습니다. 일본에서는 아무리 유학에 정통하고 박학다식하더라도 시험을 봐서 관료가 될 수 있는 길이 존재하지 않았습니다. 라잔 또한 쇼군의 시강까지 담당했지만, 막부에 등용이 되었을 때 유학자가 아니라 승려의 직위를 받았습니다. 조경은 바로 이 점을 지적한 것입니다. 유학의 도를 말하는 자가 세속의 지위를 위해 불교도의 모습을 하다니…. 그야말로 도의를 숭상하고 지조와 절개를 목숨처럼 여겼던 조선의 지식인에게는 이해하기 어려운 처사였습니다. 사실 조경뿐 아니라 나카에 도주中江藤樹(1608~1648) 같은 당대 다른 유학자들도 라잔을 앵무새에 비유하면서 그가 말하는 도는 진정한 유학자의 것이 아니라 그저 앵무새처럼 흉내를 내는 데 지나지 않는 어용유자라고 날 선 비판을 합니다.

이쯤 되면 라잔의 반응이 궁금해지는데요, 이런 뼈아픈 지적에 그는 "그게 뭐 그리 대수로운 일이냐?"라고 응수합니다. 여기에서 바로 '종속의 논리'가 등장합니다. 즉 유학자가 제대로 대우받지 못하는 일본의 현실에 따라 겉모습은 승려지만 내면은 유학자이니 문제 되지 않는다는 거지요. 이처럼 세속에 대한 순응 내지는 강한 현실주의를 일본 유학 또는 일본 사상의 중요한 특징으로 꼽을 수 있습니다. 다만 주자학자인 라잔만이 아니라 다른 학파의 유학자들에게서도 발견할 수 있으며, 이것이 조선의 유학자와는 매우 다른 지점입니다. 조선의 유학자들에게 속은 따라야 할 것이 아니라 교화시켜 더 바람직한 방향으로 변화시켜야 하는 대상일 뿐입니다. 속을 바라보는 이런 시각차는 지금도 양국의 유학 연구자들에게서도 종종 확인할 수 있습니다.

일본 주자학의 성립, 야마자키 안사이

다음으로 살펴볼 인물은 바로 야마자키 안사이山崎闇齋(1618~1682)입니다. 야마자키 안사이는 흔히 일본의 주자학을 성립시켰다고 평가받는데, 앞서 나온 인물들과 마찬가지로 원래는 선승禪僧이었습니다. 그러다가 선종에 회의를 느끼고 유학으로 방향을 틀었는데, 여기에서도 종속의 성격이 드러납니다. '불교는 본래 속세의 모든 연을 끊고 개인의 해탈을 추구하는 종교이지만, 특히나 선종은 세상과 너무 동떨어져 있다. 인륜을 끊어내고 나 홀로 깨달음을 얻은들, 그게 무슨 소용인가?' 야마자키 안사이는 바로 이 점에 회의를 느낍니다. 그는 사람이 어떤 행동을 할 때는 인간관계 속에서 일정한 역할을 하는 것이며 그런 점에서 인륜을 중시하는 유교로 돌아가야 함을 깨닫고 주자학을 선택합니다. 안사이는 인간의 주체성을 사회적 역할을 다하는 데서 찾으면서, 인간의 마음에 대한 해명이나 사회질서를 바루는 데는 개인의 깨달음을 대상으로 하는 선불교보다 주자학이 더 유용하다고 생각한 것입니다.

한편, 안사이는 하야시 라잔에 대해 매우 비판적이었습니다. 당시 "하야시의 아세阿世"라고 야유가 쏟아졌던 만큼, 엄격한 주자학자였던 안사이 또한 크게 다르지 않았습니다. 승승장구하여 출세한 것뿐 아니라, 라잔의 학문적 성과에 대해서도 비판적이었습니다. 라잔이 명나라의 서적을 들어 『사서집주』의 주석 작업에 일관하는 태도에 대해, 안사이는 후대의 서적에 의존하는 것이 주자의 진정한 뜻을 모호하게 만든다고 비판합니다. 여기에서 눈치챌 수 있듯이 안사이는 열렬한 주자학 신봉자였습니다. 얼마나 주자에 경도되었는지, "주자를 배워서 잘못되면 주자 또한 잘못된 것이다. 무슨 유감이 있겠는가?"(『문회필록文會筆錄』)라고 합니다. 그만큼 자신은 주자의 뜻을 믿고 따르겠다고 선언한 거지요. 그래서 글을 쓸 때도 조술祖述, 즉 내 생각대로 새롭게 짓지 않고 그저 주자가 말한 것을 그대로 따라서 서술할 뿐이라고 이야기합니다.

이런 엄격한 주자학자인 안사이와 관련해서, 하라 넨사이原念齋(1774~1820)가 쓴 유학자 평전인 『선철총담先哲叢談』에 재미있는 이야기가 실려 있습니다. 어느 날 안사이가 제자들에게 "만약에 중국이 공자를 대장으로 하고 맹자를 부장으로 삼아서 일본을 공격해 온다면 어찌할 것인가?"라고 질문합니다. 조선의 유학자들이라면 감히 공자와 맹자를 이런 식으로 언급할 수 없는 대단히 불경하고 대담한 발상입니다. 우물쭈물하는 제자들에게 안사이는 "온 힘을 다해 싸워 공자와 맹자를 포로로 만들어 나라의 은혜에 보답하는 것이 바로 공자와 맹자의 도이다."라고 답을 하지요. 이러한 문답에서 우리는 안사이 학파 내부에서는 자국 '일본'에 대한 의식이 굉장히 강렬해졌음을 알 수 있습니다. 이러한 의식이 훗날 일본은 다른 나라보다 특별하며 우월한 나라라는 인식으로 발전시킨다는 것도 쉽게 짐작할 수 있습니다.

또 흥미로운 점은 안사이가 '조선 성리학'을 성립시킨 퇴계의 영향을 많이 받았다는 것입니다. 퇴계학은 명대 주자학이 양명학에 비해 마음의 수양법에 관한 실천방법론이 뒤떨어짐을 비판하면서, 주자학 이론을 수정하며 강한 개혁 지향성을 띠었습니다. 안사이는 퇴계를 통해 진정한 주자학을 향한 올바른 접근법을 배웠으며, 저술 곳곳에서 퇴계에 대한 존경심을 내보이고 있습니다. 퇴계가 강조한 거경은 추상적인 공리공론보다 일상생활에서 예를 실천하는 것을 특히 중시하는데, 안사이는 이 점에 큰 감명을 받아 자신도 일상에서 학문을 실천하는 방법을 고심하고 연구하게 됩니다. 경을 실천하는 한 방법으로 신체적인 공부를 강조했는데요, 예를 들면 공부를 할 때도 허리를 꼿꼿이 세우고 자세를 흐트러뜨리지 않도록, 신체적인 규율을 지키라고 가르쳤다고 합니다. 이런 엄격함 때문에 사람들은 종종 비아냥거렸지만 제자들이 쓴 회고담을 보면 실제로 스승이 강석할 때면 제자들은 무서워서 고개를 들 수도 없었다고 하니, 긴장된 수업시간의 광경이 눈에 보입니다.

안사이가 실천을 강조하는 지점이 나중에는 신도와도 연관됩니다. 안사이 자신도 어려서부터 신도와 친근한 환경에서 생활했던 경험이 있거든요. 당시 민중들의 현실적 욕망을 충족시켜 주던 토착 신앙은 불교보다는 신도에 가까웠는데, 안사이는 거기서 큰 가능성을 찾게 되면서 사상적으로 크게 전회轉回합니다. 마음의 부정을 씻어내는 신도의 습속을 유학의 실천 방법과 연결시키고, 나아가 유학에서 말하는 도가 일본의 황실 신화에 등장하는 조상신 아마테라스의 도와 같다고 주장합니다. 안사이가 유가와 신도를 일치시키며 만들어 낸 독특한 신도를 수가신도垂加神道라고 부릅니다. 이런 사상적 전회에 주자학을 떠났다고 비판하는 제자도 나오지만, 수가신도는 이후 일본 사회에 큰 영향을 미쳐서 막부 말기 존왕론이 생겨나게 합니다.

야마자키 안사이의 사상을 계승한 학파를 그의 이름을 따서 기문파崎門派라고 부르는데, 기문파는 생국生國, 즉 자기가 태어난 곳이 곧 중화이며 중국이 오히려 오랑캐라는 논의로까지 발전시켜 나갑니다. 이런 인식이 나오는 배경에는 시대적인 흐름의 영향이 있습니다. 당시 명나라가 멸망하고 오랑캐라 여겨졌던 청나라가 대륙의 주도권을 잡습니다. 이른바 명청교체기를 지나면서 조선은 오랑캐에게 무릎을 꿇을 수 없다며 저항을 하다가 결국 정묘호란, 병자호란이 일어나고 굴욕적인 패배를 당하지요. 이후에도 한동안 청나라를 중화로 인정하지 않았습니다. 기문파의 생국론 또한 '중화'의 실체가 사라져 버린 상황에서 자기 내부로부터 강렬한 자국 의식이 발생한 것으로 이해할 수 있습니다.

고학파, 주자학을 밟고 공자로 돌아가다 — 이토 진사이와 오규 소라이

지금까지는 일본의 주자학을 이야기했는데요, 사실 일본의 유학 사상 가운데 가장 일본적인 학파라고 한다면 고학파古學派를 떠올리게 됩니다. 에도시대 중기로 넘어오면서 주자학에 대한 비판이 거세집니다. 우주론까지 포괄하는 주자학은 매우 체계적이라 빈틈이 없다고 느껴지지만 막상 일상에서 그 가르침대로 실천하려고 하면 너무 힘들지요. 게다가 이기이원론 같은 이론은 너무 형이상학적이어서 이해하기도 어려웠습니다. 그래서 주자학이 현실, 즉 속俗과 너무 동떨어져 있고 공허하며 사변적이라는 비판이 제기되었습니다. 그리고 주자가 아니라 유학의 출발점인 공자의 시대로 돌아가야 한다는 주장이 등장했습니다.

그 대표적인 인물들이 야마가 소코山鹿素行(1662~1685), 이토 진사이伊藤仁齋(1627~1705), 오규 소라이 등입니다. 이들을 통칭 고학파라고 부릅니다. 사실 이러한 분류는 메이지시대 도쿄제국대학의 교수였던 이노우에 데쓰지로井上哲次郎(1855~1944)가 서양 철학사를 의식하면서 에도시대 유학자들을 주자학파, 양명학파, 고학파로 분류한 데서 기인하는데, 반드시 정확한 분류라고는 볼 수 없습니다. 왜냐하면 고학파로 묶인 세 사람만 보더라도 서로 사제 관계도 아닐뿐더러 이렇다 할 연관성이 보이지 않기 때문입니다. 이런 상투적인 분류가 익숙하고 편리한 점도 있지만, 이제는 벗어나 일본 사상사 연구에서 좀 더 생산적인 논제를 생각해야 할 필요가 있습니다. 그럼 주자학을 신랄하게 비판했던 진사이와 소라이를 살펴보겠습니다.

이토 진사이는 교토의 부유하고 뼈대 있는 상인 가문에서 태어났습니다. 어려서부터 귀족들이 교양으로 삼던 와카和歌나 한시 같은 유예를 배웠습니다. 그런데 진사이는 공부가 재밌었는지, 가업을 잇지 않고 본격적으로 공부하여 유학자가 되겠다고 선언합니다. 한문을 읽을 줄 아는 무사나 승려, 의사들이 조금씩 유학을 알아가던 시대에 드디어 상인 출신의 유학자가 등장하게 된 것입니다. 그러나 그의 가족은 물론 주변에서 모두 반대했습니다. 가업을 계승하는 것이 자신의 삶으로 정해진 사회에서 유학자라니, 얼토당토않은 소리였지요. 진사이는 주변의 비난에 상처를 받고 무려 8년 세월을 집 안에 틀어박혀 지냈다고 합니다. 요즘 말하는 은둔형 외톨이로 산 거지요. 염세적이던 청년은 그러다가 30대 중반에 다시 세상으로 나와 고의당古義堂이라는 글방을 여는데, 이름에서도 알 수 있듯이 공자와 맹자의 본뜻을 찾으려고 했습니다.

사실 그가 처음부터 주자학을 비판했던 것은 아니었습니다. 처음 공부할 때는 주자학을 신봉해서 주자가 주장한 거경궁리居敬窮理에서 글자를 따서 자기의 호를 게이사이敬齋라고 했다가, 공자가 강조한 인을 취해 진사이仁齋로 바꾼 거예요. 사상의 핵심은 아주 명료합니다. "인정人情은 천하고금이 마찬가지로 오상백행五常百行이 모두 여기에서 나온다. 어찌 인정 외에 별도로 천리天理라는 것이 있겠는가."(『논어고의論語古義』)라며, 인정이야말로 가장 지극한 도라고 이야기합니다. 속俗은 다수의 행위가 모인 현실이고 속을 떠난 도는 없다는 것, 여기에서도 종속의 논리를 엿볼 수가 있습니다. 진사이가 만년에 쓴 『동자문童子問』은 어린아이와 선생의 문답 형식으로 구성된 책입니다. 아이의 다양한 질문이 재미있으면서도 주자학의 추상성을 비판하면서 일상의 덕을 강조하고 있습니다.

진사이는 평생 벼슬을 하지 않고 시정市井의 유학자로 교육에 전념했는데, 인기가 많아서 생전의 문하생만 해도 3,000명이 넘었다고 합니다. 고의당은 1662년 이후 300년 이상 이어졌는데, 장남 도가이東涯(1670~1736)가 계승하면서 진사이학이 크게 번성했고, 문하생들이 전국에서 활약하면서 그의 학문이 널리 퍼졌습니다.

여기 재미있는 문서가 있습니다.'학자각력승부평판學者角力勝負評判'이라는 것인데, 마치 스모 선수처럼 학자들의 순위표를 만든 것입니다.(fig.8) 이 문서를 잘 보면, 동서로 나누어 스모 선수의 등급을 나타내는 오제키大關, 세키와케關脇 순으로 당대 학자들의 이름을 붙여 놓았습니다. 세키와케를 보면 서쪽에 진사이仁齋, 동쪽에 소라이徂徠라는 이름이 보입니다. 이것만 보더라도 당시 이토 진사이나 오규 소라이 같은 고학파에 분류되는 인물이 세간에 널리 알려졌음을 알 수 있습니다.

그렇다면 진사이에 견줄 만한 자리를 차지한 오규 소라이는 어떤 인물이었을까요? 사실 소라이는 18세기 동아시아 사상사에서 가장 영향력 있는 사람이라고 해도 손색이 없습니다. 그는 5대 쇼군 쓰나요시의 주치의인 시의侍醫 집안 출신으로 어려서 하야시 라잔의 아들 가호鵞峰(1618~1680)에게 유학을 배웠습니

fig. 8
학자각력승부평판

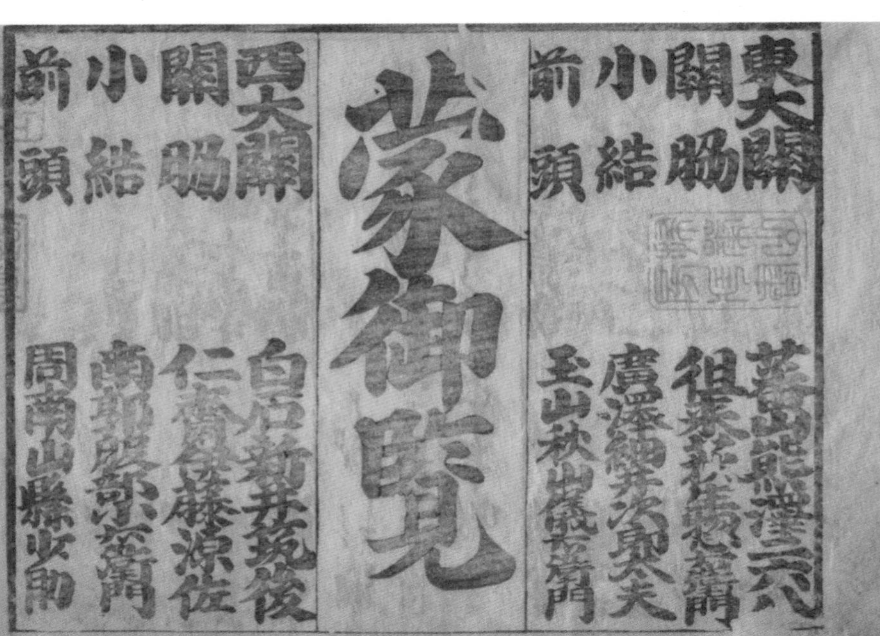

다. 에도 출신이었지만 유년 시절에는 쇼군의 노여움을 사서 추방된 부친을 따라 궁벽한 시골에서 보내야만 했고, 스물다섯이 되어서야 비로소 에도로 다시 돌아올 수 있었습니다.

그가 가진 학문적 문제의식은 한문을 읽는 일본식 훈독에 대한 회의에서 시작합니다. 우리는 '百聞不如一見'이라는 문장을 보면, 곧바로 '백문불여일견'이라 읽고 '백 번 듣는 것이 한 번 보는 것만 못하다.'라는 뜻임을 바로 이해할 수 있습니다. 한문을 우리말 한자음으로 읽으면서 바로 그 뜻을 현대어로 풀어 알 수 있는, 일종의 동시통역이 일어납니다.(물론 우리도 한문 읽기의 역사를 보면 글자에 압점을 찍어 순서를 매기거나 토를 달거나 하여 읽기에 깊은 고심을 하였습니다만) 하지만 일본에서는 한문을 이렇게 읽을 수 없습니다. 한자음을 그대로 읽는다는 감각이 없으므로 일본식으로 풀어 훈독訓讀을 해야만 읽기와 해석이 가능합니다. 이 문제를 일찌감치 깨달은 사람이 바로 소라이였습니다. 그는 저마다 유학 경서를 읽고 있다고 하지만, 사실은 원문이 아니라 일본어로 번역된 문장을 읽고 있을 뿐인데 그런 사실조차 인지하지 못한다고 비판을 합니다. 그러면서 번역만으로는 본래의 뜻을 제대로 알 수 없다고 지적합니다. 그가 "세상은 말을 싣고 변하고, 말은 도를 싣고 변한다."(『학칙學則』)라고 한 것은 언어의 속성이 시대와 공간에 따라 달라져 본래의 언어를 알지 못하면 본뜻을 알 수 없다는 뜻입니다. 그래서 고대 성인의 가르침을 터득하기 위해서는 우선 중화의 언어를 익혀 경서를 읽어야 한다고 주장했습니다. 명대 이반룡李攀龍(1514~1570)과 왕세정王世貞(1526~1590)의 연구에 크게 감화를 받았던 터라 소라이의 학문적 방법론을 고문사학古文辭學이라고도 합니다.

고문의 중요성을 강조한 이유는 바로 선왕先王의 도를 제대로 알기 위해서입니다. 그가 지향하는 유학의 도는 바로 정치 제도로서의 도였습니다. 주자학에서 말하는 천지자연의 도와는 확연한 차이가 있습니다. 성인에 대한 정의도 달랐습니다. 주자학에서는 수기치인을 완성한, 도덕적으로 완벽한 사람을 성인이라고 보았지만, 소라이는 그보다는 선왕이 세운 제도를 충실히 반영한 통치에 방점을 찍고 있습니다.

또 한 가지 재미있는 비유를 하는데, "쌀은 쌀로서의 쓰임이 있고, 콩은 콩으로서의 쓰임이 있다."(『답문서答問書』)라고 말합니다. 주자학에서는 누구라도 노력하면 '수신제가 치국평천하'를 이룰 수 있다고 하지만, 사실 이를 실천하기란 여간 어려운 것이 아니죠. 그런데 쌀은 쌀로서, 콩은 콩으로서 쓰임이 있다는 말은 누구라도 금방 납득할 만한 쉬운 이야기입니다. 각자 타고난 역할을 다하면 된다는 거지요. 여기서는 주자학에서 말하는 '본연의 성'은 사라지고 '기질의 성'만 남게 됩니다. 타고난 기질은 공부를 열심히 한다고 해서 바뀌는 것이 아니라는 거지요. 소라이는 이렇게 주자학을 정면에서 반박합니다.

그는 인간이 본래 불완전한 존재라는 사실을 받아들여야 한다고 주장합니다. 그런 불완전한 사람들이 모여 만드는 풍속에 대해서도 주자학자와 다른 해석을 합니다. 보통 주자학에서 민중의 풍속은 항상 교화해야 할 대상입니다. 민중은 어리석기에 흐트러져 질서가 어지러워지지 않도록 올바른 길로 이끌어야 합니다. 하지만 소라이는 민심이 화려하고 아름다움을 좇는 것은 당연하므로, 이런 기질은 있는 그대로 인정해야 한다고 말합니다. 그 대신 불안정한 기질을 다스릴 정치가 필요하다고 주장합니다.

소라이의 정치론을 알 수 있는 대표 저작이 『정담政談』입니다. 당대 유학자가 도쿠가와 사회 체제를 근본적으로 논한 유일무비有一無比한 것입니다. 그는 정치를 "바둑판에 줄을 긋는 것과 같다."라고 정의했습니다. 바둑판의 눈금이 제대로 새겨지지 않으면 그 어떤 고수라도 바둑을 둘 수 없다고 단정합니다. 정방형의 바둑판에 줄을 긋는다는 것은 법제를 세세하게 잘 설계하는 것을 의미합니다. 제도가 잘 갖추어져 시스템이 잘 돌아가면, 사람들이 제도에 익숙해지기까지 시간은 좀 걸리겠지만 어떤 통치자가 와도 세상의 질서가 유지될 수 있다는 것입니다.

얼핏 보면 상당히 합리적인 방법처럼 들리지요? 법률에 따라 정부 부처와 역할이 세세하게 정해져 장관이나 기관장이 교체되더라도 이미 마련된 시스템대로 작동하는 현대 사회의 모습도 연상됩니다. 하지만 그의 경제론에서는 시장경제에 반하는 주장 때문에 현대 학자들에게 반근대적이라고 비판을 받기도 했습니다. 재미있지 않나요? 17세기 후반을 살았던 소라이에게서 근대성을 발견하여 높이 평가했었는데, 화폐경제에 대해 부정적이었다고 해서 전근대적이라고 평가된다는 사실이. 모두 다 자신이 살고 있는 시대의 시각을 소급적용하여 해석한 결과입니다. 소라이는 화폐경제에서 막부의 재정 악화 이유를 찾았습니다. 상업의 발달을 막부와 무사들이 곤궁해지는 근본 원인으로 짚고 중농주의의 입장을 취합니다.

소라이의 정치론에서 가장 특징적인 내용은 정치에 대한 개념과 정의, 그리고 군주의 역할에 대한 인식입니다. 그는 군주의 역할로 특히 '지인知人'의 중요성을 강조했습니다. 지인이라고 하면 보통 아는 사람이라는 뜻으로 쓰이지만 소라이가 말하는 지인은 어떤 사람이 어떤 기질을 가지고 있는지 정확하게 파악하는 능력을 말합니다. 인사가 만사라는 말과 상통하는데, 사람들의 기질과 능력을 잘 파악해서 적재적소에 앉히는 것이 군주의 역할이라는 것입니다. 군주의 가장 중요한 자질로 '도덕성'과 '언행일치' '책임'을 강조하는 주자학의 주장과는 매우 다릅니다.

주자학자와 사뭇 다른 정치에 대한 소라이의 관점은 매우 참신했고, 그의 유학설도 크게 인기를 끌었습니다. 나와 로도那波魯堂(1727~1789)는 소라이학을 두고 "일세를 풍미했다고 할 정도"여서 소라이학을 배우려는 사람들의 모습이 "실로 미친 듯했다."(『학문원류學問原流』)라고 평가했습니다. 소라이의 논어 해석은 청나라 고증학자인 유보남劉寶楠(1791~1855)의 저서에 인용되기도 하고, 조선의 대학자인 다산茶山 정약용丁若鏞(1762~1836) 또한 소라이를 '해동공자'라 부르며 높게 평가했습니다.

하지만 다산과 오규 소라이 사이에는 결정적인 차이점이 있습니다. 다산의 『목민심서牧民心書』는 오늘날에도 공직에 나아가는 사람의 필독서로 권장되는 책인데, 여기서 가장 강조하는 것은 정치의 주체인 관료와 군주의 도덕성과 책임의식입니다. 즉, 정치가로서의 마음가짐과 자세를 항상 성찰하면서, 정치의 목적은 백성을 편안하게 하는 데 있다는 안민安民을 잊어서는 안 된다는 점을 일관되게 강조합니다. 『정담』처럼 화재가 발생하면 불을 어떻게 끄고, 도둑을 잡으면 어떻게 처리한다는 세세한 각론으로는 들어가지 않습니다. 다산과 소라이의 가장 큰 차이는 정치의 목적으로서 안민과, 정치의 실현으로서 법제라는 구도에서 찾을 수 있습니다. 이런 시각 차이가 각기 다른 군주의 역할론으로 나타나는 것입니다.

오규 소라이의 현실적인 정치론은 일본에서는 높이 평가됩니다. 그러나 정치를 바라보는 그의 시각은 조선의 지식인들과 비교하면, 아무래도 정치의 의미를 통치의 기술 정도로 한정시켰다는 생각을 떨칠 수 없습니다. 이 점이야말로 지금 우리에게도 유의미한 정치적 논제임을 기억할 필요가 있겠습니다.

fig. 9
에도시대 유학자들

후지와라 세이카

“남한테 지적질하고 싶어
입이 근질근질한가?
네 자신부터 바로 잡아라.”

—『촌철록寸鐵錄』

하야시 라잔

"학문에 뜻을 두었다면,
의심하고 의심하라.
또 의심하라."

—『삼덕초三德抄』

야마자키 안사이

(날씨가 좋다고
인사하는 제자에게)
"날씨 따위가 아니라,
경학에 대한 자네의 질문을
듣고 싶네."

—『선달유사先達遺事』

이토 진사이

"인仁이란
실용의 덕德이지,
이론으로 얻을 수 있는 게
아니랍니다."

—『동자문童子問』

오규 소라이

"마음을 스스로 다스릴 수 있다고?
그건 말이지, 미치광이가
스스로 미친 것을 다스린다는
말이나 마찬가지야."

—『변도辨道』

출처:『선철상전 근세기인전 백가기행전先哲像伝 近世畸人傳 百家琦行傳』(有朋堂書店, 1914), 국립국회도서관 디지털컬렉션

상인의, 상인에 의한, 상인을 위한 실용 유학의 탄생

에도시대 중후기가 되면 유학이 관민 쌍방향으로 확산되는 모습을 볼 수 있습니다. 1797년 막부 직할의 학문소인 쇼헤이코가 성립하는데, 유시마湯島의 쇼헤이자카昌平坂에 있어 쇼헤이자카 학문소라고도 합니다. 지금 가보면 유시마 성당湯島聖堂 사적이라고 되어 있는데, 유학에 유독 관심이 많았던 5대 쇼군 쓰나요시가 라잔의 저택에 있던 공자 사당 선성전先聖殿을 옮겨 와 조성한 문묘文廟입니다. 라잔의 사숙도 함께 이전시켜 일본 유학의 본부라고 할 수 있는 학문소로까지 발전하게 된 것입니다.

이처럼 유학이 점차 관학화되는 와중에, 지식인뿐 아니라 조닌町人이라고 불린 상인들도 지적 욕구가 높아지면서 이들을 대상으로 하는 학교도 세워집니다. 회덕당懷德堂은 조닌의 '자각'으로 탄생한, 상인을 위한 실용 유학 학교입니다. 상인을 대상으로 했지만 그 수준은 낮지 않았습니다. 1724년 무렵 부유한 상인 다섯이 토지와 자금을 대서 상인 자제 교육을 목적으로 시작했지요. 이후 막부가 정식으로 인가하면서 더욱 발전했습니다. 1726년에는 회덕당 규정이 작성되었는데요, 몇 가지만 살펴볼게요. "학문은 충효를 다하고 직업을 권하는 것이며, 강석의 목적은 이런 취지를 설명하는 것이다. 책을 가져오지 않아도 강석을 들을 수 있다. 또 부득이하면 도중에 나가도 된다.", "무가의 자리는 일단 상석으로 정해져 있지만 강석이 시작하면 신분의 차별을 두지 않는다." 엄격했던 야마자키 안사이의 사숙에 비하면 회덕당의 강석은 상당히 자유로운 분위기로 보입니다.

회덕당은 점차 번창해서, 4대 교장인 나카이 지쿠잔中井竹山(1730~1804)과 리켄履軒(1732~1817) 형제 때 전성기를 맞이하며 전국에서 이름난 문인들이 한 번쯤 들르는 교류의 거점으로 성장합니다. 이 역시 회덕당의 존재 의의에서 큰 부분이라 할 수 있어요. 에도시대 후기 '지知'의 확산에 빠질 수 없는 역할을 수행한 거지요. 약 140여 년 동안 운영되다가 메이지유신이 일어난 다음 해에 문을 닫았지요. 그 뒤 회덕당은 1915년에 재건되어 1945년 오사카공습으로 소실될 때까지 오사카 시민대학으로 사랑받았습니다.

또 유학의 파생형인 국학이나 서양학인 난학이 출현하는데요, 모토오리 노리나가는 고대의 이상적인 일본, 즉 야마토大和의 모습을 있는 그대로 파악하고 돌아가기 위해서는 중국의 한문을 배워 중국풍에 심취한 '가라고코로漢意'를 벗겨내야 한다고 주장합니다. 그의 학문적 방법론은 명백히 소라이학의 영향입니다. 또 안도 쇼에키安藤昌益(1703~1762) 같은 독특한 사상가도 있습니다. 그는 만민평등을 주장하면서 유교와 불교를 비판하고 사람은 모두 오곡五穀의 자식으로 태어난 존재이니만큼, 직접 농사를 지어야 한다며 직경直耕의 중요성을 설파했습니다.

그가 살았던 아오모리현青森縣 하치노헤시八戶市에서는 2011년에 '쇼에키촌'이라는 농업 공동체 마을이 조성되어 직경의 가르침을 따르고 있습니다.

실용 유학을 논할 때 빠뜨릴 수 없는 사람이 바로 이시다 바이간石田梅巖(1685~1744)입니다. 농민의 자식이었던 바이간은 교토의 상점에서 종업원으로 일하다가 1729년부터 상인들에게 필요한 도덕을 가르쳤습니다. 점차 서민들의 생활 도덕으로 큰 인기를 얻으면서 그의 이름을 딴 석문심학으로 발전합니다. 전성기 때는 석문심학 강습소가 일본 전국에 81개소나 생길 정도로 인기 있었습니다.(fig.10)

바이간의 상인 도덕론은 왜 그렇게 인기를 얻었을까요? 이 또한 시대 상황을 생각해 봐야 하는데요, 17세기 말 화폐경제가 발달하면서 돈을 만지는 상인들은 점점 부유해지는 반면, 농민은 물론이고 무사들까지도 생활이 곤궁해졌습니다. 그런 상황에서 부유함을 과시하는 상인들의 행동거지가 당연히 볼썽사나웠겠죠. 비난의 화살이 쏟아지는 분위기에서 상인들을 위한 새로운 도덕론이 필요했고, 또 그들의 정체성을 찾는 데에도 도움이 되었습니다. 예를 들면 석문심학에서는 상인도 군주의 정치를 돕는 '시정市井의 신하'라고 강조합니다. 무사들처럼 직접 정치에 관여하지는 못하지만, 가업에 힘써 성실히 일함으로써 세상을 이롭게 하는 데 보탬이 된다는 말입니다. 도덕적인 인간이 되기 위해 마음의 수양에 힘써야 한다고 가르치는 주자학과는

나가며
— 일본적 유학의 갈림길

일본 유학의 특징은 초월적인 보편 원리로서의 이에 대한 관심은 상대적으로 낮았다는 것, 오히려 우키요浮世, 즉 덧없는 이 세상, 내가 지금 여기 살고 있는 현세를 긍정하고, 그 속에서 무엇을 할지를 고민하는 종속의 논리가 엿보인다는 점입니다. 그러다 보니 일본의 유학은, 천황이라든지 또는 무사라든지 실제 존재하는 것들과 강하게 결합하는 경향을 보입니다. 대표적으로 '황도유학皇道儒學'이나 무사도를 예로 들 수 있습니다. 천황에게 충성을 바쳐야 하는 이유를 유학적으로 설명한다든지, 전쟁기에 군인들의 전투 의욕을 높이기 위해 충효의 개념을 활용하는 식입니다. 이처럼 일본의 유학이 모습을 쉽게 바꿀 수 있었던 이유는, 유학의 '본령'에서 일본이 떨어져 있었으므로 별 위화감 없이 옷을 갈아입듯 쉽게 변용할 수 있지 않았을까 합니다.

조선의 경우에는 유교 본령의 가르침에, 그 정통성에 대한 물음을 끊임없이 던지면서 성리학이라는 이론적 학문 체계로 발전시켰습니다. 이론뿐 아니라 실제 형식에서도 원형을 지키는 것을 최우선으로 해왔습니다. 중국에서 문화대혁명으로 많은 유교 문화가 파괴되었는데, 공자의 고향인 곡부曲阜에서 공자와 선현에게 지내는 제사인 석전제를 복원하기 위해 한국의 성균관을 찾았다는 이야기는 유명합니다.

보편적인 이理라는 형이상학적인 가치에 대한 양국 유학자들의 인식 차이는 현대의 일상어에서도 엿보입니다. 우리는 섭리, 순리, 도리와 같은 말들을 일상생활 속에서 흔히 사용하지만, 일본에서는 이런 말들이 사전에는 있어도 일상에서는 그다지 사용하지 않습니다. 오히려 날씨를 천기天氣라고 하고, 병을 병기病氣라고 하듯 기氣와 관련된 말을 많이 사용합니다. 이 또한 우리와 저들의 사고방식의 차이를 보여주는 사례가 아닐까 생각합니다.

일본의 유학 이야기를 통해 일본 사회에 대해 좀 더 알아보는 시간이 되었나요? 다시 한번 말하지만, 우리는 이런 점이 일본답다고 느끼지만 저들은 오히려 원형, 보편적 가치를 중시하는 것을 한국적이라고 생각할 것입니다. 과연 한국인과 일본인은 이런 차이를 인정하고 받아들여 서로 진정으로 이해할 수 있을까요?

- 쓰지 다쓰야 지음, 김선희 옮김, 『에도시대를 생각한다: 도쿠가와 3백년의 유산』, 빈서재, 2023.
- 와타나베 히로시 지음, 김선희 · 박홍규 옮김, 『일본 정치사상사 17~19세기』, 고려대학교출판문화원, 2017.
- 나카무라 슌사쿠 지음, 김선희 옮김, 『에도 유교와 근대의 知』, 선인, 2010.
- 고야스 노부쿠니 지음, 김선희 옮김, 『일본의 『논어』 읽기: '배움'을 구하다』, 빈서재, 2024.

① 유시마성당

종종 한국과 일본이 이란성 쌍둥이처럼 느껴질 때가 있다. 닮은 듯하면서도 전혀 다른 속성을 보여주는 문물이나 사람들의 사고방식, 행동 양식을 접할 때마다 호기심이 배가 된다. 성당이란 말은 우리에게는 천주교 예배당으로 사용되나 일본에서는 우선 유시마성당을 떠올리게 된다. 유시마성당은 에도막부의 학문소로 사용되었던 공자의 사당, 공자묘孔子廟를 가리킨다. 한국에서 공자묘는 일반적으로 문묘라고 부르며 성균관과 하급 관학인 각 지방 향교에 설치되었다. 일본에는 공자묘가 많지는 않지만 근세에 세워진 것으로는 오카야마현岡山縣 비젠시備前市 시즈타니閑谷학교의 성묘聖廟, 사가현佐賀縣 다쿠시多久市의 다쿠 성묘, 오키나와현沖繩縣 나하시那覇市의 구메久米 지성묘至聖廟, 후쿠시마현福島縣 와카마쓰시若松市의 아이즈會津 번교藩校 닛신칸日新館 등이 유명하다. 춘추시대 말기 공자가 체계화한 이래 오랜 세월 유교가 한중일 삼국에 학문뿐 아니라 정치적으로도 지대한 영향을 끼쳤지만 그 양상은 각기 다르다. 단적으로 한국과 일본의 공자묘 숫자만 보더라도 알 수 있다.

유시마성당은 도쿠가와 쇼군 가운데 유학 진흥에 큰 힘을 쏟았던 5대 쇼군 쓰나요시(1646~1709)가 1690년에 창건하여 우에노上野 시노부가오카忍ヶ岡에 있던 린케林家 사저의 선성전先聖殿과 가숙家塾을 이전시킨 데서 시작되었다. 창건 100여 년 뒤인 1797년에 막부 직할 학교인 '쇼헤이자카 학문소'가 되었다. '쇼헤이코昌平黌(창평횡)'라고도 하는데, 창평이란 공자가 태어난 마을 이름에서 빌린 것이다. 막부 가신단의 자제들은 이곳에서 공부했다.

1 유시마성당 대성전

2 1872년 개최된 유시마성당박람회를 그린 쇼사이 잇케이昇齊一景의 〈박람회도〉, 1872, 37×73cm, 와세다대학도서관 소장

메이지 신정부 수립 이후에는 정부 소관이 되었으나 유학파와 국학파의 분쟁이 심해지면서 1871년에 막을 내렸다. 그 자리에는 문부성, 일본 최초의 박물관(도쿄국립박물관의 전신), 도쿄 사범학교(1872), 도쿄 여자사범학교(1874) 등이 차례로 세워졌다. 이후 이들 학교는 고등사범학교로 승격되어 현재의 쓰쿠바대학과 오차노미즈여자대학이 되었다. 1923년 간토대지진으로 대부분 건물이 무너졌는데 1935년에 와서 사문회斯文会가 중심이 되어 재건했다. 아울러 1975년 중화민국 타이베이 라이온스클럽이 기증한 4.5미터 높이의 공자 동상은 세계 최대 크기를 자랑한다.

방문하기 좋은 때는 언제일까? 대성전을 특별 공개하는 연초도 좋지만, 유교의 교육기관인 만큼 경내 은행나무의 무수한 가지에 달린 이파리가 샛노랗게 물드는 가을이 '旬(제철이라는 뜻)'이다. 고즈넉한 성당 경내를 산책하고 나면 근처에 있는 간다묘진神田明神을 찾길 권한다. 일본 3대 마쓰리로 유명한 간다마쓰리를 주관하는, 대단한 위엄을 자랑하는 신사이다. 대성전과는 다른 지붕 양식도 비교해 보자. 그리고 또 멀지 않은 곳에 서브컬처의 메카로 알려진 아키하바라秋葉原가 있다. 현란한 전광판이 늘어선 거리를 각국의 젊은이들이 가득 메운, 기묘하고 떠들썩한 곳이다. 서로 다른 성격을 가진 세 곳이 옹기종기 모여 있는 것을 보면 그야말로 일본 문화의 혼종성을 실감하게 된다.

JR 오차노미즈역御茶ノ水驛에서 도보 2분,

도쿄메트로 지요다선千代田線 신오차노미즈역新御茶ノ水驛에서 도보 2분

도쿄메트로 마루노우치선丸ノ内線 오차노미즈역 도보 1분

간다묘진

유시마성당에 있는 공자상

② 아코 오이시 신사

주군에 대한 충정, 의리, 복수. 이런 단어에 귀가 솔깃해진다면 아코시에 있는 오이시大石 신사에 꼭 발걸음을 옮기길 바란다. 에도시대부터 지금까지 인기 있는 주신구라의 주인공들을 모시고 있는 신사이다. 물론 도쿄의 유서 깊은 조동종曹洞宗 사원인 센가쿠지泉岳寺가 아코 사건의 성지로서 이름이 높지만, 그들의 출신지인 아코시가 '역사'를 어떻게 콘텐츠화하여 지역 정체성을 창출해 내며 지역 활성화에 힘쓰고 있는지 느끼기엔 오이시 신사가 제격이다.

오이시 신사는 아사노淺野 가문의 영광과 멸망을 지켜봤던 아코성 안에 자리하고 있다. 아사노 가문이 아코번에 입국한 뒤 13년 동안 본격적으로 쌓은 아코성은 1661년에 완성되었으며, 오이시 신사는 메이지천황의 선지宣旨를 계기로 1900년에 신사 설립이 허가되어 1912년 11월에 산노마루, 오이시 구라노스케의 저택이 있던 곳에 세워졌다. 그 뒤 1925년에는 병학자이자 유학자인 야마가 소코山鹿素行의 동상도 만들어졌다. 아사노 가문과 야마가 소코의 관계는 특별했다. 아코 사건의 당사자인 아사노 나가노리를 훈도하였던 이가 바로 야마가 소코였으니, 47인의 사무라이의 복수극에 대해 어떻게 생각했을지 궁금해진다.

오이시 신사의 제신은 오이시 구라노스케 이하 주군과 가문을 위해 목숨을 던진 의사들을 주신主神으로 하며, 아사노 가문의 번주들, 그리고 아사노 가문의 폐절 이후 성주가 된 모리森 가문의 무장들까지 합사되었다. 경내에는 야마가 소코를 모신 신사, 학문의 신을 모신 신사, 염전의 수호신을 모신 신사 등 수많은 신사가 들어서 있다. 의사사료관에는 오이시 가문과 아사노 가문의 유품 등이 소장된 보물전과 1953년 "자인自刃 250년"을 기념하여 조각된 의사들의 목상이 늘어선 봉안전이 있다. 또 아름다운 지천회유식池泉回遊式 정원도 눈을 즐겁게 한다. 이 정원은 그냥 지나치기 쉬우니 꼭 기억해 두자. 또 경내를 돌아다니다 다리가 아플 즈음에 눈에 띄는 '겐로쿠 차야元禄茶屋'에서 잠시 쉬어가자. 아코가 소금으로 유명한 만큼 소금 만주 '시호만志ほ万'을 먹어보길 권한다. '단짠'의 정수를 맛볼 수 있다.

반슈 아코 관광가이드 협회에서 실시하는 아코성 자원봉사 가이드를 이용하면 아코성, 오이시 신사, 가가쿠지花岳寺 등 명소를 상세하고 재미있는 설명과 함께 견학할 수 있다. 무료 관광 안내 해설인 '주신구라 관련 명소 코스'를 함께하면 그야말로 알차게 아코시의 역사를 전하는 명소를 둘러볼 수 있다.

JR 아코선赤穂線 반슈아코역播州赤穂驛에서 도보 20분

반슈아코역에서 노선버스로 아코성 앞 하차, 도보 8분

산요 신칸센山陽新幹線 아이오이역相生驛에서 차로 20분

오이시 신사

오이시 신사 앞 47인 사무라이 석상

박훈

서울대학교 역사학부 교수. 일본사학회 회장을 역임했고 메이지유신을 전후로 한 일본 근대사를 동아시아적 시각에서 연구해 왔다. 일본인의 대외관에 관한 논문이 다수 있다. 저서로는 『메이지유신과 사대부적 정치문화』(서울대출판문화원, 2019), 『메이지유신은 어떻게 가능했는가』(민음사, 2014), 『메이지유신을 설계한 최후의 사무라이들: 그들은 왜 칼 대신 책을 들었나』(21세기북스, 2020), 『위험한 일본책』(어크로스, 2023) 등이 있으며 『근대 일본인의 국가인식: 메이지 인물 6인의 삶을 관통한 국가』(빈서재, 2023), 『響き合う東アジア史』(東京大學出版會, 2019)를 비롯한 다수의 공저, 『일본의 설계자, 시부사와 에이이치』(21세기북스, 2018), 『중국의 전제, 일본의 봉건』(빈서재, 2023) 등의 번역서와 다수의 논문이 있다.

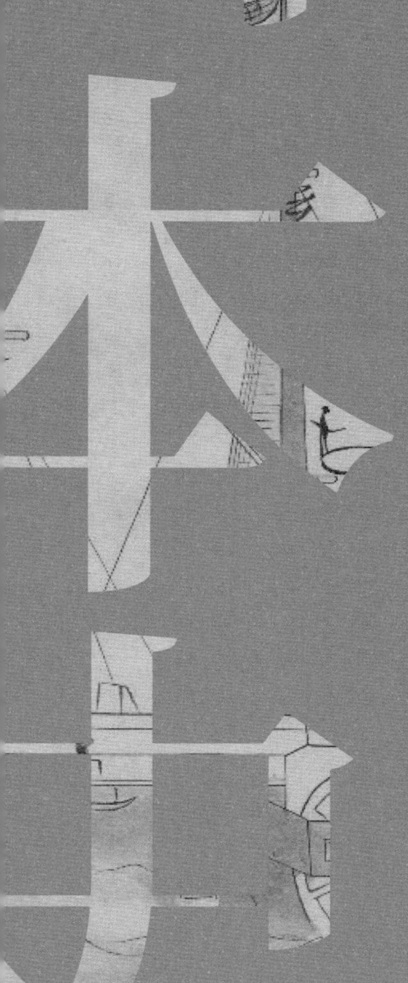

5

메이지 유신이란 무엇인가?

/ 박훈 서울대 역사학부 교수

들어가며
— '왜놈(!)'의 역사?

안녕하십니까, 제5강 강의를 맡은 박훈입니다. 서울대학교 역사학부에서 일본 근대사를 가르치고 있는데요, 전공은 '메이지유신'입니다. 메이지유신에 대해서는 누구나 한 번쯤 들어본 적이 있을 거예요. 자세한 내용은 잘 모르더라도, 메이지유신을 계기로 해서 일본이 근대화에 성공하고, 그로부터 40여 년 뒤 조선을 병합하게 되었다는 사실은 대략 알고 있겠지요.

실제로 메이지유신 이전, 일본에서 에도시대 또는 도쿠가와 시대까지는 일본과 조선 두 나라 사이에 어느 한 나라가 다른 한 나라를 집어삼킬 만큼의 국력 격차는 없었습니다. 물론 일본이 조선보다 영토가 넓고 인구도 많았습니다. 메이지유신 이전 일본의 인구는 약 3,000만 명에 도달했습니다. 조선은 정확하지는 않지만 아무리 많이 잡아도 1,500만 명은 안 되었을 거예요. 지금도 마찬가지죠. 오늘날 일본의 인구는 대략 1억 3,000만 명 정도이고, 한반도는 남한과 북한 인구를 합치면 대략 7,500만 명으로 일본의 딱 절반 정도입니다. 일본이 국토도 넓고 인구도 많았지만, 그렇다고 조선을 집어삼킬 수 있을 정도로 두 나라 사이에 국력 격차가 컸던 것은 아니었습니다.

그런데 메이지유신을 기점으로 차이가 크게 벌어집니다. 일본은 성공 신화를 써 나가는데 같은 시기에 한국은 실패를 거듭하면서 국력의 차이가 점점 심해지다가 결국 1910년에 이르러 일본이 한국을 병합해 버리게 된 거지요. 그 후유증은 지금까지도 두 나라에 짙게 드리워져 있습니다. 메이지유신은 일본 사람들에게는 여러 번 이야기해도 질리지 않는, 즐겁고 신나는 성공 스토리이지만, 구한말은 한국인으로서는 자세히 들여다보고 싶지 않은 역사지요. 오늘날 한국은 이미 국방력으로 세계 6~7위권, 경제력으로 세계 10위권 국가로 인정을 받고 있습니다. 그뿐만 아니라 첨단 기술이나 문화 콘텐츠, 교육 수준도 여느 선진국에 견주어 손색이 없을 만큼 대등해졌고, 한때 멀찌감치 앞서 있는 것처럼 보였던 일본과도 견줄 수 있을 정도로 성장했습니다. 그러니 이제는 150년 전의 역사를 객관적으로 돌아봐야 할 때가 아닌가 생각합니다.

본격적인 내용으로 들어가기 전에 개인적인 경험을 잠시 이야기하려고 해요. 제가 1996년에 역사 공부를 본격적으로 해 보려고 일본 유학을 결심한 뒤 집안 어른들에게 말씀드렸어요. 그때 되돌아온 반응이 "왜 하필이면 왜놈들의 역사를 배우려고 하느냐?"라는 것이었습니다. "일본 역사에서 배울 게 뭐 있느냐?"라는 의미였지요. 왜국, 왜놈, 왜인. 우리가 일본이나 일본 사람을 지칭할 때 흔히 사용하는 호칭이지요. 물론 좋은 의미로 사용하는 명칭은 아닙니다. 에도시대 쓰시마 출신의 유명한 유학자였던 아메노모리 호슈雨森芳洲라는 사람이, 일본을 방문한 조선통신사 일행에게 "우리에게는 엄연히 일본이라는 국호가 있는데, 왜 당신들은 아직도 우리나라를 왜국이라고 부르느냐?"며 항의한 적도 있습니다. 그때 조선의 사신들도 겸연쩍어서 앞으로 조심하겠다며 어물쩍 넘어갔지요. 그로부터 300년이나 지났지만 '왜倭'라는 명칭은 여전히 집안 어른의 입에서 태연히 튀어나오는 말로 남아 있습니다.

전 세계 어느 나라의 역사든, 배울 것이 없는 역사는 없습니다. 집안 어른들도 그것을 모르지는 않았을 거예요. 다만, 기분 나쁘다는 거지요. 조선을 식민지로 삼았던 나라, 굳이 그런 나라에 가서 그 나라의 역사를 공부한다는 게 어쩐지 불쾌하다는 생각이 먼저 들었을 겁니다. 그런데 한번 생각해 보세요. 한국 시민 중에, 일본은 괘씸한 나라이니 그런 나라의 역사는 거들떠보지 않겠다는 사람과, 비록 불편한 역사이긴 하지만 왜 그렇게 됐는지 다시 한번 돌아보고 싶다는 마음으로 일본사 시민강좌를 수강하며 공부를 하는 사람. 일본인의 입장이라면, 이 두 사람 중에서 어느 쪽을 더 경외敬畏할까요? 이제는 변화한 시대에 걸맞은 자세로 일본의 역사를 공부해 봤으면 좋겠습니다.

서양의 진출과 과장된 대외 위기의식

메이지유신의 성격을 표현할 때 '웨스턴 임팩트Western Impact', 즉 '서양의 충격'이라는 말을 자주 사용합니다. 근대는 외부, 특히 서양으로부터 들이닥친 충격에서 비롯된 것입니다. 그동안 우리는 근대화의 원동력을 우리 내부의 역사에서 찾으려는 시도를 무던히 해왔고 아직도 찾고 있습니다. 사실 이것도 근대화에 대한 피해의식에서 비롯된 측면이 큽니다. 역사상 어떤 외부의 압력도 없이 스스로 자기의 병폐를 고치고 개혁하는 경우는 극히 드뭅니다. 개인이든, 집단이든 '관성'이 존재하므로 이 관성을 깨뜨릴 만한 거대한 충격을 외부로부터 받지 않는 한 변화하기는 어렵기 때문입니다. 인류의 역사가 가르쳐 주는 교훈이지요.

중국의 역사를 한번 살펴볼까요? 기나긴 중국 대륙의 역사 중에, 거의 3분의 1은 이른바 '정복왕조'의 역사가 차지하고 있습니다. 정복왕조는 한족漢族이 아니라 주로 북방에서 치고 내려온 유목민족이 세운 나라입니다. 중국의 역사는 유목민족과 한족이 끊임없이 충돌하면서 전개되어 온 역사인 거지요. 그러니까 사회의 진보나 발전이 반드시 자주적, 주체적으로만 이루어져야 한다고 생각할 필요는 없습니다. 역사는 본래 외부로부터 주어지는 자극과 이에 대한 반응이 반복되어 이루어집니다. 그런 외부적 요인들에 모두 눈을 감아버리고, 무엇이든지 내재적,

자주적으로 발현되었다고 주장하는 역사관이 이른바 '주체사관'인 거예요. 이러한 주체사관은 북한을 따라갈 나라가 없지만 이를 바람직한 역사관이라고 생각하는 사람도 없을 거예요.

동아시아의 근대화도 결국 외부로부터의 자극에 어떻게 대응했느냐에 따라 역사의 갈림길이 나뉘었습니다. 일본의 경우, 사회적 변화를 몰고 온 외압이라면 '페리 제독'과 '흑선黒船'이 떠오를 것입니다. 1853년, 미국의 페리 제독이 증기선으로 구성된 함대를 끌고 지금의 도쿄에 해당하는 에도 앞바다에 출현했습니다. 그 이후 일본은 1854년에 미국과 화친조약, 1858년에 통상조약 등을 체결하고 점차 근대 국가로 변모해 나가게 됩니다.

그러나 사실은 페리 제독이 등장하기 훨씬 이전부터, 일본 사회는 외부로부터의 압력을 조금씩 받으면서, 내부에서는 그에 대한 대응책을 차곡차곡 쌓아가고 있었습니다. 그 시초는 18세기 말까지 거슬러 올라갑니다. 한국사에서는 정조 임금이 통치하던 시기인데 이때 러시아 제국이 시베리아를 건너 태평양과 오호츠크해 쪽으로 튀어나와 있는 캄차카반도에 진출합니다. 그런데 캄차카반도에서 쿠릴열도를 따라 내려오면 금방 홋카이도北海道에 다다르게 됩니다. 그렇다 보니 자연스럽게 러시아와 일본 사이에 접촉이 발생하게 됩니다. 1792년, 러시아의 예카테리나 여제가 아담 락스만Adam Laxman이라는 해군 중위를 일본에 파견해서 통상을 요구합니다.(fig.1) 물론 당시까지 쇄국을 유지하고 있던 일본은 이를 거절했습니다.

fig. 1

〈간세이寬政 5년 6월 8일 입항·7월 17일 출항 하코다테 도래 러시아선박 예카테리나호 승조원상〉 중 아담 락스만 초상, 1793년, 하코다테중앙도서관 소장

만약 일본이 이 요구를 거절하고 나서 아무런 후속 조치도 하지 않았다면, 메이지유신은 일어나지 않았을지도 모릅니다. 이 사건을 계기로 일본에서는 러시아에 대한 강렬한 경계심이 들끓기 시작합니다. 놀랍게도 에도막부는 1799년에, 당시까지는 아직 에조蝦夷라고 불리던 홋카이도를 막부의 직할 영토로 삼아 버립니다.

1790년대 막부는 홋카이도 및 사할린의 지형을 파악하기 위해 보낸 탐험대를 두 차례에 걸쳐 파견합니다.(fig.2) 이 탐험을 통해 일본은 사할린과 연해주가 이어져 있지 않고 두 지역 사이에 '바다'가 가로놓여 있다는 사실을 세계 최초로 발견했습니다. 그래서 이 해협은 당시 탐험대장인 마미야 린조間宮林蔵의 이름을 따서 지금도 '마미야 해협'(러시아 명칭은 타타르 해협)이라고 부릅니다. 로알 아문센Roald Amundsen이나 제임스 쿡James Cook처럼 이름을 떨친 탐험가가 서양에만 있었던 것이 아니에요. 일본도 적극적으로 탐험대를 파견하는 정책을 펼쳤으며, 마미야 린조 같은 뛰어난 탐험가가 있었습니다.

또 쿠릴열도의 여러 섬 중에 일본에서부터 네 번째 위치한 이투루프Iturup섬이 있습니다. 일본에서는 이 섬을 '에토로후'라고 부르는데, 현재는 러시아가 실효지배를 하고 있습니다만, 1798년과 1800년 두 번에 걸쳐서 에도막부가 탐험가 곤도 주조近藤重藏를 파견하여 지형을 탐색합니다. 이때 이 섬의 북쪽 끝과 남쪽 끝에 '대일본 에토로후大日本 恵登呂府'라고 적힌 표주標柱를

fig. 2

막부 탐험대의 사할린 섬 탐험 경로

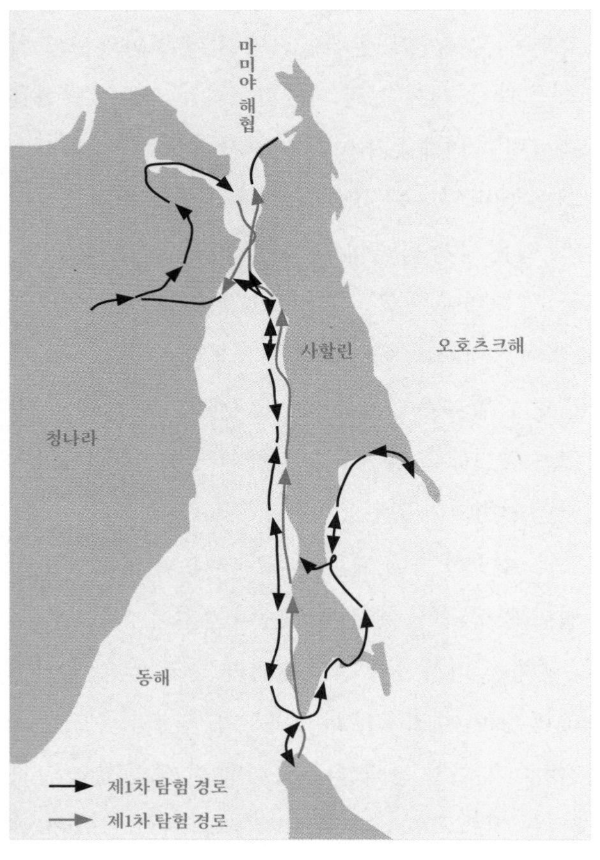

세웁니다.[1] 쿠릴열도의 한가운데 있는 섬에다가, 일본이 영토의 경계를 표시한 거지요.(fig.3) 이때까지만 하더라도 아직 홋카이도조차 일본 땅이 아니었는데, 쿠릴열도의 섬까지 일본 영토라고 선언했으니 그 한참 아래에 있는 홋카이도는 당연히 일본의 영토라는 인식이 생기기 시작합니다.

아무튼 당시는 외국과의 전쟁도 내전도 없는 태평성대의 시대였는데, 러시아의 등장으로 대외적인 위기의식을 강조하는 분위기가 나타납니다. 분위기 조성에 앞장선 사람 중 한 명이 바로 하야시 시헤이林子平입니다. 하야시 시헤이는 1791년에 『해국병담海國兵談』이라는 책을 쓰는데, 그 책에 다음과 같은 내용이 있습니다.

> 최근 유럽에서 러시아의 기세가 비할 데 없어, 멀리 몽골의 땅을 침략하고 요즘에는 연해주 땅을 차지하더니 동쪽 끝인 캄차카까지 점령했다. 그런데 캄차카로부터 동쪽으로는 더 이상 차지할 땅이 없기 때문에 다시 서쪽으로 눈을 돌려 에조의 동쪽인 지시마千島[2]를 손에 넣을 조짐이 있다고 한다.[3]

러시아가 캄차카반도까지 진출했는데, 더 이상 동쪽으로 나아갈 수 없으니 쿠릴열도를 따라 내려와서 일본을 위협하고 있다고 지적하고 있습니다. 상당히 정확한 지리 정보를 바탕으로 예리한 정세 판단을 하는 것을 알 수 있습니다. 하야시 시헤이의 글에는 캄차카를 일본식 발음으로 '카무차카'라고 표기해 놓고

fig. 3

대일본 에토로후 표석

홋카이도 시베토로군蘂取郡에 쇼와시대(1930년)에 세워진 화강암 석비

있습니다. 1791년 당시, 과연 조선 사람들 중 캄차카라는 곳이 있다는 지리 정보를 알고 있는 사람이 있었을까요? 이처럼 18세기 말부터 조선과 일본 사이에는 외부 압력에 대한 대응의 차이가 서서히 나타납니다.

과장된 위기감

그런데 과연 당시 일본이 러시아에 대해서 이렇게까지 예민하게 반응할 만큼 위기 상황이었을까요? 객관적으로는 그렇지 않았습니다. 이때까지는 '증기선'이 없었기 때문이에요. 증기선이 있어야 먼 바다를 건너 장거리 무역도 하고, 대규모 군대를 조직해서 해군을 파견할 수도 있습니다. 증기선 없이는 서양이 일본을 침략한다는 것은 불가능한 일입니다. 제아무리 러시아라고 하더라도 풍력에 의지해야 하는 범선을 타고 어떻게 일본으로 그 많은 병사를 보내고 또 보급할 수 있겠어요? 일본의 반응은 객관적인 위협에 대한 반응이었다기보다는 다분히 과장된 호들갑에 가까웠습니다.

이처럼 대외적인 위기를 지나치게 강조하는 모습은 현대 일본에서도 목격되지요. 얼마 전 2022년 여름 북한이 태평양 공해상으로 미사일을 발사하자, 일본에서는 홋카이도 학생들에게 등교 정지 명령을 내리고 신칸센 운행을 정지하는 등 마치 공습

사태를 방불케 하는 조처를 내렸습니다. 이 모습을 보면서 연평도 포격 사건 당시에도 태평하게 일상을 보냈던 한국 사람들은 매우 의아하게 생각했습니다. 이 점에서도 한국과 일본은 차이가 있는 것 같습니다. 한국에는 "하늘이 무너져도 솟아날 구멍이 있다."라는 속담이 있는데, 일본에는 이런 속담이 없습니다. 한국 사람들은 전쟁 같은 극단적인 상황에 부닥쳐도 살아나갈 방도를 찾아낼 정도로 생존력이 뛰어나지만, 일본 사람들은 이왕이면 하늘이 무너지기 전에 잘 대비하고 위기를 피하는 것을 최우선으로 생각하는 면이 있는 듯합니다.

그렇다면 일본 사람들은 18세기 말부터 어째서 그토록 대외위기를 강조하고 국방의식을 길렀던 걸까요? 이것은 당시 일본의 사회상, 특히 지배층이라고 할 수 있는 사무라이가 놓여 있던 사회적 현실과 관계가 깊습니다. 제4강에서 이야기를 했지만 태평성대인 에도시대, 사무라이들은 여전히 칼을 차고 있었으나 점차 손에 책을 들기 시작합니다. 이처럼 공부하는 사무라이들을 '인텔리겐치아 사무라이'라고 부르기로 할게요. 신분적으로는 지배층에 속하지만, 전쟁이 없어진 시대에 자신의 존재의의와 정체성을 고민할 수밖에 없었던 사람이 바로 '인텔리겐치아 사무라이'였습니다. 특히 하급 사무라이들은 제아무리 공부를 많이 하고 박식해도, 조선이나 중국과 같은 과거제도가 없는 일본에서 출세할 방법이 없었습니다. 그래서 이 하급 사무라이에게는 자신의 존재 가치를 증명하기 위해서라도 위기의식을 조장하고 싶은 마음이 있었습니다.

물론 대외적 위기를 부르짖은 무리는 처음에는 소수였습니다. 처음에는 대다수의 사람이 이런 주장에 대해 콧방귀도 뀌지 않았어요. 하지만 학문의 소양을 쌓은 '인텔리겐치아 사무라이'들은 끊임없이 상소를 올리고, 또 자기주장을 담은 책을 출판하면서 점차 사회적으로 위기의식을 확산시켜 나갑니다. 이러한 와중에, 묘하게도 이들의 주장이 어쩌면 사실일 수도 있다는 인식을 일본 사회 전반에 퍼뜨리는 중대한 사건이 벌어집니다. 바로 1839년에 일어난 '아편전쟁'입니다.

위기의 현실화, 아편전쟁

아편전쟁은 청나라와 대영제국 사이에서 '아편무역'을 빌미로 벌어졌습니다. 이 전쟁에서 청나라가 완전하게 패하고, 서구 열강들에게 문호를 개방하게 되었지요. 그런데 정작 이 전쟁에서 패배한 청나라는, 그 이후에도 큰 위기의식을 가지지 않습니다. 엄청난 대국이었던 청나라에게 동서남북 사방의 오랑캐들이 일으키는 소요 사태는 사실 일상적인 사건이었습니다. 그리고 오랑캐들이 소요를 일으키면서까지 청나라에 요구했던 것은 대개 '무역의 확대'였습니다. 중국은 땅덩어리만 거대한 것이 아니라, 그 땅에서 풍부한 산물이 생산되니까 사방의 이민족들이 중국의 상품을 얻으려고 무역 확대를 요구했던 거지요. 따지고 보면 영국도 청나라에 자유무역을 시작하라고 요구했던 거예요. 청나라 입장에서는 몽골이나 준가르 같은 북방의 오랑캐나 영국이나 비슷한 요구를 하는 비슷한 존재로 여겨졌습니다. 전쟁에서 패한 후 어쩔 수 없이 문호개방을 하게 된 것도 중국이 늘 취해온 방식대로 '시혜적인 입장'에서 무역의 기회를 제공해 준 것에 불과하다는 생각이 있었습니다.

반면 일본은 달랐습니다. 아편전쟁을 분명한 청나라의 패배로 인식한 일본은, 청나라를 굴복시킨 영국이 뱃머리를 돌려 일본을 침공할지도 모른다고 우려합니다. 그래서 1840년대 이후로 개혁의 움직임이 시작됩니다. 이것은 당시 조선의 모습과도 극명하게 대비됩니다. 당시 매년 여러 차례 베이징으로 조공 사절단을 보내고 있던 조선도 물론 아편전쟁의 결과를 잘 알고 있었습니다. 다만 실제로 전투가 벌어졌던 중국 남부의 정보를 접할 길이 없었던 조선의 사절단은 베이징에서 주로 청나라의 관리들이 말해주는 정보만 접할 수 있었지요. 그러다 보니 조선의 아편전쟁에 대한 인식은, 이를 크게 대수롭지 않게 여겼던 청나라 관리들의 생각을 쫓아갈 수밖에 없었습니다. 그저 오랑캐가 일으킨 소요 사태에 불과했고, 타협이 잘 이루어졌다는 말을 곧이곧대로 믿을 수밖에 없었던 거예요.

반면에 일본은 아편전쟁에 대한 정보를 중국이 아닌 당시 일본의 나가사키長崎에 거점을 두고 일본과 무역을 하던 네덜란드 상인들에게서 얻었습니다. 한때 세계의 바다를 주름잡았던 네덜란드는 18세기 후반 제해권을 두고 영국과 한판 승부를 벌였으나 패배하고 그 영향력이 많이 쇠락한 상태였지만, 오히려 그런 만큼 영국 함대의 강력함에 대해서는 매우 정확한 정보를 가지고 있었습니다. 또한 나가사키에는 네덜란드 상인뿐만이 아니라 중국 푸젠성福建省이나 광둥성廣東省 출신의 상인도 드나들고 있었습니다. 이들은 조선의 사절단이 베이징에서 청나라 관리의 입을 통해서는 들을 수 없었던, 홍콩과 마카오 일대를 포함한 중국 남부에서 실제 벌어진 전투의 생생한 정보를 전해들을 수 있었습니다. 사실 마카오와 나가사키는 당시 빈번히 이용되는 무역 루트였습니다. 그러니까 조선의 한양에서 바라보는 홍콩과 마카오에 비하면 나가사키에서 바라보는 홍콩과 마카오는 물리적인 거리를 떠나서 지정학적인 거리감이 훨씬 가까웠습니다. 홍콩, 마카오 부근에서 어떤 사태가 발생했다고 하면 나가사키도 굉장한 위기감을 가질 수밖에 없었던 거지요.

이처럼 영국 함대의 강력함을 알게 된 일본은, 1825년부터 유지해 오던 '이국선타불령異國船打拂令'을 폐지합니다. 이국선타불령이란 외국의 배가 나타나면 즉시 공격해서 쫓아낸다는 방침이었습니다. 대신, 1842년에 새롭게 '신수급여령薪水給與令'이라고 해서 외국 선박이 연료나 물 공급을 요청할 경우 이를 제공한 다음 떠나보내도록 하는 방침으로 전환합니다. 혹시라도 영국 함대가 뱃머리를 일본으로 향해서 오더라도 섣부른 행동으로 전쟁의 빌미를 주지 말고 잘 달래서 돌려보내라는 취지였습니다. 전쟁의 위협을 최대한 피하려는 '피전避戰' 노선을 취한 것입니다.

물론 공식적으로는 위와 같은 방침을 취해 놓고, 내부적으로는 국방력을 강화하기 위한 대책을 세웠습니다. 당시에는 '국방國防'이라는 말 대신 '해방海防'이라는 용어가 사용되었는데요, 예나 지금이나 국방에는 엄청난 비용이 발생하지요. 그렇다고 새롭게 세금을 거두면 격렬한 사회적 반발이 따를 수밖에 없습니다. 그러다 보니 일본의 해방 조치도 상당히 지지부진했지요. 아무튼 해안가에는 서양의 대포에 비하면 장난감 같을지언정 포대도 세우고, 또 수도인 에도가 바다에서 포위될 경우를 대비해서 물자의 공급이 원활해지도록 대운하를 파는 사업에도 착수합니다.

에도에 운하가 왜 필요했을까요? 에도는 바다에 면해 있는 도시입니다. 그런데 에도 앞바다는 매우 좁은 입구를 지나 바다가 내륙으로 깊숙이 들어와 있는 '만灣'입니다. 지금의 도쿄만東京灣이지요. 이 도쿄만의 입구가 매우 좁아서, 강력한 해군을 보유한 영국이 증기선 몇 척만 띄우면 바로 봉쇄해 버릴 수가 있습니다. 반대로 일본은 당시 해군이 없었습니다. 사무라이들은 육지에서 싸우는 전사들이지, 바다 위에서 전투를 벌이는 자들이 아니었지요.

이처럼 해상에 대한 방위가 전혀 없는 상황에서, 영국 해군이

에도를 바다에서 포위하면 어떻게 될까요? 이 당시 에도의 인구가 약 100만 명이었습니다. 조선 수도 한양의 인구가 약 25만 명 정도였으니까, 네 배 규모에 달할 만큼 엄청난 대도시였지요. 그런데 만약 해상으로부터의 교통이 완전히 차단된다면 이 인구가 순식간에 굶어 죽을 위기에 빠지게 될 거예요. 그래서 설령 에도 앞바다가 봉쇄되더라도 도호쿠東北 지역으로 물자가 통할 수 있는 운하를 파려고 했던 거지요. 다만, 이 대사업은 결국 완성을 못하고 중단됩니다.

페리의 내항을 미리 탐지한 일본

이처럼 일본은 아편전쟁을 기점으로 점차 위기감을 고조시키면서 해외 정보에 촉각을 곤두세우게 됩니다. 그래서 미국이 일본을 개항시키려고 해군을 파견했다는 사실도 미리 알고 있었습니다. 바로 나가사키에 들어와 있던 네덜란드인들이 전해준 정보를 통해서였지요. 심지어 함대를 이끄는 제독이 미국 해군의 영웅 '페리'라는 사실도 알고 있었습니다. 페리의 함대가, 아무런 예상도 준비도 하지 않았던 일본 사람들 앞에 어느 날 불쑥 출현한 것은 아니었습니다.

에도막부는 다가오는 현실을 직시하고 대응책을 마련하는 데 고심했습니다. 특히 군사 개혁을 서두릅니다. 그런데 사실 이것은 전통적 스타일의 전투를 하는 전사로서 자부심이 있던 사무라이들에게는 굉장히 어려운 일이었습니다. 사무라이들은 전쟁에서 한 번 무공을 세울 기회를 잡아보려고 평생 무예를 갈고 닦기 때문이지요. 게다가 사무라이의 전투는 거의 '아트'와도 같아서, 전투에 임할 때의 복장과 전술에도 일정한 룰, 규칙이 있었습니다. 반드시 투구와 갑옷을 잘 갖춰 입어야 하고, 전술도 상대의 뒤를 노리는 비겁한 술수보다는 정공법을 선호했으며, 패장에게도 '할복'을 허가해(?) 사무라이다운 최후를 맞이할 수 있도록 해주었습니다. 이처럼 전장의 '아티스트'로서의 자부심이 가득한 사무라이에게 어느 날 갑자기 서양의 군인들처럼 총을 들고 싸우라고 한다면 사무라이들은 이 상황을 어떻게 받아들일까요? 이것은 사무라이에게는 목숨과도 같은 자존심을 내려놓는 일입니다. 당연히 심하게 저항하겠지요. 그러나 초기의 극렬한 저항에도 불구하고, 점차 일본은 서양식 군사 기술을 도입해 나갑니다. 심지어 서양을 몰아내자고 주장하는 극렬한 양이攘夷론자들도 서양의 기술을 도입하자고 동조하지요. 그 이유에 대해서는 뒤에 가서 다시 설명하도록 하겠습니다.

페리가 일본에 온 이유

일본은 네덜란드 사람들이 전해준 정보 덕분에 매튜 페리Matthew Perry(1794~1858)(fig.4, 5) 제독이 이끄는 함대가 일본으로 향하고 있다는 사실을 일찌감치 파악하고 있었습니다. 또 그들의 목표가 일본을 개항시키는 것이라는 사실도 알고 있었습니다. 다만, 미국이 왜 일본을 개항시키려고 하는 건지 그 이유까지는 알지 못했습니다.

잠시 시점을 옮겨서, 페리 제독이 왜 일본으로 향하게 되었는지 그 이유를 살펴보도록 하겠습니다. 우선 페리가 미국에서 일본으로 올 때 어떤 항로를 지나왔는지를 볼 필요가 있습니다. 세계지도를 펼쳐보면 일본과 미국 사이에는 드넓은 태평양이 펼쳐져 있습니다. 사실 미국에서 배를 타고 일본으로 가려면 이 태평양을 가로지르는 것이 최단거리입니다. 그러나 페리는 태평양을 건너오지 않았습니다. 페리는 미국 동부에 있는 버지니아주의 노퍽Norfolk이라는 항구에서 출발하여 대서양을 건너 아프리카 대륙 최남단인 케이프타운을 빙 돌아 나와, 말라카 해협을 통과해서 아시아에 왔습니다. 그 뒤로도 마카오, 홍콩, 상하이를 거치고 현재의 오키나와인 류큐까지 들른 다음에야 일본에 도착합니다.(fig.6)

페리는 어째서 이처럼 먼 길을 돌아가야만 했을까요? 당시까지만 하더라도 미국 서부에서 출발하여 태평양을 가로지르는

4

5

fig. 4
페리 초상 사진,
1855~1856년경,
촬영: Alexander Beckers
and Victor Piard

fig. 5
작자 미상,
〈북아묵리카인물 페리 초상〉,
1853년 이후, 37X26cm, 목판화,
고베시립박물관 소장

fig. 6
페리의 항해 노선

항로가 안정적으로 개발이 안 되어 있었기 때문입니다. 여기에는 미국의 역사에 대한 약간의 배경지식이 필요합니다.

미국은 1846년부터 1848년까지 약 2년 동안 멕시코와 전쟁을 벌여 승리하고, 그 결과로 지금의 캘리포니아주를 미국 영토로 편입시키는 데 성공합니다. 그런데 마침 캘리포니아에서 사금砂金이 발견되고, 이 소식이 미국 동부까지 전해지자 곧 엄청난 규모의 사람들이 일확천금을 꿈꾸며 서부로 이동하는 이른바 '골드러시'가 일어나게 됩니다. 그때까지 미국은 동부를 중심으로 발전하고 있었는데, 서쪽 끝에서 금광이 발견되자 사람들이 앞다퉈 서부로 달려가면서 중부를 건너뛰고 서부 개발이 압축적으로 진행됩니다. 이처럼 미국의 서쪽 해안이 개발되자 사람들은 태평양 건너에 있는 중국으로 눈을 돌리기 시작합니다. 온갖 물산이 풍부하고 인구도 많은 전 세계 최대의 시장이 바다 건너에 있었던 거예요. 만약 미국이 태평양을 가로질러서 중국과 직접 무역을 할 수만 있다면 엄청난 경제적 이득을 얻을 수 있을 거라고 사람들은 생각했겠지요.

이를 위해서는 무엇보다 태평양 항로를 새로 개척해야만 했습니다. 하지만 당시의 항해 수준으로는 미국 서부 해안에서 출발한 배가 중간 기착지 없이 논스톱으로 중국까지 항해하는 것은 불가능했습니다. 아무리 증기선이라고 하더라도 중간에 기항해서 석탄도 보충하고 파손된 곳도 수리할 필요가 있었던 거예요. 이때 눈에 들어온 곳이 바로 일본이었습니다. 그래서 미국 의회에서는 일본에 개항을 권고하기 위한 사절단을 파견하기로 결의합니다. 그리고 이 임무를 수행하기에 적합하다고 생각한 인물이 바로 멕시코 전쟁에서 활약한 후에 은퇴한 페리였습니다. 군함을 앞세워 일본을 압박하는, 이른바 '포함砲艦 외교'까지도 고려한 인선이었습니다. 은퇴한 페리로서도 마지막 임무였는데, 실제로 일본에서 돌아온 페리는 무리한 일본 원정으로 인한 피로 때문인지 곧 사망했습니다.

미국이 일본을 개항시키려고 한 이유가 비단 중국과의 무역 때문만은 아니었습니다. 또 하나의 이유가 바로 포경업, 즉 고래잡이였습니다. 『모비딕』이라는 소설을 읽어보면 이 당시 포경업은 단순한 어업이 아니라 그 자체로 하나의 거대한 산업이었음을 알 수 있지요. 그럴 수 있었던 이유는, 고래의 쓰임이 굉장히 다양했기 때문입니다. 고래 고기는 식용이나 동물 사료의 원료로 썼고, 뼈는 유럽 상류 여성들의 필수품인 코르셋에 들어가는 스프링의 재료로 사용되었습니다. 그중에서도 핵심은 고래 기름이었는데, 고래에서 짜낸 기름은 램프의 연료로 사용되었습니다. 이처럼 용도가 다양했으므로 고래 한 마리만 잡아도 그야말로 일확천금을 벌 수 있었습니다. 예나 지금이나 고래가 가장 많은 바다는 북태평양입니다. 포경업이라는 거대한 산업을 제대로 육성하기 위해서도 해운기지로 일본이 필요했던 거예요.

페리의 내항과 일본의 개국

1853년, 드디어 페리 제독이 이끄는 함대가 일본에 도착합니다. 페리는 곧장 일본의 실질적인 수도였던 에도를 향해 갑니다. 도쿄만의 입구에 해당하는 지역을 우라가浦賀라고 부르는데, 일본은 외국 배가 그 안으로 들어가지 못하도록 통제하고 있었습니다. 그런데 멕시코 전쟁의 영웅이었던 페리는 이런 통제에는 아랑곳하지 않고 함대를 이끌고 우라가를 돌파해서 그대로 에도 앞바다까지 나아갑니다. 에도막부는 페리 제독이 온다는 사실을 미리 알고 있었지만 증기선을 실제로 목격한 사람들은 충격에 빠집니다. 우선 배가 너무 큰 데다가 바람이 없어도 연기를 내뿜으면서 저절로 가는데, 그 속도가 매우 빨랐기 때문입니다.(fig.7) 당시 기록을 보면 어떤 한 사무라이가 증기선이 얼마나 빠른지 알아보려고 해변가에서 말을 타고 증기선을 쫓아 달렸지만 역부족이었다고 합니다.

이 당시 에도에는 메이지유신에서 중요한 역할을 하는 인물들이 집결해 있었습니다. 대표적인 인물이 사쓰마薩摩와 조슈長州라고 하는 사이 나쁜 번들의 연합을 이끌어 낸 사카모토 료마坂本龍馬(1836~1867), 그리고 한국인들에게는 항상 좋지 않은 이미지로만 기억되지만 일본인들에게는 근대 일본의 설계자로 인식되고 있는 이토 히로부미伊藤博文(1841~1909)입니다. 이들은 모두 이때 에도에서 증기선을 목격했습니다. 아무리 에도막부가 페리 제독의 내항을 예상하고 있었다고 하더라도, 실제 페리의 내항이 가져온 임팩트는 상당했습니다.

이듬해인 1854년, 드디어 미국과 일본 사이에 '미일화친조약'이 체결되었습니다.(fig.8) 이때는 국교만 맺고 본격적으로 쌍방이 무역하기 위한 통상조약은 체결되지 않았지만, 불과 4년 후인 1858년에는 '미일수호통상조약'까지 체결됩니다. 또 미국과 통상조약을 체결한 일본은 연이어 네덜란드, 러시아, 영국, 프랑스와도 비슷한 조건으로 통상조약을 체결합니다. 1858

fig. 7
〈페리가 일본 상륙 때 타고 온 흑선〉, 1860년경, 24.1×35.6cm, 종이에 수채, 브루클린미술관 소장

fig. 8
〈합중국 제독 구상서〉, 1854–1856년경 제작 추정, 34.7×46.8cm, 목판화, 미국 국회도서관 소장
미국 함장 3인(왼쪽부터 헨리 애덤스, 매튜 페리, 아난)이 당시 미국 대통령 밀러드 필모어가 보낸 친서를 읽고 있는 장면을 묘사한 채색목판화

7

8

년은 일본의 연호로 안세이安政 5년에 해당하므로 이때 체결된 조약들을 통틀어 '안세이 5조약'이라고 부르기도 합니다.

조선에서는 일본과 맺은 '강화도조약'을 최초의 근대적 조약으로 봅니다. 1876년에 강화도조약이 체결되므로 일본보다 18년이 늦은 거지요. 게다가 일본은 처음부터 서양의 다섯 나라와 통상조약을 거의 동시에 체결했지만, 조선은 처음 조약을 체결한 나라가 일본 하나였습니다. 그로부터 다시 6년이나 더 지난 1882년에 가서야 비로소 다른 나라들과도 차례로 통상조약을 체결했습니다. 이렇게 보면 조선의 본격적인 개국은 일본보다 24년이나 늦었다고 할 수 있습니다. 설령 세종 시대와 같은 태평성대라고 하더라도 24년이면 긴 시간인데, 당시는 세계사적인 대변혁의 시기였습니다. 어쩌면 조선과 일본 사이에는, 24년이라고 하는 물리적 시차보다도 더 큰 역사적 시차가 이때 이미 발생했는지도 모릅니다.

통상조약 체결과 일본 사회의 혼란

물론 일본이라고 해서 개항 과정이 순탄했던 것은 아닙니다. 어느 사회나 개방할 때는 거센 저항이 생기기 마련이지요. 개방은 새로운 경쟁을 불러일으키고 사회 구성원들에게 기존의 관성을 버릴 것을 강요하기 때문입니다. 조선에서도 유명한 '위정척사운동'이 벌어졌던 것처럼, 일본에서도 그와 비슷하게 왕을 받들고 오랑캐를 배척한다는 '존왕양이尊王攘夷운동'이 벌어졌습니다.

단, 일본의 존왕양이운동이 조선의 위정척사운동과 달랐던 점은 지속 기간이 짧았다는 것입니다. 조선의 경우, 위정척사파의 영향력은 대한제국 시기는 물론 일제 식민지 지배기에도 지속되었습니다. 그러나 일본의 경우, 1858년 통상조약 체결을 계기로 거세진 존왕양이운동이 1863년과 1864년을 기점으로 확 가라앉게 됩니다. 그 이유는 존왕양이운동의 선봉에 섰던 사쓰마와 조슈 두 세력이, 각각 서양의 군대와 일전을 벌여서 참패를 당했기 때문입니다.

사쓰마와 조슈는 규모는 크지만 중앙의 정치로부터는 소외된 서남쪽의 번이었습니다. 이들은 막부가 서구 열강들과 통상조약을 체결하자 이를 빌미로 막부를 맹렬히 비판합니다. 오랑캐를 물리쳐야 할 책임이 있는 막부가 너무 맥없이 서양 오랑캐들에게 굴복했다는 거지요. 이들은 기회만 있으면 서구 열강에 대한 적개심을 드러냈습니다. 그러다가 급기야 1863년에는 사쓰마가 영국과, 1864년에는 조슈가 영국, 미국, 프랑스, 네덜란드 4개국 연합함대와 전투를 벌입니다. 보나마나 결과는 사쓰마와 조슈의 패배였습니다. 양이론으로 불타오르던 사쓰마와 조슈도 이때부터 더 이상 허리춤에 찬 칼로는 서양의 총포에 승산이 없다는 것을 깨닫게 되지요. 어쩌면 힘의 우열에 민감한 사무라이였으므로 더 빨리 승복했는지도 모릅니다. 이들은 이때부터 재빠르게 양이론을 포기하고 정반대인 적극적인 개국론으로 돌아섭니다.

사쓰마와 조슈는 무엇보다 증기선, 대포, 총 같은 근대적인 무기가 필요하다는 것을 깨달았습니다. 그런데 이러한 무기를 구입하려면 막대한 자금이 필요하니까 개항해서 무역을 할 수밖에 없다고 생각했습니다. 그래서 갑자기 자기 영지 안에다가 개항지를 만들려고 합니다. 물론 막부는 이것을 허락하지 않았습니다. 다이묘가 무역으로 돈을 많이 벌어서 세력이 커지는 것은 곤란했기 때문이지요.

1868년에 메이지유신이 일어났으므로 3~4년 전부터는 이미 막부도 사쓰마도 조슈도 전부 개항과 근대화에 찬성하는 입장이었습니다. 단지 그 속도와 정도의 경쟁이었습니다. 한국사와 비교하자면 위정척사파는 없고, 성격이 다른 두 개의 개화파가 서로 누가 먼저 근대화를 달성하는지를 두고 경쟁하는 격이었지요. 이 시기 동아시아의 다른 나라들은 어떤 상황이었느냐 하면, 중국 청나라도 이홍장李鴻章이나 증국번曾國藩 같은 인물이 중심이 되어 부분적으로 서양의 기술을 받아들이는 근대화 작업을 추진하고 있었습니다. 그러나 조선의 경우에는 흥선대원군이 집권하여 척화비를 세우던 시기였습니다.

천황의 등장

다시 얘기하자면, 1864년 이후로는 막부도, 막부와 대립하던 사쓰마나 조슈도 모두 근대적인 개혁을 추진하는 경쟁에 돌입했습니다. 그 이후 3~4년 동안은 치열한 다툼이 이어졌으나, 결과는 막부가 패배하고 사쓰마와 조슈가 승리를 거두었습니다. 어떻게 그것이 가능했을까요? 에도막부는 지난 270년간 일본을 지배해 온 권력의 정점이었던 반면, 사쓰마와 조슈는 일개 봉건국가에 불과했는데 말이지요.

사쓰마나 조슈에게는 사실 일본을 통합할 수 있는 정치적 권위가 없었습니다. 그래서 이들이 찾아낸 것이 바로 덴노, 즉 '천황'의 존재였습니다. '천황'은 본래 일본 고대 국가의 왕에서 출발한 것입니다. 대략 서기 6세기 중반부터 지금의 천황가가 왕노릇을 해온 것이 확인되는데, 놀랍게도 그때부터 현재에 이르기까지 단 한 차례의 역성혁명도 없이 그 왕조가 줄곧 이어져 오고 있습니다. 세계사적으로도 찾아볼 수 없는 일본만의 독특한 역사입니다. 일본 사람들은 이것을 '만세일계萬世一系'라고 부르며 대단한 자부심을 갖고 있지만, 사실 외국인의 시각으로 보면 오히려 비정상적으로 보이기까지 합니다. 물론 이에 대해 어떤 가치 판단을 내리는 것은 적절치 않을 것입니다.

아무튼 고대 국가의 왕이었던 천황은 처음에는 일본을 실질적으로 지배하는 통치자였으나, 사무라이가 봉건제를 만들고 무사 정권을 수립한 이후로는 오랜 기간 실권이 없는, 정신적·문화적 상징으로서만 존재했습니다. 더군다나 에도시대에는 도쿠가와막부의 권력이 아주 강력했기 때문에 교토의 천황을 철저하게 통제했습니다. 겉으로는 천황에게 많은 재물도 주고 궁궐도 손봐 주며 대우해 주는 것처럼 달래면서, 실제 정치에는 개입하지 못하도록 차단했습니다. 천황은 그저 학문과 예술에나 힘쓰는 존재로 남도록 한 것이지요. 천황은 교토에 있는 궁궐인 '어소御所'(일본어 발음으로 고쇼)에서 생활했는데, 에도시대 270년 동안 천황이 어소 밖으로 나간 것이 드물 정도로, 대부분의 천황이 존재감 없이 두문불출하는 삶을 살았습니다.

이처럼 실권이 없는 천황이라고 해도 정신적 권위는 아직 살아 있었으므로 막부는 외국과의 통상조약 체결이라는 전대미문의 조치를 앞두고, 천황의 권위를 이용하려고 합니다. 바로 막부의 행정을 책임지고 있던 직책인 로주老中 홋타 마사요시堀田正俊가 직접 천황을 찾아가서 통상조약 체결을 허락한다는 칙허를 내려 달라고 요청한 것입니다. 천황은 줄곧 막부의 말을 잘 따라왔기 때문에 이번에도 조약 체결에 대한 천황의 칙허를 얻는 것은 어렵지 않을 거라고 예상했습니다. 그러나 뜻밖에도 당시 20대 후반의 젊은 나이였던 고메이孝明천황이 '감히' 막부의 요청을 거절하는 사태가 발생합니다. 이유는 신神의 나라인 일본이 서양 오랑캐에게 더럽혀져서는 안 된다는 거였지요. 또 미국은 고베神戸를 개항할 것을 요구하고 있는데 고베는 천황이 있는 교토와 너무 가깝다는 것도 하나의 이유였습니다.

이 사건은 일본 정치에 일대 파란을 몰고 왔습니다. 천황의 태도에 막부도 놀랐지만, 그동안 정치라고는 모른 채 살아왔던 조정의 신하들도 놀랐습니다. 천황이 정치적 행보를 보이자, 신하들도 삽시간에 정치화되어 젊은 신하들을 중심으로 양이운동, 개항반대운동을 벌이기 시작합니다. 또 이 모습을 한발 떨어져 지켜보고 있던 사쓰마와 조슈도 마찬가지로 충격을 받았습니다. 이들의 눈에는 그동안 강고했던 막부의 권력에 서서히 균열이 생기기 시작하는 것으로 보였어요. 그러면서 그동안 누구도 던지지 않았던 "일본의 주인은 누구인가?"라는 질문을 본격적으로 제기하기 시작합니다. 고대에는 천황이 실제로 일본을 다스리는 국왕이었는데, 언제부터 막부가 그것을 대신하게 되었는지, 왜 그렇게 되었는지를 새삼 따지기 시작한 거지요.

사실 일본을 방문한 조선통신사 사절이나 서양의 선교사들도 일찌감치 비슷한 질문을 던진 적이 있습니다. 국왕이 나라를 직접 다스리는 조선에서 온 사절단은 절차에 따라 쇼군을 만나러 가면서도, 자기들이 만나러 가는 사람이 일본의 왕인지, 아니면 교토에 있다는 천황이 왕인지 궁금해했습니다. 하지만 일본 사람들은 이에 대해서 명쾌한 답을 주지 않았습니다. 조선 사람들은 교토의 천황이 원래 정통성이 있는 왕이지만, 에도의 쇼군이 무력으로 권력을 잡아 패자霸者가 되었다고 정리했습니다. 한편 서양의 선교사들은 교토의 천황을 교황 같은 종교적 지도자로,

에도의 쇼군을 유럽의 왕과 같은 세속적 지배자로 이해하기도 했습니다. 모두 자기 방식대로 해석하고 넘어간 것입니다.

대정위임론 vs 대정봉환론, 그리고 왕정복고 쿠데타

그런데 이제 일본 사람들 스스로가 이 문제에 대해 진지하게 의문을 제기한 거지요. 막부는 "쇼군이 왕인가?"라는 질문에 "그렇다."라고 대답하지 못합니다. 대신 막부는 가마쿠라막부부터 도쿠가와막부에 이르기까지 약 700년 동안 천황이 쇼군에게 대권을 위임해 왔다는 논리를 만들어 곤란한 입장에서 벗어나려 했습니다. 이것을 이른바 '대정위임론'이라고 합니다. 그러나 외부로부터의 압력이 거세질수록 대정위임론은 오히려 막부를 곤경에 빠뜨리게 됩니다. 이제는 천황을 중심으로 일본이 다시 집결할 때가 되었으니, 천황도 무시하고 멋대로 조약을 체결해 버린 무능한 막부는 그만 대권을 반환해야 한다는 역공을 받게 된 거지요. 이처럼 대권을 다시 반환해야 한다는 주장을 '대정봉환론大政奉還論'이라고 부릅니다.

막말기幕末期는 이처럼 명분 싸움이 치열하게 전개되었습니다. 이것은 역설적으로 일본이 오랜 기간 태평성대를 구가했기 때문에 생긴 일이었습니다. 만약 이 당시 일본이 전국시대처럼 각 세력이 군사력만으로 대결하는 시대였다면 대권이 원래 누구에게 있어야 하는지의 명분론은 설 자리가 없었을 거예요. 그러나 전쟁이 없는 평화로운 시대가 장기간 이어지면서 사무라이들은 점차 유학적인 소양을 쌓았습니다. 유학적 소양이 깊어지면 으레 명분을 따지게 됩니다. 누가 일본의 왕인가라는 질문은, 이미 17~18세기에 학적 소양을 쌓은 '인텔리겐치아 사무라이'에게서 나오기 시작했습니다. 그리고 이것이 막말기의 존왕운동을 거쳐 결국 왕정복고까지 치닫게 됩니다. 이처럼 메이지유신은 쇼군이 천황에게 대권을 돌려준, 왕정복고의 과정이었습니다.

물론 쇼군이 천황에게 대권을 다시 돌려주는 과정도 쉽지는 않았습니다. 사실 '대정봉환'은 막부의 마지막 승부수였습니다. 사쓰마와 조슈가 명분과 실력을 앞세워 막부를 궁지로 몰아넣자, 막부의 마지막 쇼군 도쿠가와 요시노부德川慶喜는 과감히 스스로 쇼군 자리에서 내려오는 결단을 합니다. 그런데 도쿠가와 요시노부는 '마치 에도막부를 세운 도쿠가와 이에야스가 살아 돌아온 것 같다.'는 평가를 받을 정도로 정치적 역량이 뛰어난 사람이었습니다. 그런 도쿠가와 요시노부가 막부를 해체하고 대권을 천황에게 돌려주겠다고 선언한 데에는 나름의 계산이 있었습니다. 즉, 대권을 천황에게 돌려줘 천황이 직접 정치를 하는 모양새를 취하되, 천황이 일본 전국의 다이묘들을 모아서 회의체를 구성하면 그 자신이 그 회의체를 총 지휘하는 우두머리 역할을 맡으려고 했던 것입니다.

그러나 사쓰마와 조슈는 도쿠가와 요시노부의 의도를 간파했습니다. 그래서 고메이천황이 요절한 후 불과 열여섯 살의 나이로 즉위한 메이지천황을 옹립하여 쿠데타를 일으킵니다. 먼저 사쓰마번의 오쿠보 도시미치大久保利通(1830~1878)는 조정의 신하인 이와쿠라 도모미巖倉具視(1825~1883)와 내통하여 어린 메이지천황의 신병을 확보했고, 사쓰마번의 또 다른 번사藩士인 사이고 다카모리西鄕隆盛(1828~1877)는 군대를 이끌고 교토의 궁궐을 포위했습니다. 그리고 도쿠가와막부를 역적으로 선언하고 토벌할 것을 선포합니다.

이 당시 쇼군 도쿠가와 요시노부는 에도가 아닌 교토에 체류하고 있었으므로 상황은 그야말로 일촉즉발로 치달았습니다. 만약 사쓰마, 조슈와 막부가 교토에서 맞붙었더라면 교토는 불바다가 되고 말았을 것입니다. 결국 도쿠가와 요시노부는 한발 물러서서 오사카를 거쳐 에도로 돌아갔습니다. 그러나 천황을 옹립한 사쓰마와 조슈는 관군官軍을 자처하며 막부를 토벌하기 위해 에도로 진군합니다.

앞서도 이야기했지만 에도는 인구 100만 명이 거주하는 대도시였습니다. 만약 이곳에서 전면전이 벌어졌다면 엄청난 살상전으로 이어졌을 거예요. 결국 막부는 여기서 마지막 타협을 합니다. 저항 없이 에도성을 넘겨주는 조건으로, 도쿠가와 요시노부는 목숨뿐만 아니라 약간이나마 가문의 영지도 보장을 받습니다. 이렇게 일본을 약 270년간 통치한 에도막부는 무너지고, 천황을 정점으로 하는 메이지 정부가 새롭게 들어서게 됩니다.

서양과 조약을 맺은 막부를 비판하던 사쓰마와 조슈 등이 정권을 잡자, 이제 본격적인 양이가 시작될 거라고 믿은 사람들도 있었습니다. 심지어는 개항장에서 한 사무라이가 외국인을 살해하는 사건까지 벌어집니다. 그러나 앞서 이야기한 것처럼 사쓰마와 조슈도 이미 양이 노선을 포기한 지 오래되었습니다. 메이지 정부는 외국인을 살해한 사무라이를 체포하여 외국인들 앞에서 할복을 시킴으로써 양이 정부가 아님을 확실히 보여주고, 막부가 취했던 개국 방침을 그대로 계승해 나갑니다. 결국 막부를 향한 사쓰마와 조슈의 비난은 공격을 위한 공격, 정략적 선택에 지나지 않았던 것입니다.

메이지 정부는 어떻게 나라를 개혁했을까 1
— '문명개화'의 길

메이지유신이 일어난 지 3년 만인 1871년, 메이지 정부는 '폐번치현廢藩置縣'이라는 조치를 단행합니다. 폐번치현은 '번'이라고 하는 봉건국가를 모두 없애고, 대신 중앙정부가 직접 통제할 수 있는 '현'이라고 하는 행정단위를 설치하는 조치를 말합니다. 메이지유신을 이끈 사쓰마번도, 조슈번도 모두 없애 버리지요. 지금 우리에게 익숙한 가고시마현鹿兒島縣, 야마구치현山口縣 같은 행정단위는 이때 만들어진 것입니다. 이처럼 전광석화와도 같이 중앙집권화를 해내고, 이후로는 본격적인 근대화 정책을 시작합니다.

메이지 정부의 개혁 방향을 압축적으로 제시하는 두 개의 키워드는 '문명개화'와 '부국강병'입니다. 메이지 정부에게는 산적한 개혁의 과제가 있었지만, 가장 먼저 착수한 것이 바로 교육개혁이었습니다. 한국도 그렇지만, 일본도 부존자원이 없는 나라입니다. 기댈 거라곤 사람밖에 없습니다. 그래서 먼저 교육으로 나라를 세우자는 방침을 택했습니다.

교육 개혁

1872년, 메이지 정부는 학교령을 선포하여 남녀노소를 불문하고 의무적으로 학교에 다니도록 하는 의무교육을 실시합니다. 이 당시만 하더라도 자녀를 학교에 보내는 것은 전혀 당연한 일이 아니었습니다. 어린이라도 농사일과 집안일을 거들어야 하는데, 한창 일을 해야 할 때 교실에서 알아듣는지 못 알아듣는지 모를 선생님의 이야기를 들으며 앉아 있는 것에 당시 사람들은 엄청나게 반발했습니다. 메이지 정부가 1870년대에 교육 개혁을 위해서 건립한 학교의 수가 2만 개에 달했는데, 그중 무려 10분의 1에 해당하는 2,000개의 학교가 학교령에 반발하는 사람들에게 파괴됩니다. 취학률도 1870년대 내내 25~50퍼센트 수준에 머물렀습니다.

그러나 이후 일본의 취학률은 매우 가파르게 증가하여 1890년대에는 무려 90퍼센트를 돌파합니다. 1905년의 통계를 보면 남자아이의 98퍼센트, 여자아이의 93퍼센트가 학교를 다녔습니다. 사실 취학률이 이렇게 빨리 높아진 것은 세계적으로도 유례를 찾아보기 힘듭니다. 불과 얼마 전까지 무武를 숭상하는 사무라이 국가였던 일본에서 어떻게 30~40년 만에 100퍼센트에 달하는 취학률을 달성할 수 있었을까요? 그 저변에는 이미 에도시대 후기부터 사회 저변에 널리 퍼져 있던 공부하는 습관이 작용했을 거예요. 제4강에서 이미 언급했듯이 전투에서 공을 세울 기회가 없어진 사무라이를 비롯하여 상인 등 일부 부유한 백성들의 자제들까지 열심히 공부하는 '열공'의 역사가 이미 배경에 있었다는 것입니다. 교육은 처음에는 노동 시간을 빼앗기는 손해처럼 생각되었지만, 점차 이를 통해 출세할 기회를 엿보게 됩니다. 가난한 농민이 자기 아들, 딸만큼은 제대로 교육시켜서 더 이상 농사짓지 않고 버젓하게 살도록 해야겠다는 인식이 점차 퍼져나갑니다.

대중교육과 엘리트교육

교육의 또 다른 중요한 기능은 바로 국민을 창출하는 것이었습니다. 근대 국가를 보통 '국민국가'라는 의미의 '네이션 스테이트nation state'라고 부릅니다. 이 '국민'은 대체 언제 생겨난 걸까요? 예를 들어 조선시대 사람들을 조선의 '백성'이라고는 할 수 있어도 '국민'이라고 부르기는 어렵습니다. 당시 함경도 농민과 전라도 농민 사이에 조선이라는 나라에 대한 어떤 공통의 감각 내지는 일체감이 있었다고 보기는 어려워요. 양쪽 지역의 사람이 만나면 의사소통을 할 때도 상당히 어려움을 겪었겠지요. 한 지역의 구성원이 자기 사회에 대해 공통의 인식과 공감을 가지게 될 때, 그것을 바탕으로 비로소 '국민'이 만들어집니다. 그 공통의 인식을 만들어 내는 여러 수단 중 하나가 바로 교과서입니다. 북쪽 회령에 사는 사람과 남쪽 나주에 사는 사람이 모두 똑같은 교과서로 공부를 하면서 한국인의 시조는 단군 할아버지라는 것을 똑같이 배워야 국가에 대한 공통의 인식과 일체감이 생길 수 있습니다. 우리는 그런 교육을 받고 자란 세대입니다. 단군이 한국인의 시조라고 하는 사실을 모르는 사람이 없고, 국가의 상징인 태극기를 보면 괜히 숙연해지며, 애국가가 울려 퍼지면 자연스럽게 가슴으로 손이 올라갑니다. 이처럼 교육, 그 중에서도 '대중교육'은 국민을 만드는 데 필수적이었습니다.

그러나 일본의 교육정책은 국민을 창출하는 대중교육에만 초점이 맞추어져 있었던 것은 아닙니다. 대중교육과 함께 '엘리트교육'이 진행되었지요. 만약 한 나라의 교육 수준이 대중교육 수준에서 멈춘다면 그 나라는 선진국으로 도약할 수 없을 거예요. 일본의 경우, 국민의식을 형성하는 바탕에는 천황이 있었습니다. 기원전 660년경에 하늘로부터 천손이 강림하여 일본을 다스리는 천황이 되었고, 그 후 현재까지 그 천손의 혈통이 유지된다는 '만세일계'의 신화가 '신이 다스리는 나라'라는 일본과 그 신민인 일본인이라는 의식을 이루는 데 토대가 된 거지요. 그러나 한국인의 시조를 단군으로 보는 것이 하나의 신화에 불과한 것처럼 일본의 천손강림 또한 하나의 신화에 불과하며, 천황의 계보도 2,000년 넘게 이어진 것이 아니라는 사실을 엘리트교육을 담당했던 고등교육기관에서는 자유롭게 연구하고 발표할 수 있었습니다. 즉 일본에서 고대 국가의 성립이 기원전 660년부터가 아니라 대략 서기 7세기 무렵부터 출발한다는 역사적 사실을 밝혀냈지요. 국민 공통의 인식 형성이 중요한 대중교육과는 달리 엘리트교육의 최고봉이라고 할 수 있는 제국대학 등과 같은 고등교육기관에서는 사상과 학문의 자유를 보장해 주었던 것입니다. 그러나 이러한 분위기는 1937년 중일전쟁을 전후로 변하기 시작합니다. 천황에 대해서 말 한마디 잘못하면 대학교수라 해도 하루아침에 쫓겨났습니다. 사상과 학문의 자유가 사라진 거지요. 그로부터 불과 10년도 못 되어 일본이 패망했다는 사실은 의미심장합니다. 때로는 우리의 상식과 애국심에 반하는 것일지라도, 진실은 진실 그대로 받아들여야 합니다. 진실은 원래 불편한 법이니까요.

엘리트교육의 중심이었던 도쿄대학의 정문 모습을 담은 사진입니다.(fig.9) 그런데 도쿄대학 하면 정문보다는 붉은 문이라는 뜻의 '아카몬赤門'이 더 유명합니다.(fig.10) 이 문은 원래 에도

fig. 9
도쿄대학 정문

fig. 10
도쿄대학 아카몬(붉은 문)

9

10

시대 후기에 해당하는 1827년, 가가번加賀藩이라고 하는 큰 번의 번주였던 마에다씨前田氏가 당시 에도막부의 쇼군이었던 도쿠가와 이에나리德川家斉의 딸을 부인으로 맞이할 때, 일종의 성의 표시로서 세웠습니다. 도쿄뿐만 아니라 저 멀리 북쪽의 홋카이도에도 고등교육기관을 설치합니다. 현재 홋카이도대학의 농과대가 된 삿포로농학교가 특히 유명한데, 여기에 미국인 교수 윌리엄 클라크William S. Clark를 초빙해 와서 초대 교장으로 삼았습니다. 이 사람이 한 유명한 말이 바로 "소년들이여 야망을 가져라!(Boys, be ambitious!)"입니다.

사회 개혁

메이지 정부는 교육제도 개혁과 함께 사회 개혁, 즉, 사회의 서구화westernization를 추진했습니다. 물론 어떤 것이든 개혁은 다 어려운 일이지만, 생활 습관을 고치는 사회의 서구화는 특히 힘든 일이었습니다. 예를 들어 평일weekday과 주말weekend을 구분하는 것은 하나님이 엿새 동안 세상을 만들고 7일째에는 쉬었다고 하는 『성경』의 창세기 설화에서 유래된 서양의 오랜 생활 관습을 따른 것입니다. 본래 동아시아인에게는 '7일'을 단위로 하는 시간 개념 자체가 없었습니다. 달력도 달랐습니다. 일본은 1873년 1월 1일부터 공식적으로 음력을 폐지하고 양력을 사용하기 시작했습니다. 현재 일본은 오키나와 정도를 제외하고는 음력 달력을 사용하는 곳이 거의 없습니다. 한국이나 중국에서 설이나 추석을 쇨 때 여전히 음력 달력을 사용하는 것과는 많이 다르죠.

또 다른 서양의 문화나 생활 방식으로는 단발과 양복, 그리고 육식이 있습니다. 한국에서는 '내 목을 자를지언정 머리카락은 자를 수 없다.'며 의병운동이 일어났을 만큼, 이 역시도 쉬운 일이 아니었습니다. 일본에서는 외관과 복식을 바꾸기 위해서 천황을 이용했습니다. 단발을 하고 수염을 기르고 군복을 갖추어 입은 천황을 서양화의 상징으로 이용한 것입니다.(424~425쪽 참고)

또 일본은 예로부터 지리적 환경과 불교의 영향으로 생선은 먹어도 고기는 잘 먹지 않았습니다. 그런데 서양 사람들에 비해 일본 사람들의 몸집이 유난히 작았기 때문에 서양 사람들처럼 쇠고기나 돼지고기를 먹어 몸집을 키우려고 '스키야키' 같은 전에 없던 요리를 만들어서 인위적인 유행을 이끌어 냈습니다.

외국인 고용

일본은 삿포로농학교의 클라크 박사처럼 외국인 전문가들을 폭넓게 채용했습니다. 특히 기술자, 교육자, 발명가, 법학자들을 당시 일본 고위 관료에 준하는 수준의 봉급을 약속하고 데려옵니다. 오늘날 우리나라 대학의 현실을 봐도 잘 알 수 있지만, 좋은 외국인 교수를 모셔오려면 많은 돈을 지급해야 합니다. 내국인과 똑같이 금액을 책정해서는 좋은 인재를 모셔오기가 어렵습니다. 그런데 당시 일본은 외국인들에게는 몇 배의 봉급을 주면서까지 과감히 등용했습니다. 다만 이런 파격적인 대우에는 두 가지 조건이 따랐습니다. 첫째는 반드시 일본인 제자를 양성할 것, 둘째는 언제든 메이지 정부가 해촉하면 본국으로 돌아갈 것, 두 가지 조건이었지요. 외국인을 고용하는 것은 어디까지나 일본인들로 하여금 그 기술을 전수받아서 실력을 키우기 위해서였습니다. 혹시나 외국인들이 일본의 지적, 기술적 헤게모니를 장악하는 것을 경계했던 것입니다.

번역을 통해 성장한 일본

일본은 한자 문화권이었습니다. 그런데 알파벳을 사용하는 서양의 문화가 흘러들어 오게 되지요. 다른 나라의 문화를 이해하고 수용하려면 반드시 '번역' 작업이 필요합니다. 그런데 어떤 말을 다른 언어로 번역하기 위해서는 반드시 상응하는 수준의 말이 이미 있어야만 합니다. 예를 들어 "밥 먹었니?" 같은 간단한 말은 거의 모든 언어로 쉽게 번역할 수 있지만, 'constitution(헌법)', 'philosophy(철학)', 'democracy(민주)' 같은 말은 이것에 상응하는 말 없이는 번역할 수 없습니다. 물론 일본어에 처음부터 이러한 서양의 개념어에 서로 맞는 용어들이 존재했던 것은 아닙니다. 그러나 일본은 중국이나 조선과 마찬가지로 유학을 통해 높은 수준의 지식 체계를 갖추고 있었습니다. 그 지식의 체계 안에는 복잡한 개념들을 표현할 수 있는 수많은 어휘가 이미 갖추어져 있었습니다. 그래서 유학적인 개념과 어휘를 조합하여 서양의 말을 번역하는 시도를 할 수 있었던 거지요.

1870년대 이후로 서양의 문물이 그야말로 물밀듯이 밀려들어 왔습니다. 에도시대 후기부터 이미 상당한 유학적 소양을 쌓아 온 일본의 지식인들이 기존의 지식 체계를 바탕으로 번역을 시도합니다. 예를 들어 '컨스티튜션constitution'은 정부의 존재 형태와 운영의 원칙을 규정하는 기본법인데, 일본에는 이 컨스티튜션에 정확하게 대응하는 말이 없었습니다. 그래서 역사를 샅샅이 훑어서 최대한 비슷한 개념어를 찾아내지요. 그렇게 해서 찾아낸 것이 7세기 초에 쇼토쿠태자聖徳太子가 만들었다는 '헌법憲法'이었습니다. 물론 쇼토쿠태자의 헌법은 관료나 귀족들에 대한 도덕적 규범을 규정하는 내용이었므로 정부 조직의 원리를 규정하는 서양의 '컨스티튜션'과는 의미가 달랐지만, 어느 정도 유사한 의미가 있는 기존의 언어를 활용하고 여기에 새로운 설명을 덧붙여 번역어를 만들어 낸 것입니다.

소사이어티society-사회社會, 컴퍼니company-회사會社, 유니버시티university-대학大學 등이 대체로 이러한 방식으로 만들어진 것입니다. 대학도 원래는 사서四書라고 통칭되는 유교 경전 중 하나의 이름이었습니다. 또 이코노미economy의 번역어인 경제經濟 역시 경세제민經世濟民이라는, 유가에서 사용하던 말에서 따왔습니다. 이렇게 철학哲學, 물리物理, 자유自由, 권리權利, 민권民權, 문화文化, 문명文明 등과 같이 셀 수 없이 많은 새 한자 단어가 만들어졌습니다. 이것은 오늘날 '베이징유니버시티'도 '북경대학北京大學'이라고 부르는 것에서도 알 수 있듯이 한문 문화의 발상지인 중국으로까지 역수출이 되어 보편적인 언어로 자리 잡았습니다.

오늘날에는 외래어를 순우리말로 정리하자는 언어순화운동이 활발하게 진행되면서 이러한 개념어를 일제의 잔재라며 사용하지 말자고 주장하기도 합니다. 그러나 어떤 역사적 시점에서, 누군가 가장 먼저 혁명을 하고 새로운 문화를 받아들이면 그들의 언어와 문화는 물결처럼 퍼져 나가게 됩니다. 과거에는 중국에서 유학이 생겨나 한반도를 거쳐 일본으로 전달되었던 것처럼 말이지요. 이러한 문물에 굳이 국적을 부여하고 그 흐름을 틀어막으려고 하는 것은 무모한 일입니다.

적극적으로 보낸 해외 유학

메이지 초기의 일본 사람들은 정말로 치열하게 서양을 배우려고 했습니다. 그 시절에 지식인 모리 아리노리森有禮는 이미 영어를 공용어로 하자고 주장했습니다. 이 사람은 일개 무명 지식인이 아니라 나중에 초대 문부대신, 즉 교육부 장관까지 지냈습니다. 메이지 정부는 해외 유학생을 파견하는 일에도 적극적이었습니다. 1871년에는 유명한 이와쿠라 사절단이 미국과 유럽 시찰을 다녀오는데, 이때에도 43명의 유학생을 함께 보내서 현지에 남겨두고 옵니다. 이 유학생 중에는 여성도 있었는데 심

지어 그중 한 명은 (출항단이 출발하는 날짜 기준으로) 만 여섯 살의 어린 소녀였습니다.(fig.11)

이 여섯 살 소녀의 이름은 쓰다 우메코津田梅子였습니다. 제8강에서 다룰 쓰다 우메코는 미국에서 10년간 유학 생활을 하고 일본으로 돌아와, 현재 쓰다주쿠대학津田塾大學의 전신인 여자영학숙女子英學塾이라는 교육기관을 세워 일본 여자 교육의 선구자가 됩니다. 2024년부터 일본에서는 새로운 지폐가 사용될 예정인데 이때 5000엔 지폐에 들어갈 인물로 쓰다 우메코가 선정되었습니다. 메이지 초기에 여자들까지 유학 보낼 생각을 했다니, 족히 50년은 내다본 장기적인 안목이 있었던 것입니다. 메이지시대에 비하면 현재의 일본은 훨씬 폐쇄적인 모습입니다. 이미 미국 유학생 숫자는 한국이 일본을 훨씬 앞섰습니다. 한국이 일본보다 인구가 3분의 1에 불과한데도 유학생 숫자는 더 많은 것입니다.

내각제도 수립과 신분제 철폐

1871년에 봉건국가인 '번'을 폐지하고 중앙집권화를 이루어낸 일본은, 1885년부터 내각제도를 만들어서 근대적인 정부 형태를 구성합니다. 그 이전까지는 고대 율령국가 시절에 사용되었던 관직 명칭인 태정관, 우대신 같은 고색창연한 이름이 그대로 사용되었으나, 이때 비로소 우리에게 익숙한 '총리'라는 직명이 등장합니다. 그리고 초대 총리를 맡은 사람이 바로 이토 히

fig. 11
이와쿠라 사절단과 함께 떠난 여자 유학생
(오른쪽 두 번째가 당시 만 6세였던 쓰다 우메코)

로부미였습니다. 이토의 초상화는 1986년까지 발행된 일본의 옛 1000엔권 지폐에 들어가 있었습니다.

이토 히로부미는 나중에 한국의 통감으로 부임을 해서 외교권을 빼앗는 등 우리와는 악연으로 얽혀 있는 인물이지요. 결국 하얼빈에서 안중근 의사가 쏜 총탄에 맞아 죽었지만, 그 사실 외에 근대 일본의 역사에서 어떤 역할을 했는지 아는 것도 필요합니다. 왕정복고의 쿠데타를 기획했던 오쿠보 도시미치가 일본의 조지 워싱턴 같은 존재라면, 이토 히로부미는 토머스 제퍼슨 같은 사람이었습니다. 일본의 헌법을 만들고, 정당정치를 정착시키고, 서구화 노선을 추진했습니다.

메이지유신은 사무라이 계급이 일으킨 혁명이었습니다. 그런데 혁명 이후에는 신분을 없애버립니다. 그래서 어떤 학자는 메이지유신을 일컬어 사무라이의 '신분적 자살'이라고까지 표현합니다. 다만, 최상층의 다이묘들에게는 '화족華族'이라는 새로운 신분을 만들어서 귀족의 작위를 줍니다. 신분제 폐지에 가장 완강하게 저항할 수 있는 사람들에게 일종의 퇴로를 열어준 셈이지요. 한국 병합에 협력했던 이완용 같은 친일파들도 작위를 받았습니다. 이 작위제도는 일본이 1945년에 태평양전쟁에서 패배한 이후 맥아더에 의해 폐지됩니다.

메이지 정부는 어떻게 나라를 개혁했을까 2
— '부국강병'의 길

식산흥업 정책

메이지 정부의 개혁을 상징하는 두 개의 키워드는 '문명개화'와 '부국강병'이라고 이야기했습니다. 지금까지 교육과 사회 개혁, 번역과 유학, 새로운 정부 조직 등 다양한 개혁 조치를 살펴봤습니다. 이러한 개혁에는 돈이 많이 들지요. '부국'을 이루지 않으면 '문명개화'는 아득히 먼 일입니다.

일본의 경제 성장률을 살펴보면 19세기 후반부터 전후의 고도성장기인 1967년까지 일본은 평균 2.8퍼센트의 성장을 기록합니다. 이것은 같은 기간 프랑스(1.7퍼센트)나 미국(1.6퍼센트), 영국(1.2퍼센트)보다도 훨씬 높은 수치입니다. 일본이 이처럼 장기간에 걸쳐 높은 경제 성장률을 기록한 배경에는 정부주도형의 계획경제가 있었습니다. 한국의 박정희 대통령 시대를 떠올리면 비슷한 느낌일 것입니다. 박정희 대통령은 흡사 기업의 사장이 된 것처럼, 매달 '수출진흥확대회의'를 진행해서 수출입 실적이나 관련 정책을 직접 챙겼습니다.

일본도 비슷했습니다. 오쿠보 도시미치는 '식산흥업殖産興業' 정책을 추진했습니다. 산업계획에서부터 기술 도입, 자금 조달, 산업의 배분, 사업자 선정, 상품의 해외판매와 은행의 설립까지 정부가 주도했습니다. '모범공장'이라는 이름의 국영공장을 만들어서 제철, 군수, 조선업 등 다양한 분야의 생산을 담당했습니다.

특히 일본은 철도 같은 사회 인프라 부분에서 장기적인 안목을 가지고 투자를 해서 비약적인 성공을 거둡니다. 이것이 일본 산업혁명의 도화선이 되어서, 1880년대 일본은 본격적인 공업화 시대에 접어들게 됩니다. 참고로 일본에서 처음으로 철도가 연결된 구간은 도쿄 신바시에서 요코하마까지였습니다. 2024년부터 사용될 일본의 새로운 지폐 중 10,000엔권 지폐의 초상화로 들어갈 인물이 바로 일본 자본주의의 아버지로 불리는 시부사와 에이이치澁澤榮一입니다. 이전 10,000엔권이 문명개화의 상징이기도 했던 후쿠자와 유키치福澤諭吉의 초상을 바탕으로 했다면, 이제부터는 부국강병을 상징하는 시부사와 에이이치의 초상이 그려진 최고액권을 쓰게 되는 것이지요. 참고로 5,000엔권에는 앞서 살펴본 쓰다 우메코가, 그리고 1,000엔권에는 일본 근대 의학의 아버지라고 불리는 기타사토 시바사부로北里柴三郎의 초상이 들어갑니다.(fig.12)

군사강국화를 향하여—징병제 실시와 방위산업 육성

야스쿠니靖國 신사 앞에는 오무라 마스지로大村益次郎(1825~1869)의 동상이 서 있습니다.(fig.13) 오무라 마스지로는 징병제를 실시했다는 이유로 사무라이들에게 암살을 당합니다. 사무라이들은 그 정도로 징병제를 싫어했습니다. 왜냐하면 전쟁에

fig. 12
2024년 하반기부터 사용될 예정인 새 지폐 견본

fig. 13
오쿠마 우지히로大熊氏廣, 〈오무라 마스지로상〉, 1893년, 12m, 청동.
야스쿠니 신사 앞에 세워진 일본 최초의 서양식 동상

참여하는 것은 본래 사무라이의 특권이었기 때문이지요. 사무라이들은 평생에 걸쳐서 전투의 기술을 갈고 닦아온 '아티스트'였는데 어느 날 갑자기 총기 한 자루 든 평민과 나란히 군대에 입대하라고 하면 받아들일 수 있었을까요? 그래서 징병제를 추진한 인물을 암살하면서까지 저항을 했던 것입니다. 그러나 오무라 마스지로의 후배인 야마가타 아리토모山縣有朋가 뒤를 이어 징병제 도입을 완전히 이루어 냅니다. 야마가타 아리토모는 한국인에게는 이토 히로부미에 비해 상대적으로 덜 알려졌지만 사실 일본이 한국을 식민지화하는 데 이토 히로부미 이상으로 큰 영향을 끼쳤지요. 이토 히로부미와 같은 조슈번 출신이지만 훨씬 강경하고 보수적이었고 청일전쟁을 주도하기도 했습니다.

징병제와 같은 제도적인 개혁과 함께 방위산업도 착실히 육성해 나갑니다. 1880년 일본에서는 무라타총이라는 이름의 소총이 개발되는데, 이것은 당시 유럽의 총기 수준에 맞먹는 제품이었습니다. 일본은 1880년대부터 군사비 지출을 급격하게 늘립니다. 그 이유 중 하나가 바로 1882년에 조선에서 일어난 '임오군란' 때문이었지요. 조선의 수도 한양에서 하급 군인들이 장기간에 걸친 임금 체불 등 부당한 처우에 불만을 품고 반란을 일으켰는데, 이때 일본 공사관도 습격해서 적지 않은 일본인들이 사망하는 사건이 벌어집니다. 그러나 일본은 이 문제에 맞서 적극적으로 대응하지 못했는데 바로 조선에 들어와 있던 청나라 군대 때문이었습니다. 당시 청나라는 양무운동의 일환으로 이홍장 휘하에서 해군을 육성하는 데 온 힘을 쏟고 있었습니다. 임오군란으로 일격을 당한 일본에서는 당장이라도 조선을 정복해야 한다는 정한론이 들끓었지만, 이토 히로부미나 야마가타 아리토모, 이노우에 가오루井上馨(1836~1915) 같은 메이지 정부의 핵심 인사들은 자칫하면 청나라와 정면충돌이 일어날 수 있다고 염려하여 정한론 열기를 잠재웠습니다. 그 대신 1880년대 내내 긴축재정을 운영하면서 공업화 정책을 추진하고 방위 산업에 투자합니다. 그 결과 1878년에 15개였던 보병 연대가 1887년에는 28개로 늘어났고, 1888년에는 지역방위 중심의 군대 편제를 사단제로 전환하면서 자유롭게 기동할 수 있는 조직으로 재편합니다.

반면 청나라의 경우에는 이홍장이 '북양해군'이라는 해군 조직을 육성하는 데 계속 힘을 쏟았지만 정작 청나라 조정에서는 서태후가 이화원頤和園 같은 황실 정원을 증축하기 위해서 막대한 비용을 유용하는 바람에 제대로 된 근대화가 이루어지지 못했습니다.

일본이 육군 규모를 배로 늘리고 해군 전함을 잇달아 진수시키고 있는데, 그 군대가 결국 머지않아 한반도와 대륙으로 향할 것이라는 사실은 전략가가 아니라도 알 수 있었지요. 그러나 당시 조선은 단 한 척의 전투함도 보유하고 있지 않았습니다. 심지어 대한제국이 일본에 병합될 때까지도 말입니다. 물론 아무런 대비가 없었다고 하여 조선을 침략해서 식민지화한 일본의 행위가 절대로 정당화될 수는 없지만, 당시 조선이 살벌한 국제 정세 속에서도 아무런 대비도 하지 못했다는 사실 또한 냉정하게 되짚어 볼 필요가 있습니다.

청일전쟁

일본은 1890년대에 접어들자 비로소 청나라와 군사력 면에서 비슷한 위치에 있다고 판단하게 됩니다. 만약 조선에서 다시 임오군란이나 갑신정변 같은 사태가 벌어지면, 청나라의 눈치를 볼 것 없이 정면으로 맞서겠다는 각오를 다지고 있었습니다. 그러던 차에 1894년, 동학농민전쟁이 발발합니다. 농민군을 진압할 여력이 없었던 조선 정부는 청나라에 진압군을 요청합니다. 청나라 군대가 조선으로 들어가자, 일본도 곧바로 조선으로 출병할 준비를 합니다. 농민군의 리더였던 전봉준은 의도했던 바와 달리 외세가 개입하자 서둘러 조선 정부와 화약을 맺고 물러납니다. 그러나 이 기회만을 기다려 왔던 일본은 사태가 진정되었는데도 파병을 강행하여 인천을 통해 한반도에 상륙한 후, 삽시간에 군대를 경복궁으로 보내 장악을 합니다. 그러고는 궁중의 정치 개입을 최대한 차단하면서 새롭게 정부를 조직해 갑오개혁을 추진합니다.

갑오개혁의 겉모습은 근대적인 개혁이지만, 일본의 군사적 영향력 아래에서 진행된 개혁이었습니다. 갑오개혁을 추진한 갑오정부도 일본이 물러서면 그 운명을 예측할 수 없는 그런 상태였습니다. 이대로라면 조선이 일본의 꼭두각시로 전락할 상황이니, 청나라라고 군대를 물릴 수가 없었습니다. 서로 으르렁거리던 청나라 군대와 일본 군대가 서해의 풍도와 내륙의 성황에서 충돌하여 청일전쟁이 벌어지게 됩니다.

일본은 거국일치 체제로 청나라와의 전쟁에 임합니다. 그에 비해 청나라는 이홍장 혼자 싸웠다고 해도 과언이 아닐 정도로 일치단결과는 거리가 먼 모습을 보입니다. 결국 청일전쟁은 일본의 승리로 끝나고, 청나라는 엄청난 금액의 배상금을 일본에 지불하게 되지요. 이때 일본은 전쟁에서 승리하여 자신감을 얻었을 뿐만 아니라 막대한 배상금을 벌어들이면서 그 달콤함에도 취하게 됩니다. 어떤 일본의 역사학자는 청일전쟁에서 일본이 차라리 패했더라면 좋았을 거라고 말하는 사람이 있을 정도로, 이 이후의 일본은 제어되지 않는 침략주의 노선으로 치달아 갑니다. 1904년 러일전쟁을 일으켜 남만주와 랴오둥遼東반도까지 진출한 다음, 1931년 만주사변과 1937년 중일전쟁까지 일으킵니다. 하이라이트는 진주만 공습으로 시작된 미국과의 전면전이었습니다. 미국, 영국, 중국, 소련을 모두 적으로 돌려버리는, 전략적인 모습은 전혀 찾아볼 수 없는 무리한 전쟁이었습니다. 그 결과는 물론 '대일본제국'의 패망이었습니다.

나가며
— 메이지유신에서 배운다

어떤 일본의 학자는 메이지유신을 사무라이들의 '신분적 자살'이라고까지 표현합니다. 하급 사무라이가 혁명을 일으켜서 정권을 잡았으나, 그들은 에도막부를 대신하는 새로운 막부를 세우지 않고, 영국이나 프랑스 같은 '네이션스테이트'를 만들기 위해서 사무라이라는 신분 자체를 폐지해버렸기 때문입니다.

메이지유신은 이처럼 사무라이가 일으킨, 사무라이 스스로의 자기 혁신에 가까운 것이었습니다. 이 과정에서 일반 민중의 참여는 극히 제한적이었습니다. 일본의 사회 변화는 주로 엘리트가 주도하여 선제적으로 이루어지고 그 변화를 민중들이 나중에 받아들이는 방식으로 진행되었지요. 이것은 한국 사회와는 대비되는 일본 사회의 특징입니다.

'잃어버린 30년'이라는 이야기가 나오는 최근의 일본은, 이러한 일본 사회의 성공 공식을 잃어버린 것처럼 보입니다. 최전선에서 일본 사회를 이끌어 온 초엘리트, 일본의 관료들이 방향타를 제대로 잡지 못하고 있는 듯 보입니다. 그리고 일본의 국민들은 여전히 직접 나서서 국가의 방향을 다잡는 데에는 소극적입니다. 이 어정쩡한 상태가 1990년대 이후로 30년 가까이 이어지고 있습니다.

반면에 한국은 19세기 말 이래로 엘리트의 리더십보다는 민중의 직접적인 참여를 통해서 사회 변화를 이끌어 냈습니다. 조선 말기에도 수많은 민란이 있었고, 현대사에도 4.19 혁명, 6월 항쟁, 최근의 촛불혁명까지 주요 국면마다 민중의 직접적인 행동이 중요한 변곡점을 만들어 냈습니다. 이처럼 서로 다른 방식의 역사적 경험을 쌓아온 한국과 일본은, 서로의 모습에서 자기 자신을 되돌아보게 만드는 점을 발견할 수 있습니다.

지금도 미국과 중국의 분쟁, 러시아와 우크라이나의 전쟁, 이스라엘-하마스 전쟁 등 세계정세는 한 치 앞을 예측하기 어려운 혼돈 속에 있습니다. 이 격변하는 세계정세 속에서 어떤 노선을 지킬 것인지에 대해서는 저마다 견해가 다를 수밖에 없겠지만, 우리가 메이지유신을 통해 배울 수 있는 점이 있다면 하늘이 무너진 다음에 솟아날 구멍을 찾을 것이 아니라 하늘이 무너지기 전에 미리 주춧돌을 세울 방비를 하는 것, 이를 위해서 최소한의 사회적 공동체 구성원의 의견을 마련하고 자기 혁신을 지속해 나가야 한다는 점일 것입니다.

주

1. 곤도가 세운 표석은 원래 나무로 되어 있었으나, 그 후 쇼와시대에 돌로 된 표석을 세웠습니다.
2. 쿠릴열도의 일본 명칭.
3. 林子平,『海國兵談』, 1791.

- 박훈, 『메이지유신은 어떻게 가능했는가』, 민음사, 2014.
- 시부사와 에이이치 지음, 박훈 옮김, 『일본의 설계자, 시부사와 에이이치: 망국의 신하에서 일본 경제의 전설이 되기까지』, 21세기북스, 2019.
- 박훈, 『메이지유신을 설계한 최후의 사무라이들: 그들은 왜 칼 대신 책을 들었나』, 21세기북스, 2020.
- 손일, 『막말의 풍운아 에노모토 다케아키와 메이지 유신』, 푸른길, 2017.
- 박훈 외, 『근대 일본인의 국가인식: 메이지 인물 6인의 삶을 관통한 국가』, 빈서재, 2023.

① 페리공원

1853년 7월 8일 요코스카시 우라가浦賀에 입항한 페리 함대는 구리하마 해변에 상륙해 필모어 대통령의 친서를 막부 측에 전했다. 이를 기념해 세워진 페리공원에는 '페리 상륙기념비'와 '페리 상륙기념관' 등이 자리 잡고 있다. 기념비는 1901년 7월 14일(페리 상륙일)에 맞춰 제막식이 거행되었는데 당시 수상 가쓰라 다로桂太郎를 비롯해 실제 페리 함대의 일원으로 상륙했던 퇴역 미군 등 각국에서 1,000여 명이 참가해 성대하게 치러졌다. 비문 '북미합중국수사제독백리상륙기념비北米合衆國水師提督伯理上陸記念碑'는 초대 내각 총리대신 이토 히로부미의 휘호이다. 아시아태평양전쟁이 발발하고 미국과 적대 관계가 되면서 1945년 2월에 철거되었으나 패전 후 같은 해 11월에 복원됐다.

1987년 요코스카시 제정 80주년에 맞춰 개관한 기념관 1층에서는 흑선 내항을 재현한 디오라마 모형 홀을 볼 수 있고, 2층에서는 페리가 집필한 「일본원정기」 복각판을 비롯하여 페리 내항과 개국의 역사를 파악할 수 있는 당시 자료와 동영상을 관람할 수 있다. 공원 입구에는 "평안한 잠을 깨우는 조키센上喜撰, 단지 넉 잔으로 밤에도 잠 못 이뤄"라는 풍자적인 시구가 적힌 비석이 있다. '조키센'은 고급 녹차를 가리키던 이름인데, 증기선蒸氣船과 일본어 발음이 같다. 흑선 네 척을 이끌고 내항한 서구 세력으로 인한 불안 때문에 우왕좌왕하던 막부 말기의 정황이 잘 드러난다. 페리공원의 면적은 그리 넓지 않지만 250여 그루의 소나무를 심어 구리하마 해변의 푸른 바다와 잘 어울리는 뛰어난 경관을 자랑한다.

JR 요코스카선 구리하마역久里浜驛, 또는 게이큐구리하마역에서 도보 20분

페리 상륙기념관과 페리 상륙기념비

② 우라가 독

페리의 내항을 비롯해 에도만에 외국 배가 들어오기 시작하자 막부는 해상 방위를 강화하기 위해 당시 봉행소가 있던 우라가에 조선소를 만들고 최초의 서양식 군함(범선) 호오마루鳳凰丸를 건조했다. 그 후신인 '우라가 독浦賀dock'은 1899년 건조되어 2003년 폐쇄되기까지 1,000척 이상의 배를 제조, 수리했던 곳이다. 일본 최초로 태평양을 횡단했던 간린마루咸臨丸도 이곳에서 정비를 담당했다. 간린마루는 네덜란드에 발주한 군함(증기선)으로 1857년 완성되었는데 1860년 일미수호조약 비준서를 교환하기 위해 후쿠자와 유키치 등 미국에 파견된 사절단을 호위하며 샌프란시스코에 도착했다.

메이지시대의 식산흥업 정책을 보여주는 역사적 유산인 우라가 독은 길이 148미터, 폭 20미터, 깊이 8.4미터에 이른다. 벽돌로 쌓은 드라이독(땅을 파서 주위 수면보다 낮게 바닥을 만들어 선박이 들어올 때 물을 채우고, 선박이 들어온 후 물을 뺄 수 있는 독)으로서는 현재 세계에서 네 곳밖에 없다고 한다. 2021년 스미토모중공업이 우라가시에 무상 기부했고, 그 이후 주변에서 '간린마루 페스티벌' 등 다양한 견학 프로그램 등이 실시되고 있다.

게이힌급행전철 우라가역에서 도보 12분, 또는 게이큐구리하마역에서 도크마에 버스 정류장 하차

우라가 독

③ 요코하마 개항자료관

요코하마 개항자료관은 1854년 2차 내항한 페리가 일미화친조약을 체결한 터에 영국영사관으로 사용되던 건물을 개축하여 1981년 개관했다. 기념관 안뜰의 후박나무는 페리의 수행원이던 화가 빌헬름 하이네가 그린 유화 〈페리 제독 요코하마 상륙도〉에서도 모습이 확인되듯 조약 체결 당시부터 이 자리를 지키고 있었다고 한다.(393쪽 참조) 요코하마 대화재(1866)와 간토대지진(1923) 때 일부가 불에 탔지만 남아 있는 뿌리에서 계속 자라나 지금까지도 건재하다. 일미화친조약 체결 후, 요코하마는 1859년 개항하여 일본의 대표적 무역도시, 국제도시로 성장했다. 요코하마 개항자료관에서는 막부 말기부터 메이지 초기까지의 요코하마 역사를 옛 기록, 사진, 신문, 회화 등 다양한 매체를 이용해 전시하고 있다.

http://www.kaikou.city.yokohama.jp/
미나토미라이선みなとみらい線 니혼오도리역日本大通り驛에서 도보 2분
JR 간나이역, 시영 지하철 간나이역 하차 도보 15분

④ 요코하마시 개항기념관

1909년 요코하마 개항 50주년을 기념해 시민의 기부금을 통해 1917년 완공되었다. 간토대지진 때 시계탑 벽체를 제외하고 다 타 버렸지만 1927년에 구조를 보강하고 스테인드글라스를 포함한 다이쇼시대의 인테리어 디자인 초기 모습을 복원해 재건되었다. 1989년에는 돔 부분까지 복원 공사가 마무리되어 국가 중요문화재로 지정되었고 현재 요코하마시 중구 공회당으로 이용되고 있다. 건축물의 심벌은 '잭의 탑'이라는 애칭을 가진, 높이 36미터의 시계탑이다. 가나가와현청, 요코하마세관과 함께 '요코하마 3탑'으로 불리는데, 요코하마에 드나들던 외국 선원들이 각각 트럼프의 King, Queen, Jack으로 부른 것에서 유래했다. 2층 홀과 중앙계단 벽에는 봉황 장식, 개항 당시의 교통 상황을 비롯해 페리가 타고 온 흑선 포하탄USS Pawhatan호 등을 묘사한 스테인드글라스가 유백색, 빨간색, 갈색, 흑갈색, 녹색, 청색, 자주색 등의 다양한 색깔로 아름답게 장식되어 있다. 홈페이지에서는 개항기념관 내부 VR 가이드 투어를 제공하고 있다.

개항기념관 버추얼 가이드　https://www.nagamatsu.net/vr_kaikokinenkaikan/
JR 간나이 역에서 도보 10분
시영지하철 간나이역에서 도보 1분, 미나토마라이선 니혼오도리역에서 도보 3분

요코하마 개항자료관(구관)

요코하마 개항자료관 안뜰에 있는 후박나무

요코하마시 개항기념관

관내 스테인드글라스

박은영

성균관대학교 동아시아학술원 연구교수. 일본 근대사, 일본 기독교사를 전공했다. 근대국가와 전쟁, 종교 문제에 관심이 있으며, 최근에는 일본 여성사의 관점에서 근대 일본 여성의 사상 형성 문제를 분석하고 있다. 『근대 일본인의 국가인식: 메이지 인물 6인의 삶을 관통한 국가』(빈서재, 2023), 『근현대 동아시아 지식장과 정치변동』(성균관대학교 출판부, 2023) 등의 공저와 『한중일 비교통사』(너머북스, 2020) 등의 번역서가 있으며, 다수의 공저, 공역서, 학술논문을 발표했다.

6

일본인은 왜 그리스도교를 믿지 않는가?

박은영
성균관대 동아시아학술원 연구교수

SATISESTDNESATISEST
IHS

들어가며
— 어떤 현상을 역사적 맥락에서 이해하려면

안녕하세요? 제6강 강의를 맡은 박은영입니다. 저는 일본 근대사를 공부하고 있으며, 특히 그 시기를 살았던 인물들의 사상과 행동에 관심이 있어요. 메이지유신 이후 일본은 서구식 근대국가 만들기 열풍 속에서 서구의 사상, 서구의 종교, 서구의 지식을 받아들이기 위해 고군분투했습니다. 그중에서도 근대 일본의 지식인들이 서구의 종교인 그리스도교를 어떻게 받아들였는지 궁금했습니다. 일본의 대학 중 그리스도교계 대학인 도시샤同志社대학에서 그리스도교를 제대로 연구할 수 있겠다 싶어 그곳에서 유학했습니다. 도시샤대학에는 시인 윤동주의 시비詩碑가 있는데요, 제가 학교를 다닐 때 한국 여행객들이 윤동주 시인에게 술 한잔 올린다며 시비 앞에 소주병을 두고 가는 모습을 자주 봤습니다. 생각해 보면 일본 대학에 한국 시인의 시비가 세워져 있다는 건 참 대단한 일이지요. 기회가 된다면 꼭 한번 방문해 보는 것도 좋겠습니다.

이번 강의의 주제는 "일본인은 왜 그리스도교를 믿지 않는가?"입니다. 일본에는 그리스도교를 믿는 신자가 별로 없다는 이야길 많이 들어봤을 거예요. 일본인 전체를 놓고 봤을 때 그리스도교 신자의 비율이 1퍼센트밖에 안 된다는 이야기를 100년 전에도, 50년, 아니 30년 전에도 지금도 똑같이 듣습니다. 한국에서는 어디를 가든지 교회를 쉽게 찾을 수 있는데 일본에서는 왜 그리스도교가 인기가 없는지 궁금하지요? 같은 동아시아의 나라이고, 한국보다도 먼저 서양의 영향을 받아 근대화를 이룬 나라인데 어떤 이유로 한국과 차이가 나는 걸까요?

본격적인 이야기를 하기 전에 우선 용어부터 정의하는 게 좋겠습니다. 한국에서는 그리스도교를 가리킬 때 보통 '기독교'와 '천주교'를 구분해서 사용해요. 기독교는 개신교를, 천주교는 가톨릭을 의미하지요. 그런데 사실 '기독교基督教'는 그리스도교를 한자로 표기한 것이므로 원래는 개신교나 가톨릭을 모두 포함하는 단어라고 할 수 있습니다. 일본에서는 이 둘을 구분하지 않고 일본어 표기 '기리스토교キリスト教'라고 발음하고 '그리스도교'로 통칭합니다. 한국의 용어 사용 문제에 대해서는 좀 더 면밀한 논의가 필요하다고 생각합니다. 이번 강의에서는 개신교와 가톨릭을 구분하지 않고, 이 둘을 포괄하는 의미로 '그리스도교'라는 용어를 사용하려고 합니다.

저는 역사연구자로서 사회의 어떤 현상을 볼 때 그것을 '역사적 형성물'로서 이해하려고 노력합니다. 일본 사회에 그리스도교가 깊이 침투하지 못했다면, 일본인들이 그리스도교를 받아들이기 어려운 역사적 맥락이 있다고 생각하는 거지요. 이처럼 어떤 현상을 역사적인 맥락 아래에서 이해하려는 시도를 '문맥화contextualization'라고 부릅니다. 이번 강의에서는 역사적 문맥에서 일본이 그리스도교를 받아들이는 과정과 그 과정에서 발생한 여러 가지 현상을 소개하려고 합니다. 그리스도교의 전래 과정뿐만 아니라 일본 사회에 존재하는 다양한 종교의 역사에 대해서도 다룰 텐데, 모두 이러한 '문맥화'의 하나로 이해하면 좋을 것 같습니다.

〈센과 치히로의 행방불명〉에서 묘사된 다양한 신

일본의 모든 예술, 대중문화 콘텐츠를 통틀어서 가장 좋아하는 작품 하나만 고르라면 미야자키 하야오宮崎駿 감독의 〈센과 치히로의 행방불명〉을 꼽고 싶습니다. 이 작품은 일본뿐 아니라 전 세계적으로 흥행했고 미국 아카데미 시상식에서 장편 애니메이션상을 받기도 했습니다.

이 애니메이션의 일본어 원제목은 '센과 치히로의 가미카쿠시千と千尋の神隠し'입니다. '행방불명'을 의미하는 '가미카쿠시神隠し'는 글자 그대로 '신이 숨기다'라는 의미입니다. 일본인은 아이들의 실종이 '신이 숨겨서' 그렇게 된 거라고 이해한다는 의미지요. 일본인의 신에 대한 감각이 참 흥미롭습니다. 〈센과 치히로의 행방불명〉도 어느 날 갑자기 신들의 세상으로 들어가

세상에서는 '행방불명' 된 여자아이 '치히로'의 이야기를 다루고 있습니다.

우선 이 영화를 보면 일본에는 참 별의별 신이 다 있다는 생각이 들어요. 심지어 '오물의 신'까지 있으니까요. 보통 한국인에게 '신'이란 어딘가 신성하고 함부로 다가가기 어려운 대단한 존재로 느껴지는데, 일본인에게 '신'이란 완벽한 존재가 아니라 똥을 뒤집어쓴 오물 덩어리도 신으로 볼 수 있다는 거지요. '가오나시'라는 신도 있습니다. '가오顏'는 얼굴을 의미하고 '나시なし'는 없다는 뜻이니까, 얼굴이 없는 신이라는 의미입니다. '가오나시'는 일본인의 정체성을 형상화한 거라고 해요.(fig.1) 이 신은 얼굴이 없으니 누군가에게 잘 보일 필요도 없고, 자기 정체성이 없어서 늘 굶주림과 공허함에 시달리며, 음식이든 요괴든 무엇이든지 닥치는 대로 먹어 치웁니다. 하지만 계속 배고파 하죠. 도대체가 인간이 힘들 때 의지할 만한 그런 신의 모습이 아닙니다. 일본인에게 신이란, 절대로 신성하거나 완전무결한 존재가 아닌 듯합니다.

〈센과 치히로의 행방불명〉 속 이야기의 중심 무대인 온천에는 다양한 신이 더러움을 씻으려고 날마다 찾아옵니다. 그러면 여러 요괴들이 달려들어서 열심히 신의 몸에 덕지덕지 붙은 오물을 씻겨줍니다. 심지어 인간인 치히로(센)도 열심히 신을 씻겨주지요.(fig.2) 이 영화에서는 신도 인간처럼 때가 묻을 수 있고, 이것을 씻어내려면 누군가의 도움으로 목욕해야 한다는, 우

fig. 1
가오나시, 〈센과 치히로의 행방불명〉 장면
(출처: 스튜디오 지브리 홈페이지 https://www.ghibli.jp/)

fig. 2
온천에서 일하는 치히로, 〈센과 치히로의 행방불명〉 장면
(출처: 스튜디오 지브리 홈페이지 https://www.ghibli.jp/)

1

2

리가 보통 생각하는 절대적인 신과는 다른 모습이 생생하게 묘사되어 있습니다.

이처럼 일본에는 '절대자'로서의 신에 대한 관념이 상대적으로 약했습니다. 굳이 비교하자면 한국인들은 항상 머리 위에 절대적인 천天을 지고 사는 것에 익숙합니다. 퇴계 이황은 방 안에 홀로 앉아 있을 때도 천은 모든 것을 꿰뚫어 보고 있으므로 자세도 마음가짐도 바르게 하라고 가르쳤습니다. 하지만 일본에서는 수치스러운 모습도 그것을 누군가에게 '들키지 않으면' 아무도 알 수 없다고 생각합니다. 곧 그리스도교에서 말하는 절대적인 신, 행여나 마음속으로라도 죄를 지으면 그것마저 꿰뚫어 보는 신이라는 관념이 일본인들에게는 희박했다고 볼 수 있겠지요.

통계로 살펴본 일본 사회의 종교

그러면 일본인들은 의식과 생활 습관에서 어떤 종교의 영향을 받았을까요? 먼저 일본인들이 믿는 종교의 종류를 알아볼게요. 일본의 방송국인 NHK에서 2008년과 2018년에 실시한 설문조사 결과인데요,(fig.3) 2018년 통계를 보면 일본인들 중에서 "믿고 있는 종교가 있다."라고 대답한 비율이 36퍼센트였습니다. 그런데 재미있는 사실은, 정작 "신앙심이 있다."라고 대답한 비율은 26퍼센트여서 종교가 있다고 대

fig. 3

2018년 NHK 설문조사

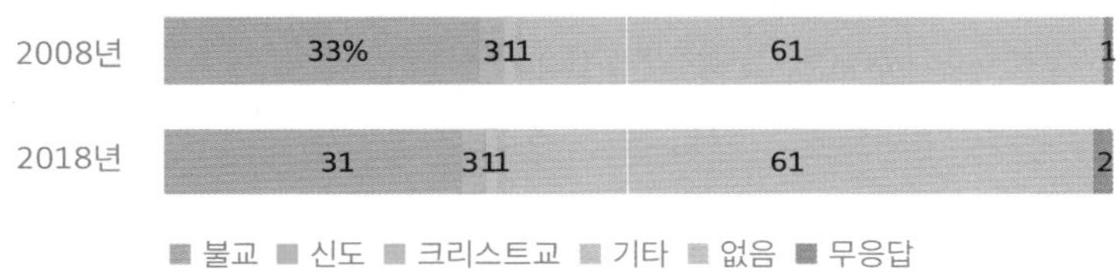

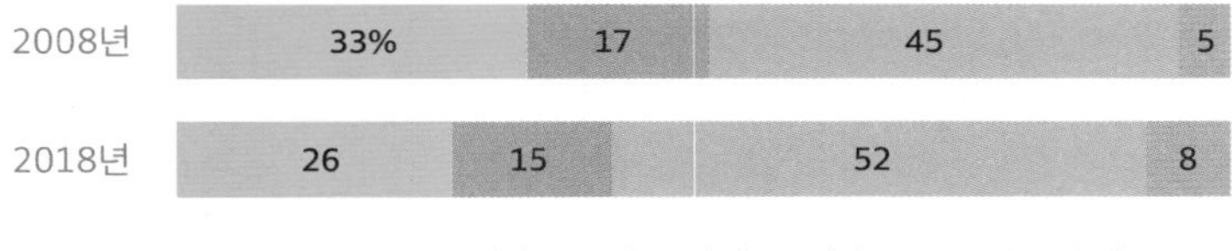

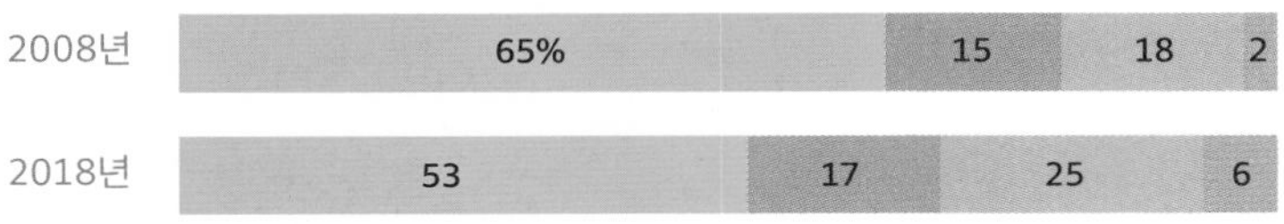

답한 사람의 비율보다도 낮았다는 것입니다. 심지어 "믿고 있는 종교가 있다."라고 대답한 사람 중에서도 "신앙심이 있다." 라고 대답한 사람의 비율은 53퍼센트였습니다. 한국인으로서는 "신앙하는 종교가 있다."는 것과 "신앙심이 있다."는 것이 어떻게 구분될 수 있는 건지 잘 이해할 수 없지만 확실히 일본인의 종교와 신앙에 대한 감각이 한국인과는 다르다는 사실을 감지할 수 있습니다.

또 다른 통계 자료를 볼까요? 일본 정부 기관인 문화청의 2020년도 조사 결과입니다.(fig.4) 이 통계에 따르면 일본의 토착 종교라고 할 수 있는 신도의 신자라고 응답한 사람이 8,792만여 명, 불교 신자라고 응답한 사람이 8,397만여 명이나 됩니다. 그리고 그리스도교 신자라고 응답한 사람도 191만여 명, 게다가 기타 종교를 믿는다고 응답한 사람도 733만 명이었습니다.

그런데 이상하지요? 각 종교별 신자의 숫자를 모두 합치면 1억 8,114만여 명입니다. 이것은 2022년 10월 기준 일본의 총인구 숫자인 약 1억 2,380만여 명을 훨씬 넘어섭니다. 어떻게 이런 통계가 가능할까요? 한국인의 종교적 감수성으로는 종교는 하나만 가지고 있어야지 불교이면서 그리스도교이거나, 이슬람교이면서 그리스도교일 수는 없습니다. 그런데 이처럼 종교별 신자 수의 합계가 전체 인구의 숫자보다 많다는 건 분명 몇 개의 종교를 중복으로 믿는 사람들이 있다는 걸 텐데, 어떻게 이런 게 가능할까요? 확실히 일본은 고등 종교나 고등 철학에 대한 감수성이 한국인과는 다른 듯합니다.

물론 종교학자 중에는 이런 통계를 보고 전형적인 싱크러티즘syncretism, 즉 여러 믿음을 공존시키고 다양한 사상을 융합하는 혼합주의의 양상으로서 쉽게 결론을 내리기도 합니다. 하지만 역사연구자로서 이러한 현상의 배경에 좀 더 주의를 기울이고 싶어요. 여러 종교가 중층적으로 존재하는 데에도 그럴 만한

fig. 4
일본인의 신자 수(2020년 12월 31일 기준)
(출처: 일본문화청, 『종교연감 2021년판』, 2022.1.17)

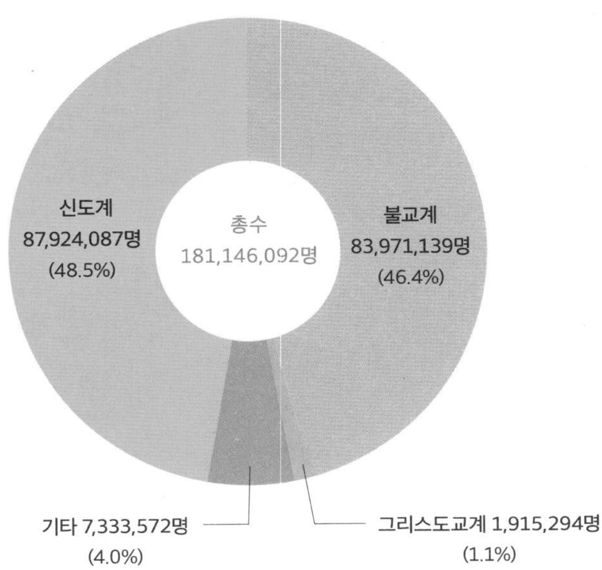

역사적 배경이 있을 테니까요. 지금부터 이 부분을 정리해 보려고 합니다.

800만 신의 나라

일본에는 '800만의 신'이라는 유명한 말이 있습니다. '800만'이라는 숫자는 물론 신들의 수를 하나씩 다 세어보니 800만이 된다는 의미가 아니라, 셀 수 없을 만큼 아주 많은 신들이 있다는 의미예요. 일본에서는 팔백만八百萬이라고 쓰고 '야오요로즈'라고 읽습니다. 정확히 숫자로서의 800만이 아니라, 그저 많다는 의미입니다.

일본에서는 모든 게 신이 될 수 있습니다. 물이 담긴 페트병도 신이 될 수 있을까요? 물론입니다. 강의실의 모니터를 켜는 리모컨도 신이 될 수 있을까요? 가능하겠지요. 일본에는 장수長壽의 신, 재복財福의 신, 부엌의 신 등 별의별 신들이 다 있습니다. 그러나 이러한 신들이 모두 동등한 위계를 지닌 건 아니에요. 보통의 신들 위에, '신들의 신'이라고 할 수 있는 격이 높은 존재들이 있습니다.

일본에서 신을 모신 사당을 '신사神社'라고 부르는데, 전국적으로 약 12만에서 14만 개가 있다고 합니다. 그중 가장 유명한 신사를 네 군데만 꼽자면 이나리稲荷 신사, 하치만八幡 신사, 덴만天滿 신사, 이세伊勢 신사를 들 수 있습니다.

'이나리'는 벼를 의미합니다. 일본은 옛날부터 농경 사회였기 때문에 벼야말로 경제의 근원이었습니다. 그러니까 벼의 신을 모시는 신사가 많은 것은 충분히 예상할 수 있습니다. 교토 남부에 있는 후시미이나리대사伏見稲荷大社는 일본 전국에 산재한 이나리 신사들의 총본산입니다.(fig.5) 같은 벼의 신을 모신 곳이라도 기왕에 기도를 올릴 거라면 가장 큰 신사에서 하고 싶은 게 사람들 마음이겠지요. 사진을 보면 주홍색으로 된 도리이鳥居라고 부르는 문이 신사를 향해 죽 늘어서 있습니다. 그리고 도리이마다 쓰인 까만색 글자는 신사에 헌금한 단체나 사람의 이름입니다. 누구나 헌금만 하면 충분히 도리이를 세울 수 있어요. 물론 사진에서 보이는, 커다란 도리이를 하나 세우려면 어마어마한 돈을 내야 해요. 그래서 주로 기업들이 사업 번창을 기원할 때 많은 돈을 내고 도리이를 세워요. 물론 단돈 1,000엔으로도 도리이를 세울 수 있습니다. 바로 손바닥만 한 도리이를 사서 세우는 거지요. 이런 작은 도리이를 세우기 위한 장소가 따로 마련되어 있습니다.

하치만 신사는 무武의 신인 하치만신을 모시는 곳입니다.(fig.6) 일본은 가마쿠라막부 이래로 무사들이 정권을 잡은 무사 사회였기 때문에, 하치만 신사 또한 대단히 인기가 많았습니다.

교토에 있는 덴만 신사를 가면 건물 앞에 교복을 입은 학생들이 많이 서 있습니다. 어떤 신을 모신 곳인지 충분히 짐작할 수 있겠지요? 바로 학문, 공부의 신을 모신 신사입니다. 헤이안시대의 학자 스가와라노 미치자네菅原道眞는 워낙 공부를 잘해 유명했는데 죽은 뒤에 학문의 신으로 추앙을 받게 돼요. 그 신을 기리는 신사이다 보니, 수험생들이 시험을 보기 전에 반드시 찾는다고 합니다. 물론 덴만 신사도 일본 전역에 여러 군데가 있지만, 교토에 있는 기타노텐만궁北野天滿宮이 가장 규모가 크고 유명합니다.(fig.7)

마지막으로 이세 신사입니다. 이세 신사는 일본 천황의 조상인, 태양의 신 아마테라스 오미카미를 모시는 곳입니다. 천황의 조상을 모신 신사이다 보니 일본을 수호하는 신사로 여겨지고 있어요. 예전부터 이세 신사는 늘 많은 사람이 찾는 인기 있는 곳이에요.(fig.8)

이처럼 전국적으로 유명한 신사 외에도, 일본 전역에는 크고 작은 신사가 정말로 많습니다. 제가 교토에 살 때 '스포츠의 신スポーツの神様'을 모신 재미있는 신사를 본 적이 있습니다. 일본어에서는 외래어를 표기할 때 가타카나를 쓰는데, 외래어인 '스포츠'를 그대로 가타카나로 써서 '스포츠의 신'을 모시는 신사라는 팻말이 붙어 있었습니다. 외래어 '스포츠'와 '신'이 붙어 있는 것도 재미있는데, 그런 신을 모신 신사가 따로 있다니 다시 생각해 봐도 흥미롭습니다.

이처럼 '800만의 신'은 일본인들의 일상생활 깊숙이 들어와 있습니다. 시험을 치르기 전 학생들은 덴만 신사를 찾아가고, 큰

fig. 5
이나리 신사 후시미이나리대사伏見稲荷大社, 교토시 후시미구 소재

fig. 6
하치만 신사 우사신궁宇佐神宮, 오이타현大分縣 우사시 소재

5

6

fig. 7
덴만 신사 기타노덴만궁北野天滿宮, 교토시 가미교구 소재

fig. 8
우타가와 히로시게, 〈이세신궁약도〉, 1855년, 목판화, 국립국회도서관 디지털컬렉션

대회를 앞둔 운동선수는 '스포츠의 신'을 찾아가고, 허리가 아픈 사람들이 허리 건강의 상징인 멧돼지 신사를 찾아가는 모습은 일본에서 아주 일상적인 풍경입니다. 이런 일본 사회의 모습을 보여주는 드라마도 있었는데, 그 드라마에서는 주인공의 엄마가 검도 대회 출전을 앞둔 아이를 억지로 신사로 데려가 참배하게 합니다. 그런데 참배하고 나오던 아이가 신사 계단에서 넘어져 다리가 부러지게 돼요. 결국 검도 대회에는 출전도 못 하게 된 웃지 못할 상황이 벌어지는데, 이 또한 일본인들의 신사 사랑을 잘 보여주는 장면입니다.

일본은 모든 종교 시설을 통틀어 신사의 숫자가 전국적으로 12~14만 개로 가장 많고, 그다음으로 불교 사찰이 7~8만 개가 있다고 해요. 그리스도교 교회는 가톨릭 성당과 개신교 교회를 모두 합쳐 약 7,000~8,000개 있는 것으로 추정됩니다. 이처럼 일본의 신사 문화는 말하자면 일본인들의 토속 신앙 같은 것입니다. 한국은 고등 종교에 대한 감각이 매우 잘 발달된 나라여서 현재는 토속 신앙이나 토착 신앙의 개념이 많이 사라진 상태입니다. 물론 점집은 전국적으로 10만 개가 넘을 정도로 성업 중이라 토속 종교 중에서도 잘 살아남았지만, 한국에서 점 보기는 일종의 엔터테인먼트가 되어버린 면도 있어서 일본의 신사와는 약간 다른 현상으로 볼 수 있습니다.

신사를 통해 본 일본인의 종교관

그러면 일본의 신사에서 어떠한 종교적 관념을 읽어낼 수 있을까요? 신도는 일본 고유의 토착 종교로, 기본적으로는 자연에 대한 숭배에서 발전한 정령 신앙입니다. 일본 사람들은 정령精靈 또는 영靈에 대한 감수성이 특히 예민한 편입니다. 덴만 신사에는 스가와라노 미치자네라는 학자를 모셨다고 이야기했는데요, 사실 스가와라노 미치자네는 억울하게 죽었습니다. 그래서 그의 혼령이 편안해지길 바라는 마음에서 덴만 신사가 많이 세워진 것으로 보기도 합니다.

정령 신앙, 즉 애니미즘의 출발은 자연에 대한 숭배였습니다. 인간이 보기에 울창한 대자연은 경외감을 불러일으키는 대상이었기에 생물과 무생물, 동물과 식물을 가릴 것 없이 자연물에 일종의 혼이 깃들어 있다고 믿고 숭배한 거지요. 그러다가 점차 아무리 말을 걸어도 대답이 없는 나무나 바위 대신, 나를 길러주신 할아버지, 할머니에게로 숭배의 대상이 옮겨갑니다. 자연 숭배에서 조상 숭배로 점차 옮겨가는 거예요. 이처럼 숭배의 대상이 자연에서 씨신氏神이라고 하는 조상신으로 넘어가면서 신사의 숫자가 폭발적으로 증가했다고도 볼 수 있습니다.

신도는 이처럼 다양한 신을 모시기 때문에 종교의 창시자인 교조教祖나 교리教理, 경전 같은 것이 없습니다. 그래서 일본에서는 교조와 교리가 있는 종교를 '창창종교創唱宗教' 또는 '창창신앙創唱信仰'이라고 구분해서 부르기도 합니다. 이것은 특정한 누군가가 창시하고 그 사상을 제창한 종교라는 의미이지요. 신도는 이와는 달리 교조나 교리가 없었는데, 이 때문에 오히려 천황제가 신도와 융합되어 종교화될 수 있는 바탕을 제공한 것이 아닐까 싶습니다.

신사의 구조

혹시 신사가 어떤 구조로 이루어졌는지 알고 있나요? 신사는 기본적으로 어떤 신을 모시는가에 따라 격이 달라집니다. 대개 천황과 관련된 신을 모신 신사가 격이 높은데, 이런 신사는 종종 신사 대신 '궁宮' 또는 '신궁神宮'으로 불립니다. 유명한 이세신궁이나 메이지신궁이 여기에 해당합니다.

신사는 신을 모시는 사당인 본전만을 가리키는 것이 아니라, 모든 부속 건물은 물론 건조물들을 둘러싼 숲까지 전체를 포괄하는 명칭입니다. 그래서 예로부터 신사를 숲을 의미하는 '모리森'라고도 불렀습니다.

이 숲을 향해 걸어가다 보면 주홍색의 도리이가 보입니다. 도리이를 지나면 좌우로 석등이 늘어서 있고, 문 앞엔 사자인지 개인지 헷갈리게 생긴 동물의 석상이 문을 지키고 있는데, 이것을 고마이누狛犬라고 부릅니다. 고마이누라는 이름이 고구려에서 유래했다는 설도 있어요. 이 석상을 지나서 경내로 들어서면 손을 씻는 곳인 데미즈야手水舍가 보입니다. 데미즈야는 꼭 우리나라에 있는 약수터와 비슷해서 이 물을 마시는 한국인 관광객도 간혹 있는데 마시는 물이 아니에요. 데미즈야의 물은 신 앞에 가기 전에 몸의 더러움을 씻어내는 의식을 하기 위한 장소입니다. 씻을 때도 절차가 있습니다. 먼저 오른손으로 물 뜨개를 들어서 왼손을 씻고, 그다음에 왼손으로 물 뜨개를 들어서 오른손을 씻습니다. 그다음 다시 오른손으로 물 뜨개를 들고 왼손에 물을 따라서 그 물로 입을 헹굽니다. 물론 마시지는 말고 뱉어야 하며, 물 뜨개에 직접 입을 대서도 안 됩니다.

이제 입과 손을 정갈하게 씻었다면 신 앞에 나아갈 준비가 된 거지요. 일반 참배객이 보통 기도를 올리는 곳은 본전이 아니라 배전拜殿이라고 하는 건물의 앞입니다. 본전은 보통 배전 뒤에 숨어 있어서 잘 보이지 않습니다. 이 본전이 신체, 즉 신사에서 모시는 신의 어떤 상징물이 보관된 곳이에요. 일반 참배객은 배전이나 본전 안으로는 들어갈 수 없고, 보통 배전 앞에서 참배합니다. 참배는, 먼저 두 번 절을 하고 두 번 손뼉을 친 다음 굵은 밧줄을 흔들어 방울을 울려줍니다. 방울을 울리는 것은 신에게 내가 왔다고 고하는 행위이지요. 이렇게 신을 깨워서 참배하는 행위는 "눈동자처럼 지키시는 신"(구약성서 「신명기」 32:10)을 믿는 그리스도교적인 감각으로 보면 이상하게 보일 수도 있습니다.

자본주의화 된 신사의 대표 굿즈

오늘날 자본주의화 된 신사에서는 여러 가지 기념품을 팔아요.(fig.9~12) 그중에서도 유명한 대표 상품이 네 가지 정도 있는데, 첫째는 '오마모리お守り'라는 부적입니다. 오마모리에는 그 신사에서 모시는 신의 힘이 깃들어 있다고 합니다. 그래서 택시 기사들은 보통 안전에 관련된 신사의 오마모리를 꼭 하나씩 차에 걸어두고 있습니다. 안전은 물론이고 공부나 연애와 관련된 신들도 있어서, 일본 사람들은 필요할 때마다 다양한 오마모리를 사는 걸 즐겨요. 또 '오후다お札' 또는 신찰神札이라고 부르는 게 있는데, 이것 또한 오마모리와 비슷하게 신의 힘이 깃들어 있지만, 항상 몸에 지니고 다니는 오마모리와는 달리 오후다는 보통 집안의 작은 제단 위에 올려두는 용도입니다. 에마繪馬는 아마도 일본의 신사를 가본 사람이라면 신사 경내 한편에 이 에마가 잔뜩 걸린 걸 본 적이 있을 거예요. 자신이 원하는 바를 글로 쓰거나 그림으로 그려서 걸어두면 소원이 이루어진다는 거지요. 마지막으로는 운수를 점치는 제비뽑기인 오미쿠지御神籤가 있습니다. 이것도 한 번 뽑으려면 적게는 300엔, 많게는 500엔씩 내야 합니다. 뽑아보면 기다란 쪽지로 된 점괘가 나오는데, '대길大吉'부터 '흉凶'까지 다양해요. 대길이라면 고이 품고 집으로 가져가겠지만, 만약 '흉'이 나오면 이것은 액운을 쫓기 위해서 신사에 묶어두고 가야 합니다. 그러면 신사에

fig. 9　오마모리

fig. 10　오후다

fig. 11　에마

9

10

11

서 영험한 기운으로 흉액을 막아주는 거지요.

이렇게 보면 신사는 굉장히 자본주의화 된 것 같습니다. 실제로 일본에서는 종교단체가 돈을 매우 잘 법니다. 2022년 일본에서 아베 전 총리가 한 종교단체에 원한을 품은 사람에 의해 살해당하는 사건이 벌어졌는데, 언론보도에 따르면 그 살해범의 어머니가 그 종교단체에 약 1억 엔 가까운 헌금을 했다고 합니다. 물론 이것은 어디까지나 극단적인 예라고 할 수 있지만, 대체로 신사는 보통의 일본인에게는 놀이의 공간이라고 할 수 있습니다. 그만큼 친숙하고 일상생활에 깊숙이 들어와 있지요.

fig. 12
오미쿠지

국가신도의 등장

그런데 메이지유신 이후, 왕정복고를 통해서 제정일치를 선언한 메이지 정부는 이 신도의 국교화를 추진해요. 국교화된 신도의 정점에 천황이 위치하는 건 당연한 일입니다. 실제로 천황이 이세신궁에서 참배하면서 마치 국가의 제사를 지내는 듯한 행동을 하기도 해요. 물론 메이지 정부가 신도를 제정일치 수준의 국가 종교로까지 만드는 데는 성공하지 못했지만 국교와는 조금 다른 의미의 국가신도라는 걸 탄생시킵니다.

우선 신도의 국교화를 위해서 메이지 정부가 어떤 조치를 했는지 간단히 살펴보면, 첫째 '신불분리神佛分離'가 있습니다. 신불분리는 신도와 불교를 분리시킨다는 의미예요. 일본 사회에서 신도와 불교는 오랜 기간 밀착되어 있었습니다. 불교는 처음에는 국가의 지배층인 귀족들을 중심으로 수용되었지만, 이것이 민중에게 전파되면서 토착 신앙인 신도와 결합하게 되었습니다. 그래서 평소 신사의 신을 모시는 것과 비슷한 감각으로 부처를 숭배하게 됩니다. 그러다 보니 불교와 신도의 구분이 모호해져서 분명 불교 사찰인데 신사의 상징인 도리이가 있고 신사 안에 불상이 있는 등 위화감 없이 뒤섞이게 됩니다. 이것을 '신불습합'이라고 부릅니다.(fig.13) 그런데 메이지 정부는 천황을 정점으로 하는 국교로서의 신도를 만들려면 신도를 불교와 분

fig. 13
〈이즈산권현伊豆山權現 입상〉, 가마쿠라시대(14세기), 목조에 채색,
나라국립박물관 소장, 출처: ColBase(https://colbase.nich.go.jp/)
시즈오카 지역 이즈산 신사의 제신상으로 신관이 쓰는 에보시와 직의, 하카마를 입은 후 가사를 걸쳐 불교에 귀의한 신의 모습을 통해 신불습합의 조형을 보여준다.

리해야 할 필요가 있다고 생각하고 신불분리를 추진합니다. 이 영향으로 불상을 마구 파괴하는 '폐불훼석廢佛毁釋' 운동이 일어납니다. 가마쿠라시대 이후로 일본 사회에서 불교의 영향력은 매우 강했는데, 오히려 이에 반감이 있던 일부 광적인 신도 신자들은 이 기회를 틈타서 사찰이나 불상을 과격하게 파괴하는 일도 빈번했지요.

또 메이지 정부는 전국의 모든 신사를 국가가 관리하고, 천황과의 관련성에 따라 신사에 격을 부여했습니다. 천황을 '800만의 신'들 위에 군림하는 가장 고귀한 존재이자 전 일본인의 조상신이며 전 일본인의 숭배를 받는 대상으로 만들고자 한 거지요.

그러나 이런 국교화 시도는 성공하지 못했어요. 이에 정부는 '신사는 종교가 아니다.'라는 논리로 신사를 '국가의 종사'로 규정하고, 다른 종교와는 다른 공적인 취급을 하게 됩니다. 즉 국가의 제사와 각종 의식을 주관하는, 국가적 기관의 역할을 부여한 거지요. 신도가 이처럼 국가의 제사를 맡게 되면서 '국가신도'가 되었고, 기존 신도의 종교적 측면은 '교파신도'로 독립하게 됩니다. 국가신도가 탄생하게 되면서 전국 12만 개의 신사는 국가적, 공적인 성격을 지니게 되었고, 천황의 조상신인 아마테라스 오미카미를 모시는 이세신궁이 전국 모든 신사의 총본산처럼 여겨지게 되었습니다. 마치 성경에 나오는 '지성소'처럼 신도라는 종교의 지성소 역할을 이세신궁이 맡게 된 거예요. 이처럼 '국가신도'가 탄생하면서 신도는 일본의 국교는 되지 못했지만 다른 종교와는 차별되는, 종교이면서 종교 같지 않은, 일반 종교 위에 군림하는 초종교적인 위상을 가지게 됩니다.

일본의 불교

일본인들의 종교 감각을 이해하기 위해서는 불교 이야기도 빼놓을 수 없습니다. 일본에서는 아스카飛鳥시대(6~8세기) 쇼토쿠태자에 의해 본격적으로 불교가 수용됩니다. 쇼토쿠태자는 일본사에서 손꼽히는 걸출하고 독특한 인물인데, 호칭에서 알 수 있듯이 당시 일본을 통치하는 '천황'이 아니라 '태자'였습니다. 결국 천황이 되지 못하고 죽었지만, 당시 천황은 몰라도 쇼토쿠태자의 이름은 알 정도로 많은 업적을 남겼습니다. 현재 일본에서 사용되는 10,000엔권 지폐에는 후쿠자와 유키치의 초상화가 있는데 그 이전에는 쇼토쿠태자의 초상화가 있었습니다. 쇼토쿠태자 시기에 국가적 차원에서 불교를 적극적으로 수용했지만, 이 당시에는 귀족 집단 위주로 불교를 받아들였기 때문에 민간에까지는 잘 전파되지 않았습니다.

뒤이어 나라奈良시대에는 견당사를 통해서 중국으로부터 불교를 직접 들여오지만, 이때도 여전히 귀족 위주로 불교를 수용했습니다. 이 당시 불교는 호국불교적인 성격이 강했는데, 대불大佛로 유명한 나라의 도다이지가 이때 만들어진 사찰입니다.

도다이지 대불은 그 크기가 15~16미터인데, 이처럼 거대한 불상을 만든 건 백성들에게 불교가 중요한 종교임을 보여주려는 의도도 있었습니다. 그다음 헤이안시대에는 중국에서 밀교적 성격의 불교가 유입되면서 귀족들 사이에서 주술적 성격이 강한 밀교密教가 유행했습니다. 다만 이때에는 일본의 수도를 나라에서 헤이안으로 옮기면서 의도적으로 도다이지 세력을 억누르려고 새로운 불교를 받아들인 측면도 있습니다. 곧 헤이안시대까지도 불교는 기본적으로 귀족 중심의 종교였습니다. 그런데 나라시대에 이어서 헤이안시대에도 국가 차원에서 계속 불교 사찰을 건축하니까, 민중들도 점점 불교가 중요한 종교라는 걸 인식하게 되었겠지요.

일본 사회에서 불교가 본격적으로 융성한 시기는 가마쿠라시대부터라고 이야기합니다. 이 시기부터 불교는 본격적으로 민중 속에 뿌리를 내립니다. 왜 그랬을까요? 바로 전쟁 때문이에요. 그동안 천황과 귀족이 잡고 있던 정권이 무사들에게로 넘어가는 과정에서 수많은 전쟁이 있었고, 그로 인해서 백성들은 하루하루 심란한 생활을 보내야 했습니다. 무사들은 무사들대로 수많은 전투를 치르면서 누군가는 죽거나 다치고 누군가는 겨우 살아남는 과정을 반복하다 보니 인생의 의미를 고민하지 않을 수 없었습니다. 그래서 다양한 계층에서 다양한 형태로 불교를 수용하게 되는데 대표적으로 정토계와 선종계, 일련계를 꼽을 수 있습니다.

정토계는 염불종입니다. 어렵고 복잡한 불경을 읽고 이해하려고 애쓰지 않아도 '나무아미타불' 같은 간단한 염불만 외우면 해탈할 수 있다고 주장했는데, 덕분에 일반 민중도 쉽게 받아들일 수 있었습니다. 정토계의 대표적인 인물로는 정토종의 개조라고 불리는 호넨法然과 호넨의 제자로 정토진종을 창시한 신란親鸞 등이 있습니다.

당시 농사짓고 가축을 기르며 하루하루 고단한 삶을 살아가던 백성들로서는 바삐 오가는 길에 잠깐 불상을 보고 '나무아미타불'만 외우면 된다는 단순한 교리가 와닿았겠죠. 하지만 무사들은 자신의 몸과 마음을 수양하기 위해서 '참선'을 강조하는 선종 계열의 불교를 더 선호했습니다. 이 선종계의 불교는 일본이 무가 사회였던 점도 있어 일본 사상사에서 큰 영향을 끼치게 됩니다. 선종 계열에는 에이사이榮西의 임제종, 도겐道元의 조동종 등이 있습니다.

마지막으로 일련계는 니치렌日蓮이라는 승려가 창시한 종파입니다. 이들은 '나무아미타불' 같은 간단한 염불만 외우는 것에 부족함을 느꼈는지, 불교의 경전 중에서도 가장 권위 있는 경전 중 하나인 '법화경'의 가르침을 따를 것을 표방합니다. 이들은 염불할 때도 '남묘호렌게쿄南無妙法蓮華經'라고 외우는데, 이것은 '법화경의 가르침에 귀의한다.'라는 뜻입니다. 물론 일반 대중이 이런 염불을 외운다고 법화경의 가르침을 제대로 이해할 수는 없었겠지만, 이 단순하고 간단한 구호로 아주 많은 신도를 얻을 수 있었습니다. 혹시 여러분 중에서 SGI라고 불리는 '창가학회'나 이들이 외우는 '남묘호렌게쿄'라는 염불을 들어 본 적이 있을지도 모르겠습니다. 바로 이 창가학회도 일련계에서 나왔습니다.

이렇게 가마쿠라막부 이래로, 지배층인 무사들부터 피지배층인 백성들에 이르기까지 불교가 널리 수용되고 보편화됩니다. 이 시점부터 서서히 일본의 토착 신앙인 신도와 불교가 합쳐지는 양상을 보입니다. 그러다가 에도시대에 이르면 지배 기구인 막부와 종교단체인 사찰이 함께 공조 체제를 구축하면서 백성들에 대한 영향력이 한층 더 강해집니다. 막부와 사찰의 공조는 에도시대 직전인 전국시대 때 일본 사회에 전해진 그리스도교를 도쿠가와막부가 금지한 것과 관련 있는데, 이 부분은 뒤에 가서 더 자세히 설명하도록 하겠습니다.

메이지시대 이전까지는 일본 사회에서 불교와 신도가 큰 구분 없이 섞여 있었습니다. 자연신도, 조상신도, 부처도 모두 다 같은 신처럼 생각한 거예요. 그러다 보니 이를 정당화하기 위해서 부처님이 일본에 와서 '가미사마神樣', 즉 신이 되었다는 주장도 있었습니다. 이처럼 신불이 습합된 상태가 대략 천년 가까이 내려왔다고 할 수 있습니다. 일본인들의 일상생활 속에서도 신도와 불교가 뒤섞인 모습은 쉽게 볼 수 있습니다. 지금도 일반 가정집에는 조상신을 모시는 가미다나神棚와 부처님을 모시는 제단인 불단佛壇이 함께 있는 경우가 흔합니다. 일본에서는 보통 아이가 태어나면 신사에 가서 축복을 비는 풍습이 있어요. 태어났을 때만이 아니라 '시치고산七五三'이라고 해서 세 살, 다섯 살, 일곱 살이 될 때마다 신사에서 기도합니다. 반면에 장례는 대부분 불교식으로 치릅니다. 이처럼 태어나서 살 동안은 신사, 죽을 때는 불교라는 공식이 일본인들에게는 아주 익숙합니다.

결혼도 신사에서 하는 경우가 아주 많습니다. 물론 요즘은 그리스도교식이 상당히 많이 퍼져서 웨딩드레스를 입고 신부님 앞에서 성혼서약을 하는 결혼식이 많아졌지만, 그렇다고 해서 일본인들이 그리스도교를 많이 믿게 되었다는 건 아니에요. 일본에 처음 갔을 때 이상하게 생각했던 일이 있어요. 일본인 중에서 그리스도교를 믿는 신자의 비율이 1퍼센트 정도라고 들었는데 곳곳에 교회처럼 보이는 건물이 꽤 많았거든요. 건물이 궁금해서 들어가 보니 교회처럼 겉모습만 꾸며놓은 결혼식장이었습니다.

그리스도교의 수용

지금까지 일본의 토착 종교인 신도와 외부에서 전해졌지만 오랜 기간에 걸쳐 일본 사회에 깊이 뿌리 내린 불교를 중심으로 일본인들의 종교 감각, 종교의식을 살펴봤습니다. 그러면 이러한 토대 위에 새롭게 그리스도교라는 종교가 유입되었을 때 과연 어떤 화학작용이 이루어지고 어떤 역사적 현상들이 발생했는지 살펴보도록 하겠습니다.

일본에 최초로 그리스도교를 전파한 인물은 예수회를 창립한 사람 중 하나인 프란치스코 하비에르Francisco Javier로 알려져 있습니다.(fig.14) 프란치스코 하비에르는 유럽 대륙과 아메리카 대륙 사이의 항로를 개척한 콜럼버스가 세상을 떠난 1506년에 태어났습니다. 유럽의 항해술이 발달하고 새로운 항로들이 개척되던 시대에 태어난 거예요. 예수회 선교사들도 새롭게 개척된 항로를 따라 세계 곳곳으로 퍼져 나갔지요. 프란치스코 하비에르는 1549년 8월 15일 일본 가고시마에 상륙하게 됩니다. 그 후 일본에서 2년 조금 넘게 머무르며 포교 활동을 하다가 1551년 11월 15일에 일본을 떠나게 됩니다. 그 뒤 그리스도교는 일본 안에서 계속 퍼져 전성기에는 신도가 무려 60~70만에 달했다는 기록도 있습니다. 물론 이 숫자는 다소 부풀려진 것처럼 보이기는 하지만 적어도 30~40만 정도는 되지 않았을까 짐작할 수 있습니다. 에도시대 초기 일본의 인구에 대한 정확한 통계는 없지만 대략 1,700만에서 2,000만 사이로 추정을 하는데, 그중 30~40만 명이 그리스도교 신자라면 이는 현대 일본과 비교해도 상당히 높은 비율입니다.

일본에서 이처럼 그리스도교가 빠르게 전파되는 데 큰 도움을 준 사람이 바로 유명한 오다 노부나가입니다. 오다 노부나가는 1534년도에 태어났습니다. 1534년은 마침 프랑스 파리에서

fig. 14

작자 미상, 〈프란치스코 하비에르 초상〉, 17세기 초반, 61×48.7cm, 고베시립박물관 소장

이냐시오 데 로욜라라는 사람이 프란치스코 하비에르 등과 함께 '예수회'를 시작한 해였지요. 역사적 사실들을 추적하다 보면 가끔 재미있는 우연과 마주치게 됩니다. 머나먼 유럽 땅에서 예수회가 결성되던 바로 그해에, 머지않아 일본에서 예수회의 활동을 전폭적으로 지원하는 정치적 지도자로 성장하게 될 오다 노부나가가 태어났다는 것 또한 재미있는 우연 중 하나입니다.

그럼 전국시대 오다 노부나가와 예수회의 관계를 좀 더 자세히 살펴볼게요. 오다 노부나가는 예수회 선교사들의 활동을 허용했을 뿐만 아니라 여러 지원도 아끼지 않았습니다. 그렇다면 오다 노부나가는 왜 이렇게 예수회 활동에 너그러웠던 걸까요? 이에 대해서는 선교사 루이스 프로이스가 생생한 증언을 남기고 있습니다. 루이스 프로이스는 오다 노부나가와 매우 가까운 사이였습니다. 요즘 말로 하면 '절친'이라고나 할까요. 하지만 두 사람의 친분은 어디까지나 철저히 서로에게 이익이 되어야 관계가 유지되는 사이였습니다. 어쩌면 다분히 의도된 친분이었던 거지요.

앞서 언급한 프란치스코 하비에르는 일본에 올 때 포르투갈 선박을 타고 왔습니다. 곧 예수회의 선교활동은 이 포르투갈의 무역선과 불가분의 관계에 있었던 건데요. 심지어 예수회는 포르투갈 무역선의 행선지를 좌지우지할 정도로 큰 영향력을 행사하고 있었습니다. 포르투갈은 전국시대 일본의 중요한 무역 상대국이었습니다. 일본인들은 포르투갈과의 무역을 '남만南蠻

무역'이라고 불렀는데, '남쪽에서 온 오랑캐'와의 무역이라는 뜻입니다. 따라서 왕성한 무역이 이루어지던 전국시대에 다만 선교뿐만 아니라 무역에서도 상당한 영향력을 발휘하던 예수회와 좋은 관계를 유지하는 건 그만큼 중요한 일이었겠지요.

이런 상황 속에서 1563년 예수회 선교사 루이스 프로이스가 일본에 도착합니다. 이 당시 오다 노부나가는 자신의 근거지였던 오와리 지역(현재 아이치현 서부 나고야 일대)과 그 주변을 제패하고 빠르게 성장해 나가고 있었습니다. 1569년, 오다 노부나가가 무너져 가는 무로마치막부를 사실상 장악하고 본격적으로 전국시대의 패자로 등장합니다. 같은 해 오다 노부나가는 루이스 프로이스가 교토에 거주하는 걸 허락했을 뿐만 아니라, 1576년에는 교토 안에 교회를 세우는 것도 허락합니다. 이 당시에는 교회를 '남만사南蠻寺'라고 불렀는데, 지금도 교토에는 남만사 터를 표시하는 비석이 세워져 있습니다.(fig.15, 16) 1580년에는 오다 노부나가가 다스리는 아즈치安土 지역에 세미나리오, 곧 신학교를 설립하도록 허락해 줍니다. 이처럼 오다 노부나가 시절은 그야말로 일본에서 그리스도교의 절정기였던 셈입니다.

오다 노부나가는 왜 예수회의 활동을 적극적으로 지원했을까요? 두 가지 이유를 생각해 볼 수 있습니다. 우선 당시 오다 노부나가의 세력 확대에 불만을 품고 있던 기존 불교 세력과 이와 연결된 유력 세력을 배제하기 위해서였습니다. 오다 노부나가는 불교 사원 세력과는 특히나 사이가 좋지 않았습니다. 대표

fig. 15
교회가 있던 자리임을 나타내는 남만사 터 비석

fig. 16
남만병풍에 묘사된 남만사(그리스도교 성당)

16

17

적인 사례가 바로 교토 북쪽에 위치한 히에이잔比叡山이라는 산을 근거지로 하는 엔랴쿠지延暦寺입니다. 오다 노부나가가 교토를 사실상 정복한 다음, 이 엔랴쿠지에도 몇 차례나 항복하라고 합니다. 하지만 엔랴쿠지는 끝까지 오다 노부나가에게 저항합니다. 결국 오다 노부나가는 엔랴쿠지 세력을 무력으로 굴복시킨 다음, 절을 모조리 불태워 버리지요. 이런 오다 노부나가였으니, 교토에 교회를 세우도록 허락한 이면에는 분명 불교 세력을 견제하려는 의도가 있었을 거예요.

또 다른 이유는 무역이었습니다. 남만무역은 예수회 선교사들에 의해 좌지우지되는 경우가 많았으므로 당시 일본의 유력 다이묘들은 선교사들과 좋은 관계를 유지하려고 애썼습니다. 심지어 다이묘 중에는 그리스도교로 개종해서 '크리스천 다이묘'를 표방하기도 했어요.(fig.17) 오다 노부나가는 개종하지 않았지만 마찬가지로 예수회 선교사를 우대해서 무역의 이익을 챙기려고 했습니다.

루이스 프로이스도 오다 노부나가의 속셈을 꿰뚫어 보고 있었습니다. 루이스 프로이스의 『일본사』에는 오다 노부나가가 매우 욕심 많고 야심 가득하며 무서운 인물이라고 서술하고 있습니다. 오다 노부나가와 루이스 프로이스의 친분은 서로 도움을 주는 관계였기에 유지된 거지요.

fig. 17

미사를 드리는 다이묘

가노 나이젠狩野內膳 〈남만인도래도南蠻人渡來圖〉의 부분, 17세기, 고베시립박물관 소장

도요토미 히데요시의 '바테렌 추방령'

이처럼 예수회를 우대했던 오다 노부나가는 1582년에 혼노지本能寺에서 부하 아케치 미쓰히데의 배신으로 비명횡사하고 맙니다. "적은 혼노지에 있다."라는 유명한 속담이 여기에서 유래했지요. 그 후 오다 노부나가의 뒤를 이은 사람이 바로 도요토미 히데요시입니다. 사실 도요토미 히데요시는 정말로 별 볼 일 없는 집안 출신이었습니다. 그런데 하나를 시키면 열을, 열을 시키면 백을 해낼 정도로 수완이 좋았으므로 오다 노부나가의 눈에 들어 출세 가도를 달리게 되었습니다. 예를 들어 한겨울에 오다 노부나가의 신발을 가슴에 품어 따뜻하게 데워놓았다는 일화가 있을 정도로 도요토미 히데요시는 윗사람을 홀리는 데에는 천부적인 감각이 있었지요. 그랬던 도요토미 히데요시는 오다 노부나가가 죽자 바로 군사를 이끌고 배신자 아케치 미쓰히데를 공격해 처단합니다. 그리고 오다 노부나가가 거의 목전까지 이루어 놓은 통일의 판도를 계승해 결국 일본 전역을 통일하는 대사업을 마무리합니다.

그런데 도요토미 히데요시는 예수회에 대해서는 오다 노부나가와 사뭇 다른 태도를 보여요. 천하통일의 대업을 마무리한 1587년, 도요토미 히데요시는 '바테렌 추방령'을 선포합니다. '바테렌'은 신부를 뜻하는 포르투갈어인 '파드레padre'에서 유래한 것으로, 선교사를 가리키는 말입니다. 도요토미 히데요시가 선교사들을 추방하기로 한 데에는 두 가지 이유가 있었지요. 첫째는 불교계의 불만을 달래기 위해서였습니다. 당시 그리스도교 신자들이 불교 사원이나 불상을 훼손하는 일이 빈번히 발생했습니다. 루이스 프로이스의 기록에도 '어떤 일본인이 그리스도교로 개종한 다음, 선교사에게 과거의 잘못을 회개하려면 어떻게 해야 하느냐고 물었더니, 그 선교사가 불교 사원에 불을 지르라고 이야기했다.'는 일화가 쓰여 있습니다. 그러다 보니 불교계의 불만이 커졌고 도요토미 히데요시는 이런 파괴 행위를 근절시키고 불교계를 달래기 위해서 선교사 추방령을 내린 거예요.

둘째는 남만무역을 독점하기 위해서였습니다. 이 당시 예수회 선교사들은 일본에 그리스도교를 전파하기 위해 백성들부터 공략하는 것이 아니라, 먼저 지배층에게 접근해서 포교한다는 전략이 있었습니다. 마침 일본의 지배층도 남만무역을 통한 이윤을 얻으려고 선교사들을 적극적으로 받아들였는데, 이 와중에 일본의 그리스도교 포교 소식을 전해 들은 다종다양한 포교단체들이 본격적으로 선교에 가담하면서 일본은 그야말로 선교의 각축장이 되었던 거지요. 일본의 패권을 차지한 도요토미 히데요시는 이런 상황을 정리하면서, 동시에 무역을 독점하려는 의도가 있었습니다. 그래서 '바테렌 추방령'을 내리면서도, 그 추방령 맨 끝에 "무역은 중요하니까 계속해야 한다."라고 덧붙였던 겁니다.

이러던 차에 1596년에는 스페인 배 '산펠리페호'가 일본에 표착합니다. 그런데 일설에 따르면 이때 한 스페인 선원이 유럽에서 선교사를 보내는 목적은 먼저 백성들을 교화시킨 다음, 군대를 보내서 영토를 정복하기 위해서라는 말을 했다고 해요. 또 다른 설에 따르면 예수회 선교사들이 스페인에서 영향을 떨치고 있던 프란치스코회를 견제하려고 일부러 스페인이 일본을 정복하려고 한다는 유언비어를 퍼뜨렸다고도 합니다. 어느 것이나 확정적인 근거는 없지만, 이 사건이 도요토미 히데요시의 신경을 거스른 것만은 분명해요. 이듬해인 1597년에 도요토미 히데요시는 무려 26명의 그리스도교 선교사와 신도를 체포해 나가사키에서 처형합니다. 이른바 '26성인의 순교'라고 부르는 사건이지요. 지금도 나가사키에는 이들을 기리는 기념비가 남아 있습니다.

도쿠가와막부의 그리스도교 금지령

도요토미 히데요시는 1598년에 사망합니다. 전국을 통일했던 최고 권력자의 사망 후 혼란한 판도를 수습하고 무가 막부의 새로운 주인공이 된 사람은 바로 도쿠가와 이에야스입니다. 도쿠가와막부의 시작이지요. 도쿠가와막부도 처음에는 유럽과의 무역을 완전히 포기하지는 않았어요. 그러나 무역에서 점차 종교의 영향력을 배제하는 방향으로 나아갑니다. 때마침 포르투갈과 스페인을 제치고 새롭게 해양 강국으로 떠오른 나라가 있었지요. 바로 네덜란드입니다. 네덜란드는 개신교 국가였기에 무리한 선교는 지양하고 철저히 자본주의적으로 일본에 접근했습니다. 종교의 '종'자도 입 밖으로 꺼내지 않을 테니 무역만 하자는 거지요. 이것은 도쿠가와막부도 바라던 바였습니다. 그래서 점차 일본의 대외무역 창구가 네덜란드 쪽으로 기울어지게 됩니다. 히라도平戸라는 지역에 네덜란드 상관이 설치되기도 했습니다(이후 나가사키 데지마로 이동).

그리고 네덜란드 이외의 유럽 국가, 특히 그리스도교 세력에 대해서는 차츰차츰 압박의 수위를 높여갑니다. 1612년~1614년 사이 도쿠가와막부는 그리스도교 금지령을 발표하고 그리스도교 신자들에 대한 박해를 전국적으로 확대해 나갑니다. 1619년에 52명의 그리스도교도를 화형에 처한 교토의 대순교를 비롯해 1622년 나가사키, 1623년 에도, 1624년 도호쿠, 히라도 등지에서도 굵직굵직한 박해 사건이 발생해요. 특히 1637년 규슈의 시마바라島原에서 일어난 봉기는 도쿠가와막부의 그리스도교 탄압을 더욱 철저하게 한 결정적 계기였습니다. 이 봉기의 직접적인 원인은 농민에 대한 가혹한 수취였지만, 본래 이 지역은 선교사들이 많았던 가고시마, 나가사키 등과 가까웠기 때문에 다른 지역보다 그리스도교 신자가 많았습니다. 그래서 반란에 가담한 사람 중에 그리스도교 신자가 많았고, 심지어 봉기를 지도

했던 아마쿠사 시로天草四郎가 사용한 깃발에는 십자가가 그려져 있었습니다.(fig.18)

도쿠가와막부는 시마바라의 난을 진압하려고 무려 12만 명이 넘는 대군을 투입해 철저하게 응징합니다. 그렇게 난을 평정한 이후, 도쿠가와막부는 그리스도교가 사회질서를 어지럽히는 사교邪教라고 말하며 더욱 철저하게 금지합니다. 일본에서 '기리

fig. 18
아마쿠사 시로 진중기(아마쿠사 시로 봉기 당시 사용한 깃발), 1637년,
아마쿠사 기리시탄관 소장

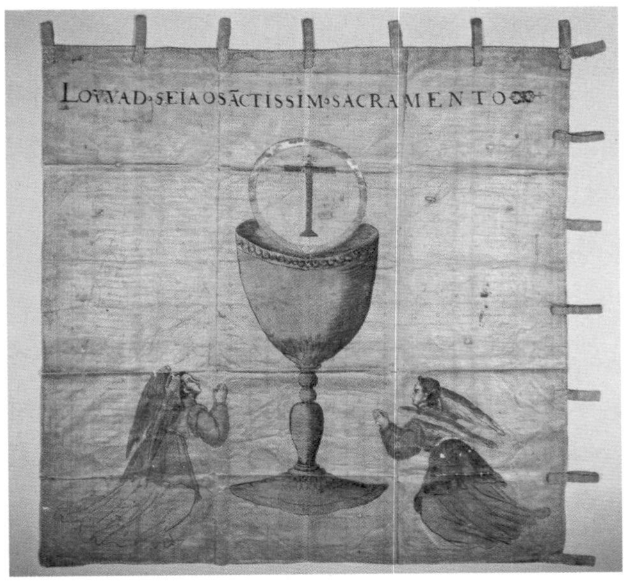

시탄'이라고 불린 그리스도교도를 모조리 박멸하겠다는 기세였지요. 이를 위해 다양한 방법을 사용하는데, 그중 하나가 '데라우케寺請'라는 제도였습니다.

막부와 사찰의 '공조'

데라우케 제도란 일본의 모든 백성이 반드시 어느 한 곳의 불교 사원에 신자로 등록하도록 강제한 제도입니다. 도쿠가와막부는 강력한 권력을 가졌지만, 일본 전역을 균일하게 지배하는 중앙집권적인 권력은 아니었습니다. 막부의 직할령이 아닌 대부분 지역은 다이묘라고 하는 지역 영주가 다스리는 체제였지요. 그러다 보니 조선처럼 중앙정부가 주기적으로 인구 현황을 조사해서 작성하는 '호적' 같은 걸 작성하기가 어려웠어요. 그래서 막부가 이용한 게 바로 불교 사찰이었습니다. 에도시대에 이르면 불교는 이미 민중의 생활 깊숙이 뿌리내렸고, 전국 어디를 가든 반드시 사찰이 있었으며, 종파별로 본사부터 지방의 작은 말사에 이르기까지 촘촘한 위계를 갖추었기 때문입니다. 그래서 도쿠가와막부가 몇 군데 주요 사찰에 지시를 내리면 이 지시가 상당히 빠른 속도로 일본 전국에 산재한 사찰에 전달될 수 있었습니다.

백성들이 불교 사찰에 신자로 등록하는 건 일종의 '신분 보장'을 의미했습니다. 자신은 박멸되어야 할 '기리시탄'이 아니라 어엿한 불교 신자라고 인정받는 것이었습니다. 각 사찰은 신자로 등록된 백성들의 명단을 작성하는데 이것을 '슈몬아라타메초宗門改帳'라고 부릅니다. 유럽 가톨릭교회의 신자록과 마찬가지로 당시 일본 사회의 인구 분포 등을 자세하게 알려주는 귀중한 자료라서 오늘날에는 '역사 인구학' 연구에도 많이 사용됩니다.

도쿠가와막부가 '기리시탄'을 근절하려고 도입한 정책은 또 있습니다. 한국에도 잘 알려진 '후미에踏み繪'는 그리스도교 신자가 아님을 증명하기 위해 예수나 성모 마리아 등 그리스도교에서 숭배하는 대상을 그린 그림을 밟고 지나가도록 한 것입니다. 또 고닌구미五人組라고 해서 서로를 감시하는 제도를 만들었습니다. 그뿐만 아니라 도쿠가와막부에서는 그리스도교 선교사나 신자에 대해 막대한 현상금을 내걸기도 했습니다.

기리시탄 종문은 이전부터 금지되었다.

만일 의심스러운 자가 있으면 신고하라.

포상으로

바테렌(신부)	은 500매
이루만(수도사)	은 300매

재차 기리시탄이 된 자 위와 동일

전도사와 신도 은 100매

이상과 같다. 설령 같은 기리시탄 종문의 사람이라도, 그 사람의 지위 신분에 따라 은 500매가 주어진다. 숨겨 두고, 다른 곳에서 발견되었을 때는 그곳의 우두머리, 5인조까지 그 무리와 함께 처벌된다.

위 내용은 도쿠가와막부가 '기리시탄'을 근절하기 위해 세운 고찰高札의 내용입니다.(fig.19) '바테렌'이라고 불린 그리스도교 신부에 대해서는 무려 은 500매의 현상금을 내걸었는데,

fig. 19

그리스도교 근절을 위해 막부가 세운 고찰, 정덕正德원년(1711), 기후현 역사자료관 소장

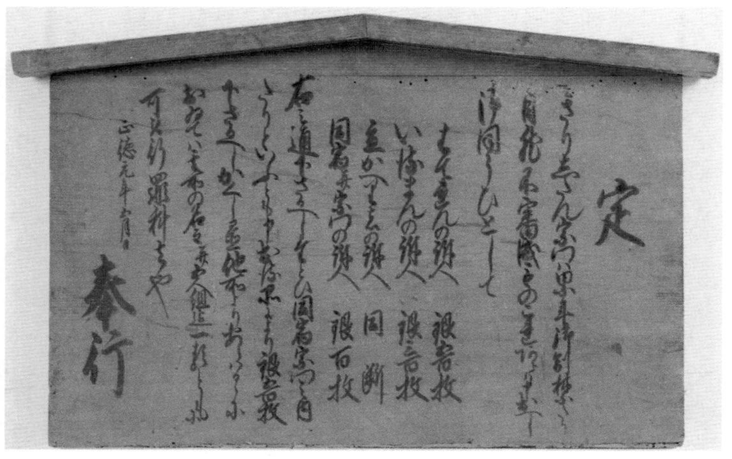

은 500매는 현재 가치로 환산하면 대략 3억 5,000만 원 정도에 해당하는 어마어마한 금액이었습니다. 일본에서 그리스도교를 뿌리 뽑겠다고 하는 강력한 의지가 엿보입니다.

데라우케 제도와 후미에, 기리시탄에게 내건 고액의 현상금과 서로를 밀고하도록 만든 고닌구미 제도까지, 도쿠가와막부의 그리스도교 근절 시도는 참으로 집요했습니다. 금교령이 내려지고 나서 30~40년 정도 지나면, 공식적인 기록상으로는 더는 '기리시탄'의 존재가 확인되지 않습니다. 하지만 이상하게도, 도쿠가와막부는 잊을 만하면 다시 금교령을 내리고, 잊을 만하면 다시 마을 어귀마다 현상금을 내건 고찰을 세웠습니다.

이 정도면 도쿠가와막부에게 그리스도교 금지라는 건 일종의 '이데올로기'가 아니었을까 하는 생각이 듭니다. 국가의 이데올로기란 위에서부터 아래까지, 중앙에서부터 지방에 이르기까지 모두 납득하고 공유할 수 있는 체제의 운영 원리입니다. 조선의 경우에는 '성리학'이 이런 국가 이데올로기의 역할을 훌륭하게 수행했습니다. 그런데 일본의 경우, 에도시대에 일부 사무라이들이 유학을 공부했지만 체제 이데올로기라고 부를 만한 것이 없었습니다. 그러나 만약 에도시대에 일본 사회의 구성원 모두가 공감하고 실행할 수 있는 체제 이데올로기가 있었다면 그것은 반反그리스도교 정책이 아니었겠냐는 생각을 합니다. 그리스도교를 사교이자 적敵으로 규정함으로써 이것과 싸워야 하는 일본인이라는 정체성을 만들었기에, 이를 뒷받침하기 위한 '데라우케' 같은 실질적인 제도를 시행할 수 있었던 건 아닐까요?

아무튼 오다 노부나가 시대까지만 하더라도 화승총인 뎃포를 비롯해 서양의 문물을 일본 사회에 전해주는 이로운 존재였던 그리스도교가, 도쿠가와막부 시대에는 완전히 근절되어야 할 사교로 여겨졌습니다. 그리스도교도를 의미하는 '크리스천'을, 당시 일본인들은 '기리시탄'이라고 발음했습니다. 이것을 문자로 적을 때에는 비슷한 발음이 나는 한자를 조합해 썼는데, 초기에는 '길리지단吉利支丹'이라고 썼습니다. 이 글자를 보면 길하다[吉]와 이롭다[利]라는 좋은 의미의 한자가 들어간 것을 볼 수 있습니다. 하지만 어느 때부턴가 '기리시탄'의 표기가 '길리지단'에서 '절지단切支丹'으로 바뀌게 됩니다. '자르다'라는 의미인 '절切' 자를 일본에서는 '기리'라고 읽기 때문에, 표기는 달라도 읽을 때의 발음은 똑같이 '기리시탄'입니다. 하지만 아무래도 '길'과 '리'라는 글자 대신 '절'이라는 살벌한 글자가 쓰인 것은 그리스도교가 더 이상 이로움을 주는 좋은 존재가 아닌, 일본 사회에서 잘라 버려야 하는 존재로 바뀐 것과 무관하지 않은 것처럼 느껴집니다.

가쿠레 기리시탄

도쿠가와막부의 그리스도교 근절 정책은 철저하고도 집요했어요. 그 결과 공식적으로 더 이상 그리스도교도가 존재하지 않게 되었지만, 사실은 일본 사회 깊숙한 곳에 '가쿠레隠れ 기리시탄'이라는 잠복 그리스도교도들이 여전히 있었습니다. 이들은 남들의 눈에 띄지 않는 곳에서 은밀한 방식으로 자신들의 신앙을 지켜나갔습니다. 예를 들어 불교 신자처럼 가장하기 위해서 집안의 불단에 올려둔 작은 불상에 십자가를 새겨 넣는다든지, 갓 태어난 예수를 안고 있는 마리아의 모습을 갓난아기를 안고 있는 관음보살의 모습으로 조각한다든지 하는 식이었습니다.(fig.20)

잠복해 있던 가쿠레 기리시탄이 다시 수면 위로 등장한 건 도쿠가와막부가 서구 열강과 통상조약을 체결한 1858년 이후였습니다. 일본이 개항하자 유럽 여러 나라로부터 선교사들이 다시 들어왔습니다. 1864년 나가사키에는 오우라천주당大浦天主堂이 건축되지요. 일본에서의 순교자를 기리기 위해 '일본26순교자천주당'이라는 정식 명칭을 붙였지만, 기본적으로는 외국인 그리스도교 신자들을 위한 성당이었어요. 그런데 1865년 3월 17일, 프랑스 출신의 주임 신부 베르나르 프티장Bernard Petitjean 앞에 한 무리의 일본인이 몰려오더니 갑작스럽게 신앙고백을 했습니다. 그때까지 일본에 그리스도교 신자가 있을 거라곤 상상도 하

fig. 20
관음상처럼 조각된 마리아 상(통칭 '마리아 관음')

지 못했던 프티장 신부는 깜짝 놀라 신도를 발견했다며 유럽에 소식을 전했어요. 이것은 세계적으로도 큰 주목을 받았습니다.

그런데 가쿠레 기리시탄은 도쿠가와막부의 금교령 아래 긴 시간 단절되어 철저한 고립 속에서 구전 등을 통해서만 교리가 전승되었으므로 상당히 많이 변질되어 있었어요. 가쿠레 기리시탄들이 외우는 기도문도, 아마도 처음에는 유럽의 선교사가 전해준 라틴어 기도문에서 출발했겠지만 여러 세대 동안 구전되면서 발음도 표기도 바뀌어 종국에는 그 누구도 의미를 해석할 수 없는 주문처럼 되어버렸습니다.

가쿠레 기리시탄이 발견된 1865년까지도 일본은 그리스도교 금교령을 해제하지 않은 상태였습니다. 1868년에 도쿠가와막부가 무너지고 메이지 정부가 들어섰지만, 여전히 그리스도교는 허락되지 않았습니다. 그러다가 서구 열강의 압력에 못 이겨 1873년에서야 금교령이 폐지되고 종교의 자유가 허락되었습니다. 드디어 가쿠레 기리시탄도 가톨릭의 품으로 돌아갈 수 있게 됩니다. 하지만 적지 않은 가쿠레 기리시탄들은 자신들이 대대로 지켜온 종교와 가톨릭 신앙이 다르다며 가톨릭 성당에 가기를 거부했습니다. 이 때문에 어떤 사람들은 가쿠레 기리시탄을 그리스도교와 구분되는 별도의 종교로 봐야 한다고 주장합니다.

메이지유신 이후의 그리스도교

마지막으로 메이지유신 이후 일본 사회의 그리스도교 수용 과정을 살펴보겠습니다. 메이지유신은 그동안 일본 사회를 운영해 온 지배층이 대거 교체되는 엄청난 규모의 사회적 변혁이었습니다. 이 과정에서 사회적 규범이 변용, 교체되면서 엄청난 혼란이 발생합니다. 특히 혁명이나 패전 등에 의한 사회변동으로 사회의 중심적인 신념체계가 급격히 붕괴하면서 개인 또는 집단이 갑작스럽게 아노미 상태에 빠지는 것을 '급성 아노미'라고 부르는데, 메이지유신 직후의 일본 사회에서도 이런 '급성 아노미' 상태에 빠진 사람들이 있었습니다. 바로 하루아침에 정권을 상실해 버린 막부와, 그런 막부를 끝까지 지키려고 했던 이른바 좌막파佐幕派 사무라이였습니다. 하루아침에 봉공의 대상이 사라졌을 뿐 아니라 대대로 세습되던 신분적 특권까지도 사라져 버렸습니다. 그렇게 자기 정체성과 인생의 목표를 상실한 이들은 요즘 말로 하면 '멘탈 붕괴' 상태에 빠졌습니다. 이런 사람들에게 그리스도교가 새로운 돌파구가 되었던 것입니다. 다음은 이런 시대적 분위기를 잘 보여주는 글이에요.

최초의 교회에서 청년이 많은 것은 본래부터이다. (…) 시험 삼아 새로운 신앙을 고백한 당시의 청년에 있어서 그 경우를 조사해보자. 우에무라 마사히사

植村正久는 막인幕人의 자녀가 아닌가. 그는 막인 모두가 받은 전패자戰敗者의 고통을 받은 자이다. 혼다 요이쓰本田庸一는 쓰가루津軽 사람의 자녀가 아닌가. 유신 때에 있어 쓰가루의 지위와 그 고심을 아는 자는 누구든지 그가 우쭐거릴 수 없는 저지의 사람이라는 것을 의심할 자 있겠는가. 이부카 가지노스케井深梶之助는 아이즈會津 사람의 자녀이다. 그는 스스로 구니國가 망하는 역경을 경험했던 자이다. 오시카와 마사요시押川方義는 이요伊予 마쓰야마松山 사람의 자녀이다. 마쓰야마도 또한 좌막당佐幕黨으로서 지금은 실의에 빠져 있다. 새로운 신앙을 고백하여 천하와 싸울 결심한 청년이 모두 시대의 순풍에 탄 자가 아니라는 일은 당시의 역사를 논하는 자가 주목하지 않으면 안 되는 바이다.[1]

이 글은 끝까지 막부 측에 섰던 사람들이 메이지유신 이후에 겪어야 했던 상실감과, 그것을 메우기 위해 새로운 신앙을 찾는 현실을 잘 보여줍니다. 실제로 메이지 초기에는 여자보다 남자가 교회를 찾은 비율이 높았습니다. 예를 들어 1872년에 설립된 일본 최초의 개신교 교회인 요코하마 공회의 신자 목록을 보면, 1873년 8월 3일, 그러니까 교회 설립 후 약 1년 정도의 기간 동안 새롭게 세례를 받거나 다른 교회에서 전입해 와서 신자가 된 사람들이 모두 58명이었는데, 이 중에서 남자가 45명, 여자가 13명이었지요. 한국에서는 초기에 여성 신자의 비율이 훨씬 높았던 것과 대비되는 부분입니다. 또 신자들의 출신 배경을 조사했더니 무사 출신이거나 그 가족임이 확실한 사람이 18명, 대략 무사 출신으로 짐작되는 사람이 9명이었습니다.

메이지유신으로 '급성 아노미' 상태에 빠져 있었던 이런 사람들이 단순히 개인적 상실감을 메우려고 그리스도교에 귀의했던 건 아니에요. 이들은 그리스도교의 가르침을 통해서 나름대로 국가에 도움이 될 방법을 고민했습니다. 위의 글에서도 언급한 혼다 요이쓰의 글을 한 번 살펴볼게요.

> 메이지유신으로 낡은 질서가 파괴되기에 이르러, 저들은 일신상에서도 사회상에서도 해석을 요하는 문제가 심히 많음을 발견했다. 그리고 이는 저들이 무엇인가 허전한 기분이 되게 하는 개념으로서, 공명심 깊은 청년 중에서도 이러한 감정을 품은 자가 적지 않다. 저들은 고만高慢하다고는 해도 마음속에 결핍을 느꼈다. 이 결핍의 성분은 그리스도교가 충분히 메울 수 있는 것이었다. (…) 또한 저들은 새롭게 세계의 형성을 알고, 어떻게든 사랑하는 국가를 열강과 나란하게 하고 국가의 운명을 안정시키고자 원해, 구미 문명의 그 생명은 그리스도교에 있다고 믿었기 때문에 망설임 없이 채용하기에 이르렀다.[2]

그리스도교는 구미 문명의 '생명'이므로, 이것을 열심히 받아들이고 공부하면 일본도 서구 열강과 어깨를 나란히 하는 나라로 만들 수 있을 거라는 '공명심'도 그리스도교를 수용하는 원동력이 되었음을 알 수 있습니다. 이처럼 메이지 초기에는 선교사의 가르침에 감화를 받아 새롭게 그리스도교도가 된 신앙 집단이 많이 생겨났습니다. 이런 집단을 일본에서는 '밴드バンド'라고 부르는데, 특히 요코하마밴드, 구마모토밴드, 삿포로

밴드는 일본 그리스도교의 3대 원류로 알려진 신앙 집단이에요.

메이지 초기 그리스도교의 수용은 개인의 구원을 위한 구도적인 면보다는 구국, 보국의 개념이 강했습니다. 내가 그리스도교를 믿고 그 가르침을 따르며 사회에 도움이 되는 인재가 될 수 있다는 것이 핵심이지요. 당시 서구 사회를 보면 근대국가는 하나같이 그리스도교 국가였습니다. 일본인들이 그리스도교에서 어떤 유용성, 효용성을 발견하고자 한 것도 무리는 아니었습니다.

이것은 일본 사회가 250년 이상 유지해 온 '그리스도교 금교 정책'과는 배치되는 현상이었습니다. 아까 잠시 언급했지만 메이지 정부는 막부를 쓰러뜨린 뒤에도 한동안 막부의 그리스도교 금지 정책을 그대로 유지했습니다. 심지어 1868년에는 "기리시탄 종문에 대해서는 지금까지 금지해 왔던 대로 굳게 금지한다." 라는 정부의 입장을 태정관 포고의 형태로 공식 발표합니다.

그러다가 종교의 자유를 인정하라는 서구 열강의 압박 수위가 점차 높아지자, 메이지 정부는 외교적 필요 때문에 1873년 그리스도교 금지 정책을 철폐하기에 이릅니다. 하지만 이것은 어디까지나 외교적 목적에 따른 불가피한 선택이었을 뿐, 250년이라는 긴 세월 동안 일본 사회에 뿌리내린 그리스도교 사교관邪教觀을 하루아침에 불식시킬 수는 없었습니다. 구국 또는 보국을 위해 그리스도교로 귀의한 사람들도, 여전히 대중들로부터 사교에 빠진 이상한 사람으로 취급받았습니다.

그리스도교에 입교한 초창기 지식인들은 이 사교관을 불식시키기 위해 많은 노력을 기울였습니다. 이들은 각종 신문과 잡지 등에 그리스도교의 좋은 점을 알리기 위해서 열심히 글을 투고 했습니다. 그리스도교는 새로운 시대에 진정으로 필요한 종교이고, 도덕적인 종교이며, 애국적인 종교라고 강조했던 거지요. 하지만 이런 노력에도 불구하고, 일본은 그리스도교가 깊이 침투하기에는 너무 어려운 상황에 있었습니다.

오랜 기간 그리스도교를 금지해 온 역사뿐만 아니라, 메이지 유신 이후 새롭게 만들어진 '국가신도'와 천황제 역시 그리스도교와 갈등을 빚었습니다. 일본은 천황을 정점으로 하는 근대국가 체제를 만들려고 했으므로 1889년에 반포된 헌법 제1조에도 "대일본제국은 만세일계의 천황이 통치한다."라고 못을 박았습니다. 그리고 제3조에는 "천황은 신성하여 범해서는 안 된다."라고 명시함으로써, 천황에게 사실상 신격神格을 부여했습니다.

이렇다 보니 천황과 그리스도교의 관계를 설정하는 것은 쉽지 않은 문제였습니다. 비록 헌법에서는 신교信教의 자유, 즉 신앙의 자유를 보장했지만 이 자유는 어디까지나 "일본 신민의 안녕을 방해하지 않고, 신민의 의무를 저버리지 않는 한에서" 허용되는 자유였습니다. 신神인 천황과 그 천황의 통치를 받는 신민臣民의 관계를 해치지 않는 한에서만, 그리스도교의 활동도 인정받을 수 있다는 의미였습니다.

이를 상징적으로 보여주는 사건이 있었습니다. 메이지 정부는 1890년 10월, '교육에 관한 칙어'라는 것을 반포해요. 흔히

'교육칙어'라고 줄여서 부르는데 이것은 대일본제국헌법의 정신을 요약해 아이들을 학습시킬 목적으로 만들어졌지요. 그래서 학교에서는 매회 조회 시간마다 교장 선생님이 이것을 낭독하고 학생들은 따라서 암송을 해야 했습니다. 심지어 '교육칙어'가 적힌 종이도 신성시해서 봉독 때마다 종이 쪼가리를 향해 예를 갖춰 인사를 해야 했습니다. 그런데 이것을 이상하게 생각한 일본인이 있었어요. 제일고등중학교의 교사 우치무라 간조內村鑑三였습니다. 우치무라는 그리스도교 신자였는데 봉독식에서 종이를 향해 절을 해야 하는 상황이 잘 이해되지 않았습니다. 그래서 봉독식이 진행되던 날, 허리를 굽혀 절을 하는 대신 간단히 고개를 숙이는 묵례로 대신하고 말지요. 그런데 이것은 천황에 대한 불경을 저지른 거라고 해서 우치무라는 엄청난 사회적 비난을 받고, 결국 교사 자리에서도 물러나게 됩니다. 이 사건을 두고 도쿄대학의 이노우에 데쓰지로 교수는 "종교와 교육의 충돌"이라고 일컬으며, 그리스도교는 일본 사회가 추구하는 방향과는 맞지 않는다는 주장을 펼치기도 해요.

이런 분위기 속에서 일본 내의 그리스도교 신자들은 어떻게 대응했을까요? 이들의 선택은 타협이었습니다. 그리스도교가 천황제와 잘 맞지 않는다고 지적을 받으면, 그리스도교야말로 오히려 충성과 애국의 종교라고 강조하는 식이었습니다. 일본의 그리스도교는 끊임없이 일본이라고 하는 나라, 또는 천황이라는 존재와 어떻게 관계를 맺을 것인가에 중점을 두고 대응해 나갈 수밖에 없었습니다.

천황제 국가 확립에 공헌하고 충성하는 길을 택한 일본의 그리스도교는 국가의 정책에 순응하고 적극적으로 협력했습니다. 그래서 청일전쟁이나 러일전쟁 시기에도 호국대를 파견하거나 전승 기도회를 열기도 하는 등 국가에 협력했습니다. 이처럼 국가에 협조하는 태도를 보이자, 일본 정부도 1912년에는 그리스도교를 불교, 신도와 더불어 삼교의 하나로 인정해 줍니다. 그러자 일본 그리스도교계는 더욱더 열심히 정부 방침에 따르며, 태평양전쟁 중인 1941년에는 종파를 뛰어넘는 '일본기독교단日本基督教團'을 만들어서 국가에 봉사하고, 심지어는 신사참배를 장려하기까지 합니다. '일본기독교단'은 당시 일본의 식민지였던 조선의 그리스도교계에도 영향을 미쳐서 조선에도 '조선기독교단'을 만들고 목사들에게 신사참배를 장려하도록 종용하기도 했습니다.

나가며
— 다가가기 쉬운 신, 일본의 종교적 감수성

'800만의 신'이 있다는 일본에서는, 토착 신앙인 신도와 일본 밖에서 전해진 불교가 융합해 일본인만의 독특한 종교적 감각을 발전시켰습니다. 다신적 세계관을 가진 일본 사회에 유일신을 섬기는 그리스도교가 들어오는 과정은 순탄치 않았어요. 전국시대라는 독특한 시대를 배경으로 오다 노부나가를 비롯한 상층 사무라이들이 그리스도교를 받아들이면서 한때는 그리스도교 신자가 수십만 명에 달할 정도로 활발하게 활동했습니다. 그러나 도요토미 히데요시가 신부 추방령을 내린 데 이어, 도쿠가와막부가 그리스도교를 사교화하고 250년에 걸쳐 철저하게 박멸함으로써, 그리스도교는 믿어서는 안 되는 종교라는 인식이 일본 사회 깊숙이 뿌리내리게 됩니다. 이 사교관은 메이지유신 이후에도 쉽게 사라지지 않았습니다.

메이지시기에 그리스도교를 수용한 사람은 옛 사무라이 출신들, 나름 학식을 갖춘 엘리트층이었어요. 특히 막부의 붕괴와 함께 설 자리를 잃은 좌막파 인사들이 그리스도교에서 새로운 돌파구를 모색했습니다. 이들은 그리스도교를 통한 '보국'의 방법을 찾고, 천황제 국가인 일본과 그리스도교의 관계를 어떻게 설정할지를 끊임없이 고민했습니다. 그런데도 그리스도교는 여전히 일본 사회, 특히 보통의 대중들에게 깊게 뿌리 내렸다고는 할 수 없습니다.

"일본인은 왜 그리스도교를 믿지 않는가?"라는 질문에 명확한 답을 내리기는 쉽지 않습니다. 그러나 앞에서 살펴본 여러 가지 역사적 장면을 기억한다면 아무래도 일본 사회는 그리스도교가 쉽사리 받아들여질 만한 환경은 아니었음을 느낄 수 있습니다.

때때로 한국인과 일본인의 종교적 감수성이 참 다르다는 사실을 느낍니다. 유교의 영향을 강하게 받은 한국 사회는 사회 전

반적으로 고등 종교에 대한 이해도가 높아요. 아무리 복잡한 형이상학적 체계라고 하더라도 그 얼개를 감각적으로 체득하고 있지요. 그에 비해 일본은 종교를 형이상학적인 그 무엇이라기보다는 "신과 더불어 즐기는 것"으로 이해하는 측면이 강합니다. 이를 잘 보여주는 일본의 문화가 바로 '마쓰리祭り'예요. 일본 전국 어느 동네를 가든, 그 동네만의 마쓰리가 없는 곳이 없습니다. 마쓰리는 본래 신에게 제사를 지내는 행위이지만, 일본 사람들이 마쓰리를 즐기는 모습을 보면 이것이 신에게 제사를 지내기 위한 행위인지 아니면 스스로 즐겁게 먹고 마시기 위한 행사인지 헷갈릴 정도예요. 이처럼 일본인들에게 '신'은 다가가기 쉽고, 친해지기 쉬운 존재입니다. 이런 종교적 감수성을 가진 일반 민중들에게, 그리스도교는 아무래도 쉽게 친숙해지기는 어려운 종교입니다.

이런 사회적 특수성과 역사적 현상들이 합쳐져서 그리스도교 신자가 국민의 1퍼센트에 불과한 현재 일본의 모습을 만들어 낸 것이 아닐까, 조심스럽게 추측해 봅니다.

주

1. 山路愛山,『基督教評論』, 警醒社書店, 1906.
2. 高木任太郎編,『本多庸一先生遺稿』, 日本基督教興文協會, 1918.

- 박훈 외, 『근대 일본인의 국가인식: 메이지 인물 6인의 삶을 관통한 국가』, 빈서재, 2023.
- 박은영, 「천황제 국가의 전쟁과 종교」, 박은영·손민석 책임편집, 『근현대 동아시아 지식장과 정치변동』, 성균관대학교 출판부, 2023.
- 하자마 요시키·박은영, 「기리시탄 민중의 사생관과 구제관」, 『일본사상』 45, 한국일본사상사학회, 2023.
- 박규태, 『아마테라스에서 모노노케 히메까지』, 책세상, 2021.
- 호시노 세이지 지음, 이예안·이한정 옮김, 『만들어진 종교』, 글항아리, 2020.
- 박수철 편역, 『오다 노부나가와 도요토미 히데요시는 어떤 인물인가: 16세기 예수회 선교사 루이스 프로이스의 기록』, 위더스북, 2017.
- 박규태, 『애니메이션으로 보는 일본』, 살림, 2005.
- 박규태, 『일본의 신사』, 살림, 2005.

가 볼 만한 곳

① 나가사키 일대

나가사키는 일본 그리스도교의 시작, 박해와 탄압, 저항과 순교 등 다채로운 역사를 담고 있는 곳이다. 최초의 기리시탄 다이묘가 된 오무라 스미타다大村純忠는 포르투갈과 무역 수익을 확대하기 위해 당시에 작은 어촌이었던 나가사키를 개항했고, 1580년 이곳을 예수회에 헌상했다. 이후 차례차례 교회가 세워지고 많은 사람이 기리시탄이 되는 등 '작은 로마'라고 불릴 정도로 크게 번영했다. 그러나 1587년 도요토미 히데요시의 '바테렌 추방령'을 시작으로 점차 박해와 탄압이 심해졌고, 1597년 교토와 오사카에서 체포된 외

1

2

3

4

5

국인 선교사와 일본인 신도 총 26명이 한 달(약 900km)을 걸어 도착한 니시자카西坂 언덕에 늘어선 26개의 십자가에 달려 목숨을 잃었다. 그중에는 열두 살 소년도 포함되어 있었다. 이들이 순교한 니시자카 언덕에는 일본 26성인기념관이 자리하고 있다.

막말 나가사키가 개항되면서 외국인 선교사가 들어왔고, 1863년 26성인을 기리는 '일본 26성순교자천주당' 일명 '오우라천주당'을 건설했다. 1865년 세계 그리스도교 역사상 유명한 '신도발견' 사건이 일어난 곳이었다. 오우라천주당이 세워지자 당시 신도들이 '파라이조의 절パライゾの寺'이라고 부르기도 했는데, '파라이조'는 기리시탄 용어로 천국(파라다이스)을 의미한다. 그 밖에 우라카미천주당도 방문해 보면 좋다. 도쿠가와시대 '후미에'가 행해지던 장소에 세워진 우라카미천주당은 1914년 건립 당시 동양 최대라고 불릴 정도의 규모였으나 1945년 8월 9일 나가사키에 투하된 원자폭탄으로 완전히 붕괴되었다. 처참하게 파괴된 성인상聖人像이 당시의 참상을 전하고 있다.

② 요코하마해안교회

요코하마해안교회는 1872년 설립된 일본 최초의 개신교(프로테스탄트)교회로, 설립 당시에는 일본기독공회였으나 1875년 교회당을 건설하며 이름을 고쳤다. 1923년 간토대지진으로 교회당이 완전히 소실되었는데 1933년 현재의 모습으로 재건되었다.

교회당 첨탑 위에는 1875년 교회당 건립 때 기증받은 종이 자리 잡고 있다. 지금도 매주 일요일 아침 종소리가 울려 퍼지며 요코하마 미나토마치港町의 이국적인 '소리풍경音風景'을 연출한다. 이 종은 간토대지진으로 무너져 내린 교회 건물의 잔해 속에서 발견되어 보전될 수 있었다. 태평양전쟁 중에는 '국가총동원법'에 근거한 금속회수령에 따라 군으로부터 공출을 강요당했는데 당시 와타나베 목사가 끝까지 저항하며 경찰서에 유치되면서까지 종을 지켰다고 전해진다. 교회 바로 옆으로는 미일화친조약(1854)이 체결된 개항광장과 개항자료관도 위치하고 있으니 함께 둘러보면 좋다.

미나토미라이선 니혼오도리역 하차 도보 2분 | JR네기시선 간나이역 하차 10분

1 오우라천주당

2 일본26성인기념성당(성 빌립보 교회)

3 일본26성인기념성당 기념관

4 요코하마해안교회 초기 교회당 모습(1887년 15주년 기념 촬영)

5 요코하마해안교회

박삼헌

건국대학교 일어교육과 교수 겸 아시아콘텐츠연구소 소장. 근대 일본의 국가 체제를 중심으로 연구 활동을 하고 있으며, 최근에는 메이지시대 이후, '메이지'를 둘러싼 역사 인식에 관심이 있다. 저서로는 『근대 일본 형성기의 국가체제』(소명출판, 2012), 『천황 그리고 국민과 신민 사이』(RHK, 2016)가 있고, 『한중일이 함께 쓴 동아시아 근현대사 1』(휴머니스트, 2012), 『동아시아사 입문』(동북아역사재단, 2021) , 『벌거벗은 세계사: 전쟁편』(교보문고, 2022) 등의 공저가 있다.

7

근대의 천황, 천황의 정치

박삼헌
건국대 일어교육과 교수

들어가며
— 천황은 어떻게 '표상'되고 '기억'되는가

안녕합니까? 제7강 강의를 진행할 박삼헌입니다. 요즘에는 그런 일이 많지 않지만, 예전에는 일본사 관련 인터뷰를 하거나 글을 기고할 때 제 소속이 일어교육과가 아니라 사학과로 잘못 나간 적이 있었습니다. 일본사를 전공하니 당연히 사학과일 거라는 선입견이 있었겠지요.

사실 학부에서는 일어일문학을 전공했습니다. 학부 졸업 후 일본으로 유학 갔을 때 문학에서 역사로 전공을 바꾸었지요. 비록 '문사철文史哲'로 묶이는 인문계 안에서 전공을 바꾸었지만 대학의 학문 체계 속에서는 엄연한 '전과'였습니다. 역사학으로 전과한 이후에는 주로 일본 근대사, 그중에서도 천황제를 중심으로 하는 일본의 국가사를 공부했습니다. 그렇게 석·박사를 마치고 한국에 돌아왔는데 학부에서는 문학을, 대학원에서는 역사학을 전공해서 그런지 한동안 어느 쪽에서도 경계인 같은 삶을 살았습니다. 그러다가 운 좋게 건국대학교 일어교육과에 자리를 잡게 되었습니다. 일어교육과에서는 일본학, 일본사, 일본문화 등 사실상 어학과 문학을 빼고는 일본과 관련된 거의 모든 것을 다 가르치고 있습니다.

한국의 근대사에도 관심이 많은데 그동안 배운 일본어를 그만두기에는 아까워 일본 근대사를 공부하기로 마음먹었습니다. 특히 전근대에서 근대로 전환하는 시기에 관심이 많습니다. 일본사에서 '근대 전환기'라고 하면 당연히 막말(막부 말기) 유신기를 떠올릴 거예요. 제가 주로 들여다보는 시대의 범위도 막말 유신기를 포함하는, 1800년대 초반에 있었던 '덴포의 개혁' 이후부터 일본제국헌법이 선포되는(1889) 메이지 초기까지입니다. 이번 강의에서는 메이지유신 직전과 그 이후의 시기를 '천황'이라는 주제로 연결해서 이야기해 보려고 합니다. 이미 제5강에서 박훈 선생님이 "메이지유신이란 무엇인가?"라는 제목으로 메이지유신을 자세하게 설명했지만 제7강에서는 비슷한 시기를 '천황'이라는 키워드를 중심으로 접근하기 때문에 또 다른 각도에서 바라보는 기회가 될 것입니다.

세 가지 범주로 강의를 진행하려고 합니다. 첫째는 "천황은 무엇인가?"라는 내용입니다. 아마도 한국 사람들이 일본에 대해 가장 궁금한 것은 바로 천황의 존재일 테지요. '도대체 천황은 무엇인가. 무엇이기에 근대 군주제의 정점이 되었던 걸까?' 천황이 어떤 존재였는지를 살펴보면서 천황이 일본의 정치 무대에 어떻게 등장하고, 어떻게 군주제의 정점으로 부상해 가는지 그 과정을 설명하려고 합니다.

둘째, 천황이 정치의 주체이자 '국민의 천황'으로 자리매김해 가는 과정을, 천황의 사진과 초상화 같은 이미지를 중심으로 설명하려고 합니다. 우리는 종종 일본에서 천황이 항상 절대적인 존재였을 거라고 착각하곤 합니다. 사실은 그렇지 않았습니다. 현재 천황의 모습은 근대 이후에 각고의 노력으로 '만들어 낸' 것입니다. 근대 전환기에서 정치의 주체로 등장한 천황을 어떻게 국민에게 알리고 각인시켜 나갔는지를 살펴보도록 하겠습니다.

셋째, 천황이 일본인에게 어떻게 기억되며, 그 기억이 어떻게 재생산되고 있는지 '메이지신궁(일본어 발음으로는 메이지진구)'을 예로 들어 살펴볼 거예요. 메이지천황은 살아 있을 때 이미 '신'으로 모셔졌고, 죽은 뒤에는 메이지천황을 기리는 '메이지신궁'이라는 신사까지 만들어졌는데, 이런 경우는 근대 천황 중에서 메이지천황이 유일합니다. 그리고 메이지신궁은 여전히 천황에 대한 해석의 공간, 기억의 공간으로서 기능하고 있습니다. 메이지천황과 메이지신궁을 중심으로 천황이 어떻게 표상되었고 일본인에게 국민의 천황으로서 자리잡게 되었으며, 어떻게 기억되고 있는지 알아보겠습니다.

페리는 왜 내항했을까

일본에서 천황이 정치 주체로 등장하는 과정을 이해하려면 약간의 역사적 배경을 공부할 필요가 있습니다. 역사적 사건들이 어떻게 흘러가는지를 짚어보며 그 과정에서 천황이 어떻게 정치적 존재로 올라서게 되었는지를 살펴보겠습니다.

1853년, 미국인 페리가 흑선이라고 불린 증기선을 이끌고 에도 앞바다에 나타납니다.(fig.1, 2) 흑선은 검은 배라는 의미지요. 참고로 조선에서는 증기선을 '이양선異樣船'이라고 불렀습니다. 모양이 다른 배라는 뜻입니다. 흑선이나 이양선으로 부르는 명칭은 다르나 그 뜻은 통합니다. 지금까지 봤던 배와는 다른 배라는 의미가 담겨 있습니다. 한번 상상해 보세요. 페리가 증기선을 이끌고 에도 앞바다에 왔을 때, 난생처음 보는 거대한 배를 본 일본인들은 어떤 기분이었을까요? 호기심을 느끼는 한편, 낯선 모습에 공포감도 느꼈을 것입니다. 게다가 일본인들은 10년 전에 있었던 '아편전쟁'의 결과를 생생하게 기억하고 있었습니다. 그래서 서양 세력이 군함을 이끌고 왔을 때는 무조건 대포를 쏘고 위협할 거라고 생각했고, 페리의 등장을 그만큼 위험하다고 느꼈을 거예요.

그러면 페리의 입장은 어땠을까요? 페리는 정말로 대포를 쏘아서라도 일본에 개국을 강요하려고 했을까요? 물론 페리도 일

fig. 1

1853년 일본 우라가항에 도착한 네 척의 '흑선' 중 하나인 미시시피호,
칼리지파크 국립문서보관서 컬렉션

fig. 2

흑선을 묘사한 당시의 우키요에

1

2

본을 힘으로라도 굴복시키겠다는 메시지를 넌지시 던졌습니다. 하지만 이것은 어디까지나 '포커페이스'에 지나지 않았고, 사실 페리는 대포를 쏠 생각도, 권한도 없었습니다. 당시 미국의 법률에 따르면 다른 나라에 대한 발포권, 즉 선전포고의 권한은 오직 미국 연방의회에만 있었기 때문입니다. 만약 일본이 미국의 요청을 받아들이지 않는다고 하더라도, 페리가 그것을 빌미로 대포를 쏘려고 한다면 먼저 자신을 파견한 미국 대통령에게 연락해야 했지요. 그러나 대통령도 바로 발포를 허락할 수 없습니다. 대통령은 이 건을 연방의회에 회부해 의원들의 동의를 얻어야만 페리에게 발포 명령을 내릴 수 있었습니다. 이 과정을 전부 거치려면 적어도 수개월이 걸릴 것입니다. 현실적으로 불가능하지요.

그러나 만약 일본이 미국 함대를 향해서 먼저 발포한다면, 페리도 이에 대응하는 차원에서 발포할 수 있었습니다. 하지만 페리가 1853년에 끌고 온 군함은 네 척에 불과했으므로 교전이 벌어지더라도 단기간에 에도를 제압할 가능성이 없었습니다. 장기전이 된다면 페리는 어디에선가 보급을 받아야 합니다. 그런데 당시 아시아에서 보급받을 만한 지역은 대부분 영국이 차지했기에 만약 장기전이 된다면 페리는 아주 불리한 상황에 빠질 수도 있었습니다. 그래서 페리는 일종의 '포커페이스 작전'을 사용합니다. 아직 동아시아에 아편전쟁의 기억이 생생하고, 일본도 서양 세력에 대해서는 반쯤 굽히고 나올 수밖에 없는 상황이라는 것을 페리도 알고 있었습니다. 그래서 손에 들고 있는 패는 비록 '원 페어'에 불과했지만, 겉으로는 상당히 고압적인 자세로 나갔습니다. 일종의 보여주기식 무력 시위만 했던 거지요. 미국은 대포 한 발 쏘지 않고 중국, 조선, 베트남 등 동아시아의 다른 나라들과는 달리 일본으로 하여금 조약을 맺도록 만든 것입니다.

페리가 일본에 온 목적

페리는 미국에서 일본으로 건너갈 때 태평양 항로가 아닌 대서양 항로로 갔습니다.(275쪽 참조) 이 당시는 미국이 멕시코와 전쟁을 통해서 서부의 캘리포니아를 자국 영토로 편입시킨 지 얼마 되지 않은 시기였습니다. 그 뒤 비로소 미국 서부에서 태평양을 가로질러 중국으로 가는 항로에 대해 관심을 두었고 가장 먼저 우편 증기선 등이 취항했습니다. 그러나 군함 등이 출항하는 주요 항구는 여전히 미국 동부에 집중되어 있었습니다. 페리가 대서양 항로를 이용한 데는 또 다른 이유가 있었습니다. 페리는 중국 시장을 조사하라는 중요한 임무를 받았기 때문이지요. 일본을 개항시키는 것은 두 번째 임무였습니다. 페리의 전체 항해 일정을 살펴보면 중국에서 가장 오랜 기간 머물렀습니다.

페리는 1853년에 처음으로 일본을 찾아왔고, 그 이듬해인 1854년에 일본과 화친조약을 체결하는 데 성공했습니다.(fig.3) 보통 아편전쟁이 됐든, 운요호사건이 됐든, 이 당시 '포함 외교' 방식은 어떤 군사적 충돌이 발생하면 이것을 빌미로 상대방을 신속하게 무릎 꿇리고 강제로 조약을 맺는 것이었습니다. 그런데 일본에서는 페리가 '포커페이스'를 할 수밖에 없는 사정도 있었기 때문에 처음 내항한 지 수개월이 지나서야 겨우 조약을 맺게 됩니다. 물론 이 또한 모두 페리의 계획이었습니다. 페리가 처음 일본으로 갈 때는 태평양 지역에 있는 미국 함대를 제대로 동원할 수가 없었습니다. 그래서 실제로 전투를 벌일 수 있는 전함은 두 척을 준비하는 데 그쳤고, 그것을 지원하는 범선 두 척을 추가해 겨우 네 척의 배를 이끌고 일본으로 갔던 거지요. 한 나라를 개항시키기에는 턱없이 부족한 전력입니다. 그래서 페리는 처음부터 2단계 작전을 구상합니다. 먼저 네 척의 배로 일본에 간 뒤 무력시위를 벌이면서 상황을 파악하되, 일단은 경고만 주고 물러나기로 합니다. 이후에 함대가 제대로 갖춰지면 그때 전력을 이끌고 가서 단숨에 결판을 내겠다는 계획을 세운 뒤 본국에 제안해 허가를 받습니다. 그 계획대로 1853년에는 일본에 경고만 하고 물러났다가, 1854년 두 번째 내항 때 결국 '화친조약'을 맺었습니다.

fig. 3
페리의 수행원이던 독일 출신 영국 화가 빌헬름 하이네가 그린 2차 요코하마 상륙 장면.
오른쪽의 나무는 이 터에 세워진 요코하마 개항자료관 안뜰에 지금도 건재하다.
(316~317쪽 참조)

미일화친조약의 의의

그렇게 체결된 '미일화친조약'은 물론 약간의 불평등한 내용이 있었지만, 중국이 아편전쟁에서 패한 이후에 영국과 맺어야 했던 조약과는 차원이 다르게 매우 느슨했습니다. 최혜국 조항은 포함되었지만, 관세권을 간섭받거나 영사의 재판권을 인정하는 등의 내용이 없었습니다. 또 절대로 일본에 아편을 수출해서는 안 된다는 일본 쪽의 요구도 미국은 받아주었습니다. 물론 미국이 마약을 수출해서는 안 된다는 도덕적 책임감을 가졌기 때문에 그랬던 것은 아니에요. 미국은 영국의 식민지 인도처럼 거대한 아편 생산 기지를 가지지 못한 데다가, 설령 어떤 경로를 통해 아편을 구한다고 하더라도 동아시아에서 판매할 만한 네트워크를 가지고 있는 것도 아니었습니다. 그래서 미국은 짐짓 선심을 쓰는 척 표정 관리를 하면서 아편을 팔지 않겠다고 약속했습니다.

결국 화친조약은 주로 미국인을 태운 선박이 난파되어 사람들이 일본으로 떠내려오면 그들을 안전하게 잘 보호하다가 되돌려 보내주는 것, 그리고 중국으로 가는 미국 상선이나 고래를 잡으려고 오호츠크해를 향해 가는 포경선 등 미국 배에 필요한 음식과 물을 제공한다고 약속하는 정도의 내용을 담은, 사실상 서로 친하게 지내자는 의미에 불과한 조약이었습니다.

당시 서양 국가들 사이에는 일종의 불문율 같은 게 있어서, 서양의 어떤 한 나라가 다른 국가와 조약을 체결하면 나머지 열강들도 그 최초의 조약에 준해 비슷한 조약을 체결했지요. 일본과의 수교는 미국이 체결한 '화친조약'이 일종의 표준이 되었습니다. 물론 일본이 서구 열강들의 눈에 중국만큼 매력적인 시장이었다면, 아마도 미국의 화친조약 내용에 상관없이 영국이나 프랑스 같은 나라들이 더 큰 욕심을 가지고 달려들었을 것입니다. 하지만 당시 일본은 미국과 불편한 관계가 되는 것을 감수하면서까지 탐낼 만큼 매력적인 시장으로는 보이지 않았습니다.

미일화친조약은 무역과 관련된 내용이 거의 없었고, 미국 사람들이 일본에 왔을 때 안전하게 돌봐준다는 것이 중요했습니다. 페리는 이 정도만으로도 임무를 완수한 것이었기에 만족하고 돌아갔습니다. 이 화친조약은 막부에게도 정치적 부담이 되지 않았습니다. 일본은 화친조약에서 항구 두 곳을 개항하기로 약속했는데, 한 곳은 오호츠크해로 나아가기 위한 포경선의 이동 경로 상에 있는 홋카이도의 하코다테函館였습니다. 그리고 다른 한 곳은 에도 옆에 위치한 시모다下田였는데 사실 일본은 시모다를 1858년까지 개항하지 않습니다. 약속은 했지만 지키지 않은, 공수표가 되어버린 거지요.

미일수호통상조약과 천황의 등장

사실 일본 사회에 커다란 충격을 안겨준 사건은 1858년에 체결된 '미일수호통상조약'이었습니다. 이제는 미국도 일본 시장을 본격적으로 확보해 나가겠다는 의지를 보였던 거지요. 이 당시 중국의 사례를 보든, 베트남의 사례를 보든, 서양과 본격적으로 통상을 시작하는 것은 곧 조약의 불평등성이 훨씬 더 명확해진다는 의미였습니다. 화친조약 당시만 하더라도 조약에 관한 자세한 내용은 막부 내부의 사람들을 제외하면 대부분 몰랐습니다. 페리가 흑선을 타고 온 것을 목격한 사람들이 많았고 조약 체결에 관한 소문도 제법 돌았지만, 그렇다고 이 사건이 전국적인 파장을 일으킨 것은 아니었습니다.

하지만 '수호통상조약'은 달랐습니다. 이것은 명백히 일본이 다른 나라와 대등하지 않은 조약을 체결했기 때문이지요. 또다시 최혜국 대우를 확인하고, 이어서 우리가 잘 알고 있는 관세권 침해, 영사재판권 등도 모두 통상조약에 포함되었습니다. 심지어 개항해야 하는 항구도 늘어났습니다. 누가 보더라도 일본이 아편전쟁에서 패한 중국의 길을 따라가게 되는 것처럼 보였습니다. 막부도 이런 조약을 체결하는 것은 큰 부담으로 느꼈습니다. 그때 막부 내부에서 하나의 묘안을 생각해 냅니다. 이렇게 막중한 의미가 있는 조약을 막부 단독으로 체결했다가는 뒤따를 책임이 걱정되었던 거지요. 그래서 이 책임을 은근슬쩍 다른 누군가한테 미루려고 했는데, 그 대상이 바로 '천황'이었습니다.

일본을 다스리는 막부의 수장을 흔히 '쇼군將軍'이라고 부릅니다. 하지만 이것은 줄임말이고, 정식 명칭은 '정이대장군征夷大將軍'입니다. 정이대장군이란 오랑캐를 정벌하는 대장군이라는 뜻입니다. 일본사에서 정이대장군이라는 직명이 처음 등장한 시기는 대략 10세기 즈음입니다. 대략 8세기 무렵에 오늘날 교토의 주변 지역에 해당하는 긴키近畿 지역을 중심으로 고대 천황제 국가가 확립되었습니다. 그러나 일본의 북동쪽에는 '에미시蝦夷', 서남쪽에는 '하야토隼人'라는 사람들이 여전히 독립적인 세력으로 존재했습니다. 알기 쉽게 표현하자면, 이들은 천황에게 세금을 바치지 않는, 일본 내부의 오랑캐 무리였던 거지요. 그래서 이들을 복속시키기 위해서 정이대장군이라는 관직을 만들었습니다. 정이대장군이 처음 생겼을 때는 일본 안의 오랑캐를 복속시키는 임무를 수행하기 위한 직위였지만, 나중에는 무사의 최고 관직으로 굳어져 무사 정권인 막부가 생겨났을 때 그 우두머리가 정이대장군이라는 직명을 얻었고 마지막에는 이 직명을 줄여서 쇼군이라고만 부르게 되었지요.

하지만 정식 문서에는 여전히 정이대장군이라는 공식적인 직명이 적혔고, 천황만이 정이대장군을 임명할 수 있었습니다. 에도시대에도 도쿠가와막부는 다음 쇼군이 누가 될지를 결정한 다음에 반드시 천황에게 도장을 받았습니다. 하지만 어디까지나 형식적인 절차였지요. 천황에게는 '결재권'은 있었지만, '거부권'은 없었기 때문입니다. 거부권 없는 결재권을 행사하는 대가, 즉 막부에서 기안한 문서에 천황이 도장을 찍어주는 대가가 궁궐 생활의 보장이었습니다. 에도시대의 천황은 교토에 있는 어소(고쇼)라는 궁궐에서 어지간해서는 한 발짝도 나오지 못하고 갇힌 생활을 합니다. 어소 근처에는 막부가 천황을 감시하기 위한 '니조성二條城'성도 세워져 있었습니다. 천황은 막부의 감시를 받으며 막부가 고른 궁녀들에 둘러싸여 사실상 남성성을 거세당한 채 어디까지나 형식적인 군주로서만 존재했던 것입니다.

그런데 미국과 통상조약을 체결하기 전에 막부에서는 이름뿐인 천황에게 다시 한번 도장을 찍으라고 요구합니다. 미국과 불평등한 조약을 체결해야 하는데 막부가 그 책임을 홀로 짊어지기는 부담스러웠겠지요. 천황이 이 조약을 맺는 것을 허락했다는 명분을 쌓으려고 했던 거지요. 이를 위해 막부는 천황이 있는 교토로 사람을 파견합니다.

이 당시 천황은 고메이천황이었습니다.(fig.4) 고메이천황은 나름 주자학을 공부한 사람인데, 일본사에서는 남북조시대의 고다이고後醍醐천황과 함께 개성 강한 천황으로 손꼽힙니다. 그렇게 평가받는 이유는, 당시로서는 절대 거부할 수 없었던 막부의 요청을 고메이천황이 거부해 버렸기 때문입니다. 즉, 조약 체결을 허락하는 칙허를 내려달라는 막부의 요청에 거부권을 행사한 거지요. 고메이천황이 막부처럼 '불평등 조약' 체결에 뒤따르는 책임을 두려워했던 것은 아니에요. 고메이천황은 아주

fig. 4
고야마 쇼타로小山正太郎, 〈고메이천황 초상〉, 1902, 190.9×115.2cm,
도쿄국립박물관 소장

강한 '신국神國 사상'의 소유자였습니다. 즉, 일본은 신의 나라이고, 천황인 자신은 신의 자손이라는 믿음이 강했으므로 신의 자손이 다스리는 신의 나라가 서양 오랑캐에게 더럽혀져서는 안 된다 철학을 가지고 있었던 것입니다. 결국 고메이천황은 막부의 요청에 최초로 거부권을 행사했던 거예요.

반막부파와 존왕양이

막부로서는 이미 물러설 곳이 없었으므로 결국 천황의 칙허 없이 미국과 조약을 체결합니다. 이런 일이 발생하자, 그동안은 막부에 대해 의구심을 품고 있어도 대놓고 이야기하지 못했던 세력들이 새삼 천황을 주목하게 되었습니다. 이 반막부파로 일컬어지는 대표적인 그룹이 유명한 사쓰마, 조슈, 도사土佐 같은 번들입니다. 이 번들은 현재 규슈의 가고시마현, 본토 서남쪽의 야마구치현, 시고쿠의 고치현高知縣에 있었습니다. 지도를 보면 알겠지만 정치의 중심지인 에도에서 굉장히 멀리 떨어진 변방이었습니다.(fig.5)

이들은 보통 '도자마번外樣藩'이라고 불렸습니다. 에도막부를 세운 도쿠가와 이에야스는 1600년에 자신에게 반대하는 세력들과 세키가하라關ヶ原에서 전투를 벌여 승리하고 사실상 일본의 패자로 등극하게 됩니다. 그러자 비로소 수많은 세력이 도쿠

가와 이에야스에게 복속을 해왔는데, 도쿠가와 이에야스는 새롭게 복속해 온 세력을 오래전부터 자신에게 의리를 지켜온 충신들과 차별해 '도자마'로 분류하고, 가급적 중앙에서 멀리 떨어뜨려 놓으려고 외딴 지역의 영주로 임명했습니다. 외딴 지역이다 보니 영토는 넓지만 토지의 생산성은 그리 좋지 않았습니다. 그래서 이들 지역에 가면 지금도 고구마를 원료로 빚은 소주가 유명한데, 쌀 생산량이 넉넉하지 못했던 배경이 있습니다.

fig. 5
막부 말기 반막부파에 섰던 도자마번 사쓰마, 조슈, 도사, 히젠

도자마번들은 200년 이상 막부로부터 차별을 받았기 때문에 막말기에는 반막부파의 선봉에 서게 됩니다. 그리고 막부가 천황의 허락 없이 외국과 조약을 체결하는 일이 벌어집니다. 이제 반막부파는 막부를 비판하기 위해서 천황에게 읍소하기 시작합니다. 명색이 오랑캐를 정벌해야 할 '정이대장군'인 막부의 우두머리가 오히려 서양 오랑캐와 손을 잡는다는 것은 말도 안 된다며 비판한 거지요. 이런 상황이 되자, 그 이전에는 정치와는 아무런 관련도 없었던 천황이 자연스럽게 정치 무대의 한가운데로 들어오게 됩니다.

막부는 자기에게 비판적인 세력이 천황에게 접근하자 크게 당황합니다. 그래서 막부도 부랴부랴 천황과 관계를 개선하기 위해 일을 꾸미게 되지요. 천황의 여동생과 쇼군을 결혼시켜 '공무합체', 즉 귀족 집단인 공가公家와 사무라이 집단인 무가武家를 하나로 합친다는 계획이었습니다.

반막부파는 반막부파대로 천황을 중심으로 나름의 공작을 펼칩니다. 우선 '존왕尊王'을 표면에 내놓았지요. 그런데 사실 존왕 사상의 원류는 막부의 중심인 도쿠가와 가문이 번주로 있는 미토번水戸藩에서 나왔으므로 이것만으로는 차별성이 약했습니다. 그래서 반막부파는 오랑캐를 물리쳐야 한다는 '양이攘夷'를 더 적극적으로 내세웠습니다.

'공무합체'를 주장하는 막부와 '양이'를 주장하는 반막부파 사이에서 고메이천황은 자신의 몸값을 최대로 올릴 수 있는 절

묘한 선택을 합니다. 자신의 여동생과 쇼군이 결혼하는 것을 허락해 막부의 손을 들어주되, 그 조건으로 막부에게 천황의 허락 없이 서양 국가들과 맺은 조약을 파기하고 적극적인 양이를 실천하도록 주문한 거지요. 막부는 천황의 조건을 받아들입니다. 그래서 막부는 잠시 기세를 올려서 그동안 막부에 반대하는 활동을 펼쳤던 조슈를 궁지에 몰아넣고 전쟁까지 합니다. 반대로 반막부파는 닭 쫓던 개 신세가 되어, 양이론의 선봉에 섰던 조슈와 사쓰마까지 갈라지고 서로 싸우게 됩니다. 그러나 이런 상태는 오래가지 못합니다. 천황이 공무합체의 조건으로 내걸었던 양이의 시효가 착실히 다가오고 있었기 때문입니다.

존왕개국으로의 선회

막부는 공무합체 운동을 적극적으로 추진하던 당시에는 '양이'를 실행하라는 천황의 조건을 받아들였지만 정작 천황의 여동생과 쇼군이 결혼하자 언제 그랬냐는 듯이 약속을 무시했습니다. 그러자 이 상황을 지켜보던 사쓰마와 조슈는 막부가 천황의 명령을 이행하지 않는다면 자신들이 대신 하겠다며 서구 열강에게 도전합니다. 먼저 1863년에는 사쓰마가 영국과, 그다음 해인 1864년에는 조슈가 무려 영국, 프랑스, 네덜란드, 미국의 4개국 연합 함대와 각각 한바탕 싸움을 벌였습니다. 결과는 엄청난 참패였습니다. 사쓰마와 조슈도 그동안 남모르게 서양 무기를 조금씩 도입했지만 서구 열강을 상대로는 한 대를 때리고 수십 대를 얻어맞은 격으로 완전히 박살나버렸지요. 이때 양이론의 선봉에 섰던 사쓰마와 조슈도 서양 오랑캐를 무력으로 무찌르는 것은 불가능하다고 깨달았습니다. 그래서 기존의 '존왕양이' 노선이 '존왕개국' 노선으로 바뀌게 됩니다. 그런데 노선이 바뀌자 더는 막부와 정치적 차별성이 없어졌습니다. 막부도 천황을 존숭하면서 개국하겠다는 입장이었고, 사쓰마와 조슈도 마찬가지였기 때문입니다. 그래서 반막부파는 '쿠데타'를 일으켜서 정권을 탈취하려고 합니다. 그리하여 1867년에 사쓰마, 조슈, 도사, 히젠肥前 네 개의 번이 힘을 합쳐 교토의 궁궐을 포위하고 쇼군을 소환합니다. 하지만 쇼군은 이미 눈치를 채고 소환에 응하지 않았지요. 그러자 교토의 궁궐에서는 이제 막부를 폐지하고 천황의 직접 통치를 재개한다는 왕정복고를 선언하게 됩니다.

사쓰마나 조슈가 서구 열강과 전투를 벌여서 완패를 당한 것과 비슷한 시기에 조선도 프랑스, 미국 등과 전투를 경험합니다. 바로 1866년 병인양요와 1871년 신미양요입니다. 하지만 조선은 서구 열강에게 완패한 이후 양이를 포기했던 사쓰마나 조슈의 길과는 달랐습니다. 조선은 그야말로 죽기 살기로 적에 대항해 싸웠습니다. 그 결과 조선이 프랑스군을 격퇴했고, 프랑스와 미군은 전투에서는 승리했지만 조선군이 완강히 저항하는 모습을 보고는 조선을 개항시키겠다는 의도를 단념하고 돌아갔습니다.

만약 당시 조선인들이 그렇게 결사적으로 저항하지 않았더라면, 아마도 열강의 군대는 한강을 타고 한양까지 진입해서 경복궁을 함락했을지도 모릅니다. 그랬더라면 그 이후의 역사도 달라졌을 거예요. 마치 2차 아편전쟁으로 베이징이 점령당하자 청의 태도가 바뀌었던 것처럼 말이지요. 어찌 보면 조선은 당시에 서양 세력과 전투를 벌여서 승리를 거둔 유일한 나라였습니다. 그리고 그 당시 조선의 지도자는 바로 흥선대원군이었습니다. 흥선대원군을 두고는 무리한 경복궁 재건이나 쇄국정책 등으로 인해 부정적인 인식이 많지만, 또 다른 면을 보면 그는 외부의 침략을 막아준 영웅이기도 했습니다. 1882년 조선에서 임오군란이 일어났을 때도 민중들이 제일 먼저 흥선대원군을 소환했을 정도로 신뢰받는 정치인이었습니다. 어쩌면 이것이 역사의 아이러니인지도 모르겠습니다. 조슈와 사쓰마의 처절한 패배는 일본이 양이에서 개국으로 전환하는 계기가 되었지만, 조선이 병인양요와 신미양요에서 분전한 것은 개국을 늦추는 결과로 이어졌습니다.

일본의 내전, 보신전쟁

반막부파의 주도로 왕정복고 쿠데타가 기습적으로 이루어지자, 양측 간의 군사적 충돌이 뒤따를 수밖에 없습니다. 왕정복고를 선언한 지 며칠 뒤 막부군과 천황군이 도바鳥羽와 후시미伏見 지역에서 충돌하는 '도바·후시미 전투'가 발생합니다. 이것이 1868년에 일어난 일본의 내전인 '보신전쟁戊辰戰争'의 시작이었습니다.

청나라의 태평천국운동이든 조선의 동학농민전쟁이든, 국가의 내전은 열강에게 내정 개입의 기회를 제공하게 됩니다. 보통 '자국민의 생명과 재산을 보호한다.'는 명분으로 군대를 파견하는 것이 순서입니다. 보신전쟁은 1868년 1월부터 이듬해 1869년 6월까지 제법 긴 기간 지속된 내전이었던 만큼, 서구 열강들이 개입할 가능성은 얼마든지 있었습니다. 그러나 의외로 서구 열강은 중립을 선언한 채 별다른 개입을 하지 않았습니다. 그 이유는 일본과 처음으로 조약을 맺은 미국이 개입하지 않았기 때문입니다. 당시 미국은 남북전쟁의 뒤처리로 바쁜 와중에 1865년에는 링컨 대통령이 암살당하는 사건까지 벌어져 뒤숭숭한 상황이라 다른 나라의 일에 개입할 여유가 없었습니다. 이처럼 미국이 중립을 지키는 상황에서 영국이나 프랑스 등 다른 나라도 미국 눈치를 보지 않고 일본에 개입하기가 껄끄러웠습니다. 물론 일본이 중국처럼 중요한 시장이었다면 미국과 척지게 되는 한이 있더라도 이익을 위해서 적극적으로 개입했겠지만 당시 일본은 그 정도로 매력적인 시장이 아니었기 때문이지요. 그래서 영국도 프랑스도 정말로 자국민 보호라는 명분으로 최소한의 군대만을 파견한 상태로, 영국은 주로 천황군 쪽에, 프랑스는 주로 막부군 쪽에 무기를 판매하면서 막후에서 이익을 얻는 데 만족하고 있었습니다.

이처럼 서구 열강들이 중립을 지키는 동안, 천황군과 막부군은 1년 6개월에 걸쳐 치열하게 전투를 벌입니다. 그런데 이 내전은 일본에게는 커다란 행운이었습니다. 왜냐하면 내전으로 말미암아 구체제의 기득권자들이 새로운 체제로 변혁을 하는 데 저항할 만한 힘을 모두 상실하기 때문입니다. 보신전쟁에서 막부군은 철저하게 패배하고 더 이상 회생할 수 없는 상태가 됩니다. 역으로 일본은 개혁하는 데 가속도가 붙습니다. 그 결과 일본은 불과 4년이라는 짧은 시간 안에 봉건 체제를 철폐하고 중앙집권 체제를 완성합니다. 이처럼 봉건 체제에서 중앙집권 체제로 신속하게 이행한 사례는 세계사에서도 유례를 찾아볼 수 없습니다. 이것은 개혁 세력의 추진력 때문에 가능했으나 그에 못지않게 일본이 당시의 국제 정세에서 덕을 본 측면도 있습니다.

한국의 '헌법재판소'와 일본의 '천황'

지금까지 천황이 근대 시기에 일본 정치 무대의 한가운데로 부상하게 되는 과정을 살펴봤습니다. 지금부터는 근대 일본에서 천황제가 어떤 의미를 지니는지 한국의 사례와 비교해 보겠습니다.

한국에는 1987년 민주화운동의 결과로 헌법이 개정되면서 '헌법재판소'가 만들어집니다. 헌법재판소는 대한민국의 헌법재판을 전담하는 최고법원입니다. 대한민국은 헌법을 바탕으로 운영되는 법치국가인데 헌법재판을 전담하는 헌법재판소는 사실상 최고의 권위를 지닌 기관이라고 할 수 있습니다. 이처럼 중요한 권능을 가진 헌법재판소는 비록 1987년에 만들어졌으나 그 이후 오랫동안 대중들에게서는 잊힌 존재였습니다. 대부분의 사람은 헌법재판소라는 기관이 있다는 사실도 모른 채 지냈지요.

그런 헌법재판소가 존재감을 뚜렷하게 드러낸 판결이 세 차례 있었습니다. 그중 두 번은 대통령 탄핵에 대한 심판이었습니다. 대한민국 역사상 국회의 탄핵소추를 받은 대통령이 둘 있었는데, 바로 노무현 전 대통령과 박근혜 전 대통령입니다. 각각 2004년과 2017년에 헌법재판소에서 판결을 내렸는데, 노무현 전 대통령에 대해서는 탄핵을 '기각'했고, 박근혜 전 대통령에 대해서는 탄핵을 '인용'했습니다. 이 탄핵심판은 행정부와 국회, 즉 국민이 선출한 두 권력기관 사이의 갈등을 조정한 거라고 볼 수 있습니다.

그런데 이 두 탄핵심판 못지않게 주목을 받은 또 다른 판결이 있습니다. 바로 노무현 전 대통령 임기 중에 '신행정수도 특별법'에 대한 위헌법률심판이었습니다. '신행정수도 특별법'은 대한민국의 수도를 서울이 아닌 다른 곳으로 옮기려고 정부가 제출해 의회가 통과시킨 법률이었습니다. 그런데 헌법재판소가 이 법률이 '위헌', 즉 헌법에 위배된다는 판결을 내렸습니다. 그 때 헌법재판소는 대한민국의 수도가 서울인 것은 '관습헌법'에 해당한다는 논리를 제시했습니다.

이러한 헌법재판소의 판결에 대해 당시 많은 사람이 수도 이전을 찬성하는지 아닌지 상관없이 엄청난 비판을 제기했습니다. 특히 헌법재판소의 재판관들이 다 강남에 살고 있으므로 강남 땅값이 떨어질까 봐 수도 이전을 반대했다는 비난이 대부분이었습니다.

행정부와 의회라는 권력기관 간의 갈등을 조정하는 성격이 강했던 대통령 탄핵심판과 달리, '신행정수도 특별법'에 대한 심판은 사회, 지역, 문화, 세대 갈등을 포함하는 문제였습니다. 국민들은 헌법재판소가 권력기관 간의 갈등을 조정하는 것에 대해서는 비교적 쉽게 이해했지만, 보다 포괄적인 사회적 갈등을 조정하는 것에 대해서는 큰 불신을 표시했습니다. 그 이유는 우리가 이미 헌법재판소가 특정 계급, 특정 계층의 입장에 기울어져 있음을 여러 면에서 상상할 수 있었기 때문입니다. 헌법재판소의 재판관들이 모두 강남에 살고 있다는 것은 어떤 의미에서는 헌법재판소의 계급성을 폭로하는 것입니다. 이처럼 특정한 계급성을 띤 조직이 계층, 지역, 세대로 이해관계가 갈리는 갈등을 조정할 수 있는지에 대한 근본적인 의구심이 들 수밖에 없었던 것입니다.(fig.6)

그렇다면 모든 사회적 갈등을 조정할 수 있는 절대적인 권위를 가지려면 어떻게 해야 할까요? 그 주체가 어떤 계급이나 계층에도 속하지 않는 초월적인 존재여야만 가능합니다. 일본에는 그런 존재가 있습니다. 바로 천황입니다. 천황은 계급도 없고, 계층도 없습니다. 모든 계급과 계층을 초월한 존재로서 권력기관 사이의 갈등만이 아니라 사회, 문화적 갈등까지도 조정할 수 있는 존재입니다.(fig.7)

그렇다면 천황은 어떻게 초월적인 존재가 될 수 있었을까요? 사실 일본 사회에서도 천황이 특정 계급을 대표한다는 비판이 없었던 것은 아닙니다. 예를 들면 러시아혁명 직후 공산주의 세력이 강성해진 1920년대에는 공산주의 세력이 천황을 향해서 '지주들의 으뜸'이라고 비판했습니다. 지금도 일본 공산당 당헌에서는 천황제를 폐지해야 한다고 규정하고 있습니다.

그런데 천황은 소유하고 있던 많은 재산을 기부하고 적십자 활동을 비롯하여 자선, 자혜 활동을 활발하게 펼칩니다. 이런 활동을 통해서 천황이 특정 계층을 대표하는 것이 아니라 일본 사

fig. 6

헌법재판소의 기능

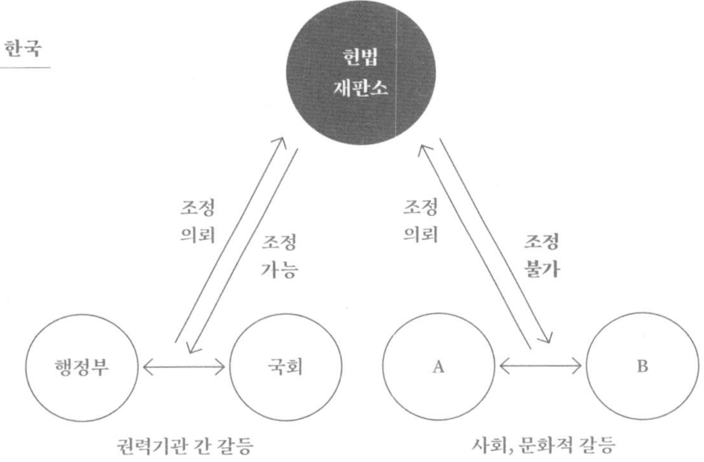

fig. 7

천황의 기능

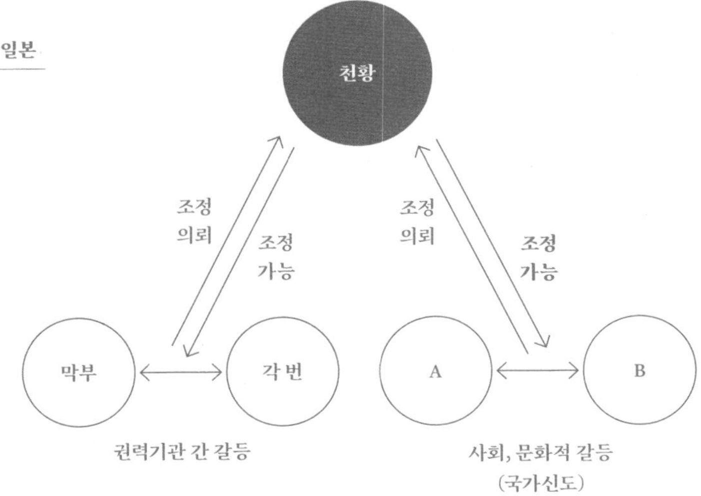

회의 모든 구성원을 아우르는 중간자임을 내보이려고 한 것입니다.

일본에서 천황이 어떤 존재인지를 상징적으로 보여주는 사진이 있습니다. 2011년 3월 11일, 일본 도호쿠 지방에서 '동일본대지진'이 발생합니다. 이런 국가적 재난이 발생했을 때 참사 현장으로 반드시 달려가는 두 명이 있습니다. 한 명은 일본 총리로, 국가의 수반으로서 참사를 수습하려고 현장을 방문하는 것입니다. 그래서 보통 수많은 인원과 보도기자들을 함께 거느리며 달려가지요.(fig.8) 참사 현장에 달려가는 다른 한 명은 바로 천황입니다. 하지만 천황이 참사 현장을 찾는 모습은 총리의 모습과는 사뭇 다릅니다.(fig.9) 사진 속에는 그 어떤 수행원이나 미디어의 카메라, 마이크의 모습도 없이 오롯이 천황 부부의 모습만이 담겨 있습니다. 천황은 사태를 수습하기 위해서 가는 것이 아니라, 참사로 희생당한 사람들을 위로하기 위해서 가는 것입니다. 위로는 어떤 특정한 계층을 위한 것이 아니라 힘든 상황을 겪은 모든 사람을 향한 것입니다. 그래서 천황은 사회적, 문화적인 갈등까지도 위로해 줄 수 있는, 모든 계층을 아우르는 존재인 것입니다.

천황이 초월적인 존재라는 사실은 일본의 헌법에도 명시되어 있습니다. 한국의 경우 1948년에 최초로 헌법을 제정한 다음 조문을 조금씩 수정하면서 지금까지 이어옵니다. 한국뿐만이 아니라 미국 등 대부분의 나라가 시대의 변화를 반영하며 헌법을

fig. 8
동일본대지진 피해 지역 이와테현 가마이시시 어시장을 시찰하는
간 나오토菅直人 당시 수상(촬영일: 2011. 6. 11),
The Asahi Shimbun via Getty Images / 게티이미지 코리아

fig. 9
동일본대지진 피해 지역 미야기현 미나미산리쿠초에서 묵도하는
아키히토천황과 미치코황후(촬영일: 2011. 4. 27),
The Asahi Shimbun via Getty Images / 게티이미지 코리아

8

9

계속 수정해 나갑니다. 그런데 일본은 1890년에 대일본제국헌법을 제정한 후 이것을 패전 직후까지 유지했고, 그다음 1947년에 새로 일본국헌법을 제정한 이후에 지금까지 변함없이 이 헌법을 지켜오고 있습니다. 이 헌법을 개정하려고 '애쓴' 인물이 바로 아베 신조 전 총리였습니다.

물론 헌법 개정이 없다고 해서, 시대에 맞지 않는 법리를 마냥 고수하는 것은 아닙니다. 일본은 헌법의 조문을 고치는 대신, 기존의 조문을 시대에 맞게 새롭게 해석하는 '해석개헌'이라는 독특한 방법으로 시대 변화에 대응해 왔습니다. 그러나 '해석개헌'에도 불구하고 절대로 바뀌지 않는 한 가지가 있습니다. 바로 헌법 제1조에 규정된 천황이라는 존재입니다.

1890년에 제정된 대일본제국헌법이든 1947년에 제정된 일본국헌법이든, 제1조에는 천황이 등장합니다.

- 대일본제국헌법(1890.11.29~1947.5.2)

  제1조 대일본제국은 만세일계의 천황이 이를 통치한다.

  제2조 황위는 황실전범이 정하는 바에 따라 황남자손이 이를 계승한다.

- 일본국헌법(1947.5.3~현재)

  제1조 천황은 일본국의 상징이며 일본 국민 통합의 상징으로서 그 지위는 주권을 가진 일본 국민의 총의로부터 나온다.

  제2조 황위는 세습되며, 국회가 의결한 황실전범皇室典範이 정하는 바에 따

라 계승된다.

제3조 국사에 관한 천황의 모든 행위에는 내각의 조선과 승인이 필요하며, 내각이 그 책임을 진다.

대일본제국은 천황이 통치한다고 규정합니다. 그렇다면 왜 천황이 대일본제국을 다스려야 할까요? 이 질문에 대해서는 천황이 지금까지 단 한 번도 혈통이 바뀐 적이 없는 '만세일계'라는 이유를 제시하고 있습니다. 한편 1947년에 제정된 '일본국헌법'에서는 천황의 지위를 정당화하는 논리로 '만세일계' 대신 주권을 가진 '일본 국민의 총의'라는 것이 새롭게 제시되고 있습니다. 이처럼 두 헌법은 모두 천황이 어떠한 존재이며, 왜 그러한 존재인지를 국민에게 설명하는 기능을 합니다.

천황의 존재를 국민에게 납득시키는 과정은 중요합니다. 국민이 납득하지 않으면, 천황이라는 지위는 더 이상 존재할 수가 없게 되겠지요. 그렇다면 메이지유신 이후, 일본은 만세일계의 천황이 대일본제국을 다스리는 존재라는 사실을 어떻게 국민에게 납득시켰을까요? 이제부터 그 과정을 자세히 살펴보도록 하겠습니다.

천황을 촬영한 최초의 사진

페리의 내항, 미일통상조약의 체결, 왕정복고 쿠데타로 이어지는 일련의 정치 흐름 속에서 천황이 일본 정치 무대의 중심에 우뚝 서게 되었으나, 사실 왜 천황이 권력과 권위를 한 몸에 가지는 정치 주체가 되어야 하는지, 대부분의 사람은 그 이유를 알지 못했습니다. 그래서 '모르는 대중'을 상대로 천황의 존재를 납득시키기 위한 작업이 필요했습니다.

1872년 5월경에 촬영한 메이지천황과 그 부인인 쇼켄황후昭憲皇后의 사진을 한번 볼까요?(fig.10, 11) 이 사진을 처음 봤을 때 어떤 느낌이 들었나요? 현대인의 감각으로 150년 전 천황의 사진을 한번 품평해 봅시다.

사람마다 다르겠지만 이 사진을 보는 순간, 제법 위용 있게 보이기도 합니다. 적어도 사진 속 인물이 평범한 인물은 아닐 거라는 느낌이 들어요. 바로 복장을 보면 느낄 수 있습니다. 천황이 쓰고 있는 관冠을 보세요. 머리 위로 우뚝 솟아 있는 것을 '어입영御立纓'이라고 불렀는데, 그 길이가 거의 앉은키의 절반 정도 됩니다. 오직 황실 사람들만 이런 관을 착용할 수 있었습니다. 또 천황과 황후 모두 손에는 귀족의 상징인 부채를 들고 있습니다. 예로부터 부채는 황실뿐만 아니라 귀족의 상징물이었기 때문에, 황실과 공가가 있었던 교토의 부채가 유명했습니다. 전통 부채는 지금이야 일본 전국 어디에서든 쉽게 구할 수 있는 기념

fig. 10
전통 의관을 갖춰 입은 메이지천황의 첫 초상 사진
(1872년 5월, 우치다 구이치内田九一 촬영)

fig. 11
쇼켄황후 첫 초상 사진
(1872년 5월, 우치다 구이치 촬영)

품이 되었지만 교토의 부채가 원조라고 생각하면 됩니다.

아무튼 이 남녀 한 쌍의 사진을 보면 일본 사람들은 대부분 사진의 주인공이 대단한 집안 출신이라는 것을 눈치챌 수 있습니다. 다만, 사진을 자세히 보면 인물의 표정이 매우 굳어 있습니다. 왜 그럴까요? 사진을 찍는 것이 낯설었기 때문입니다. 현대인들은 사진 찍히는 일에 매우 익숙합니다. 어떻게 하면 예쁘게 나오는지 '얼짱 각도'도 알고 있지요. 단체 사진을 찍을 때에는 얼굴이 작게 나오게 하려고 일부러 뒷줄에 서기도 합니다. 이 사진이 촬영된 1872년은 일본에 사진 촬영 기술이 알려진 지 겨우 30년 정도 지난 시점이었습니다. 메이지천황도 이전까지 단 한 번도 사진 촬영을 해 본 적이 없습니다. 또 이 당시 사진은 기사가 카메라 뒤에 서서 검은색 천 같은 것을 뒤집어쓴 채 촬영했습니다. 그러니까 피사체인 천황은 사진 기사도 보이지 않는 상태에서 난생처음 보는 카메라를 향해서 표정 관리를 해야 했던 것입니다. 한창 20대의 나이에, 처음 겪는 일이 천황으로서는 아마 마뜩잖았을 것이고, 그런 감정이 저 딱딱하게 굳은 표정으로 나타났을 거예요.

그렇다면 메이지천황은 왜 1872년 5월에 갑자기 사진을 촬영하게 되었을까요? 1871년 12월, '이와쿠라 사절단'이 해외 시찰을 떠났습니다. 이들의 본래 목적은, 일본이 앞서 체결한 불평등 조약을 개정하기 위한 예비 교섭을 진행하는 것이었습니다. 이와쿠라 사절단의 공식 보고서는 「미구회람실기米歐回覧實記」인데, 이것은 일본이 처음으로 조약을 체결한 대상국인 미국이 첫 번째 방문국이었기 때문입니다. 이와쿠라 사절단은 100명이 넘는 인원으로 구성되어, 약 1년 6개월에 걸쳐 미국과 유럽 각국을 방문했습니다.

이와쿠라 사절단의 주요 인물들을 촬영한 사진은 일본사뿐만 아니라 동아시아사를 다루는 개설서에도 단골로 등장할 정도로 유명합니다.(fig.12) 그런데 자세히 보면 일본의 전통 의상을 입은 가운데 인물을 제외하고, 주변의 네 인물은 모두 똑같은 양복을 입고 구두를 신고 있습니다. 사실 이 양복은 사진 속 인물들이 원래부터 가지고 있던 양복이 아니라, 이들의 첫 방문지였던 샌프란시스코에서 기념사진을 촬영할 때 사진관에서 빌려서 입은 양복입니다.

그런데 유독 가운데 한 사람만 복장이 다릅니다. 이 사람이 사절단의 대표인 이와쿠라 도모미인데, 일본의 전통 의상을 입었을 뿐 아니라 '존마게丁髷'라고 부르는 일본식 상투를 하고 있습니다. 이와쿠라 도모미는 자신이 일본을 대표하는 사람이기 때문에 다른 사람들은 다 양복을 갖춰 입더라도 자신은 일본식 헤어스타일과 복장을 고수해야 한다고 생각했던 것입니다.

일본인을 대표하는 이와쿠라 도모미는 조약 개정을 위한 예비 교섭을 진행하기 위해 미국의 관료들과 만났습니다. 하지만 교섭을 시작하기도 전에 미국 측으로부터 뜻밖의 얘기를 듣게 됩니다. 바로 이와쿠라 도모미에게 전권위임장을 보여 달라고

fig. 12
이와쿠라 사절단. 가운데 전통 복장을 입은 인물이 이와쿠라 도모미,
화면상 가장 오른쪽이 오쿠보 도시미치, 그 왼쪽이 이토 히로부미이다.

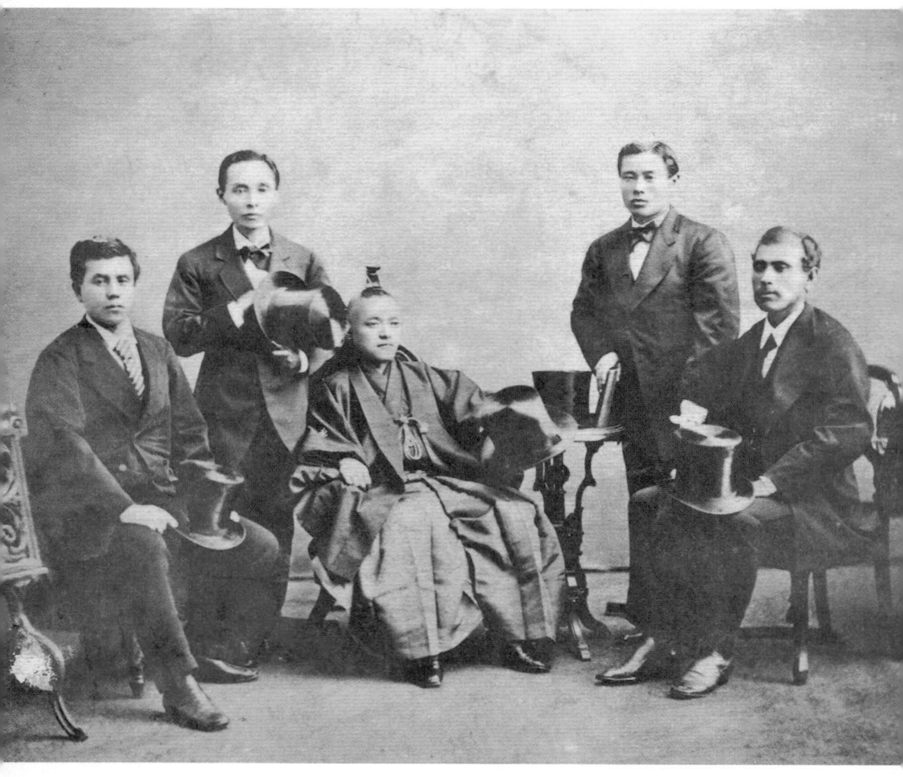

요청한 거지요. 이와쿠라 도모미는 당시 일본에서는 천황 다음 가는 2인자로 통용되는, 일본 사람이라면 누구나 다 아는 정치인이었습니다. 그러나 미국의 외교관과 관료들은 그런 사정과는 별개로 이와쿠라 도모미가 일본을 대표해 교섭을 할 만한 자격이 있는지, 논의된 내용을 일본으로 가지고 돌아가서 관철할 수 있는 권한이 있는지를 문서로 확인시켜 달라고 요청했습니다. 사실 이것은 당시 국제 외교의 관례에 비춰 본다면 매우 상식적인 요구였습니다. 하지만 외교 초보였던 일본은 이런 기본적인 사실조차 모른 채 아무런 준비도 없이 미국을 방문했던 것입니다. 이처럼 외교의 기본도 모른다는 사실을 노출한 순간, 이미 교섭은 끝장나 버린 것이나 다름없었습니다.

그래도 사절단은 짐짓 태연한 척하며, 위임장이 필요하면 본국에서 받아다 주겠다고 대응을 합니다. 그리고 뒤돌아서서는 화들짝 놀라서 오쿠보 도시미치와 이토 히로부미가 위임장을 가지러 급히 일본으로 출발합니다. 하지만 비행기가 없던 당시로서는 왕복에만 수개월을 각오해야 하는 장거리 여정이었습니다.

그런데 이들이 본국에 전보로 위임장을 가지러 갈 거라고 타전하면서 한 가지를 더 요청합니다. 바로 천황의 사진을 찍어 놓으라고 한 거지요. 이 당시 국가 대 국가의 외교적 의례에서는 국가 최고 통수권자의 사진을 교환하는 것이 하나의 관례였습니다. 그래서 미국도 이와쿠라 사절단에게 미국 대통령의 사진을 선물했습니다. 하지만 이와쿠라 사절단은 천황의 사진을 가져오지 않았으므로 제대로 응대할 수 없었습니다. 그래서 오쿠보 도시미치와 이토 히로부미가 미국을 떠나기 전, 일본에 전보를 보내서 미리 천황의 사진을 찍어 놓으라고 요청을 한 것입니다. 그렇게 해서 찍힌 사진이 앞서 본 두 장의 사진입니다.

이제 다시 한번 사진을 살펴보겠습니다. 근대국가답게 천황뿐만이 아니라 배우자인 황후도 사진을 찍었습니다. 근대의 국가 외교 무대에서 국가통수권자와 배우자가 함께 등장하는 것은 아주 일반적인 모습입니다. 그런데 두 사진을 비교해 보면 한 가지 이상한 부분이 있습니다. 천황은 앉아 있는 모습인데, 황후는 서 있는 모습이라는 점입니다. 부부의 사진인데 왜 다른 자세로 찍었을까요? 두 사람이 동급이 아니었기 때문입니다. 남자는 앉아 있고, 여자는 서 있다는 것은 두 사람의 지위의 차이를 나타내는 것입니다. 즉, 여자는 어디까지나 남자를 보필해야 하는 당시의 통념이 반영된 것입니다.

이것은 메이지천황이 '자신의 배우자인 황후를 어떻게 생각했느냐'와는 별개의 문제입니다. 만약 1872년 당시에 천황이 자기 부인을 너무 사랑한 나머지, 나란히 서서 손을 맞잡고 사진을 찍었다고 생각해 봅시다. 그 사진을 바라보는 국민은 어떤 생각을 하게 될까요? 나라의 가장 높은 사람이 그런 모습으로 사진을 찍으면 국민도 따라 해야만 할 것 같은 압박을 느낄 거예요. 하지만 심정적으로는 그것을 받아들일 수가 없지요. 그러면 사람들 마음속에는 천황이 무언가 잘못하고 있는 게 아닌가 하는 의구심이 싹틀 수 있습니다.

다시 말하면 천황의 사진은 그때그때 국민이 바라는 이상형의 모습을 반영하는 것입니다. 만약 사진 속 천황이 국민의 기대에 어긋나는 모습으로 나타난다면, 국민은 금방 이질감을 느끼고 나아가 천황의 존재 이유에 대한 의문으로 귀결될 수 있습니다. 그렇기에 부국강병이 시작되면 천황은 군복을 입고 등장하고, '다이쇼大正 데모크라시'가 꽃피울 시기에는 양복을 입고 등장합니다. 이처럼 천황의 사진은 일본 사회가 원하는 어떤 이상형을 구현하는 것이었습니다.

하지만 천황 부부의 사진을 찍으라고 요청한 이와쿠라 사절단 일행은 정작 이 사진이 마음에 들지 않았습니다. 아직 황실개혁, 즉 황실의 근대화가 본격적으로 추진되기 이전의 시기여서 황실의 규범에 따라 전통 의상을 갖춰 입고 여러 기물을 배치해 멋지게 사진을 찍었지만, 오히려 국제무대에 소개하기에는 너무 일본적인 성격이 강하게 드러난 게 문제였습니다. 그래서 새로 사진을 찍게 됩니다.(fig.14)

오른쪽에 있는 메이지천황 사진은 1873년 9월경에 다시 촬영한 것입니다. 1년 전보다 상당히 많은 변화가 있습니다. 가장 먼저 눈에 띄는 것은 복장 변화입니다. 이 당시, 일본의 산업을 일으켜 '한번 잘 살아보자.'라는 '식산흥업'과, 나라를 부강하게 만들고 군대를 키우자는 '부국강병'이 시대의 정신으로 등장합

fig. 13
쇼켄황후

fig. 14
다시 촬영한 메이지천황의 사진(1873년 9월, 우치다 구이치 촬영)

13 14

니다. 그래서 천황은 부국강병이라는 이상을 온몸에 체현하는 존재로서 더는 일본의 전통 의상이 아닌 군복을 입은 모습으로 등장합니다. 그뿐만 아니라 머리도 짧게 잘랐습니다. 이처럼 천황은 그때그때의 시대정신을 반영함으로써 존재의 의의를 정당화해야 했습니다.

또 다른 변화는 시선 처리입니다. 천황은 이 사진을 바라보게 될 사람을 상정하고 연출된 시선을 보여주고 있습니다. 이것은 황후의 사진과 나란히 놓고 보면 더 확실하게 알 수 있습니다. 오른쪽 천황의 시선과 왼쪽 황후의 시선을 따라가 보면 교묘하게도 가운데 지점에서 만나게 됩니다. 이것은 특정 위치에서 사진을 바라보는 어떤 존재를 상정하고 있는 것입니다. 천황이 카메라가 아닌 국민을 향해서 자신을 어떻게 보여줄 건지 의식하고 촬영했음을 의미합니다.

하지만 이러한 변화에도 불구하고, 황후는 재촬영을 하지 않았습니다. 여전히 천황은 앉아 있고 황후는 서 있습니다. 남성에게는 식산흥업과 부국강병의 기수가 되어 근대화에 앞장설 것을 요구하면서도, 여성은 여전히 전통 의상을 입은 채 근대화에 앞장서는 남편을 보필하는 존재로 남도록 한 거지요. 천황은 사진의 정치를 통해서, 이 사진을 보게 될 일본의 국민에게 천황과 황후는 남녀 유별한 역할을 맡아서 수행하고 있다는 메시지를 던지는 것입니다.

앞서서 천황의 사진을 찍은 이유가 외교 의례 때 다른 국가의 정상 사진과 교환하기 위해서였다고 이야기했는데, 위 두 사진이 한 세트가 되어 비로소 증정하게 되었습니다. 그보다 앞서 1872년에 촬영한 전통 의상을 입고 찍은 천황의 사진은 끝끝내 배포되지 않았습니다.

사실 메이지천황은 사진 찍기를 극도로 싫어했다고 합니다. 그 이유에 대해서는 추측이 다양한데요, 1872년에 난생처음 사진을 찍을 때 사진기사의 지시를 받아 이리저리 포즈를 바꾸며 사진을 찍은 것에 불쾌감을 느꼈고 그것이 트라우마로 남았기 때문이라는 거예요. 당시 천황에게 손을 이리 놓으라는 둥 저리 놓으라는 둥 신체를 두고 왈가왈부한다는 것은 상상할 수도 없는 일이었습니다. 그러니 천황이 사진사의 지시가 낯설고 불쾌했을 거라는 것도 충분히 짐작할 수는 있습니다.

그래서 메이지천황은 평생 남긴 사진이 네 장 정도에 불과합니다. 앞서 본 두 장은 외국에 증정할 목적으로 부득이하게 촬영했고, 다른 두 장은 비공개로 몰래 찍었습니다. 그 중 한 장이 다음 페이지의 오른쪽 사진입니다.(fig.15) 그런데 어쩐지 앞서 본 사진들과 약간 느낌이 다르지요? 사진이 아니라 비공개로 촬영한 사진을 토대로 이탈리아 출신 화가인 에도아르도 키요소네 Edoardo Chiossone가 그린 초상화이기 때문입니다. 이 천황의 초상화를 어진영御眞影이라고 합니다.

어진영에 이르러 정치적인 메시지는 더욱 치밀하고 정교하게 설계됩니다. 그림 속의 기물 하나하나에는 모두 메시지가 담

fig. 15

1886년 제작된 메이지천황 부부의 초상

(좌)쇼켄황후, (우)메이지천황 어진영(에도아르도 키요소네 그림)

겨 있습니다. 우선 천황의 목에 훈장이 걸려 있습니다. 가슴팍에 내거는 보통의 훈장과는 달리 목에 거는 이 훈장은 '대훈위국화장경식大勳位菊花章頸飾'으로 오직 현직의 천황만 받을 수 있습니다.(fig.16) 사실 대대로 일본을 통치하는 만세일계의 천황인데, 국가가 수여하는 훈장을 받는다는 것이 도대체 무슨 의미가 있을까요? 한국에서도 대통령만이 받을 수 있는 '무궁화대훈장'이 있습니다. 기본적으로 한국의 대통령은 5년 동안 잠깐 국가를 위해 봉사하는 자리입니다. 그에 비해 천황은 영원한 국가의 통치자입니다. 그렇다면 국가가 수여하는 훈장은 천황에게 어떤 의미가 있는 걸까요? 이것은 근대국가인 일본이 비록 천황제

fig. 16
대훈위국화장경식

국가라고 하더라도, 국가의 원수인 천황과 그가 통치하는 국가는 엄연히 별개의 존재라는 관계성을 보여주는 것입니다. 그 밖에 천황이 들고 있는 칼이나 뒤에 놓여 있는 기물들 하나하나에도 모두 의미가 담겨 있습니다. 그래서 그 의미를 하나하나 해설하기 위해 학교에서는 어진영으로 수업을 하기도 했습니다.

이제 황후 초상화를 보도록 하겠습니다. 황후의 복장은 일본 전통 의상에서 서양 의상으로 바뀌었습니다. 이는 적어도 근대화에서는 남녀의 구별이 없었음을 의미합니다. 그러나 천황이 앉아 있는 모습인 데 비해 황후는 서 있는 모습이라는 사실에는 변함이 없습니다. 황후 옆의 탁자 위를 보면 도시락통 비슷하게 생긴 함이 있는데 여기에는 『메이지효절록明治孝節録』이 들어 있습니다. 『메이지효절록』은 제목에서도 알 수 있듯이 효와 정절에 관한 수신서입니다. 즉, 여성은 효와 정절을 지키는 것이 중요함을 보여줍니다.

또 다른 기물로는 '백장미'가 보입니다. 장미는 동아시아에는 없던 꽃으로, 보통 서양과 근대를 상징합니다. 그런 의미에서 여성에게도 서구화, 근대화의 역할을 강조하려고 황후의 초상화에 장미를 배치한 거지요. 하지만 왜 하필이면 하얀 '백장미'일까요? 장미는 색깔이 다양하고, 색깔마다 다른 꽃말을 가지고 있습니다. 우리에게 가장 익숙한 붉은 장미의 꽃말은 '정열'입니다. 이것은 아무래도 효와 정절을 중시하는 조숙한 여성의 이미지와는 잘 어울리지 않습니다. 그래서 붉은 장미 대신 '순결'과 '정절'을 의미하는 백장미를 배치한 거예요.

메이지시대에는 학교마다 학생들 앞에 어진영을 두고 이렇게 해설했습니다. 물론 궁내청에서 제작한 오리지널 그림은 귀했으므로 주로 전국 수석을 배출하거나 큰 대회에서 입상하는 등 성과를 낸 학교에만 제한적으로 하사되었고, 대부분의 학교에는 복제품이 배치되었습니다. 다양한 크기로 복제되어서, 심지어 오마모리(부적)처럼 지니고 다니는 사람도 있었습니다.

드물게 진품 어진영을 하사받으면 그 학교는 순식간에 명문학교가 됩니다. 어진영은 무슨 일이 있어도 목숨을 걸고 지켜야 하는 신성한 보물이 됩니다. 일본의 역사를 뒤적여 보면 어느 학교에 불이 났는데 목숨을 걸고 뛰어들어가 어진영을 꺼내 왔다는 영웅적인 이야기라든지, 그와는 반대로 어진영을 홀라당 태워서 해임당한 교장의 이야기라든지, 어진영과 관련된 웃지 못할 다양한 일화를 확인할 수 있습니다.

마지막으로 어진영의 배치와 인물의 시선에 대해 이야기해 보겠습니다. 이 그림은 누가 보더라도 천황과 황후의 초상화가 한 세트지만 사실 그림만 봐서는 어느 초상화를 왼쪽에, 또 어느 초상화를 오른쪽에 걸어야 하는지 알 수 없습니다. 이것은 초상화의 애매한 시선 처리 때문이기도 합니다. 실제로 어진영을 하사받은 몇몇 학교에서는 이 두 폭의 그림을 어떻게 배치해야 하느냐고 문부성에 문의하는 사례도 더러 있었다고 합니다.

메이지 정부에서도 처음부터 초상화의 배치까지는 신경 쓰지 못했던 것 같습니다. 문부성과 궁내성이 문서를 주고받으며 논의한 끝에, 천황의 초상화는 오른쪽, 황후의 초상화는 왼쪽에 거는 것으로 결정합니다. 왜 그렇게 결정했을까요? 동아시아에서는 항상 오른쪽보다 왼쪽이 서열이 높습니다. 일본의 조정에서는 좌대신이 우대신보다 서열이 높았고, 조선의 궁궐에는 좌의정이 우의정보다 서열이 높았습니다. 그런데 여기서 좌와 우는 누가 바라보았을 때의 왼쪽과 오른쪽을 의미하는 걸까요? 물론 임금이 신하를 바라보는 방향입니다. 따라서 신하들이 임금 앞에 설 때는 좌의정이 오른쪽에, 우의정이 왼쪽에 서야만 임금이 바라볼 때에 좌우가 맞습니다. 이 원칙을 어진영의 배치에도 그대로 적용해서, 감상자의 오른쪽에는 천황의 초상화가, 왼쪽에는 황후의 초상화가 놓이도록 한 것입니다.

문제는 이렇게 배치했을 때 천황과 황후의 시선이 한곳으로 모이지 않는다는 것입니다. 물론 위치를 바꿔도 마찬가지입니다. 사진을 찍을 때 황후의 복장도 바꾸고 근대화를 상징하는 여러 가지 기물도 배치하는 등 신경을 썼지만, 미처 시선에까지는 신경을 쓰지 못했던 것입니다.

그리고 어진영은 여전히 천황이 왜 대일본제국의 통치자인지를 어필하는 데 치중합니다. 천황이 왜 천황일 수 있는지를 이미지로 전달하려고 애쓰는 것은, 그만큼 이 시기까지도 천황은 일본 국민에게 당연한 존재로 내면화되어 있지는 않았기 때문이라고 할 수 있습니다. 그러나 대일본제국헌법 공포, 청일전쟁,

러일전쟁 등의 과정을 거치면서 메이지천황은 점차 근대국가의 수립 과정, 그리고 일본이 제국으로 발돋움하는 과정을 한몸에 구현하는 존재가 되어갑니다.

일본의 천황과 시대 구분

1912년에 메이지천황이 사망하고, 그 뒤를 이어 다이쇼천황이 즉위합니다. 일본의 역사는 우연인지 천황의 대가 바뀌는 시기와 국가 체제가 크게 변하는 시기가 대략 일치합니다. 그래서 일본 근대사를 공부하는 사람들은 각 천황의 치세별로 시대를 구분하기도 합니다.

일본이 1854년 미일화친조약을 시작으로 서양의 여러 나라와 체결했던 불평등 조약을 모두 평등한 조약으로 개정하는 작업을 마무리한 시점이 1911년입니다. 그 이듬해 메이지천황이 사망합니다. 그 뒤를 이어서 즉위한 다이쇼천황 시기에는 일본에서 민주주의, 자유주의 운동이 크게 부흥합니다. 이를 상징하는 문구가 바로 '다이쇼 데모크라시'입니다. 그리고 '다이쇼 데모크라시'의 정점은 1925년 재산의 유무에 상관없이 일정한 나이에 도달한 모든 남성에게 투표권을 보장하는 '보통선거법' 통과였습니다. 다만, '다이쇼 데모크라시'의 이면에는 여성이 여전히 투표에서 배제되었다는 현실과, 한국의 국가보안법과 유사한 치안유지법이 보통선거법과 세트로 통과되었다는 사실도 있습니다. 아무튼 보통선거법이 통과된 지 1년 뒤인 1926년에 다이쇼천황이 사망하고 쇼와昭和천황 히로히토가 즉위합니다.

쇼와천황의 즉위 기간은 1926년부터 1989년까지 약 63년 동안으로 굉장히 길었습니다. 보통 쇼와시대는 전기와 후기로 구분합니다. 쇼와 전기는 1945년까지 대략 20년 동안의 시기로 전쟁의 시대였습니다. 일본이 패전한 이후부터 1989년까지는 전쟁으로 패망한 국가가 경제대국으로 다시 부상하는 재건과 고도성장의 시기였습니다. 1989년에 쇼와천황이 죽고 헤이세이平成시대가 시작되고 아키히토천황이 즉위합니다. 그 뒤로 일본은 1990년대 버블경제의 붕괴로 길고 긴 어두운 터널 속으로 들어갑니다. 처음에는 10년 정도로 끝날 줄 알았던 저성장의 시대는 결국 아키히토천황이 2019년에 퇴위하고 아들에게 양위할 때까지 끝나지 않았고, 아키히토천황의 시대는 '잃어버린 30년'이 되어버렸습니다.

다시 본래 이야기로 돌아가면, 메이지천황의 치세는 일본이 근대국가로서 체제를 정비하고, 서구 열강과 맺은 불평등 조약을 평등 조약으로 개정하면서 제국주의 국가로서 발돋움할 수 있는 토대를 구축한 시기였습니다. 그래서 메이지천황은 근대화의 상징으로서 일본에서 '살아 있는 신'이 될 수 있었습니다.

다이쇼천황과 '다이쇼 데모크라시'

다음은 다이쇼천황 부부의 사진입니다. (fig.17, 18) 한눈에 봐도 분위기가 많이 달라졌지요? 가장 큰 변화는 우선 다이쇼천황과 데이메이貞明황후, 둘 다 서서 사진을 찍었다는 점입니다. 그리고 사진의 배치가 바뀌었습니다. 관람자의 위치에서 볼 때 천황의 사진이 왼쪽, 황후의 사진이 오른쪽에 배치되었습니다. 이것은 당시 서양에서 배치하던 방식을 따른 것입니다. 합스부르크가 등 서양의 유명한 왕실 인물들의 초상화나 사진을 보면 보통 관람자가 바라볼 때를 기준으로 남성이 왼쪽, 여성이 오른쪽에 서 있을 것입니다.

다이쇼천황과 황후의 사진은 시선 처리에도 신경을 썼습니다. 두 사람의 시선이 자연스럽게 가운데로 모이도록 의도한 거지요. 그 가운데에는 물론 국민이 존재하는 것으로 상정되어 있습니다. 천황과 황후가 나란히 서서 국민을 지긋이 바라보는 듯한 시선에서, 천황이 국민을 향해 던지는 메시지를 읽어낼 수 있습니다. 이미 청일전쟁, 러일전쟁 등을 거치며 천황의 존재를 내면화한 일본 국민에게 '만세일계의 천황'임을 내세우며 자신을 받아들이도록 설득할 필요가 없어진 천황은, 이제 부모가 자식을 아우르듯, 국민을 아우르는 자애로운 천황의 이미지를 강조합니다. 그야말로 '다이쇼 데모크라시'를 느끼게 합니다.

물론 이런 변화를 모두가 환영하지는 않았습니다. 메이지시대

fig. 17
다이쇼천황 초상 사진, 1912년 촬영

fig. 18
데이메이황후 초상 사진, 1912년 촬영

17 18

에도 이른바 '꼰대'가 있었을 것이고, 그들이 보기에는 천황이 황후와 나란히 서 있는 모습이 불만스러웠을 것입니다. 이런 사람들은 천황을 신성시하며 절대 군주화를 부르짖는 방향으로 나아갔고, 반대로 민주주의자를 자처하는 사람들은 천황의 사진을 보고 시대의 정신을 제대로 반영하고 있다며 환호했습니다.

이 사진에는 부창부수의 세계관, 즉 남자는 앉아 있고 여자는 서서 남성을 보필한다는 가부장적인 세계관에서 벗어나서 부부가 나란히 서 있는 근대의 가족상이 담겨 있습니다. 동시에 이상적인 가족주의적 신민을 위에서부터 지켜보는, 위엄 있으면서도 자애로운 천황의 모습을 표현하고 있습니다. 천황가가 이런 노력을 기울인 것은 제1차 세계대전이 끝난 후 세계적으로 군주제의 위기가 닥친 것과 무관하지 않습니다. 그래서 황태자로 하여금 유럽 순방을 다녀오게 한다든지, 황실이 적십자 활동에 앞장서면서 국민의 복지를 챙기는 등 개방적이면서도 자애로운 모습을 보여주면서 천황과 황실의 존재 의의를 새롭게 규정하기 위해서 노력합니다.

메이지신궁의 건축

그런데 다이쇼시대에는 '다이쇼 데모크라시'로 상징되는 개방적이고 자유로운 분위기와는 사뭇 다른 경향도 있었습니다. 다이쇼시대에는 '메이지신궁'이 건조되었습니다. 일본 사람들은 1월 1일에는 신사에 가서 한 해의 건강과 안녕을 비는 풍습이 있는데, 이것을 '하쓰모우데初詣'라고 합니다. 이때 일본인들이 하쓰모우데 장소로 가장 많이 찾는 신사가 바로 메이지신궁입니다. 메이지신궁은 이름에서도 알 수 있듯 메이지천황과 쇼켄황후를 신으로 모시는 신사입니다. 재미있는 점은, 지금도 메이지신궁 홈페이지에 들어가 보면 메이지천황의 초상화가 오른쪽에, 황후의 초상화가 왼쪽에 배치되어 있다는 것입니다.(https://www.meijijingu.or.jp/about/)

메이지신궁 내원은 특히 울창한 숲으로 둘러싸여 있는 것으로 유명합니다. 이 녹색 지대는 서울의 청계천 일대와 같이 도심의 공기를 정화하고 대도시 도쿄를 조금 더 풍성하게 만들어 주는 공간으로 기능합니다. 그런데 다이쇼시대에 이 숲을 조성하기 위해 일본 국내 각지뿐만이 아니라 조선, 타이완, 사할린 등 식민지와 신영토에서도 나무를 뽑아 옵니다. 기록에 따르면 이 울창한 숲의 나무 중 스물여덟 그루를 조선에서 들여왔습니다. 어디에 심었는지 그 위치를 확인할 수는 없지만, 이처럼 메이지신궁은 제국의 모든 신민의 충성을 모아서 건설한다는 명분으로 세워졌습니다.

메이지신궁은 크게 내원과 외원으로 구성되어 있습니다. 신사가 있는 내원은 국가의 예산으로 만들었고, 이제부터 설명할 외원은 국민의 성금을 모아서 만들었습니다. 내원이 메이지천황과 쇼켄황후라는 신을 모시는 공간이라면, 외원은 본래 메이지천황의 업적을 매개로 해서, 다이쇼천황과 국민을 하나로 이어주는 공간으로서 구상되었습니다.

메이지신궁 외원에 있는 중요한 건축물이 바로 '성덕기념회화관聖德記念繪畫館'입니다. 도쿄올림픽 주경기장 바로 옆에 있는데, 건물 외관이 일본의 국회의사당과 비슷하게 생겼습니다.(fig.19) 이 건물은 이름 그대로 메이지천황의 성덕을 기념하기 위해 지어진 기념관으로, 건물 안에는 메이지천황이 태어나서 죽을 때까지의 일대기를 주제로 그린 벽화가 전시되어 있습니다. 제국주의의 완성이라고 할 수 있는 '한일병합'도 그림으로 그려져 있습니다.(fig.20) 그림에는 한복을 입고 돌아다니는 조선인의 모습이 보이는데, 전근대적인 조선을 식민지화했다는 메시지가 담겨 있습니다. 이처럼 내원의 메이지천황이 신神이라고 한다면, 외원의 메이지천황은 성덕을 갖춘 위인이자 제국 일본을 완성시킨 인물로 기억됩니다.

메이지신궁 외원에 있는 또 다른 중요 건물인 메이지기념관은 대일본제국 헌법이 만들어졌을 때, 메이지천황이 이를 치하하기 위해서 이토 히로부미에게 하사한 건물입니다. 나중에 이토 히로부미가 죽은 뒤에 이 건물은 다시 국가에 반납되었는데, 한동안 '헌법기념관'으로 사용되었다가 지금은 '메이지기념관'이 되었습니다.

그 밖에 외원에는 스포츠와 관련된 건물이 많습니다. 도쿄 올

fig. 19
메이지신궁 외원에 위치한 성덕기념회화관
Photo/Map: Arne Müseler / arne-mueseler.com

fig. 20

메이지신궁 성덕기념회화관 벽화 엽서

한일병합의 장면을 담은 77번 벽화(1927년 완성). 조선총독부의 의뢰로 쓰지 히사시辻永(1884~1974)가 그렸다. 경성의 숭례문을 배경으로 집집마다 일장기가 걸린 가운데 내지인과 조선인이 함께 평화를 기뻐하는 내용을 담았다. (출처:서울역사아카이브)

림픽 주경기장은 물론이고, 한국인 임창용 선수가 활약했던 야쿠르트 스왈로스의 홈구장인 진구구장神宮球場, 지치부노미야秩父宮 럭비 경기장, 그리고 테니스장 등 시민들이 이용할 수 있는 체육 시설이 많습니다. 이처럼 외원 공간은 국민이 메이지천황의 성덕을 기리는 동시에, 성덕에 부응하는 '제대로 된 국민'이 되기 위해 신체를 단련하는 공간이었습니다.

막말 유신기에 천황이 처음 정치의 중앙 무대에 등장했을 때만 하더라도, 천황은 낯선 존재였습니다. 앞에서 살펴본 것처럼 천황의 존재를 알리기 위한 여러 가지 작업을 했습니다. 그러나 청일전쟁, 러일전쟁을 거치며 일본제국의 틀이 갖춰졌을 때 제국의 모든 업적과 성과가 메이지천황에게 집중이 되면서 국민은 천황의 존재를 받아들이고 인정하게 되었습니다. 어진영 속 천황의 모습도 "내가 천황이다."를 어필하는 것에서, "내가 너희를 보호해 주는 존재"임을 시사하는 방식으로 바뀌어 갔습니다. 메이지신궁은, 천황이 비록 죽어서도 국민을 보호해 주는 존재로 영원토록 남아 있다는 메시지를 전하는 역할을 합니다.

나가며
— 상징천황제와 일본

일본 정부는 2022년 5월부터 메이지신궁 외원 일대를 리모델링하는 재개발 사업을 시작했습니다. 하지만 재개발할 때도 성덕기념회화관은 건드리지 못했습니다. 이곳은 국가의 최고 권위를 기리는 공간이기 때문입니다. 결국 성덕기념회화관은 그대로 두고 체육 시설을 이전하거나 증축하는 등 리모델링을 진행했습니다. 그런데 재개발 사업을 둘러싸고 상당한 논쟁이 발생했습니다. 재개발 과정에서 시민들이 '휴식의 숲'이라 부르는 녹지가 상당 부분 줄어들었는데, 이 때문에 시민에게 휴식을 제공하는 외원의 기능이 훼손된다고 주장한 것입니다.

그러나 메이지신궁 외원은 본래 휴식의 공간이 아닙니다. 이곳은 국민이 천황과의 관계 속에서 건강한 신체를 만드는 국민체육의 공간으로 구상되었습니다. 하지만 정작 현재, 그 사실을 기억하는 시민은 별로 없습니다. 사람들은 여름이면 불꽃놀이를 구경하며 맥주 한잔 마시기 위해 메이지신궁 외원을 찾습니다. 이 사람들에게 "성덕기념회화관을 아느냐?"고 물어보면, 대부분은 모른다고 대답합니다. 심지어 어떤 사람은 성덕기념회화관의 모습을 보고 "국회의사당이 왜 여기 있냐?"며 놀라기도 합니다. 이처럼 사람들은 위인으로서의 메이지천황을 기억하는 공간에 별 관심이 없습니다. 이 공간이 본래 가지고 있었던 정치 목적을 인식하지 못하고 있는 거지요. 마치 페리가 등장하기 이전에, 천황이 존재했으나 인식하지 못하고 있었던 것처럼 말입니다

오늘날의 천황제를 '상징천황제'라고 합니다. 일본의 내각은 민주적 투표를 통해서 다수의 국회 의석을 획득한 다수당이 구성합니다. 다수당의 당수가 일본의 총리가 되는 것입니다. 그런데 총리가 총리로서 정치 역할을 시작하려면 반드시 천황의 결재가 필요합니다. 마치 과거에 천황이 막부의 쇼군을 임명했던 것처럼 말입니다. 물론 '상징천황제' 아래에서 민주적 투표로 다수 의석을 차지한 정당의 당수가 일본의 총리로 취임하는 것을 천황이 거부하는 사태란 일어나기 힘들지요. 이 또한 '거부권'이 없고 '결재권'만 있던 에도시대의 천황과 비슷합니다.

하지만 거부권이 되살아날 가능성은 존재합니다. 과거에 페리의 내항과 같이 누구도 예상하지 못했던 엄청난 사건이 발생하면서 천황이 정치의 핵심으로 부상했던 것처럼, 또다시 외부로부터 어떤 예상치 못한 충격을 받을 때 상징으로 머물러 있는 지금의 천황이 다시 한번 정치의 전면에 나서게 될 가능성은 여전히 남아 있습니다. 이런 의미에서 2016년 7월 13일 아베 정부가 참의원 선거에 승리하며 이른바 '평화헌법' 개헌 발의를 단독으로 처리할 수 있게 되자, 같은 날 궁내청 관계자 취재를 근거로 천황이 '생전 퇴위할 의향'이 있다는 특정이 보도되었습니

다. 이어서 8월 8일 천황이 스스로 비디오 메시지를 통해 국민에게 '생전 퇴위 의향'을 설명하자, 비자민당 세력들이 천황의 퇴위 표명='말씀'을 '개헌 지향의 아베 정권에 대한 항의'로 받아들이며 지지했던 것은 그 가능성의 한 단면을 보여주는 에피소드입니다. 하지만 이것은 전후 일본의 평화헌법 체제를 바꾸려는 아베 세력에 맞서 평화헌법 체제를 지켜내려는 정치 과정에 천황이 등장하는 순간이기도 합니다. 그 결과 아키히토천황은 더 이상 국민의 '상징'에 불과한 비정치적 존재가 아니게 되는 거죠. 앞으로 레이와令和시대에 천황의 '말씀'이 어떻게 '정치'적 영향력을 지니게 될지는 상징천황제의 변화를 가늠할 중요한 지점이라 할 수 있습니다.

더 읽을 거리

- 다카시 후지타니 지음, 한석정 옮김, 『화려한 군주: 근대 일본의 권력과 국가 의례』, 이산, 2003.
- 도널드 킨 지음, 김유동 옮김, 『메이지라는 시대: 유신과 천황 그리고 근대화 1·2』, 서커스, 2017.
- 박삼헌, 「제5장 메이지신궁(明治神宮)과 제국 일본의 '국체(國體)' 공간」, 박진한 외 지음, 『제국 일본과 식민지 조선의 근대도시 형성』, 심산, 2013.
- 박삼헌, 『천황 그리고 국민과 신민 사이: 근대일본의 심상지리』, RHK, 2016.
- 박삼헌, 「제19장 동아시아 정세와 메이지유신」, 『동아시아사 입문』, 동북아역사재단, 2020.
- 박진우, 『메이지천황: 일본 제국의 기초를 닦다』, 살림, 2019.
- 와카쿠와 미도리 지음, 건국대학교 대학원 일본문화언어학과 옮김, 『황후의 천황: 일본황태후의 표상과 여성의 국민화』, 소명출판, 2007.
- 야스다 히로시 지음, 이애숙·하종문 옮김, 『세 천황 이야기—메이지, 다이쇼, 쇼와의 정치사』, 역사비평사, 2009.
- 타키 코지 지음, 박삼헌 옮김, 『천황의 초상』, 소명출판, 2007.
- 하라 다케시 지음, 박이진·주미애·김수용·박시언 옮김, 『여제의 일본사: 일본 권력자의 계보를 따라 일본을 다시 읽는다』, 성균관대학교출판부, 2020.

가 볼 만한 곳

① 성덕기념회화관

도쿄 지하철 가이엔마에역外苑前驛 또는 아오야마잇초메역青山一丁目驛에 내려서 메이지신궁 외원 정문을 향해 약 5분 정도 걸어가면, 좌우로 늘어선 은행나무들 사이로 웅장한 석조건물이 멀찍이 보인다. 1926년에 준공되어 이제 곧 100년을 맞이하는 국가 중요문화재 '성덕기념회화관'이다.

여기에는 메이지천황의 일대기를 그린 총 80점의 벽화(가로 2.5m, 세로 3m)가 영구 전시되고 있다. 석조건물의 중앙 계단을 올라가 약간은 비싼 입장료 500엔을 내고 건물 안으로 들어서면 서양식 조각으로 장식한 드넓은 중앙홀 너머로 메이지천황의 애마 '긴카잔고金華山号'의 박제가 보인다.

중앙홀에서 우측 전시실로 들어가 '탄생'으로 시작하는 일본화 40점을 관람하고, 이어서 좌측 전시실에 전시된 서양화 40점 중 마지막 '장례'를 관람하면 된다. 그런데 왜 우측 전시실에 일본화, 좌측 전시실에 서양화를 전시하고 있는 걸까? 여기에서 우측, 좌측은 건물 안으로 들어선 관람자, 즉 '신민'을 주체로 했을 경우이고, 만약 메이지천황의 '성덕'을 기념하는 회화관을 주체로 본다면 좌측에 일본화, 우측에 서양화가 전시

성덕기념회화관 내부

되고 있는 셈이다. 이런 의미에서 성덕기념회화관은 회화 주제는 물론이고 그 회화 양식과 전시 공간마저 철저하게 '천황'을 주체로 구현한 공간이라 할 수 있다.

이렇게 생각에 생각을 더해 세워진 공간이었지만 지금은 관람자도 거의 없고, 규모에 비해 '이게 다야?'라며 본전 생각이 들게 만드는 '공허한' 공간이 되어 버린 것 또한 현실이다. 그러나 회화 앞에 세워진 설명을 찬찬히 읽으며 관람하다 보면, 전전戰前의 일본 '국가'가 메이지라는 시대를 어떻게 기억하려고 했는지, 그리고 그것이 어떻게 '국체'라는 근대 천황제 이데올로기로 기능할 수 있었는지 확인하는 기회가 되기도 한다. 아마도 그 '확인'이야말로 성덕기념회화관이 건설된 근본적 이유였을지도 모르지만.

• 작품 소개 〈군마현 도미오카富岡 제사장製糸場〉

성덕기념회화에서 메이지천황의 배우자 쇼켄황후가 등장하는 회화는 총 12점이다. 그중 '황후 책봉'을 제외하고 처음으로 등장하는 것은 '도미오카 제사장 행계'이다. 도미오카 제사장은 2014년 4월에 일본의 '근대화 산업유산' 중 처음으로 유네스코 세계문화유산에 등재되었다.

개항 후 수출품의 대부분을 차지하던 생사生絲의 품질 향상과 증산을 꾀하기 위해 메이지 정부는 1872년에 최초로 증기기관과 프랑스식 조사기繰絲機 등을 도입한 기계식 제사공장인 도미오카 제사장을 설립했다.

도미오카 제사장은 설립과 동시에 공녀 모집 공고를 냈지만 사람이 모이지 않았다. 사람들이 프랑스인이 마시는 와인을 피라고 여겨서 '도미오카 제사장에 취업하면 외국인에게 생피를 뽑힌다.'는 소문이 돌았기 때문이었다. 초대 제사장 대표였던 오다카 아쓰타다尾高惇忠가 장녀를 취업시키면서까지 공녀를 모집했지만, 결국 예정 인원수의 절반도 못 채운 채 당초 예정되었던 7월보다 늦은 10월 4일 조업을 시작했다.

조업을 시작한 지 8개월 정도 지난 이듬해 6월, 쇼켄황후는 에이쇼英照황태후(고메이천황 부인)와 함께 도미오카 제사장을 방문했다. 이들이 도미오카 제사장을 방문한 이유는 양잠이 전통적 농경문화 중 '여성'의 노동을 상징했기 때문이다. 하지만 이는 보다 근본적으로는 '메이지'라는 시대가 궁궐 깊숙이 은거하던 황후와 황태후도 신민 앞에 나타나 이제 막 삐걱거리며 시작된 '근대화'를 성공시키기 위해 솔선수범하는 모습을 보여줘야 하는, '황실'의 '근대화'도 함께 진행된 시대였음을 보여준다.

그림을 보면, 전통의상에 다스키(어깨에서 겨드랑이에 걸쳐 X자 모양으로 일본옷의 옷소매를 걸어 매는 끈)를 맨 공녀들이 좌우로 늘어서서 누에에서 생사를 뽑고 있는 제사장 내부로 흰색 바탕에 붉은 학 무늬 의상을 입은 황후(왼쪽)와 황록색 의상을 입은 황태후(오른쪽)가 들어오는 순간이다. 빛과 수증기로 인해 황후와 황태후, 그리고 좌우에 위치한 공녀들의 얼굴만 뚜렷하고 그 뒤로는 희미하게 처리되어 있다. 이 같은 구도에 대해서는 공장의 청결함과 설비의 신선함을 강조하기 위함이라는 지적과 함께 『일본의 하층사회』(1899)에서 고발한 여공의 비위생적이고 비참한 생활과 중노동 등을 전혀 찾아볼 수 없는, 프로파간다에 불과하다는 비판이 있다(와카쿠와 미도리, 『황후의 초상-쇼켄황태후의 표상과 여성의 국민화』, 소명출판, 2007, 303~304쪽).

그러나 이와 같은 비판은 절반의 '진실'일 가능성이 있다. 그림을 보면 알 수 있듯이 제사장 건물은 위아래로 커다란 유리창을 만들어서 햇빛이 많이 들어오도록 설계되어 있기 때문이다. 이유는 간단하다. 이는 아직 전기가 없었기 때문에 자연광으로 최대한 내부를 밝게 만들기 위해서였다. 때문에 조업시간도 계절에 따라 달랐다. 이런 의미에서 황후와 황태후, 그리고 좌우의 공녀들만 선명하고 그 뒤로는 희미한 그림의 구도는, 앞에서 언급한 의도적 '프로파간다'이기도 하지만, 오히려 역설적이게도 당시 미국 등 '선진' 지역처럼 실내를 밝히기 위해 고래기름을 이용할 수 없었던 당시 일본의 노동 환경을 '사실적'으로 그리다 보니 드러나 버린 '후진' 지역의 한계가 아니었을까.

아라이 간포荒井寛方, 〈군마현 도미오카 제사장〉, 1933, 성덕기념회화관 소장

② 도미오카 제사장 제사소

1872년 군마현群馬縣 도미오카시에 설립된 일본 최초의 본격적인 기계 제사(방적) 공장으로 일본 섬유 산업의 기술 혁신과 전파 등에 크게 공헌했다. 부지 천체가 국가 사적으로, 초기 건물은 국보와 중요문화재로 지정되어 있다. 2014년 6월에는 주변의 양잠 관련 사적을 포함해 제38회 세계문화유산으로 정식 등록되었다. 건물의 현재 보존 상태가 양호하여 관광과 견학 장소로도 인기가 높다.

건조된 누에고치를 저장하는 창고는 동쪽과 서쪽에 두 개 세워졌는데 목조 골조의 붉은 벽돌 건물인 동쪽 창고는 관람객을 처음 맞이하는 건물이다. 아치 중앙에 창업연도인 메이지5년(1872)이 새겨져 있고 내부에는 실크 갤러리와 기념품 가게도 마련해 두었다. 고치에서 실을 뽑는 작업을 했던 길이 140미터의 거대한 조사소操絲所 등도 국보로 지정되어 있다.

https://www.tomioka-silk.jp/_tomioka-silk-mill/
조슈도미오카역上州富岡驛에서 도보 15분

도미오카 제사장 제사소

우카가와 구니테루, 〈조슈 도미오카 제사장〉, 1872, 국립국회도서관 소장

이은경

서울대학교 일본연구소 교수. 주로 근대 일본의 역사를 여성 인물과 운동을 중심으로 연구해 왔고, 일본의 역사와 사회에 대한 대중적 글쓰기에도 관심이 있다. 저서로는 『근대 일본 여성 분투기』(한울, 2021)가 있으며, 『근대 일본인의 국가인식: 메이지 인물 6인의 삶을 관통한 국가』(빈서재, 2023), 『젠더와 일본 사회』(한울, 2016), 『난감한 이웃 일본을 이해하는 여섯 가지 시선』(위즈덤하우스, 2018), 『일본사의 변혁기를 본다』(지식산업사, 2011) 등 공저를 출간했다. 번역서로는 『부인·여성·여자: 남자가 읽은 일본 여성사』(빈서재, 2024)가 있고 그밖에 다수의 학술논문을 발표했다.

* 필자는 「복잡한 일본을 이해하기 위한 최소한의 역사」, 『난감한 이웃 일본을 이해하기 위한 여섯 가지 시선』(2018)와 『근대 일본 여성 분투기』(2021)를 집필한 바 있으며, 이 책의 제8장에는 『근대 일본 여성 분투기』 를 요약한 '최소한'의 내용을 담았다.

8

최소한의 '근대 일본 여성 분투기'

/ 이은경
서울대 일본연구소 교수

들어가며
— 여성의 관점에서 바라본 일본근대사

제8강 강의를 맡은 서울대학교 일본연구소의 이은경입니다. 서울대학교 동양사학과에서의 석사 논문은 16세기 일본에서 처음으로 그리스도교를 믿었던 지방 영주(기리시탄 다이묘)에 관한 것이었지만, 일본 도쿄대학에서의 박사 논문은 '하니 모토코羽仁もと子'라는 근대 일본의 여성 그리스도인에 관한 것이었습니다. 생각해 보면 그리스도교와 인물이라는 공통점이 있지만, 실제 일본에서 생활하면서 제 경험과 밀접한 쪽으로 연구의 관심도 옮겨갔던 게 아닌가 싶어요. 학위를 마치고 귀국한 후에는, 범위를 확대해서 근현대 일본 여성 전반에 관해 연구하고 있습니다.

제8강의 주제는 그동안 연구해 온 '근대 일본 여성'입니다. 강의 제안을 받고 처음엔 거절하려고 했는데요, 일본사 강의 중에 여성 이야기가 없으면 안 된다는 책임감 때문에 그러지 못했습니다. 사실 거절하려고 했던 나름의 이유가 있었어요. 근대 일본 여성이 한편으로는 더없이 식상한 주제이면서, 한편으로는 (특히 한국인에게) 너무도 낯선 주제였기 때문에 일반인들에게 환영받지 못할까 봐 걱정스러웠습니다.

방송이나 강연 등에서 절대 하면 안 되는 이야기가 있다고 해요. 첫째는, 이른바 '쌀로 밥 짓는 이야기'입니다. 쌀을 씻어서 밥솥에 안쳤더니 밥이 되었다는 식의, 지나치게 뻔한 이야기는 피해야 한다는 겁니다. 둘째는, '모르는 사람'의 이야기입니다. 최근 경북에 사는 김지영 씨가 딸의 유치원 졸업을 기념해서 서울로 가족여행을 왔고, 선물로 이구아나 한 쌍을 사서 돌아갔다고 합니다. 안 궁금하죠? 이렇게 모르는 사람 이야기도 안 하는 게 좋겠지요.

안타깝게도 이번 강의는 위의 두 가지 조건을 모두 충족합니다. 대부분 사람들이 근대 일본 여성에 대해 알지 못할 거예요. 그런데 모르는 여성들이 권리 신장을 위해 스스로 분투한 이야기라니, 모르는 사람의 뻔한 이야기가 될 가능성이 꽤 큽니다. 그런데 과거에 힘든 상황이었던 여자들이 그 환경을 개선하기 위해 노력하고 싸워서 결국 사정이 조금 나아졌다는 이야기는, 일본에 국한되지 않고 누구나 상상할 수 있거나 경험해 온 내러티브이지요. 이토록 안 궁금한 사람들에 관한 뻔한 이야기를 어떻게 알차고 재미있게 준비할 수 있을까 고민이 많았습니다.

그런데 뜻밖의 순간에 실마리를 찾을 수 있었습니다. 「제5강 메이지유신이란 무엇인가?」에서 박훈 선생님이 이와쿠라 사절단을 따라 미국 유학길에 오른 일본 최초의 여자 유학생인 쓰다 우메코를 언급하던 순간이었지요. 박훈 선생님은 급진적인 서양화 개혁을 설명하면서 이와쿠라 사절단에 유학생 43명을 함께 보냈는데 그중에 '소녀'들도 있었다고 소개했습니다. 30년 전, 제가 학부에서 일본사 강의를 들었을 때는 그런 신기한 이야기를 들어본 기억이 없습니다. 게다가 제가 한국에서 쓰다 우메코를 본격적으로 연구하고 논문도 발표했기 때문에, 살짝 뿌듯한 마음이 들었습니다.

그런데 '메이지 정부는 어린 여자애들까지 미국으로 유학을 보낼 정도로 장기적인 안목을 가지고 정책을 추진했다, 그중 한 명인 쓰다 우메코가 귀국 후 여성을 위한 훌륭한 학교를 세우는 등 실제로 큰 업적을 남겼다.'라는 설명이 제 귀에 살짝 걸렸습니다. 분명 맞는 이야기인데도 그 강의를 듣는 순간, 근대 일본의 '여성'에 관한 강의가 어떤 의미가 있는지 설명할 수 있는 단서가 떠올랐기 때문이지요.

"왕은 궁녀를 사랑했다. 궁녀는 왕을 사랑했을까?" 2021년에 방영된 드라마 〈옷소매 붉은 끝동〉의 포스터에 실린 문구입니다. 관점 하나를 달리하는 것만으로도, 뻔한 사랑 이야기가 얼마나 다르게 느껴질 수 있는지를 보여주는 상징적인 문구라고 생각합니다. 생각해 보면 사극에서 궁녀는 일방적으로 왕에게 선택받고 '성은'을 입는 존재로만 그려졌지요. 반대로 그 궁녀가 왕을 어떻게 생각했는지에 대해서는 관심조차 없었습니다. 어쩌면 궁녀도 왕을 (좋아하거나) 싫어할 수 있다는 상상을 해 보지 못했을 거예요. 박훈 선생님의 강의를 듣던 중에 이런 표현이 떠올랐습니다. "일본은 우메코를 선택했다. 우메코는 일본을 선택했을까?"

우메코는 겨우 나이 만 여섯 살에 네 명의 다른 소녀들과 함께 관비 유학생으로 선발되어 이와쿠라 사절단과 함께 미국으로 향했습니다.(fig.1) 이제 겨우 3년밖에 안 된 메이지 정부가 서양 각 나라를 시찰할 사절단을 파견하면서 어린 소녀들을 미국에 보낼 생각을 했다는 것은 분명 대단히 장기적인 안목과 지극히 전략적인 기획의 결과로 보입니다. 만 여섯 살의 어린 여자아

fig. 1
다섯 명의 여자 유학생이 출국 전 쇼켄황후를 알현 후 촬영한 사진, 1871년

이가 100년 앞을 내다본 국가의 장기적 전략으로 유학을 떠나게 되고, 돌아와서는 실제 국가의 기대에 부응하는 눈부신 활약을 했다는 사실은 분명 메이지 정부 개혁의 성공담으로 회자될 만합니다. 또는 메이지시대 정치인의 빼어난 안목과 선견지명을 설명하기 위한 일화로도 사용될 수 있을 거예요.

그러나 이 이야기를 일본 정부의 입장에서 들었을 때와 우메코 당사자의 입장에서 생각해 봤을 때에는, 같은 사건인데도 전혀 다른 서사로 읽힐 수 있습니다. 우메코만이 아닙니다. 남성만으로 구성된 일본 정부가 여성에게 기대하고 추구했던 역할과 모습이 있었을 거예요. 하지만 실제 여성들은 그런 상황에 대해 어떻게 반응했는지를 살펴보고 싶어졌습니다. 나아가 정부 또는 남성의 입장에서가 아니라 당시 여성들의 입장에서 근대 일본의 역사를 생각해 보고 싶기도 합니다.

본래 근대 일본 여성을 알아보려면 대체로 민법(가족), 교육, 정치 세 가지 측면에서 다룰 수 있습니다. 제8강에서는 '교육'과 '정치'를 주로 소개하려고 해요. 그에 앞서 민법, 즉 가족 안에서 여성이 어떠한 위치에 있었는지를 먼저 간단히 알아보고, 근대 일본 여성의 교육의 문제를 쓰다 우메코를 중심으로 살펴보겠습니다. 마지막으로 정치에 관해서는 근대 일본 여성들이 정치적으로 자각하기 시작해서, 참정권 획득 운동으로 나아가는 과정을 추적해 보려 합니다.

무능력자로서 지배당하는 여성

근대 일본 여성의 지위와 관련해서 민법에서 가장 눈여겨볼 대목은 바로 '호주권戶主權'입니다. 요즘 대학에서 강의할 때 '호주'를 알고 있는 학생들이 거의 없어서 설명하기가 어렵습니다. 호주권이란, 쉽게 말하면 정부가 한집안의 주인을 설정하고, 그 주인에게 집안을 다스릴 권한을 부여하는 것입니다. 국가가 호주권을 인정했다는 것은, 공권력이 호주에게 가정의 운영과 관련된 모든 권한을 위임하고, 사실상 개입하지 않는다는 것을 의미하지요. 설령 가정 안에서 호주가 폭력을 행사해도 말이죠. 호주는 원칙적으로 남자였습니다. 젊은 나이에 남편과 사별한 여성 가장과 같은 예외적 경우를 제외하면, 기본적으로 여성은 항상 누군가에게 복속되는, 주로 남성에게 지배를 당하는 위치에 있었습니다. 부부 사이에도 명백한 위계와 차별이 있었지요.

근대 일본에서 여성은 어쩌면 미성년자와 비슷한 취급을 받았던 것 같습니다. 한마디로 '무능력자'로 여겨졌던 거예요. 여기서 무능력자는 능력이 부족하다는 의미가 아니라 법률적 주체가 될 수 없다는 의미입니다. 어엿한 한 개인으로서 중요한 일을 결정하거나, 계약서에 도장을 찍는 일의 주체가 될 수 없었다는 뜻입니다. 그래서 자신이 결혼할 때도, 집안에 양자를 들일 때도, 항상 가장인 남성 호주의 동의를 얻어야만 할 수 있었습니다. 여성은 상속에서도 차별을 받았습니다. 일본은 1898년까지도 이른바 적출嫡出이라고 하는, 그러니까 본처에게서 태어난 딸보다 밖에서 데려온 아들에게 상속에서 우선권을 부여했습니다. 사실상 일부다처제나 다름없었던 거지요. 그나마 법률은 점차 개정되었지만 실상은 쉽게 변하지 않았습니다.

근대 일본에서 여자가 결혼하는 목적은 사랑하는 배우자와 화목한 가정을 꾸리는 것이 아니었습니다. 일본에서는 결혼이 '이에[家]'라고 부르는 남편의 집안에 들어가서 그 '이에'를 유지시키고 번성하게 하기 위해서였지요. 무엇보다 남편을 보필하고, 아이를 낳아서 가계를 잇는 것이 중요했습니다. 결혼의 의미로 남자 호적에 들어간다는 뜻을 가진 '입적入籍'이라든가, '시집간다[嫁入りする]', '아내(며느리)를 맞이한다[嫁をもらう]' 등의 표현과 남편을 가리키는 '주인主人'이라는 용어는 당시 불평등한 부부관계를 짐작하게 합니다. 설명하고 보니 결혼의 목적이든 사용되는 용어든, 딱히 우리에게도 낯설지 않아서, 좀 슬프기도 합니다.

이른바 '간통죄'를 적용할 때에도 남녀에게 차별이 있었습니다. 2015년 폐지되기 전까지 한국에도 간통죄가 있었는데요, 간통죄란, 배우자가 있는 사람이 배우자 이외의 이성과 성관계를 할 경우, 이혼을 전제로 형사 처벌을 하는 것이었습니다. 그런데 근대 일본에서는 이런 간통죄의 적용조차 불평등했습니다. 남편이 있는 여자가 남편 이외의 남자와 성관계를 했을 때에만 간통죄가 적용되었습니다. 반대로 아내가 있는 남자가 아내 이외의 여자와 성관계를 했을 때에는 간통죄가 성립되지 않았습니다. 상대 여자에게 남편이 있다면, 그 남자가 소송을 걸면 문제가 될 수 있겠지만, 어쨌거나 부부에게 간통죄를 적용할 때조차 차별이 있었습니다.

이처럼 메이지시대의 여성은 근대적인 법률을 정비하는 과정에서도 제대로 보호를 받지 못하고, 가족 안에서조차 명백한 차별을 받았습니다. 이러한 사실을 배경으로, 이제 본격적으로 여자교육[1]에 관한 이야기를 시작해 보겠습니다.

여자교육에 대한 무관심

일본은 1872년 학제學制를 공포하면서 의무교육을 시작합니다. 강한 국가를 만들기 위해서는 국민 누구나 기본 교육을 받아야 한다고 생각했기 때문입니다. 그래서 한국의 초등학교에 해당하는 소학교에서 남자아이뿐 아니라 여자아이도 똑같이 읽기와 쓰기를 배우고, 애국심에 관한 교육도 받았습니다. 그러나 여자교육은 딱 거기까지였습니다. 소학교를 마친 여자아이들이 무언가를 더 배우기 위해서 진학할 상급학교가 필요할 거라는 생각은 가볍게 무시되었습니다. 그나마 1874년 여교사 육성을 위한 도쿄여자사범학교가 예외적으로 설립되었지요. 이 정도가 학식을 갖추고 싶어 하는 여성에게 공식적으로 허락된 흔치 않은 진학 코스였다고 할 수 있습니다.

1899년에 이르러야 메이지 정부는 여자 중등교육에 관한 정부의 방침을 담은 '고등여학교령'을 공포합니다. 학제가 발표된 뒤 27년이 지나서야 나왔으니, 일본 정부와 사회가 여자교육에 대해 얼마나 무관심했는지 알 수 있습니다. 물론 그동안 여자교육에 관심 있던 이들이 사립 여학교를 세우기도 하고, 선교사들이 설립한 이른바 미션스쿨도 다수 존재하기는 했습니다. 하지만 여자교육을 체계적으로 제도화하기 위한 정부의 관심이 낮았고, 본격적인 움직임 또한 매우 늦었다는 것이 포인트입니다.

늦게나마 '고등여학교령'을 통해서 소학교를 졸업한 여학생을 위한 교육 시스템과 그 내용 등을 규정하게 되지요. 그런데 비록 그 명칭은 '고등여학교령'이었지만, 실제로는 남학생이 받고 있는 '중등'교육 수준의 내용이었다는 점에 주의해야 합니다. 똑같이 '고등교육'이라는 명칭을 사용했지만, 남자에게 기대되는 고등교육의 수준과 여자에게 기대되는 고등교육의 수준이 달랐지요. 남자의 '중등'교육 정도의 수준이면, 여자에게는 충분히 '고등'한 교육이라고 여겼던 거예요.

그나마 여자교육에 관심을 기울인 목적은 '양처현모良妻賢母', 즉 강한 나라 일본의 건실한 가정에서 신민臣民인 남자를 서포트해 줄 수 있는 좋은 아내(양처), 그리고 다음 세대를 낳아서 키울 수 있는 지혜로운 어머니(현모)를 키워내는 것에 있었습니다. 여자에게는 신문 정도를 읽고 간단한 작문도 하며 가정생활에 필요한 계산이 가능한 정도의 교육이면 족하다고 여겨졌습니다.

하지만 막상 '여학교'라는 이름으로 여자 중등교육이 본격화하자, 정부의 의도와는 다른 결과가 나타났지요. 아무래도 사람이 많이 모이면, 다양한 생각이 섞여 웅성웅성 자기 목소리를 내는 사람들이 등장합니다. 독재국가에서 사람들이 모이는 것을 극도로 경계하는 이유가 여기에 있습니다. 여학교에 학생들이 모이니, 그 안에서 점점 불만이 쌓이고 의문을 제기하는 목소리가 생겨나게 된 거예요. "왜 여자라는 이유로 우리가 이렇게 차별을 받아야 하지? 뭔가 좀 이상한데?" "다른 나라에서는 어때?" 이렇게 등장하게 된 '자각하는 여성' 또는 '신여성'은 여학교 교육이 본격화한 지 약 10여 년이 지난 1910년대부터 자신들의 목소리를 적극적으로 내기 시작합니다.

최초 여자 유학생의 미국 파견

이처럼 근대 일본의 정부와 사회는 여자 교육에 대해 전반적으로 무관심했고, 제도 정비도 매우 더뎠습니다. 그런데 어떻게 1871년이라는 이른 시기에, 어린 소녀들을 미국에 유학생으로 보낼 생각을 했을까요? 사실 이것은 구로다 기요타카黒田清隆라는 한 정치인의 의지가 크게 작용한, 돌출 행동의 결과였습니다.(fig.2) 그는 조선이 일본과 강화도조약을 체결할 당시 일본 대표로 우리에게는 전혀 반갑지 않은 인물이지요. 사쓰마 출신의 정치가로서 홋카이도 개발을 위해 설립된 기관의 장을 맡기도 했습니다. 그가 일찍이 출장차 미국을 방문했을 때 여자들이 자유롭게 거리를 돌아다니고 직업을 가지고 일

fig. 2
구로다 기요타카
출처 : 일본 국립국회도서관 〈근대 일본인의 초상〉 (https://www.ndl.go.jp/portrait/)

하는 모습에 깊은 인상을 받았습니다. 그로부터 일본이 강해지려면 여자도 강해져야 한다고 생각했던 거예요. 귀국한 후에는 일본의 여자아이를 선발해서 해외로 유학을 보내자는 아이디어를 제출합니다. 그의 제안이 받아들여져 결국 쓰다 우메코를 비롯한 다섯 소녀가 미국 유학을 떠나게 된 거지요.

다섯 명의 여자 유학생 중 가장 어린 쓰다 우메코가 만 여섯 살에 불과했던 것도 놀랍지만, 가장 나이가 많은 소녀가 겨우 만 14세였다는 것은 더 놀랍습니다. 이른바 '결혼 적령기'까지를 고려한 선택이라는 설명도 있습니다. 가족에 등을 떠밀려 유학생으로 지원하고 선발된 다섯 소녀는, 출국 전 메이지천황의 부인인 쇼켄황후를 만나서 격려를 받았습니다. "귀국 후 일본 여성의 모범이 되도록 밤낮으로 학업에 정진하라." 황후가 일반 국민의 아이들을 공식적으로 만나 덕담을 해준 것은 이때가 처음이었다고 합니다. 그러니 어린 소녀들을 향한 정부 측의 큰 기대뿐 아니라, 소녀들이 느꼈을 큰 부담도 짐작이 됩니다.

쓰다 우메코는 워싱턴 D.C.에 도착한 뒤 찰스 란만Charles Lanman·아델린 란만Adeline Lanman 부부의 집에서 홈스테이 생활을 시작합니다.(fig.3) 우메코는 유학생활 내내 주변 사람들의 주목을 받았고, 학교 졸업식에서 연설한 내용이 지역 신문에 실리기도 했습니다. 마치 영화 〈트루먼 쇼〉 주인공처럼 말이지요. 원래는 란만 부부의 집에서 1년 정도만 머무를 계획이었습니다. 하지만 자녀가 없었던 란만 부부가 똘똘한 우메코를 친자식처럼 예뻐한 덕에, 결국 유학을 마칠 때까지 기나긴 11년을 함께 살게 됩니다. 덕분에 우메코는 당시 미국에서 최고 수준의 교육을 받으며, 또래 미국의 여학생들보다도 절대 뒤떨어지지 않는, 아니 그 이상의 교양을 쌓을 수 있었습니다. 미국 구석구석을 여행할 수 있었고, 시인 롱펠로우 등 셀럽과 교류할 기회도 많았습니다.

한편으로 우메코는 세례를 받고 그리스도교인이 되었습니다. 미국에 간 지 1년 반 만의 일이었습니다. 하지만 그렇게 미국의 문화에 익숙해지고 영어가 유창해지는 대신, 모국어인 일본어를 점점 잊게 되지요. 나중에 우메코가 귀국했을 때 어머니와 대화하려면 아버지의 통역이 필요할 정도였고, 일본어로 인한 스트레스는 우메코가 자책하는 단골 레퍼토리 중의 하나가 되었습니다. 실제 그는 평생 일본어로 제대로 된 글을 쓸 정도가 아니었던 듯합니다. 일본어로는 기껏해야 행사에서의 짧은 인사말과 강연 내용을 다른 사람이 문장으로 정리한 것 정도만이 남아 있습니다.

우메코의 알려진 생애와 뒤늦게 드러난 속마음

우메코는 1882년 말에 유학을 마치고 귀국했습니다. 출국한 지 11년 만이었습니다. 그 후 쓰다 우메코의 인생 이야기는, 어쩌면 '출중한 영어 실력과 선진 지식을 바탕

fig. 3
워싱턴 도착 직후의 쓰다 우메코, 1871년, 쓰다주쿠대학 쓰다 우메코 자료실 소장

fig. 4
다락에서 발견된 쓰다 우메코의 편지 상자(필자 촬영)

fig. 5
쓰다 우메코의 편지 상자가 발견된 당시 다락방 사진,
쓰다주쿠대학 쓰다 우메코 자료실 소장

3 4

5

으로 여성 교육에 줄곧 힘써서, (한국의 이화여대와 유사한) 쓰다주쿠대학이라는 엘리트 여자대학을 설립하는 등 일본 여자교육에 큰 업적을 남겼다.'라는 내용으로 간단히 요약할 수 있습니다. 실제로도 오랫동안 그렇게 인식되어 왔지요.

그런데 1984년 어느 날, 학생들이 쓰다주쿠대학 건물 다락에서 '하츠혼Hartshorne'이라고 적힌 커다란 상자 하나를 우연히 발견하게 됩니다.(fig.4, 5) 그 안에는 놀랍게도 우메코가 유학을 마치고 일본행 귀국선에 오를 무렵부터 수십 년에 걸쳐 미국의 란만 부인에게 보냈던 편지들이 빼곡하게 들어 있었습니다. 영어로 쓰인 편지에는 우메코가 마주한 낯선 일본과 일본인에 대한 감상, 그리고 자신의 경험과 생각이 자세하게 적혀 있었습니다. 이 편지로 〈트루먼쇼〉의 주인공처럼 '연출된' 삶을 살았던 쓰다 우메코가 실제로 겪었던 녹록지 않은 삶과 솔직한 생각들을 읽어낼 수 있게 된 것입니다.

여성을 위한다는 사명감으로 장장 11년의 유학을 마치고 돌아왔으나 일본 사회의 대응은 뜻밖에도 냉랭했습니다. 국비로 10년 유학을 계획해서 보냈으면, 환영 퍼레이드까지는 아니더라도 어떤 자리나 역할을 준비해 두었을 법합니다. 그러나 그렇지 않았습니다. 오히려 그들을 선발해서 파견했던 기관은 이미 해산했고, 유학생 파견을 주도했던 구로다에게도 과거와 같은 영향력은 없어진 것 같았습니다. 낯선 일본에서 일본어도 자유롭지 않은 우메코는 앞으로 뭘 하고 살아가야 할지 걱정하며 혼란스러운 나날을 보내야 했습니다. 당시 심경이 아래 편지 내용에 고스란히 담겨 있습니다.

> 당신(란만 부인)에게는 숨기지 않겠습니다. 자주 우울해져서 미국 따위 가지 않았더라면 좋았겠다라는 생각이 들 때가 있습니다. 제가 교육을 받은 것은 아무에게도 도움이 되지 않고, 게다가 남들과 다르다는 사실이 저를 슬프게 할 뿐입니다.[2]

우메코의 마음을 어지럽힌 또 한 가지 일은 바로 결혼이었습니다. 함께 유학을 떠난 다섯 명 가운데 가장 나이가 많았던 두 명은 일찌감치 유학을 포기했습니다. 나머지 셋은 미국에서 각각 학업을 마치고 비슷한 시기에 귀국하게 되는데, '트리오'라고 불린 그들 셋이 함께 무언가를 도모해 볼 기회도 없이, 우메코보다 두 살 위의 나가이 시게코永井繁子는 1882년에, 그리고 다섯 살 위였던 야마카와 스테마쓰山川捨松는 1883년에 각각 결혼해 버리고 맙니다. 스무 살 전후였던 그들은 이미 일본에서 결혼 적령기를 넘긴 후였습니다. 당황한 우메코는 결혼에 대한 생각을 또다시 편지로 써서 보냅니다.

> [일본 여성은] 누구나 일찍 결혼하기에 만일 우리가 더 미룬다면, 우리는 어떤 [결혼]제안도 받지 못할 것입니다. 생각해 보세요. 만일 제가 결혼할 거라면 지금 당장 해야 하고, 몇 년 후에는 너무 늙어서 아무도 결혼할 사람이 없을 거라

> 는 사실이 얼마나 이상한지요. 너무 끔찍합니다. 그러나 저는 제가 원하지 않으면 결혼하지 않을 겁니다. 설령 제가 은둔자처럼 살아야 할지라도, 사랑 이외의 것만이 중시되는 곳에서 그 어떤 것도 저에게 일반적인 일본식의 결혼을 하도록 할 수 없을 것입니다.[3]

귀국하면 뭔가 여자교육과 관련된 중책을 맡게 될 줄 알았는데, 막상 마주한 현실은 여자에게는 가정에서 남편을 보필하는 데 필요한 정도의 교육 이상은 필요하지 않다는 것이었지요. 그러한 현실이 실망스러웠지만 우메코에게는 생계가 걸린 일이기도 했습니다. 여자교육에 대한 수요가 없는 일본에서는 자신의 학력에 걸맞은 일자리를 찾는 것조차 어려웠기 때문입니다.

우메코의 편지에서는 일본어 때문에 고역이라는 내용만큼이나 '페이pay' 즉 돈에 대한 이야기가 자주 나옵니다. 자기에게 요구되는 서양식 드레스를 사거나 인력거꾼을 고용하려면 만만치 않은 돈이 필요하다는 이야기였습니다. 이러한 내용을 보면 우메코는 우리가 흔히 예상하듯 모든 욕망을 버리고 헌신한, 선교사 같은 인물은 아니었습니다. 그렇다고 해서 정부나 집안에 의해 직업과 재정이 완전히 보장받은 '금수저'도 아니었습니다. 좋은 직업과 커리어에 걸맞은 보수를 받고 싶어 한, 오히려 보통 사람에 가까워 보일 정도입니다.

우메코를 더욱 좌절시킨 것은 다름 아닌 일본 여성들에게 느끼는 괴리감이나 실망감이었습니다. 우메코는 미국에서 여자들이 어떻게 생활하는지를 보고 왔기 때문입니다. 마치 타임머신을 타고 미래에 갔다가 다시 돌아온 사람이나 다름없었지요. 그런데 그의 눈에 비친 일본 여성의 모습은 어떠했을까요? 일본 여성은 일본의 남성과 비교해서든 당대 미국의 여성과 비교해서든 심하게 차별받고 열악한 상황에 놓여 있음에도 그것이 문제라는 것을 인식조차 못했으니까요. 우메코는 또 편지에 툴툴댑니다.

> 그들은 남자에게 더 나은 대우를 기대하지 않고, 스스로 열등하다고 생각하며, 더 나아지려는 노력을 전혀 하지 않습니다. 잘못된 것이 모두 교육만은 아닙니다. 전체 분위기가 바뀌어야 합니다.[4]

가족 일을 돕거나 단기 영어 교습을 하며 울적한 나날을 보내던 어느 날, 우메코에게 새로운 기회가 생깁니다. 귀국 후 약 1년이 지날 무렵이었습니다. 일본사에서는 제법 유명한 건물인 서양식 연회장 로쿠메이칸鹿鳴館에서 열린 파티에 초대받은 우메코는 그곳에서 이와쿠라 사절단의 멤버였던 한 거물 정치인을 우연히 마주치게 됩니다. 그리고 그에게 자기 집에 살면서 자신과 아내, 그리고 딸에게 서양식 예법과 영어를 가르쳐 달라는 제안을 받습니다. 다름 아닌 이토 히로부미였습니다. 사절단에서 가장 어렸던 우메코를 기억한 거지요. 우메코는 그 제안을 받아들이고, 그의 집에서 약 6개월 정도 가정교사 생활을 하게 됩니다.

짧은 기간이었지만 의미 있는 시간이었습니다. 정계의 실력자인 이토로부터 정치·사회에 관한 고급 정보를 접할 수 있었고, 그의 주선으로 귀족을 위한 화족華族여학교에서 영어교사로 지냈습니다. 또한 여자를 위한 최고의 교육기관이었던 도쿄여자고등사범학교에서도 영어를 가르치게 됩니다. 어느새 여성 직장인으로서는 일본에서 가장 높은 수준의 보수를 받는, 그야말로 성공한 '커리어 우먼'이 된 것입니다. 하지만 우메코는 만족하지 못했습니다. 귀국한 지 7년 만인 1889년 다시 한번 미국으로 유학을 떠나게 됩니다. 어린 나이 때문에 미국에서 대학까지 졸업하지 못했던 것에 대한 미련과, 그로 인해 교육자로서 자신의 역량이 충분하지 못하다는 아쉬움에서 비롯된 결정이었습니다.

다시 떠나는 미국 유학과 결단에 이르는 길

그런데 우메코가 미국의 대학에서 전공한 것은 기이하게도 '생물학'이었습니다. 여자교육이라면 오로지 양처현모 양성을 지향하는 일본에서 생물학이 필요할까요? 이것이야말로 일본 정부 또는 일본 남성이 주도하는 여자교육에 대한, 우메코 나름의 소심한 저항이 아니었을까 생각됩니다.

쓸모없을 수도 있지만, 그 순간만이라도 자신의 지성을 최대한 발휘할 수 있는 학문을 선택했던 것은 당시 일본의 여자교육 정책과 분명 결이 다른 행동이니까요.

미국 체류(1889~1892) 중에는 친구인 앨리스 베이컨Alice M. Bacon의 『일본 소녀와 여성Japanese Girls and Women』의 집필을 도우면서, 일본 여성의 문제와 현실에 대한 인식을 더욱 심화시키게 됩니다. 또한 현지 그리스도인들의 도움을 받아 일본 여자교육을 위한 장학단체를 설립하고, 직접 모금활동을 전개하기도 했습니다. 첫 번째 유학은 자신의 의지에 의한 것이 아니었다면 두 번째 유학은 분명 자신의 의지에 의한 것이었으며 나아가 우메코 자신의 지적 능력과 친화력, 실천력까지를 입증한 중요한 시간이었습니다.

이렇게 두 번째 유학을 충실하게 마치고 귀국한 우메코는 무엇을 했을까요? 당장 무언가 시작했을 것 같지만, 이번에도 본래의 직장으로 돌아가 교사생활을 계속합니다. 우메코가 안정적인 직장에 사표를 던지고, 자신이 전적으로 자금을 조달하며 학교를 설립하게 된 것은 것은, 두 번째 유학에서 귀국한 지 몇 년 후인 1900년이었습니다. 우메코가 세운 여자영학숙은 소학교와 여학교를 졸업한 후에 진학하는 '고등' 교육기관인데, 지금은 쓰다주쿠대학이라는 명문 여대로 명성을 이어가고 있습니다.

우메코의 결단이 예상보다 늦어졌던 것은, 여자교육에 대한 사명감과 두 번의 미국 유학의 경험이 더해져 다음의 두 가지 중요한 확신이 필요했기 때문이 아닐까 생각합니다. 첫째는, 과연 일본 여성에게 고등교육이 필요한지에 대한 확신입니다.

> [일본의] 많은 진보는 남자를 위한 것이며 그에 상응하는 이익이 여성에게는 주어지지 않습니다 (…) 저는 '여성이 진보하고 교육받을 때'에야 비로소 일본이 진정으로 높은 지위로 올라갈 것이라 생각합니다. 여성은 자신의 권리를 존중받아야 하고 영향력을 가지고 사회에 기여할 수 있어야 합니다.[5] (강조는 인용자)

우메코는 첫 번째 유학을 마치고 귀국했을 때부터 일본 여성의 현실에 불만을 품었습니다. 그러나 '트리오'의 동료 두 명 모두 결혼의 길을 택한 후에는 스스로도 만족스럽지 않은 교사생활을 이어갈 뿐이었습니다. 하지만 두 번째 유학을 거치면서 우메코는 일본 사회를 향해 여성으로서 '젠더적' 시선을 강화하게 되고, 일본 여성을 위한 고등교육에 헌신할 이유를 더욱 구체화하게 되었던 것입니다. 앞서 일본 정부가 불순한 의도를 담아 '고등' 운운했던 것과는 다른, 여성을 위한 진정한 '고등'교육 말이지요. 또한 위의 인용문에서 보듯, 여성을 위한 고등교육은 결국 일본이 국제사회에서 더 높은 지위로 가는 데 기여할 거라고 정당화의 논리를 발전시켜 나가게 됩니다.

둘째로, 사업을 시작하기 위한 신앙 안에서의 확신과 결단입니다. 온전히 우메코 자신이 지향하는 여자교육을 펼치려면 자신의 직장을 포기해야 하며 학교의 설립과 운영에서도 경제적으로 독립할 필요가 있었습니다. 앞서 우메코가 '돈'에 민감하게 반응했다고 이야기했지요? 그가 아무리 경건한 삶을 추구하는 그리스도인일지라도, 누구에게나 그렇듯, 정기적으로 따박따박 고액의 월급을 받는 생활을 포기한다는 것은 쉬운 결정이 아니었을 거예요. 우메코는 일본과 일본 여성, 그리고 신 앞에서 오랜 기간 자신의 책임을 무겁게 느꼈겠지요. 영국에서 잠시 안식하던 1898년 말의 어느 밤, 우메코는 그곳의 대주교와 면담한 뒤 자신의 연약함을 고백하면서 새로운 일을 시작할 용기를 달라고 신에게 도움을 구합니다. 우메코가 사표를 내고 학교 설립에 나선 것은 1년 정도 더 지난 후인 1900년의 일이지만, 그 밤이 우메코에게 특별한 시간이었음은 확실해 보입니다.

여자영학숙의 설립과 교육

우메코가 세운 여자영학숙에서는 현모양처가 아니라 전문직 여성을 사회로 배출하는 것을 목표로 삼았습니다. 가장 중점을 두었던 과목은 바로 영어였습니다. 당장 교육에 대단한 경비나 시설이 필요하지 않고, 우메코의 인맥으로 좋은 원어민 교사도 쉽게 구할 수 있었습니다.(fig.6) 또한 영어는 여자가 남자와 겨룬다고 해도 경쟁력이 있는 분야였습니다. 무엇보다 쓰다 우메코라는 이름 자체가 당시 일본에서 영어에 관해서는 하나의 브랜드처럼 자리 잡았으므로 마치 한국에서 과거에 국립대 사범대를 나오면 교원시험이 면제되었던 것처럼 여자학교로는 최초로 여자영학숙 졸업생에게는 영어 교원 자격시험이 면제될 정도였습니다.(fig.7)

영어만이 아니었습니다. 우메코는 교양교육에도 힘을 기울여 니토베 이나조新渡戸稲造를 비롯한 당대 유명 지식인을 초청해서

fig. 6
여자영학숙 설립 당시의 협력자들—트리오와 앨리스 베이컨
(뒷줄 왼쪽부터 시계방향으로) 쓰다 우메코, 우류(나가이) 시게코,
오야마(야마카와) 스테마쓰, 앨리스 베이컨. 쓰다주쿠대학 쓰다 우메코 자료실 소장

수시로 특강을 열었습니다. 이와쿠라 사절단, 미국 유학, 이토 히로부미 가정교사, 화족여학교 교사라는 화려한 커리어에, 그리스도교계와도 교류했던 남다른 인맥이 있었기에 가능했을 거예요. 또한 우메코는 모든 학생에게 기숙사 생활을 하도록 했습니다. 아무래도 집에 있으면 각종 일에 시달리느라 제대로 공부

fig. 7

여자영학숙 졸업생 취임지 지도(1918년 12월). 쓰다주쿠대학 쓰다 우메코 자료실 소장

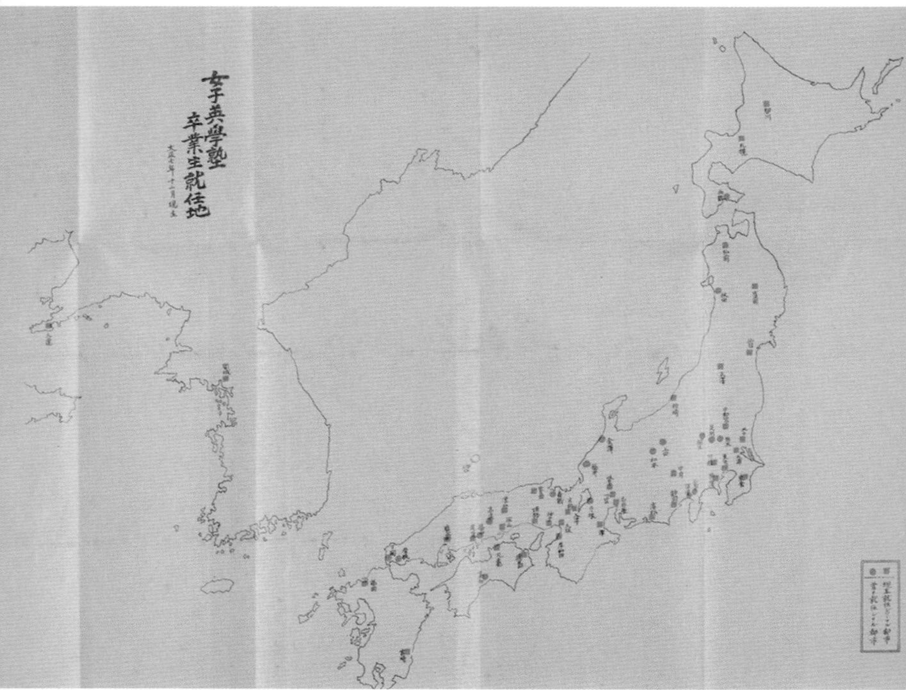

할 수 없었기 때문이겠지요. 우메코가 여학생들을 배려해서 일부러 집안일에서 해방시키려는 의도였다고 해요.

쓰다주쿠대학 도서관에 있는 한 전시실에는 우메코가 처음 미국으로 갈 때 입었던 기모노가 지금도 남아 있습니다. 황후를 만났을 때 받은 교시의 원본도 함께 전시되어 있습니다.(fig.8) 이는 쓰다 우메코의 삶이 처음부터 얼마나 국가에 의해 기획된, 〈트루먼쇼〉 같은 삶이었는지를 보여줍니다.

하지만 양처현모가 아니라, 여성의 전문직 취업과 사회 진출을 목적으로 하는 진정한 고등교육의 길을 고집해서 수많은 제자를 길러낸 쓰다 우메코의 활약은, 일본 정부가 이와쿠라 사절단에 여자 유학생들을 함께 보낼 때 의도했던 것을 훨씬 뛰어넘는 결과였습니다. 얼핏 보기에는 선진 국가를 경험하고 돌아와서 여자교육을 위해 헌신했다는 점에서 국가의 의도에 부응한 것처럼 보이기도 합니다. 하지만 그 내막을 자세히 들여다보면 쓰다 우메코를 단순한 어용 엘리트 지식인으로 치부할 수 없게 만드는, 일본인일 뿐 아니라 한 명의 여성이자 그리스도인으로서의 다양한 고민의 흔적이 발견됩니다. 그의 인생은 일본 정부에 의해 계획된 '선'이 아니라 순간순간의 무수한 고민의 '점'에 의해 이루어진 것이었다고 말하고 싶습니다. 트루먼뿐 아니라 우메코도 영화의 세트장에서 걸어나온 것입니다.

fig. 8
쓰다 우메코가 출국 당시 입었던 옷과 황후에게 받은 문서(필자 촬영)

모성보호논쟁과 참가자들

교육에 대한 이야기는 쓰다 우메코의 일생을 소개한 것으로 갈음하고, 이제부터는 정치와 관련된 여성 참정권에 대해 살펴보려 합니다.

여학교 교육을 통해 스스로 깨우친 여성들이 1910년대부터 본격적으로 자기 목소리를 내기 시작했습니다. 1911년 여성이 만든 최초의 잡지 『세이토青鞜』도 유명하지만 이 강의 주제와 관련해서 빼놓을 수 없는 사건은 바로 '모성보호논쟁'(1918~1919)입니다. 이 논쟁의 핵심은 '여자의 경제적 독립이 먼저냐, 아니면 출산과 육아(에 대한 보호)가 먼저냐'라는 것이었지요. 논쟁이 일단락된 후인 1919년 말에는 여성운동 단체인 '신부인협회'가 만들어집니다. 신부인협회에서는 여성의 정치 결사와 정치 집회 참여의 자유를 주장했지만, 3년 남짓 활동하다가 사라지고 맙니다. 1924년부터는 본격적으로 여성 참정권, 즉 '투표권' 획득을 위한 운동이 시작됩니다. 1920년대 초부터 서양 각국에서 여성에게 참정권이 부여되기 시작했으므로 그 영향이 컸습니다. 이런 대략적인 흐름을 기억해 두면서 이제 개별 인물과 사건들을 살펴보도록 하겠습니다.

1918년 모성보호논쟁을 촉발한 사람은 바로 작가 요사노 아키코與謝野晶子(1878~1942)였습니다.(fig.9) 아키코는 직접 과자점을 운영하는 등 경제활동을 하면서 자녀를 열세 명이나 낳았는

fig. 9
요사노 아키코

데, 그 와중에 책도 수십 권이나 써냈으니, 실로 엄청난 활동력을 가진 사람이었습니다. 그가 쓴 수많은 작품 중에 「산이 움직이는 날이 오다山の動く日来る」라는 제목의 시가 있습니다.

산이 움직이는 날이 오다
이렇게 말해도 사람들은 안 믿으리라
산은 오랫동안 자고 있을 뿐

그 먼 옛날에
산은 모두 불에 타서 움직인 것을
그래도 믿지 않아도 좋다
사람들이여 아 오직 이것을 믿으시오
모두 잠들어도 여자는 지금 눈을 뜨고 움직이고 있음을
(후략)

"산이 움직이는 날"이라는 표현이 참 인상적인데요 그 의미에 대해서는 별다른 해석이 필요 없을 것 같습니다. '모성보호 논쟁'에서 아키코는 여성의 경제적 독립이 우선이라고 주장했습니다. 그래서 임신과 출산도 "재력이 이미 남녀 양쪽 모두에게 축적되기를 기다린 뒤에 결혼하고 또 분만해야 할 것"이라고 했지요.

아키코의 주장과는 반대로 임신과 출산을 개인적인 일이 아닌 사회적·국가적인 일로 여기고 국가가 적극적으로 모성을 보호해야 한다고 주장한 사람이 있었습니다. 그 유명한 히라쓰카 라이초平塚らいてう(1886~1971)입니다.(fig.10) 라이초는 젊은 시절 연인과의 스캔들로 유명했을 뿐 아니라, 작가이자 평론가, 여성운동가 등으로 활동하며 근대뿐 아니라 전후까지도 명성을 날린 인물입니다. 가장 대표적인 업적은 1911년 직접 잡지 『세이토』를 창간한 것인데, 일본에서 여성 자신의 손으로 만든 최초의 잡지였다는 데 의미가 있습니다. 창간호에 실린 아키코의 시

「원시, 여성은 태양이었다元始、女性は太陽であった」는 근대 일본 여성운동을 상징하는 작품이 되었습니다. "지금 여성은 달이다. 남에 의존해 살고 남의 빛으로 빛나는, 환자처럼 창백한 얼굴의 달이다."라고 탄식하는 라이초가, 다시 여성이 스스로 빛을 발하는 '태양'이 되는 날을 염원했으리라는 것은 당연합니다.

요사노 아키코가 굉장히 고된 생활을 한 것에 비해, 라이초는 전문대학 수준의 교육을 받은 엘리트 출신이었습니다. 하지만

fig. 10
히라쓰카 라이초
출처 : 일본 국립국회도서관 〈근대 일본인의 초상〉(https://www.ndl.go.jp/portrait/

두 사람에게는 양처현모가 되기를 거부했다는 공통점이 있습니다. 특히 라이초는 사랑 없이 단지 남자 집안을 유지시키기 위해 여성을 입적시키는 결혼제도를 거부했습니다. 그래서 자신은 사랑하는 사람과 결혼하지 않고 동거하는, '공동생활'을 택하기도 했습니다. 나름의 실천이자 저항이었던 셈이지요.

또한 라이초는 논쟁에서 여성의 경제적 독립보다 모성의 보호를 우선시하는 입장이었습니다. 출산과 육아가 사회적·국가적 일이므로 국가가 나서서 어머니들에게 충분한 보수를 주어야 한다는 의미였습니다. 오히려 여성이 국가를 향해 이것을 당당히 요구할 수 있어야 한다고 주장했습니다. 요사노 아키코를 향해서는, 여자가 경제적으로 독립하는 것은 당신처럼 자기 가게도 있고 그것을 운영할 능력도 있는 특별한 사람에게나 가능한 일인데, 경제적 독립이 결혼의 전제가 되어야 한다면 대체 결혼을 할 수 있는 사람이 몇이나 되겠냐고 반문합니다.

아키코도 지지 않았습니다. 국가가 모성을 보호해 줄 거라는 기대야말로 허황된 생각이며, 그것이 가능한 국가는 현실 세계에 존재하는 국가가 아니라 그야말로 이상적으로 개조된 국가일 거라고 맞받아칩니다. 그러면서 국가가 이상적으로 개조되기를 기다리느니, 차라리 개인의 개조, 즉 여성이 스스로 노력해서 경제적으로 독립하는 것을 기대하는 편이 훨씬 현실적인 대안이라고 말합니다. 그렇기 때문에 여성을 깨우쳐서 경제적으로 독립하도록 훈련시키는 것이 급선무라고 주장합니다. 여러

분은 누구의 의견에 마음이 더 기우나요?

사실 당시 일본의 현실을 생각한다면, 두 주장 모두 현실성이 없기는 마찬가지였습니다. 100년 이상이 지난 지금에도 이 문제에 대해서는 정답을 가지고 있지 못하니까요. 결국 두 사람의 주장도 접점을 찾지 못한 채 평행선을 달릴 뿐이었습니다. 그러나 이런 논쟁으로 점차 무엇이 문제인지가 명료해지고, 그것을 해결하기 위해서 여성 스스로가 노력해야 한다고 자각하게 됩니다. 남자들도 논쟁에 참여하면서 사회적 관심을 불러일으켰고, 새로운 여성 운동가가 아키코나 라이초를 향한 공격으로 주목을 받으며 등장하기도 합니다. 사회주의 여성운동가인 야마카와 기쿠에山川菊榮(1890~1980)가 바로 그러한 대표적인 사례일 것입니다.

신부인협회의 설립과 주된 활동

모성 보호를 중시하던 라이초가 논쟁 후에는 여성의 정치적 권리 획득에도 관심을 가지게 되면서 신부인협회라는 운동단체를 결성하게 됩니다. 아마도 논쟁을 벌이면서 그의 문제의식이 모성뿐 아니라 여성의 사회 참여로까지 확대된 결과로 보입니다.

1878년 일본에 지방의회가 처음 설치될 당시, 세금을 내는 여

자에게는 (남자처럼) 선거권을 주어야 한다는 주장이 제기된 적도 있습니다. 실제 호주인 여자에게 예외적으로 참정권이 인정되었던 사례도 있었지요. 하지만 중앙정부 차원에서 선거제도가 정비되자 여자는 정치에서 완전히 배제됩니다. 1889년 중의원 선거법이 만들어지면서, 투표권은 오직 천황 폐하의 '신민臣民인 남자'에게만 주어지는 것으로 확정되었습니다. 결정적으로는 1890년 제정된 '집회 및 정사법集會及び政事法'에서 여성의 정치 참여를 완전히 금지했고, 이러한 방침은 1900년의 '치안경찰법'으로 계승되었습니다. 이전에는 여자들도 종종 정치 집회에 나가 연설을 듣거나 직접 연설하는 일도 있었지만, 이제 연설은 물론 방청조차도 금지되었던 거지요.

이런 배경 속에서 새로운 인물인 이치가와 후사에市川房枝(1893~1981)가 등장합니다.(fig.11) 근대 일본에서는 줄곧 여성 참정권 운동을 주도해서 그야말로 운동의 상징과도 같은 존재였고, 전후에는 그러한 경력을 평가받아 무소속으로도 참의원 의원으로 연거푸 당선되어 20년 이상 활동한 입지전적인 인물입니다.

교사생활을 하다가 노동운동에 참여했던 후사에는 1919년 말 여성계의 셀럽인 라이초를 우연히 만날 기회가 있었고, 그로부터 함께 일하자는 제안을 받게 됩니다. 금세 의기투합을 했는지, 둘은 신부인협회를 결성하기로 합니다. 이미 작가로 유명했던 라이초는 외모도 수려하고 삶의 방식도 남달라서 세간의 관심과 비난을 한 몸에 받았으므로 일종의 '간판' 역할을 맡고, 그 뒤에서 후사에가 실무를 맡는 형식이었습니다.(fig.12)

신부인협회의 목표는 여러 가지가 있었지만, 가장 대표적인 것은 의회에 '치안경찰법' 개정을 청원하는 일이었습니다. 치안경찰법이야말로 여성의 정치 참여를 원천적으로 배제하는 법률이었기 때문이지요. 이 법률의 내용을 좀 더 자세히 살펴볼까요?

> 제5조, 이하에 열거하는 자는 정사상의 결사에 가입할 수 없다.
>
> 일. 현역 및 소집 중의 예비(予備)·후비(後備)의 육해군 군인
>
> 이. 경찰관
>
> 삼. 신관·신직·승려 및 기타 제종(諸宗) 교사(教師)
>
> 사. 관립·공립·사립학교 교원·학생·생도
>
> 오. 여자(五. 女子)
>
> 육. 미성년자
>
> 칠. 공권 박탈 및 정지 중인 자
>
> 여자 및(女子及) 미성년자는 사람을 모으는 정담 집회의 회동 혹은 발기인이 되는 것을 금함.

첫 줄을 보면 "이하에 열거하는 자는 정사상의 결사에 가입할 수 없다."라고 되어 있는데, 다섯 번째에 '여자'가 포함되어 있습니다. 군인이든, 경찰이든, 교사든 뭔가 신분상 조건이 있

11

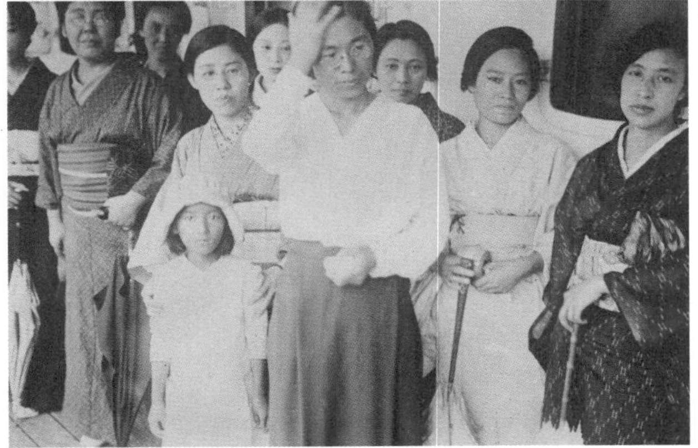

12

fig. 11
이치카와 후사에

fig. 12
1921년 미국의 여성운동과 노동운동을 견학하기 위해 떠나는 이치카와 후사에와 배웅을 나온 히라쓰카 라이초(오른쪽), 미국국회도서관 소장는데, 여자는 그냥 '여자이기 때문에' 결사에 가입할 수 없다는 거예요. 마치 미성년자처럼 취급하고 있지요. 마지막 줄에서는 여자에게 정담 집회, 즉 정치 집회에 '회동'하는 것조차 금지하고 있습니다. 정치에 참여하기는커녕, 정치에 관심을 가질 통로조차 차단된 셈이었습니다.

신부인협회의 활동 기간 내내, 가장 중요한 목표는 이 법에서 "오. 여자(五. 女子)"와 "여자 및(女子及)"이라는 단 여섯 글자를 삭제하는 것이었습니다. 이 여섯 글자를 삭제하면, 여자가 정치 단체에 회원이 될 수도, 정치 집회에 참여할 수도 있었기 때문입니다. 그러한 목표를 달성하기 위해 구체적으로는 무엇을 했을까요? 주로 의회로 달려가 의원들을 설득하는 청원운동이었습니다. 여자들로서는 달리 할 수 있는 것도 없었습니다. 할 수 있는 것은 기껏해야 길거리에서 지지서명을 받고, 또 지방에 있는 사람에게는 지지서명이 담긴 엽서를 받아, 이것을 들고 의원들을 찾아가 읍소하는 것이었지요. 하지만 좀처럼 법률 개정은 이루어지지 않았습니다. 도와주겠다는 의원들이 약속을 지키지 않거나, 법안을 통과시킬 만큼 힘이 없었습니다. 그 와중에 라이초는 요양을 명분으로, 후사에는 미국행을 이유로 거의 동시에 협회를 떠나게 됩니다. 복잡한 속내가 있었겠지만, 설립 1년 반 만에 두 리더가 모두 떠난 걸 보면 둘 사이가 그다지 화목하지 않았던 것은 확실해 보입니다.

그 후에도 협회를 지킨 후배들이 청원을 반복했고, 1922년 3월

의회 회기 마지막 날 밤, 드디어 마지막 줄의 "여자 및(女子及)"이라는 세 글자를 지운 개정안이 통과됩니다. 여섯 글자가 아니라 세 글자입니다. 당초 목표로 했던 집회 참가와 결사의 자유 모두를 보장받는 것에는 실패하고, 그나마 집회 참가는 가능해진 것이었습니다. 이것이 장장 3년 동안 활동한 결과였습니다. 그것만으로도 여성의 정치 참여를 향한 첫걸음을 내디딘 성과라 할 수 있지만, 이후는 해피엔딩이 아니었습니다. 리더가 부재한 채로 부르주아 여성운동이냐 무산계급 여성운동이냐를 두고 내부에서 일종의 노선투쟁을 벌이던 신부인협회는, 결국 1922년 말에 해산하고 맙니다.

여성 참정권 운동의 본격화

이렇게 신부인협회의 주역들은 뿔뿔이 흩어졌으나, 1923년의 어떤 사건을 계기로 흩어졌던 여성들이 다시 모이게 됩니다. 바로 일본 역사상 최악의 재난 중 하나로 기억되는 간토대지진이었습니다. 1923년 9월 1일 점심 무렵 강력한 지진이 발생했고, 하필 각 가정에서 불을 피워 밥을 짓던 참이었던지라, 동시다발적인 화재로 도쿄의 3분의 2가량이 불타버렸습니다.(fig.13) 사망자와 행불자가 약 10만, 도쿄 인구의 절반 정도가 이재민이 된 대참사였습니다. 우리에게는 조선인 학살이 있었던 것으로도 기억되는 사건입니다.

그런데 이 비극이 일본 여성계에게는 또 다른 의미가 있는 사건이 되었습니다. 비상 상황에서 도쿄 당국이 여성들에게 구호사업에 동참해 달라고 요청한 것이 시작이었습니다. 여성들은 서로에 대한 해묵은 감정이나 이해관계는 잠시 내려놓고, 일단 힘을 합하기로 했습니다. 함께 모여 우유를 배달하거나 모포를 만들어 지급하는 등 피난민 구제를 위한 여러 활동을 펼쳤습니다. 그런데 사람이 모이면 무슨 일이 벌어진다고 했던가요? 그렇습니다. 여성들은 문제를 인식하면서 목소리를 내기 시작합니다. 조직을 만들기도 합니다. 이때에도 마찬가지였습니다. 다시 모여 앉은 여성들은 '제도부흥帝都復興'이라는 도쿄 재건사업

fig. 13
간토대지진 당시 잡지 『부인세계』(제18권 10호, 1923년)에 실린 〈도쿄진재 화재조감도〉

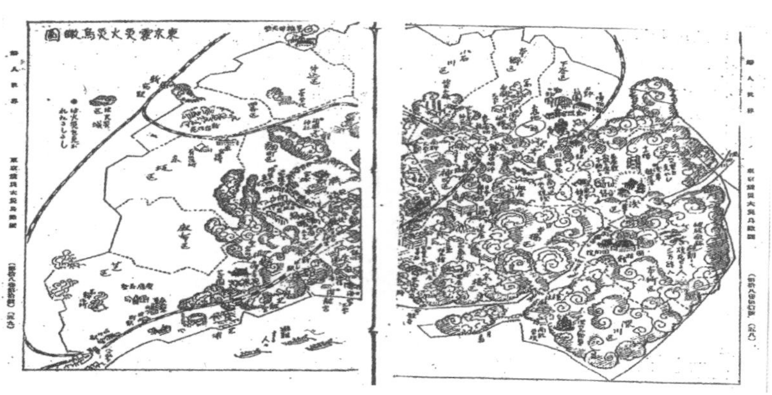

에 여성의 의견이 반영되게 하려면 참정권이 있어야 한다는 사실을 새삼 절실하게 느끼게 되었습니다. 1924년 말에는 드디어 여성 참정권 획득을 목표로 한 단체를 결성한 뒤 본격적인 활동에 나서게 됩니다.

여기서 기억해야 할 중요한 용어가 있습니다. 바로 '부선婦選'입니다. 간단하게는 '여성 참정권'이라고 생각하면 되지만, 약간의 설명이 필요해요. 부선은 '보통선거'라는 용어를 의식한 결과로 등장하게 된 것입니다. 보통선거란 본래 재산, 신분 등의 제한 없이, 일정 연령에 도달한 모든 사람에게 선거권이 주어지는 선거를 말합니다. 1925년에는 일본 최초로 보통선거가 실시될 예정이었습니다. 하지만 남자들만을 위한 것이었습니다. 이것을 진정한 보통선거라 할 수 있을까요? 이 시기에 본격적으로 여성 참정권 운동이 시작된 것은 우연이 아닙니다. 여성 운동가들은 '보통선거'의 줄임말인 '보선普選'과 '부선'의 일본어 발음 모두가 '후센ふせん'이라는 것에 착안해서, "'후센' 없이 '후센' 없다.(婦選なく普選なし)"라는 구호를 만들어 냈습니다. '여성의 참정권 보장 없이는 진정한 보통선거도 없다.'는 의미지요.

이제 '부선'의 내용을 좀 더 자세히 살펴볼까요? 본래 '참정권=부선'이라고 하면, 보통 세 가지로 구성됩니다. 지방의회 선거에 참여할 수 있는 '공민권', 그리고 정치와 관련된 단체를 조직할 수 있는 '결사권', 마지막으로 중앙의 국회의원 선거에 참여할 수 있는 '참정권'이었습니다. 이 세 가지를 묶어서 보통

'부선 3권'이라고 부릅니다. 참정권이 넓은 의미와 좁은 의미의 두 가지로 사용되고 있는 셈입니다. 다만, 근대 일본에서는 어차피 공민권 이상의 참정권에 대해서는 거의 논의조차 되지 않습니다. 여성들에게 중앙정치 참여란 언감생심이라 할 정도의 먼 미래의 목표였고, 당장의 목표는 지방의회 선거 참여 정도였습니다. 그렇기에 앞으로 '부선'이라고 하든, '참정권'이라고 하든, 실제로는 '공민권'을 의미한다고 기억하면 됩니다.

이치카와 후사에와 부선획득동맹

여기에서 다시 중요한 인물이 등장합니다. 앞서 이치카와 후사에가 신부인협회 활동 중에 미국으로 떠났던 것을 기억하지요? 미국에서 여성이 실제 정치에 참여하는 모습을 가까이에서 지켜보고, 일본 여성에게도 참정권이 필요함을 절감하던 후사에는, 간토대지진 소식을 듣고 2년여 만에 귀국하기로 결심합니다. 그리고 귀국해 보니 마침 일본 여성들도 모여앉아 참정권 획득이 필요하다며 웅성거리던 참이었습니다. 누가 봐도 후사에는 운동의 리더로 적격이었습니다. 그야말로 타이밍이 맞은 거지요. 여성 참정권 운동가들은 후사에를 중심으로 '부선획득동맹'이라는 단체에 집결했습니다. 특히 후사에는 '부선이 열쇠'라고 생각하며, 일단 참정권만 주어지면 다른 문제는 여성 스스로 차근차근 하나씩 바꿔 나갈 수 있다는 신념으로 부선운동을 최우선으로 삼았습니다.

부선운동은 대개 세 시기로 나누는데, 첫 번째 시기는 만주사변 발발(1931. 9) 직전까지입니다. 이때는 일본의 정당정치가 비교적 제대로 작동하고 있었으므로 정당을 상대로 한 부선운동도 적극적으로 이루어졌습니다. 두 번째 시기는 만주사변 발발 이후부터 중일전쟁 직전까지인데, 일종의 혼란기로 부선운동의 방향을 설정하는 데 다소 어려움을 겪었습니다. 마지막 세 번째 시기는 중일전쟁이 발발(1937. 7)해서 일본이 이른바 총력전 태세에 돌입하게 된 이후인데, 이 시기에는 딱히 부선운동을 설명할 내용이 부족할 정도로 모든 관심이 전쟁에 집중되었습니다.

이해하기 쉽게 전쟁을 기준으로 시대를 구분했지만, 사실 저는 조금 다른 의견을 가지고 있습니다. 부선운동은 기본적으로 의회 입법 운동이었습니다. 일종의 '로비'였던 셈이지요. 그렇다면 항상 그 로비의 대상이 있기 마련인데, 바로 정당과 의회의 정치인들이었습니다. 당연히 정상적인 정당 정치가 이루어질 때 부선운동을 전개하기에도 상대적으로 유리했습니다. 그런데 1927년부터 1932년까지는 보수적인 '정우회政友會'와 상대적으로 진보적인 '민정당'이라는 두 정당이 약 2년 주기로 번갈아 가며 정권을 잡았습니다. 1932년 5·15 쿠데타로 정당내각이 무너지고 군인을 수상으로 삼고 군인과 정치인을 망라한 이른바 초연내각超然內閣이 수립되기 전까지는요. 후사에와 '부선획득동맹

(이하 '동맹')'은 두 정당을 상대로 입법을 위한 로비를 하는 것이 주된 활동이었는데 군부가 정권을 쥐게 되어 정당과 의회 활동이 지리멸렬해지면, 부선운동도 방향을 잃고 함께 쇠락할 수밖에 없습니다. 제가 만주사변(1931. 9)보다 5·15 쿠데타(1932. 5)를 부선운동의 첫 번째 획기로 간주하는 이 유입니다. 두 번째는 저도 중일전쟁(으로 인한 총동원체제)이라고 생각합니다.

부선운동의 배경과 논리

이쯤에서 잠시 일본 바깥으로 눈길을 돌려, 서양에서는 여성 참정권이 언제, 어떻게 실현되었는지 살펴보겠습니다. 1914년 발발한 제1차 세계대전은 그야말로 '총력전'이었습니다. 서구 열강은 총력전을 수행하기 위해 남녀를 불문하고 전국민을 동원해야만 했습니다. 남자가 주로 전쟁터에 나가서 싸우는 동안, 여자는 가정 안에서뿐 아니라 사회에서도 각종 업무를 도맡아 처리했습니다. 전쟁 수행을 위한 후방 지원을 포함해서 말입니다. 이렇게 제1차 세계대전을 거치면서 여성들이 스스로가 쓸모 있는 국민임을 실력으로 입증하자, 그동안 여성들의 끈질긴 요구에 꿈쩍도 안 하던 영국, 미국, 캐나다, 독일 등 서양 여러 나라가 여성에게 차례로 참정권을 인정하기 시작했습니다.

일본 여성은 서양 여러 나라에서 여성 참정권이 차례로 인정되는 모습을 바라보면서 무슨 생각을 했을까요? 아마도 서양의 '현실'이 일본의 '미래'가 되리라 기대했던 것 같습니다. 그러니까 자신들이 과격한 시위를 하면서까지 참정권을 요구하지 않더라도 스스로 선량하고 쓸모 있는 국민임을 입증해 낸다면, 참정권은 머지않아 자연스럽게 주어질 거라고 말입니다. 게다가 일본은 메이지유신 이래로 서양의 것이라면 무엇이든 힘써 배우려고 하고 있었고, 심지어 좀처럼 가능해 보이지 않았던 남자 보통선거도 실현된 참이었습니다. 여성 참정권의 실현을 그야말로 시간문제라고 여겼더라도, 크게 이상하지는 않아 보입니다.

그런데 일본에서는 1925년 보통선거법이 시행될 때 그와 함께 '치안유지법'이라는 또 하나의 법률도 제정됩니다. 이 법은 근대 일본의 대표적인 악법으로 악명이 높은데, 쉽게 이야기하면 남에게 직접적인 해를 끼치는 폭력이나 범죄가 아닌 '사상'을 통제할 수 있도록 규정한 법입니다. "국체를 변혁하거나 사유재산제도를 부인하는 것을 목적으로 결사를 조직하거나 이에 가입한 자"를 처벌한다고 되어 있습니다. 그런데 이 '국체國體'라는 말이 참 애매합니다. 좁게 보면 천황제를 가리키는 것일 수도 있고, 넓게 보면 위로는 천황이 정점이 되어 국가를 통치하고 아래로는 남성인 호주가 각 '이에', 즉 집안을 다스리는, 일사불란한 국가의 시스템 전체를 가리키는 것일 수도 있습니다. 이처럼 국체에 대한 해석의 범위가 넓고 모호한 것이 문제였습니다.

만약 여성들이 참정권과 같이 남녀평등을 강력하게 주장한다면 이 역시 국체에 대한 변혁을 시도하는 행동으로 해석될 여지가 있었기 때문입니다.

그래서 일본 여성들은 남녀평등이라는 보편적인 이념을 주장하기보다는, 오히려 여성이 더욱 적극적으로 국가를 위해 봉사하고 헌신할 기회로서 여성에게 참정권을 부여해야 한다는 식으로 논리를 전개합니다. '당연히' 주어야 하는 게 아니라, '필요'하니까 주자는 식의, 여성에게 참정권을 주는 것이 일본 사회에 더 유익한 일이라는 실용적인 관점에 선 것입니다. 그러다 보니 평소 부선 단체의 여성들은 정부나 지자체가 요구하는 여러 봉사나 사업 참여를 거절할 수 없었습니다. 본격적인 전시체제하에서는 어떻게 될까요? 충성스럽고 쓸모 있는 국민임을 입증해야겠지요.

부선 실현 가능성의 고조와 운동의 후퇴

그렇다면 부선운동은 어떻게 전개되었을까요? 1927년, 정우회 총재였던 다나카 기이치田中義一가 총리가 되었습니다. 그런데 이듬해 중국에 주둔하던 일본 군인들이 유력 정치인을 암살(장작림 폭사사건)하는 등 계속해서 문제를 일으켰고, 국내외에서도 각종 문제가 쌓이면서 다나카 총리와 여당인 정우회의 인기가 크게 떨어졌습니다. 그러자 정우회는 추락한 인기를 만회하기 위한 전략으로, 정당 차원에서는 처음으로 여성에게 공민권을 주는 방안을 논의하기 시작합니다. 그야말로 정치적 꼼수였고 지방의회 진출에 한정된 논의였지만, 후사에는 크게 환영하고 나섰습니다. 정당 차원에서 부선이 논의되는 것만으로도 큰 진전을 보이고 있다고 여겼기 때문이지요. 야당인 민정당도 가만히 보고만 있지는 않았습니다. 여당인 정우회보다 더 적극적이었습니다. '어디 공민권뿐이랴, 여성에게 중앙의 참정권도 줘야지'라는 식으로 정우회를 견제했습니다.

하지만 여성에게 공민권을 부여하는 내용의 '공민권안'이 여전히 의회를 통과하지 못한 상황에서 다나카 총리는 중국에서 연이어 일어나는 사건·사고를 수습하지 못해 궁지에 몰려 사임하게 되고, 1929년에 민정당의 하마구치 오사치濱口雄幸가 새로운 총리가 됩니다. 후사에와 '동맹'의 운동가들은 실망하기는커녕, 오히려 부선을 얻을 수 있는 기회가 눈앞까지 왔다고 생각했습니다. 민정당은 본래 정우회보다 진보적이었고 심지어 자기들이 야당일 때에는 더 적극적으로 여성 참정권을 주장했기 때문입니다. 실제로 1930년 4월의 중의원 특별의회에서는 여성에게 공민권을 부여하는 내용을 담은 '공민권안'이 통과되기도 했습니다. 비록 귀족원에는 정식으로 상정되지 못해 최종적으로는 무산되었지만, 사상 처음으로 부선 관련 법안이 정식으로 의회를 통과한 쾌거였습니다. '동맹'의 여성들은 조금 더 열심히 노력하면, 연말의 정기의회에서는 공민권안이 통과될 거라는 희망에 부풀었습니다. 서양이나 일본 남자의 사례, 그리고 당시의 사회 분위기를 전부 고려할 때, 충분히 합리적인 기대였습니다.

그런데 민정당의 정치인들은 여성들이 고대하던 연말 정기의회를 앞두고, 기존에 검토되던 공민권안 대신 투표 범위를 축소한 '제한 공민권안'을 제시합니다. 여성들에게 제한적인 공민권만을 부여하자는 법안으로, 지자체 중에서 상위에 해당하는 부府와 현縣은 제외하고 하위의 시정촌市町村의 선거에 한해서만 여성에게 선거권을 주자는 것이었습니다. 심지어 선거권이 부여되는 연령도 남자와는 차이를 두어서, 남자의 경우에는 20세부터 선거권을 부여하지만 여자에게는 25세부터 선거권을 준다는 식이었습니다.

만약 이때 여성들이 여당인 민정당이 제안한 이 '제한 공민권안'을 수용했더라면, 비교적 무난하게 중의원과 귀족원을 통과할 수 있었을 것입니다. 실제 일부 여성들은 이 법안에 찬성했습니다. 그러나 후사에와 '동맹'의 여성들은 단호히 거절했습니다. 후사에는 제한 공민권안이 "야시장 꽃처럼 헐값으로 깎으려는 것"이라고 하며, 여성이 여기에 응하는 것은 스스로를 떨이로 싼값에 팔아버리는 것과 같다고 비판했습니다. 이 법안은 민정당의 주도로 중의원은 통과했지만, 결국 귀족원의 벽을 넘지는 못했습니다. 이유가 무엇일까요? 정확하지는 않지만, 반대표의 일부는 부선 자체를 반대하고 또 다른 일부는 오히려 '완전한' 공민권을 원해서였을 것으로 추측됩니다. 어쨌거나 근대 일본에서 부선 획득이 가장 가까웠던 순간이었습니다.

후사에와 '동맹'의 여성들은 오히려 부결을 기뻐했습니다. 불완전한 권리가 주어지면, 완전한 법안이 다시 통과되기까지 20년은 족히 걸릴 것이므로 그보다는 다시 바짝 1년 동안 열심히 노력해서 내년의 정기의회에서는 '완전한' 공민권안을 통과시키자고 마음을 다잡았습니다. 하지만 기대했던 그 의회가 시작되기 전인 1931년 9월에 만주사변이 발발했고, 민정당이 이 사태를 제대로 수습하지 못하면서 그해 연말 정권은 정우회로 넘어가게 됩니다. 그렇지만 전쟁이 나거나 정권이 바뀌어도 여성들은 포기하지 않았습니다. 새로운 총리인 정우회의 이누카이 쓰요시犬養毅를 직접 만나 협조를 약속받는 데 성공했습니다.(fig.14) 총리 만나는 일이 쉽지 않았을 텐데 말이지요.

그런데 1932년 5월 15일 쿠데타가 일어났습니다. 협조하기로 했던 총리는 암살되고 정당과 의회가 제대로 기능하지 않게 되면서 여성들의 입법을 위한 운동은 종래의 방식을 고수하기 어려워졌습니다. 그래도 여성들은 포기하지 않았고, 여전히 목소리를 냈습니다. 최소한 만주사변 직후에는 그랬습니다. 단체의 명의로 공개적으로 전쟁 반대, 평화 수호를 외쳤고, 국제연맹에서 만주사변에 관한 조사를 위해 리튼Lytton 조사단을 파견했을 때, 조사단을 직접 찾아가서 자신들은 전쟁에 반대하며 일본군이 만주에서 물러나야 한다고 생각한다는 뜻을 전하기도 했습니다. 그러한 활동 때문에 '동맹'이 발행하던 기관지가 판매금

fig. 14
이누카이 쓰요시 정우회 총리와 직접 면담하는 부선획득동맹의 여성들(1932. 1. 29),
사진 출처 :『이치카와 후카에 탄생 100주년 기념 이치카와 후카에와 부인참정권 운동』
(이치카와 후카에 기념회 출판부, 1992)

지를 당한 적도 있지만, 최소한 1930년대 중반까지는 여전히 참정권에 대해서도, 평화에 대해서도 희망을 잃지 않았습니다.

전쟁기 부선 운동가의 선택과 그 논리

1937년 7월, 중일전쟁이 발발합니다. 후사에는 이제 어떤 결단이 필요하다고 느꼈습니다. 그동안은 어느 정도 군부 정권이나 지자체의 정책을 비판하고, 때로는 협력하면서 나름대로 방안을 모색할 수 있었지만 중일전쟁 발발 직후부터 '국민정신총동원체제'가 본격화하자, 더 이상 그러한 자유가 주어지지 않게 되었습니다. 후사에는 "이 시점에서 정면에서 전쟁에 반대해서 감옥에 갈 것인가, 아니면 운동에서 완전히 퇴각해 버릴 것인가, 혹은 현상을 일단 긍정하고 어느 정도 협력할 것인가, 어느 것이든 길을 선택하지 않으면 안 된다."라고 생각했습니다.[6]

군부 정권에 정면으로 반대해서 감옥에 가든, 운동에서 퇴각해서 잠수를 타든, 아니면 일단 협력하면서 후일을 모색하든, 셋 중에 하나를 선택해야 하는 상황에 몰린 것입니다. 개인적으로는 감옥까지는 아니더라도 후사에도 나름 정의로운 운동가였으니, 최소한 퇴각 정도는 가능한 선택이 아니었을까 생각했습니다만, 그 또한 쉬운 결정은 아니었나 봅니다.

나 일개인의 감정이나 생활이라면 어떻게든 되겠지만, 부인과 아이 전체, 나아가 국가·사회의 행복을 증진하기 위해 다년에 걸쳐 동지들과 노력해 온 우리의 입장에서는, 이 시국의 곤란을 어떻게 극복하고 장래의 행복을 건설할까를 고려해, 실행으로 옮길 책무가 있다. 나는 지금 그 구체적 방법, 수단 등에 관해 여러모로 고려하고 있는 것이다.[7]

전쟁의 시대에 여성 운동가로서 살았던 후사에의 고뇌가 느껴지나요? 미국 체류 경험이 있는 엘리트인 후사에 정도의 커리어라면, 어딘가로 훌훌 떠나더라도 생계를 이어갈 수 있었을 거예요. 하지만 후사에는 그동안 함께 활동해 온 수많은 동지가 있었습니다. 부선운동을 주도해 온 자신이 물러난다면 실현 직전까지 이르렀던 부선의 미래를 기약할 수도 없습니다. 부선 실현이 눈앞에 있었던 만큼, 타이밍이 참 아쉽습니다. 그래서 일개인으로서 간단히 진퇴를 결정할 수 없다는, 나름의 책임감을 느꼈던 것입니다. 그는 세 개의 선택지 중에 결국 '현상을 긍정하고 어느 정도 협력'하는 길을 택했습니다. 그런데 그 정당화의 논리가 참 아이러니합니다.

현재와 같은 정세에서는 이른바 부선—법률의 개정운동이 일층 곤란하리라는 것은 말할 필요도 없다. 그러나 우리가 부선을 요구하는 목적은 부인의 입장에서 국가·사회에 공헌하기 위해 정부 및 남자와 협력하려는 바에 있다. 따라서 이 국가의 전례 없는 비상시국 돌파를 위해 부인이 실력을 발휘해서, 실적을 올

> 린다면, 이것이야말로 부선의 목적을 달성하려는 까닭이며 법률상으로 부선을 확보하기 위한 단계이기도 할 것이다. 슬픔, 고통을 곱씹으며 부인이 지켜야 할 부서部署를 담당하자.[8]

후사에는 자신들이 참정권을 얻으려 했던 이유가 '국가와 사회에 공헌'하기 위해서였음을 환기하면서, 아직 투표권은 없지만 앞으로 참정권을 얻어서 하려 했던 일을 미리 할 수 있게 된 거라고 다독입니다. 아마도 이렇게 정부에 협력하면, 나중에는 서양에서 그랬던 것처럼 전쟁이 끝난 후 자신들에게도 참정권이 주어지게 될 거라고 생각했을 것입니다.

참정권 없는 참정의 아이러니

사실 후사에의 판단은 어느 정도 현실을 반영한 것이었습니다. 예를 들면, 총동원 체제하에서 지방의 운동조직 참가자로 세대주뿐 아니라 '주부'를 명시함으로써, 그동안 남성에만 열려 있던 공적 조직의 문호를 여성에게도 개방했습니다. 정부가 총동원 체제라는 비상시국이 되어서야 비로소 여성의 존재를 중요하게 인식했음을 후사에는 어느 정도 실감했을 것입니다. 비슷한 예는 또 있습니다. 고향을 방문한 후사에가 그곳 여성들이 국방부인회 행사에 참가하려고 모인 걸 우연히 보았지요. 후사에는 농촌의 여성들이 그러한 어용기관에 동원되는 상황을 보니 착잡한 마음이 들었지만 한편으로는 "자기 시간이라고는 가져본 적이 없는 농촌의 부인들이, 반나절 동안 집에서 해방되어 강연을 듣는 것만으로도 부인해방이 아닌가?"라고도 생각했습니다. 비록 여전히 참정권을 얻지 못했지만, 여성들도 참정의 기쁨을 조금이나마 맛보기 시작한 거지요.

오늘날 우리는 일본이 치른 전쟁의 성격과 결과를 다 알고 있지만, 당시 일본의 여성들이 어느 정도 전쟁의 실체를 알고 있었을지는 의심스럽습니다. 다만, 전쟁이라는 비상시국에서도 궁극적으로는 부선을 획득하기 위한 나름의 방향을 가지고 움직이고 있었습니다. 어쩌면 전쟁에서 더 적극적으로 정부 정책에 협력하는 것이었습니다. 일종의 희망고문일지도 모르겠습니다. 전쟁이 격화되면서 모든 인적·물적 자원의 효율적 동원이 절실하게 필요할 때, 그래서 여성계에게도 참여와 협력이 요구될 때, 후사에는 그러한 요구에 저항하기보다 왜 더 많은 여성이 더 중요한 직책에 선발되지 못했는지를 탄식했습니다. 그리고 여성이 여기저기 끌려다니는 부담을 줄이려면, 차라리 '대일본부인회' 같은 단일조직을 통해 좀 더 효율적으로 동원하고 관리해야 한다고 주장했습니다.

전쟁이 끝난 뒤, 후사에는 전쟁 협력자로 지목되어 3년 7개월 동안 공직에서 추방됩니다. 자신이 추방될 거라고 전혀 예상하지 못했고, 추방 결정에 오히려 매우 놀랐다는 것을 보면, 후사에는 전시하에서 자신의 행위에 대해 특별히 문제를 느끼지 못했던 것 같습니다. 사실 참정권도 없었던 여성이 자신의 손으로 뽑지도 않은 정치인이 일으킨 전쟁에 책임을 지는 것이 맞는 걸까요? 어려운 문제입니다. 한참이 지나서야 후사에는 다음과 같은 고백을 남겼습니다.

> 패전 후 나 자신은 전쟁 협력자로서 3년 7개월 동안 추방을 당했습니다만, 어느 정도 전쟁에 협력했던 것은 사실이니까 그 책임은 느끼고 있습니다. 그러나 그것을 불명예라고는 생각지 않습니다. (…) 전쟁이 끝나고 나서 돌아와 나는 전쟁에 협력하지 않았다는 사람이 있습니다만, 나는 그 시대의 그러한 상황 하에서 국민의 한 사람인 이상, 당연하다고까지는 할 수 없어도 수치라고는 생각지 않습니다만, 제가 틀린 걸까요?[9]

일본에서 여성 참정권은 결국 언제 인정되었을까요? 이것도 역사의 아이러니인데, 후사에를 비롯한 '동맹'의 운동가들이 전쟁에 협력하면서까지 간절히 얻으려고 했던 여성 참정권은 결국 1946년, 일본이 태평양전쟁에서 패전하고 나서 연합군의 점령 당국에 의해서 주어집니다. 그토록 바라던 참정권을 일본을 패망시킨 점령군으로부터 받게 되었던 것입니다. 우리에게도 익숙한 맥아더 장군이 전후 일본 개혁을 위해 내건 다섯 가지 목표 중에 첫 번째가 바로 '여성해방'이었다고 합니다. 여성들은 패전의 슬픔에 울어야 할까요, 참정권 획득에 웃어야 할까요. 그런데 만약 일본이 전쟁에서 승리했다면, 남자들은 여자들에게 순순히 참정권을 주었을까요?

나가며
— 한일의 역사 속에서 미래를 위한 여성을 찾는다면

종종 "왜 일본 여성들은 지금도 그렇게 보수적인가?"라는 질문을 받습니다. 제8강 강의 내용이 이 질문에 대한 완전한 대답이 될 수는 없지만 일본의 역사를 살펴보면 조금은 이해가 됩니다. 스스로를 선량한 국민으로 끊임없이 어필해야만 했던 근대 일본 여성의 삶, 페미니즘 중에서도 '양날의 검'일 수밖에 없는 '모성 페미니즘'이 중심이 될 수밖에 없었던 사회적 분위기가 현재 일본 여성들의 모습과도 관련 있는 게 아닐까 생각해 봅니다.

그런데 오늘날 교육, 건강, 정치, 경제 분야 등에서 남성과 여성 간의 차이를 수치화해서 순위를 매긴 '젠더갭 지수Gender Gap Index'를 보면, 사실 한국과 일본은 대체로 순위가 비슷합니다. 2023년 기준 종합 순위에서는 한국이 105위, 일본이 125위를 기록했습니다. 오늘날 한국과 일본은 여러 분야에서 세계의 톱을 넘보는 선진 국가가 되었는데, 이런 부분에서는 OECD 국가들 가운데 최하위권, 전 세계적으로 100위권 밖에서 사이좋게 어깨를 나란히 하고 있습니다. 서로가 서로를 위로로 삼는 관계라고나 할까요.

다시 쓰다 우메코로 돌아가겠습니다. 2023년 현재 일본의 5,000엔권 지폐의 얼굴은 히구치 이치요樋口一葉라는, 스물네 살의 젊은 나이에 결핵으로 사망한 소설가입니다.(fig.15) 어쩌면 이 사람은 근대 일본에서 재능은 있으나 불우했던 가녀린 여성의 삶을 상징하는 인물인 듯합니다만, 2024년 발행되는 신권에는 쓰다 우메코의 초상화가 사용된다고 합니다.(fig.16) 우메코

15

16

fig. 15
히구치 이치요 초상이 담긴 구권

fig. 16
쓰다 우메코 초상이 담긴 신권

가 여성의 고등교육, 나아가 여성의 사회 진출을 적극적으로 장려했고, 그 자신도 도전을 거듭한 진취적인 인물이었던 것을 고려해 볼 때, 조금은 일본 사회를 위해 긍정적인 메시지가 담긴 결정이 아닐까, 애써 그렇게 생각해 보고 싶습니다. 자연스레 이어지는 상념입니다만, 지금은 신사임당이 들어 있는 한국의 50,000원권 지폐의 인물을 혹시 다시 한번 우리 손으로 결정할 기회가 생긴다면, 여러분은 어떤 인물이 좋다고 생각하는지요?

주

1. 일본에서 '여성'이라는 용어가 본격적으로 사용된 것은 1920년대부터로 남성과 대등하게 마주하고자 하는 정치적 의미가 담긴 것이었습니다. 반면 '여자'는 기본적으로 미성년자를 지칭하며, 만일 성인에게 사용한다면 의도적으로 특별한 뉘앙스를 담으려 한 것입니다. 이 글에서 '여성교육'이 아니라 '여자교육'이라 한 것은 미성년인 여성에 대한 교육을 의미하기 때문일 뿐 아니라, 당시 사용된 일종의 역사용어이기 때문입니다.
2. Umeko Tsuda, Yoshiko Furuki, eds., The Attic Letters: Ume Tsuda's Correspondence to Her American Mother, Weatherhill, 1991, p.32, (1883. 1. 6).
3. Umeko Tsuda, Yoshiko Furuki, eds., The Attic Letters: Ume Tsuda's Correspondence to Her American Mother, Weatherhill, 1991, pp.33~34 (1883. 1. 16).
4. Umeko Tsuda, Yoshiko Furuki, eds., The Attic Letters: Ume Tsuda's Correspondence to Her American Mother, Weatherhill, 1991, p.69, (1883. 5. 23).
5. "The Education of Japanese Women," 津田塾大学編, 『津田梅子文書』, 1984, p.21.
6. 市川房枝, 『市川房枝自傳(戰前編)』, 新宿書房, 1971, 433쪽.
7. 市川房枝, 「私の頁」(『女性展望』 11-9, 1937. 9) 『市川房枝集』 4, 日本図書センター, 1994, 19쪽.
8. 市川房枝, 「私の頁」(『女性展望』 11-9, 1937. 9) 『市川房枝集』 4, 日本図書センター, 1994, 20쪽.
9. 市川房枝, 「私の婦人運動ー戦前から戦後へ」, 『歴史評論』編集部編, 『近代日本女性史への証言』, ドメス出版, 1979, 68~69쪽.

더 읽을 거리

- 권숙인 등 엮음,『젠더와 일본 사회』, 한울, 2016.
- 박훈 외,『근대 일본인의 국가인식: 메이지 인물 6인의 삶을 관통한 국가』, 빈서재, 2023.
- 이은경,『근대 일본 여성 분투기』, 한울, 2021.
- 이은경,「모성 참정권 전쟁 그리고 국가: 근대 일본 여성운동의 통시적 고찰」,『비교문화연구』 43, 경희대 비교문화연구소, 2016.
- 가노 마사나오 지음, 이은경 옮김,『부인·여성·여자: 남자가 읽은 일본 여성사』, 빈서재, 2024.

① 쓰다주쿠대학 캠퍼스

쓰다주쿠대학의 캠퍼스는 1900년 설립 이래 수차례에 걸쳐 이전해 왔다. 전신인 '여자영학숙'이 처음 세워진 곳은 도쿄 중심지인 고지마치구麴町區 이치반초一番町였고, 이후 모토조노초元園町를 거쳐 1903년 고반초五番町로 확장·이전했지만, 1923년 9월 간토대지진으로 건물이 전소되었다. 설립자인 쓰다 우메코의 교육이념을 이해하여 설립 직후부터 줄곧 학교 운영과 교육을 함께 해오던 안나 하츠혼Anna Hartshorn이 즉시 미국으로 달려가 구제모금활동을 전개했고, 그녀의 헌신적인 노력으로 이듬해 초부터 가건물을 짓고 신속하게 교육을 재개할 수 있었다.

미국 각지에서 '여자영학숙 임시구제위원회'의 모금활동이 활발히 이루어져 거액의 지원금이 모인 덕택에, 1931년에는 고다이라小平에 새 캠퍼스를 조성하고 이전하게 되었다. 중앙의 본관은 하츠혼 홀로 명명되었고, 당시로서는 일본 최고 수준의 최신 설비를 갖춘 두 동의 기숙사가 추가로 지어졌다. 전쟁이 끝난 후인 1948년 새로운 교

쓰다주쿠대학 캠퍼스

육제도에 입각해 '쓰다주쿠대학'의 설립이 인가되었고, 이후 도서관, 어학연구소, 학생 기숙사, 채플 등이 순차적으로 건축되어, 지금의 쓰다주쿠대학 캠퍼스에 이르렀다. 1984년 쓰다 우메코의 영문편지가 하츠혼 홀의 다락에서 다량 발견되었고, 캠퍼스 한 켠에는 관심이 없으면 인지하지 못할 정도로 매우 소박하게 우메코의 묘가 조성되어 있다.

안전과 면학 분위기 유지를 위해, 외부인이 방문할 경우 정문에서 간단한 등록이 필요하고, 캠퍼스 안에서는 내부인에게도 자전거나 차량의 이용이 제한된다. 외부인이 접근하기는 어렵겠지만, 외국인 학생과 점심을 먹으며 함께 떠들 수 있는 외국어 수다방チャット·ルーム 하루 판매 수량이 정해진 푸딩을 비롯한 고급 디저트가 유명한 카페르포カフェ·ルポ 등도 쓰다주쿠대학의 특징을 보여주는 공간이라 할 수 있다.

https://www.tsuda.ac.jp/
니시고쿠분지선西國分寺線 다카노다이역鷹の台驛 하차 도보 8분
JR 무사시노선武藏野線 신고다이라역新小平驛 하차 도보 18분

② 자유학원 묘니치칸

도쿄 이케부쿠로역 부근에 위치한 묘니치칸明日館은 근대 일본 그리스도인으로서 여성계몽과 교육사업에 종사했던 하니 모토코羽仁もと子와 하니 요시카즈羽仁吉一 부부

에 의해 1921년 설립된 학교인 자유학원自由學園의 건물로, 근대 일본의 대표적 건축물인 제국호텔을 설계한 프랭크 로이드 라이트Frank Lloyd Wright와 그의 제자인 엔도 아라타遠藤新에 의해 설계·건축되었다. '묘니치칸'이라는 이름은 설립자 부부가 자유학원과 일본 교육의 '내일(明日)'에 대한 기대를 담아 이름 붙인 것으로, 중앙과 동서 두 동을 합해 총 3개의 건물이 연결된 형태로 이루어져 있으며, 별도의 강당은 1927년 엔도 아라타遠藤新에 의해 건축되었다.

자유학원이 학교 규모의 확대와 학생 수의 증가로 1934년 히가시쿠루메시東久留米市에 대규모 부지를 확보해 이전한 후, 묘니치칸은 주로 졸업생의 활동 거점으로 사용되었다. 1923년의 간토대진재나 태평양전쟁 등의 격변 중에도 다행히 피해를 입지 않았고, 1997년 국가 중요문화재로 지정된 이후에는 원형 복원, 항구성 유지, 활용성 강화를 3원칙으로 삼아 순차적으로 보존 수리 및 내진 설비가 이루어졌다. 목재를 이용한 기하학적인 창틀이나 독특한 디자인의 가구, 수리공사 중에 발견된 학생 제작 벽화, 일본 최초로 학교 단체급식이 실시되었다는 현장인 식당 등이 대표적인 볼거리이지만, 정원이나 강당을 비롯한 부지 안의 공간 자체가 근대 일본의 독특한 분위기를 보존하고 있다.

현재 각종 모임이나 콘서트, 방송 촬영 등에 대여 중이며, 음료 제공 및 소규모 전시 관람과 같은 서비스를 포함한 유료 견학 프로그램을 제공하는 등, '사용함으로써 문화재 가치를 보존'하는 이른바 '동태보존動態保存'의 모델로서 운영되고 있다. 각종 행사 개최 등으로 활발하게 활용되고 있는 만큼, 견학을 하려면 사전에 홈페이지에서 견학 가능한 날을 미리 확인할 필요가 있다.

https://jiyu.jp/
JR 및 도쿄메트로 이케부쿠로역池袋驛 메트로폴리탄 출구에서 도보 5분
JR 야마노테선山手線 메지로역目白驛에서 도보 7분

이승희

부산대학교 사학과 교수. 지금까지 주로 근대 일본의 동아시아 침략 과정 속에서 일본군 헌병과 경찰이 담당한 역할에 관해 연구해 왔다. 저서로는 『韓国併合と日本軍憲兵隊』(新泉社, 2008), 번역서로는 『재일코리안의 전후사: 고베 암시장을 누빈 문동건의 못다 이룬 꿈』(민속원, 2023)이 있으며, 그밖에 『주권의 야만: 밀항, 수용소, 재일조선인』(한울아카데미, 2017), 『동서양 역사 속의 다문화적 전개 양상 2』(경진출판, 2015) 등 다수의 공저와 학술논문을 발표했다.

9

제국의 헌병, 식민지 조선을 지배하다

/ 이승희 부산대 사학과 교수

徴兵免役心得

들어가며
— 왜 일본의 헌병제도를 이해해야 할까

반갑습니다. 제9강 강의를 맡게 된 이승희입니다. 저는 일본에서 12년 정도 유학을 하고 2007년에 한국으로 돌아와, 대통령 소속 친일반민족행위진상규명위원회에서 전문위원으로 근무했습니다. 위원회가 해산된 다음에는 동국대학교 일본학연구소와 동덕여자대학교 일본어과를 거쳐, 2021년부터 부산대학교에 재직하고 있습니다. 전공은 일본근대사, 그중에서도 주로 군대와 관련된 역사인 '군사사'입니다. 제9강에서는 군대, 그중에서도 헌병에 대해 이야기를 하려고 합니다. 어쩌면 제1강부터 제8강까지의 내용과는 약간 결이 다른 이야기가 될 수도 있겠네요.

일본의 근대사는 사실상 침략의 역사라고 할 수 있습니다. 근대의 일본은 대만을 시작으로 조선, 만주, 중국, 마지막에는 태평양 전체로까지, 그야말로 침략 행위의 '폭주'를 멈추지 않았습니다. 그 첫 번째 타깃으로 삼은 곳은 대만이었지만, 사실 메이지유신 직후부터 일본이 가장 원하던 지역은 바로 조선[1]이었습니다. 조선은 여러 가지 의미에서 일본 식민 지배의 모델이자

시험장이었습니다. 조선에서 먼저 실시된 여러 정책이, 다른 지역으로 확대 적용되는 사례들을 다양하게 확인할 수 있습니다. 조선 침략의 선봉에 섰던 헌병제도도 바로 그러한 사례 중의 하나라고 할 수 있습니다.

본격적인 이야기에 앞서 먼저 일본의 헌병제도에 대해 개관하도록 하겠습니다. 사실 헌병제도는 다른 나라에도 많이 있지만, 헌병을 이용해 피지배 지역을 지배하고 식민지의 민중을 탄압하는 도구로 사용한 것은 일본 헌병제도만의 독특한 특징입니다. 일본은 메이지유신 이후 서구 열강으로부터 많은 제도와 시스템을 받아들이면서 이를 바탕으로 일본만의 독자적인 제도를 만들어 냈습니다. 이를테면 서구 열강의 군주제와 비슷하면서도 다른 천황제 같은 것이 그렇습니다. 헌병제도도 마찬가지입니다. 일본은 프랑스의 헌병제도를 모델로 삼았지만, 이 제도가 일본 사회에 실제로 적용될 때는 상당 부분 바뀌었지요. 일본의 육군은 헌병에 의한 제국 지배를 꿈꿨습니다. 그리고 일본이 '헌병에 의한 지배'를 시험하고 발전시킨 곳이 바로 '식민지' 조선이었으므로, 일본이 조선에서 운용한 헌병제도를 이해하는 것은 중요한 의미가 있다고 할 수 있습니다.

일본 헌병제도의 기원

'헌병憲兵'이라는 명칭은 근대 이전에는 존재하지 않았던 말로, 메이지시기 일본인들이 만들어 냈습니다. 일본이 프랑스의 헌병을 모델로 하여 이와 유사한 제도를 만들려고 했을 때, 처음에는 '군의 경찰'이라는 의미를 강조해서 '경병警兵' 또는 '군경軍警'이라는 명칭을 사용하는 것도 고려했습니다. 그러나 천황의 명령을 받아 군의 군기를 단속하고 질서를 유지하는 역할을 하는 만큼 그 명칭도 좀 더 근엄하고 지고한 느낌이 나도록 해야 한다고 생각해서 최종적으로 '헌병'이라는 이름이 선택되었습니다. 법 중에서 가장 지고한 법을 '헌법憲法'이라고 부르는 것처럼, 병사 중에서 제일 뛰어난 병사라는 의미에서 '헌'자를 붙여 '헌병'이라는 명칭을 고안해 낸 거지요. 우리나라도 일본의 영향으로 해방 이후에도 줄곧 이 명칭을 사용해 왔습니다.

다만 해방 이후 헌병제도 자체는 미국의 영향을 많이 받았습니다. 미국에서는 헌병을 밀리터리 폴리스Military Police, 줄여서 MP라고 부릅니다. MP는 말 그대로 군사경찰이라는 의미로, 오직 군대에서만 경찰권을 행사합니다. 이것이 가장 좁은 의미의 헌병인 동시에 우리가 이해하는 헌병의 개념에 가깝지요.

그런데 일본이 모델로 삼은 프랑스식 헌병제도는 이와는 달랐습니다. 19세기 프랑스의 헌병은 군대에서만 경찰권을 갖는 것이 아니라, 민간에서도 경찰권을 가지고 있었습니다. 민간에도 경찰권을 행사하는 헌병이라고 하면, 일제의 무단통치를 상징하는 가장 악랄하고 무도한 방식인 '헌병경찰제도'를 떠올리게 됩니다. 바로 이 제도의 기원이 프랑스식 헌병제도였습니다.

사실 당시에는 프랑스식 헌병제도가 프랑스만이 아니라 이탈리아, 스페인, 독일, 러시아 등 대부분의 유럽 국가들이 채용한, 말하자면 당시 유럽 대륙의 표준이었습니다. 다만 영국은 프랑스와는 달리 헌병이 군인과 군속의 비위만 단속하는 제도를 운용하고 있었고 미국도 영국식의 헌병제도를 따랐으므로 '영미법'하의 헌병제도는 유럽 대륙에서 보편적이었던 헌병제도와는 차이가 있었습니다. 우리나라는 해방 이후에 미국의 헌병제도를 받아들였으므로 헌병이라고 하면 으레 군인에게만 경찰권을 행사하는 존재로 이해하게 되었습니다. 그러나 본래 헌병은 민간에 대한 경찰권도 가지고 있는 것이 오히려 일반적이었습니다.

일본은 어떻게 헌병제도를 도입했을까

일본은 1881년에 헌병제도를 도입합니다. 당시 육군의 수장은 사쓰마번 출신인 오야마 이와오大山巖라는 인물로 프랑스 유학파였습니다. 참고로 오야마는 제8강에서 등장한 쓰다 우메코와 함께 유학을 떠난 '트리오' 중 야마카와 스테마쓰의 남편이기도 합니다. 사쓰마번은 조슈번과 함께 메이지유신을 일으킨 핵심 세력이었습니다. 물론 메이지유신에는 사쓰마와 조슈만이 아니라 도사라든가, 히젠 같은 번들도 역할을 했지만, 가장 핵심적인 두 세력은 사쓰마와 조슈였습니다. 이 두 번의 군사력이 기반이 되어서, 구체제의 상징인 에도막부를 뒤집어엎고 새로운 정부를 세울 수 있었습니다. 때문에 메이지 신정부에서는 사쓰마와 조슈 출신의 유력자가 중요한 직위를 독점했습니다. 그래서 이들을 번벌藩閥 세력이라고 부르기도 합니다. 그런데 사쓰마와 조슈 출신 번벌들은 항상 세력 다툼을 벌였고, 이들의 세력 다툼이 국가와 군대 제도에도 큰 영향을 미치게 됩니다.

과거 에도막부는 프랑스의 군사 제도를 도입했습니다. 그래서 막부 말기에는 프랑스에서 일본으로 건너온 교관들이 막부의 병사들을 훈련시켰습니다. 나중에 사쓰마와 조슈가 막부를 쓰러뜨리고 신정부를 세웠지만, 그들도 막부가 프랑스와 맺어온 관계를 하루아침에 끊어버리지 않고 교류를 해왔고, 프랑스 교관 파견도 지속되어서 많은 영향을 받았습니다.(fig.1) 또한 많은 일본인도 프랑스로 유학을 다녀옵니다. 그들 역시 사쓰마와 조슈 번벌 출신이 많았는데, 헌병제도를 도입한 오야마도 그중 한 명이었습니다. 이처럼 일본은 막부 말기부터 신정부 초기까지 일관되게 프랑스식 육군 건설을 모범으로 해왔기 때문에, 일

fig. 1

메이지 신정부에 파견된 프랑스 교관단

본이 프랑스의 헌병제도를 받아들인 것도 어쩌면 당연한 수순이었습니다.

그런데 메이지 신정부가 들어선 지 얼마 되지 않아, 사쓰마번에서 내란이 일어났습니다. 그 반란의 선봉에 선 사람은 다름 아닌 '유신삼걸' 중 한 사람인 사이고 다카모리였습니다. 이것이 이른바 '세이난西南 전쟁'입니다. 재미있는 것은 반란의 주축이 사쓰마의 사족, 즉 무사(사무라이) 출신이었는데, 이 반란의 진압을 진두지휘한 인물도 사쓰마 출신의 내무경內務卿 오쿠보 도시미치였다는 것입니다. 오쿠보가 세이난 전쟁에서 자기의 동지였던 사이고를 제압해 간신히 신정부 안에서 사쓰마의 체면을 유지할 수 있었습니다.

그런데 이때 사쓰마의 사족으로 구성된 반란군을 진압하기 위해서 앞장세웠던 메이지 신정부의 군대는, 주로 농민 출신의 평민을 징병해 조직한 군대였습니다. 봉건시대 일본에서 농민들은 병역의 의무를 전혀 지지 않았습니다. 병역의 의무는 오직 무사에게만 부여되었고, 이것은 무사의 의무인 동시에 특권이었습니다. 그렇다 보니 농민들이 처음부터 기꺼이 징병에 응했던 것은 아닙니다. 오히려 도살장에 끌려가는 소처럼 억지로 끌려갔다고 하는 편이 더 사실에 부합합니다. 더군다나 이 당시 징병제도에는 면제 조항이 많았으므로 조금이라도 형편이 되는 사람들은 면제를 받을 수 있는 길이 있었습니다. 예를 들면 첫째 아들이면 징병을 면제받았고, 일정 금액을 납부하면 면제받을 수 있었으며, 또 본인이 직접 입대하지 않고 대리인을 보내는 것도 가능했습니다. 심지어 이 당시에는 징병 면제 매뉴얼인 『징병면역심득徵兵免役心得』이 베스트셀러에 올랐을 정도였습니다.(fig.2) 이런 상황에서조차 징병을 피하지 못하고 끌려온 사람들은 이른바 '흙수저'였습니다. 이렇게 억지로 끌려온 사람들로 이루어진 군대였기에 사기가 높을 수가 없었지요.

이렇게 급조된 군대는 반란을 일으킨 사쓰마의 사족들을 진압하기 위해서 투입되었습니다. 당시 정부의 속셈은 국민개병의 원칙에 따라 조직된 군대가 과거의 유산인 사족들로 조직된 반란군을 격파함으로써, 일본이 얼마나 성공적으로 근대화 작업을 이루어 나가고 있는지를 보여주는 것이었습니다. 그러나 정부의 기대와는 달리 억지로 끌려온 사람만으로 급조된 군대가 독이 오를 대로 오른 반란군을 이기는 것은 불가능했습니다. 게다가 농민 출신으로 구성된 병사들에게 사족들은 불과 몇 년 전까지만 해도 얼굴을 마주하기도 어려운 상전이었습니다.(fig.3)

결국 정부군은 사쓰마의 반란군에게 전쟁 시작부터 어이없이 박살이 나고 맙니다. 비록 정부군이 근대적 무기인 총으로 무장했지만, 사무라이들이 칼을 빼 들고 달려들자 기백에 눌려서 총도 내버리고 도망치기에 급급했던 거지요. 이런 상황이 반복되자 정부는 병사들에게 지급되는 총에 천황가의 상징인 국화 문양을 새겨 넣고, 천황이 지급한 총을 내버리는 자는 엄하게 벌하

fig. 2
병역을 면제받는 방법을 소개하는 책자『징병면역심득』
(이나바 에이코稲葉永孝 해설, 1879년 발행)

fig. 3
징병당한 병사들의 모습(1874년경 촬영)

2

3

fig. 4

우타가와 요시토라歌川芳虎, 〈가고시마 시로야마 전쟁도〉, 1877년.

세이난 전쟁의 최종 국면인 시로야마 전투를 그린 우키요에로 반란군과 전투를 벌이는 경찰(검은 제복)의 모습이 보인다.

겠다고 엄포를 놓았습니다. 그렇게 해서 달라진 거라고는 병사들이 총을 버리고 도망가는 대신 총을 들고서 도망가게 되었다는 것뿐이었습니다. 이처럼 징병으로 조직된 군대가 반란군을 진압하는 데 실패하는 가운데, 당시 신정부 쪽에서는 유일하게 싸울 만한 전투 조직이 있었습니다. 바로 경찰이었지요.

세이난 전쟁의 마지막 국면인 시로야마 전투를 묘사한 니시키에(채색목판화)를 보면, 검은 제복을 입고 칼을 빼든 채 돌진하는 사람들이 보이는데, 이들이 바로 경찰입니다.(fig.4) 그런데 당시 경찰들은 대부분 사쓰마번 출신이었습니다. 신정부는 같은 동향 사람들끼리 총칼을 겨누고 싸우도록 만들었던 거지요. 그렇다면 어째서 경찰 조직은 사족과 대적할 수 있을 정도의 무력을 갖추고 있었던 걸까요? 메이지유신 직후에 신정부가 직업을 잃은 사족을 구제하기 위해 검술이 뛰어난 실력자를 한꺼번에 경찰로 뽑았기 때문입니다. 당시에는 경찰이 상당히 좋은 일자리였으므로, 특히 사쓰마번 출신 사족이 메이지유신을 이끈 공훈을 인정받아서 대거 등용되었습니다. 그러다 보니 국가의 치안을 유지하는 기관인 경찰 내에 사쓰마의 세력이 점점 커지게 되었습니다.

결국 정부군은 경찰의 활약으로 반란군을 물리치는 데 성공했습니다. 그런데 이 모습을 불안하게 바라보고 있는 세력이 있었습니다. 바로 사쓰마의 라이벌인 조슈 번벌 세력이었지요. 사쓰마의 사족이 반란을 일으켰지만 사쓰마 출신 사족들로 이루어진 경찰이 그 반란을 진압했기 때문입니다. 조슈 번벌 세력은 사쓰마 사람들이 주축이 된 경찰 세력이 너무 강해질까 봐 불안을 느끼고, 경찰을 견제하기 시작했습니다. 경찰 조직을 견제하는 가장 좋은 방법은 또 다른 경찰 조직을 만드는 것이었습니다. 그래서 프랑스식의 헌병제도를 도입하게 되었지요. 헌병제도를 들여와 일본에 경찰 기능을 하는 기구를 두 개로 만든다면, 사쓰마의 아성인 경찰에 대항하는 조슈만의 조직을 만들 수 있다고 생각했던 것입니다.

세이난 전쟁이 몰고 온 또 한 가지 결과에 대해서도 살펴볼 필요가 있습니다. 반란을 일으킨 사쓰마번은 메이지유신을 일으킨 주요 세력 중의 하나였을 만큼, 봉건 세력 중에서는 가장 강력한 무력을 소유한 집단이었습니다. 그런 사쓰마가 총칼을 들고 봉기했으나 신정부에 패배했습니다. 사쓰마의 패배는 이제 일본 안에서 더는 신정부에 대적할 만한 세력이 없음을 의미했습니다. 그런데도 여전히 신정부에 불만을 품은 사족들이 있었고, 그들이 무장봉기 대신에 선택할 수 있는 유일한 저항 수단은 바로 칼이 아닌 붓으로 싸우는 것이었습니다.

당시 사족들은 일본 사회에서 드문 식자층이었습니다. 그래서 자신들이 읽고 학습해 온 여러 가지 지식을 활용해, 중앙 정치 무대가 아니라 재야에서 정치적인 주장을 펼치는 운동을 전개합니다. 특히 이들은 '입헌정치'를 중요한 기치로 내걸었습니다. 메이지 신정부가 근대화, 서구화를 전면에 내세워서 정권의 이니셔티브를 잡았다면, 경쟁에서 밀려난 사람들은 '입헌정치'라는 새로운 슬로건으로 이니셔티브를 잡으려고 시도했던 것입니다. 이처럼 입헌정치를 주장하는 재야 정치 세력의 활동을 통칭해 '자유민권운동'이라고 부릅니다.

세이난 전쟁 이후 이타가키 다이스케板垣退助 등이 주도한 자유민권운동은 사쓰마와 조슈 번벌 세력의 권력 독점을 비판하고 헌법 제정과 국회 설치로 권력을 분산할 것을 주장하며, 곧 일본 사회 저변에서 상당한 지지를 얻게 되었습니다. 심지어 그 영향력이 군대 내부에까지 미치게 되자, 반란군을 무력으로 진압하는 데 성공한 신정부조차도 재야 세력의 정치 활동에 심각한 위기를 느끼게 되지요. 특히 군대의 사상이 오염될 수도 있다는 점은 신정부의 큰 걱정거리였습니다. 마침 이 시기에 세이난 전쟁 직후 진행된 논공행상 과정에서 제대로 보상받지 못했다고 느낀 육군 근위병 부대가 천황이 거주하는 황거皇居로 이어지는 다케바시竹橋 다리 부근에서 반란을 일으키는 초유의 사태가 벌어졌습니다. 가뜩이나 자유민권사상의 유입으로 군의 기강이 해이해져 걱정했던 육군 수뇌부는, 이 사태를 계기로 군기를 확실하게 다잡으려는 방안을 강구한 끝에, 역시 헌병제도를 도입하기로 했습니다. 이처럼 헌병제도는 사쓰마와 조슈의 세력 다툼뿐만 아니라 일본 정부와 자유민권운동 세력 간의 충돌 등 다양한 사회적 동인 속에서 도입하게 되었습니다.

광범위한 경찰권을 보유한 헌병

이러한 배경 속에서 당시 육군경陸軍卿이자 프랑스 유학파였던 오야마 이와오가 헌병제도를 도입하는 데 찬성했습니다. 그런데 사쓰마 출신이었던 오야마가 사쓰마 출신이 주축을 이루고 있는 경찰 세력을 견제하려고 헌병제도 도입에 찬성한 것은 다소 의외로 비칠 수 있습니다. 물론 사쓰마는 반란을 일으킨 전력 때문에 육군 안에서 조슈 세력에 밀려 발언권이 약해진 상태였습니다. 이 당시 일본 군대의 인사人事에 대해서, "육군의 조슈, 해군의 사쓰마"라는 말이 있을 정도로, 육군의 요직은 대부분 조슈 출신들에게 넘어가고, 사쓰마는 육군보다 상대적으로 덜 중요한 해군으로 밀려났던 것입니다. 그래서 오야마도 헌병제도를 도입하는 데 반대하지 못했습니다.

그런데 또 다른 이유가 있었습니다. 오야마는 훗날 왜 헌병 설치를 허락했냐는 질문에 헌병제도가 무엇인지 잘 몰랐지만 유럽 여러 나라가 이 제도를 운용하고 있었기에 일본도 도입하기로 결정했다고 대답한 적이 있습니다. 즉 오야마 자신도 헌병제도가 무엇인지 제대로 모르는 채 도입을 결정했다는 거지요.

결국 헌병제도는 사쓰마 출신이 주축이 된 경찰 세력도 견제하는 한편, 해이해진 군의 기강도 잡을 수 있을 거라는 다소 모호한 생각에서 도입하기로 결정됩니다. 그리고 사실 일본은 태평양전쟁이 끝날 때까지 헌병제도를 도대체 어떻게 운용하는 건지 제대로 이해하지 못한 채 패전을 맞이하게 됩니다. 다만 일본은 헌병제도를 도입하고 보니, 헌병을 굉장히 다양한 곳에 활용할 수 있다는 것을 깨닫습니다. 한 마디로 육군의 입맛에 따라 정적을 제거하거나 반대 세력을 억누를 때, 또는 민중을 억압하고 피지배 민족을 탄압할 때 아주 편리하게 사용할 수가 있었습니다. 특히 일본에서는 점차 육군의 정치력이 강화되었으므로 헌병이 육군에게는 정말로 편리하고 강력한 도구가 되었습니다.

헌병이 이처럼 육군의 심부름센터이자 만능 재주꾼으로서 다양한 역할을 할 수 있었던 이유는 헌병이 경찰권을 가지고 있었기 때문입니다. 더군다나 헌병은 군대에서만이 아니라 민간에까지도 경찰권을 가지고 있었습니다. 그러므로 헌병만 장악을 한다면, 사실상 일본 안의 모든 치안을 자기 마음대로 할 수가 있었던 거지요. 세이난 전쟁 이후 육군 안에서 사쓰마 세력이 약해지자, 사실상 조슈 출신 세력이 헌병을 완벽하게 장악해 자기의 수족처럼 부리게 됩니다.

예를 들어 헌병을 잘 활용한 인물로는 우리에게도 'A급 전범'으로 이름이 익숙한 도조 히데키東條英機(1884~1948)가 있습니다. 도조 히데키는 만주에서 관동헌병대 사령관을 역임하면서 헌병 조직의 유용함을 깨달았습니다. 그리고 이 당시 헌병사령관으로서 쌓은 인맥을 고스란히 가지고 일본 본국으로 돌아와서 총리대신이 된 다음, 헌병 정치를 시작했습니다. 헌병을 수족처럼 부리며 모든 권력을 장악하고 반대 세력들을 탄압하는 도조 정부의 모습을 보며, 당시 사람들은 '도조 막부'라고 부르기도 했습니다.

이처럼 일본의 헌병이 막강한 권한을 가질 수 있었던 이유가, 바로 일본이 모델로 삼은 프랑스 헌병이 본래부터 광범위한 경찰권을 가지고 있었기 때문입니다. 앞서 이야기한 것처럼 프랑스의 헌병은 군사경찰권과 보통경찰권을 모두 가지고 있었습니다. 그래서 일본의 헌병 조례에 헌병은 주로 군사경찰을 관장하는 동시에, 행정경찰과 사법경찰도 겸한다고 되어 있습니다. 요약하자면 헌병은 군사경찰권과 보통경찰권을 집행할 자격이 있는 육군 군인이었습니다.

프랑스 헌병제도와 일본의 헌병제도는 어떻게 다를까

프랑스에서는 헌병을 장다름Gendarme, 헌병대를 장다르므리Gendarmerie라고 부릅니다. 이 장다름 또는 장다르므리의 기원은 나폴레옹 황제 시대까지 거슬러 올라갑니다. 프랑스혁명 이후 등장한 나폴레옹이 '해방'이라는 명목으로 유럽 대륙의 여러 나라를 침략하면서 점령지가 급격하게 늘어나자, 넓은 점령지의 치안을 효율적으로 유지하고자 당시 기병들에게 경찰권을 부여했습니다. 그래서 말을 탄 기병이 길이가 짧은 소총인 카빈을 들고 다니면서 경찰 업무를 담당했는데, 이들이 헌병의 기원이 된 것입니다. '장다름'이라는 명칭도 본래는 그저 '무장한 사람'을 뜻하는 말이었습니다. 그리고 이 형태가 고스란히 내려와서 현재 프랑스의 헌병대도 여전히 경찰과 동일하게 일반 경찰 업무를 담당하고 있습니다.

앞서 언급한 것처럼, 미국과 영국의 헌병제도는 헌병이 군대에 소속되어 있는 군인 또는 군속의 비위만 단속할 수 있었습니다. 이에 비해서 프랑스를 포함한 대다수 유럽 국가들의 헌병제도는 헌병이 군사경찰과 보통경찰의 모든 권한을 다 가지고 있었습니다. 사실 미국과 영국을 제외한 대부분의 국가는 프랑스식의 헌병제도를 채용하고 있었습니다. 심지어 아르헨티나를 포함한 남아메리카의 나라도 마찬가지였습니다.

물론 일본의 헌병제도와 프랑스의 헌병제도가 완전히 똑같은 것은 아니었습니다. 사실 일본이 도입한 헌병제도는 원래 프랑스의 헌병제도와 비교하면 상당히 개조되고, 혹은 변질된 제도였습니다. 무엇보다 일본의 헌병은 육군 병과의 하나로 육군대신의 관할에 속해 있었으므로 육군의 힘이 강하게 작용했습니다. 헌병은 특히 천황으로부터 군대의 군기를 단속할 수 있는 특권을 부여받았다고 생각해서 때로는 계급을 초월한 권한을 행사했습니다. 예를 들어 헌병 최하위 계급인 상등병이라고 하더라도 "천황 폐하의 명"이라고 내세우고 직권을 행사하면 아무리 고위 장교라 하더라도 이것을 정자세로 듣고 따라야만 했습니다. 그만큼 일본의 헌병은 절대적인 권한을 가지고 있었던 거예요.

아울러 우리가 흔히 일본 무단통치의 가장 악랄한 수단 중 하나로 기억하는 헌병경찰제도와 프랑스의 헌병제도가 다른 점은 헌병과 경찰의 상하관계라고 할 수 있습니다. 헌병경찰제도의 경우 헌병이 경찰을 장악하고 지휘 감독을 하는 형태였다면, 프랑스의 경우 헌병이 경찰은 물론이고 육군이나 해군으로부터도 완전히 독립되어 아예 별도의 조직으로 존재한다는 점입니다. 현재도 프랑스의 국가헌병대는 10만 명 가까운 인원으로 구성된 독립 조직입니다. 이들은 작게는 교통경찰의 역할부터 크게는 대테러 진압에 이르기까지 다양한 치안 업무를 수행합니다. 심지어 살인 사건을 수사하기도 합니다. 프랑스에서는 중범죄가 발생하면 이 사건을 경찰에 가져갈지 아니면 헌병에게 가져갈지 선택할 수 있습니다. 재미있는 것은 이 경우 대부분의 프랑스 사람이 경찰보다는 헌병주둔소로 가는 것을 선호한다는 사실입니다. 프랑스에서는 아무래도 경찰에 대한 인식이 그리 좋지는 않은 모양입니다.

일본 본국과 식민지·점령지 헌병제도의 차이

우리나라에서 무단통치의 대명사인 일본 헌병의 이미지는 최악인데, 사실 일본에서도 헌병의 이미지는 좋지 않았습니다. 왜냐하면 앞서 살펴본 것처럼 엄청난 권위를 부여받은 헌병은 항상 감시의 눈을 번뜩이며 군대에 징집된 병사들을 가장 많이 괴롭혔을 뿐만 아니라 전시체제하에서 민간의 일상생활에도 세세하게 간섭했기 때문입니다. 이처럼 완장을 찬 헌병은 조선이나 중국에서만이 아니라 일본 본국에서도 가혹한 행위를 많이 저질렀으므로 '동양의 마왕'이라는 별명이 붙을 정도였습니다. 물론 헌병 출신자들도 이 사실을 잘 알고 있어서 패전 후에 전우회를 만들고 활발히 활동한 다른 병과들과는 달리, 헌병 출신자들은 자기가 헌병이었다는 사실을 숨기려고 해서 전우회를 만들기도 쉽지 않았다고 합니다.

일본에서 헌병이 얼마나 다양한 권한을 가지고 있었는지는 전후에 제작된 영화 포스터를 통해서도 알 수 있습니다.(fig.5) 포스터에서는 헌병이 뭔가 수사를 하는 듯한 모습이 그려져 있습니다. 토막살인 사건도 조사하고, 심지어 유령도 잡았지요. 수사반장과 고스트버스터즈가 따로 없습니다. 이처럼 헌병은 단순히 군대의 경찰 역할만 한 것이 아니라 민간에서도 경찰권을 행사했습니다.

그렇다면 실제로 일본 국내에서 헌병은 어느 정도로 경찰권

fig.5
헌병이 주인공으로 등장하는 영화 포스터,
왼쪽부터 〈헌병과 토막시체 미인〉(나미키 교타로 감독, 1957),
〈헌병과 유령〉(나카가와 노부오 감독, 1958), 〈헌병〉(노무라 히로마사 감독, 1953)

監督 中川信夫
万里昌代
中山昭二
中山昭二
久保菜穂子
三原葉子
天知茂

憲兵
憲
新東宝問題篇
中山昭二
藤田進
堀雄二
小沢栄
片山明彦
三浦光子
岸恵子
製作 児井英生
原作 宮崎清隆
監督 野村浩将
全世界を震えあがらせた!
ニッポンケンペイを素ッ裸にする!!

을 행사할 수 있었을까요? 조선에서 했던 것처럼 화장실이나 개천의 위생 단속 같은 세세한 부분까지 간섭하면서 마구잡이로 경찰권을 행사하지는 않았습니다. 아니, 그럴 수가 없었습니다. 왜냐하면 일본 안에서는 내무성과 같은 별도의 정부 기관이 어느 정도 육군과 헌병을 견제했기 때문입니다. 그래서 헌병은 이론상 권한은 있지만, 다른 기관의 견제를 받아서 그 권한을 제한적으로만 사용할 수 있었습니다.

특히 헌병은 일본의 경찰과 자주 부딪혔습니다. 헌병과 경찰의 직권이 겹치다 보니, 일본 국내의 경찰은 헌병이 개입하는 것을 싫어했습니다. 그래서 정말로 경찰력이 부족해서 혼란과 소요 사태를 진정시킬 수 없을 때, 즉 계엄이 필요한 상황에서만 헌병이 민간에 대한 경찰권을 행사할 수 있었습니다. 참고로 일본에서는 역사상 총 세 번의 계엄 사태가 있었습니다. 1905년에 러일전쟁이 끝난 직후 전쟁의 보상에 대한 불만으로 히비야 공원에서 폭동이 일어났을 때, 그리고 1923년 간토대지진이 일어났을 때, 마지막으로 1936년 육군 장교들이 2·26사건, 즉 쿠데타를 일으켰을 때입니다. 이러한 대규모 민중 소요나 재해, 쿠데타 같은 비상사태 아래에서는 군이 치안을 담당하기 때문입니다. 하지만 평상시에는 헌병이 함부로 보통경찰권을 행사하지 않았습니다.

그러나 식민지와 점령지에서는 사정이 달랐습니다. 대만이나 한반도 같은 식민지나 만주 같은 점령지에서는 육군이 가장 큰 힘을 가지고 있었습니다. 그래서 육군은 이 지역을 자신들 마음대로 다스리기 위해 일상적으로 경찰권을 행사하고자 했습니다. 물론 이것을 무제한으로 허용하면 군부의 힘이 너무 강해지므로 일본의 정치가들이나 법학자들은 어떻게든 헌병의 지위를 일본 국내와 비슷하게 유지하려고 노력했습니다. 그 대표적인 인물이 '평민 재상'이라고 불린 하라 다카시原敬입니다. 유능한 정치가였던 하라 다카시는 식민지를 지배할 때에도 '내지연장주의'를 견지했습니다. '내지'는 바로 일본 본국을 가리킵니다. '연장주의'는 일본 본국에 적용되는 법률 체계를 외지에서도 그대로 연장해서 적용한다는 의미입니다. 그렇게 함으로써 제국 전역을 균일하게 통치할 수 있었습니다. 이런 정치가의 시각에서 보자면, 군부가 식민지와 점령지에서 지나치게 강한 힘을 가지고 자의적으로 권력을 행사하는 것은 도저히 용납할 수 없는 일이었습니다. 하지만 식민지와 점령지에서 육군의 힘은 막강했고, 그들에게 헌병은 너무나 편리한 도구였기 때문에 결국 헌병들이 경찰권을 일상적으로 행사하는 것을 막을 수는 없었습니다.

헌병은 정보기관으로서 어떤 역할을 담당했을까

일본 헌병의 또 다른 특징은 이들이 국가정보기관의 역할을 담당했다는 것입니다. 정보기관이라고 하면 흔히 미국의 CIA나 구소련의 KGB 같은 조직을 떠올리게 됩니다. 그런데 이 당시 일본에는 그와 같은 제대로 된 정보기관이 없었습니다. 그러다 보니 일본은 특히 러일전쟁 때 첩보 수집이 어려워서 러시아군을 상대하는 데 상당히 애를 먹었습니다. 그래서 일본도 정보기관을 조직하기로 했는데, 당장 그 역할을 맡길 만한 조직이 헌병 외에는 없었던 것입니다.

헌병은 군대 조직이니까 이미 군사기밀을 보호하는 방첩 활동 경험이 있었습니다. 게다가 경찰권을 가지고 있어서 정보를 수집하는 데도 유리했습니다. 그래서 헌병은 처음에는 러시아의 밀정들, 특히 러시아에 고용된 중국인 밀정들을 잡는 방첩 활동 중심으로 활동하다가 차츰차츰 노하우가 쌓이면서 자체적으로도 밀정을 운용하게 됩니다. 만주사변 이후에는 적극적으로 많은 밀정을 고용해서 여러 가지 정보전도 전개합니다.

정보기관인 헌병은 밀정을 잘 활용할 필요가 있었습니다. 밀정을 얼마나 잘 다루느냐가 헌병의 능력을 가늠하는 기준이 될 정도였습니다. 그래서 중국이나 만주에 파견된 헌병들은 때로는 조직에서 지급된 비자금으로, 때로는 사비를 털어서라도 밀정들을 고용해서 정보를 모았습니다. 마치 회사의 사장님처럼 자기가 직접 고용한 밀정들로 독자적인 조직을 꾸려서 운용하는 사람들이 많았습니다. 그 정도로 헌병은 스파이 활동에 열심이었습니다. 한반도도 예외는 아니었습니다. 러일전쟁 당시부터 헌병들은 이미 다수의 조선인을 밀정으로 고용해서 활용했습니다. 그 당시 일본에 고용된 밀정의 리스트가 아직도 남아 있습니다.

러일전쟁 당시 밀정들에게 활동비를 지급한 내역을 적은 수령증도 남아 있습니다.(fig.6) 여기에는 어디에서 어떠한 행위에 대해 얼마를 주었다는 내용과 함께 수령인 도장이 찍혀 있습니다. 헌병은 이처럼 조직의 '기밀비'에서 밀정들에게 활동비를 지급하고 그 내역을 상세하게 정리해 상급 부대에 보고했습니다. 이 보고는 최종적으로 육군대신에게 올라갑니다. 이런 자료들이 일본 방위성이 소장 중인 문서에 남아 있어서, 누가 어디서 어떠한 밀정행위를 했는지를 잘 파악할 수 있습니다.

헌병이 정보기관의 역할을 했다는 것은 상당히 중요한 의미가 있습니다. 특히 중일전쟁 이후가 되면, 일본이 전시체제에 돌입하게 됩니다. 전시체제에서는 군이 전쟁을 수행하기 위해서 민간으로부터 모든 것을 다 동원할 수 있게 됩니다. 즉, 일본 사회에서 군의 힘이 그만큼 강해지고, 그 제일선에 헌병이 있게 되는 거지요. 이때에는 헌병들이 연합국의 스파이를 잡는다는 명목으로 민간인들도 잡아다가 괴롭힐 수 있었습니다. 당시 헌병이 최대의 적으로 여겼던 세력은 바로 사회주의 세력과 공산주

fig. 6

밀정에게 활동비를 지급한 내역(수령증)

출처: 「기밀비수불 보고건機密費受払報告の件」,

일본 국립공문서관 아시아역사자료센터 소장 자료

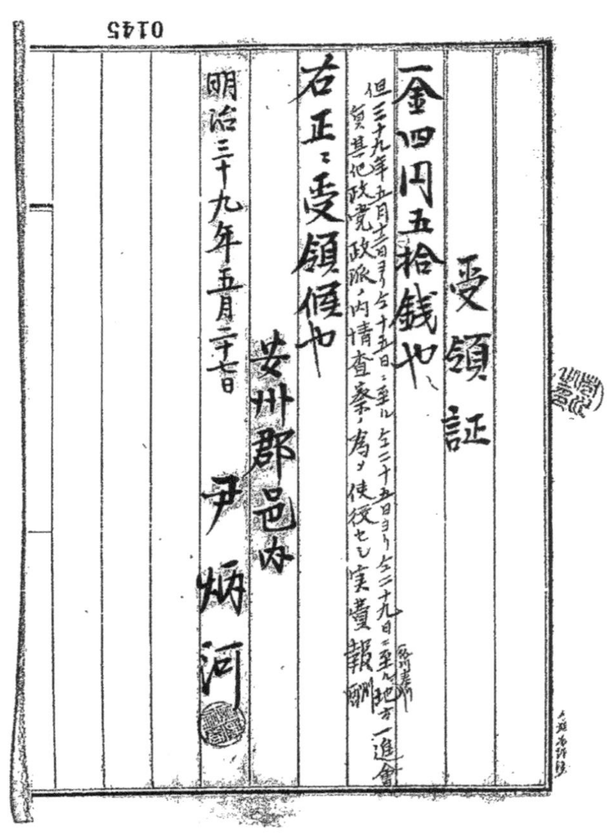

受領証

一金四円五拾銭也、

但三十九年五月十二日ヨリ仝十五日ニ至ル仝二十五日ヨリ仝二十九日ニ至ル地方一進会員其他政党政派ノ内情査察ノ為メ使役セシ実費報酬

右正ニ受領候也

明治三十九年五月二十七日

安州郡邑内

尹炳河

의 세력이었습니다. 사회주의자와 공산주의자는 일본의 천황제를 줄곧 부정하고 폐지를 주장했기 때문에, 천황을 지키는 사명을 지닌 지고한 병사인 헌병과는 태생적으로 양립할 수가 없었습니다. 그래서 헌병은 눈에 불을 켜고 사회주의자와 공산주의자를 색출해 내기 위해 애를 썼고, 심지어는 헌병이 사회주의자를 학살하는 사태도 발생했습니다.

특히 소련이 등장한 다음부터는 코민테른 같은 기구를 이용해서 일본 사회에 대해서도 적극적으로 사회주의 공작을 시도했는데, 일본은 이러한 시도를 저지하려고 적극적으로, 때로는 막무가내로 사람들을 체포하고 구금하거나 고문까지 했습니다. 이처럼 헌병에 의한 폭력은 한반도 같은 식민지에서만 자행된 것이 아닙니다. 일본 본국이 전시체제에 돌입한 이후부터는 우리의 조상들이 일본 헌병에게 당했던 폭력을, 일본인들도 당하게 되었던 거지요.

물론 일본에 정보기관이 헌병만 있었던 것은 아니에요. 스파이 양성기관인 육군나카노학교陸軍中野學校나 동남아 지역 등에서 스파이전을 벌이기 위해 조직된 몇몇 특무기관이 존재했습니다. 하지만 주목할 만한 실적은 없었고 그 활동도 대체로 특정 지역에 국한되어 있었습니다.

결국 러일전쟁 때부터 태평양전쟁 때까지 정보기관으로서 가장 중추적인 역할을 한 조직은 역시 헌병이었습니다. 이처럼 헌병은 경찰업무를 수행하는 한편 국가안보도 수호하는 등 굉장히 다양한 역할을 수행했습니다. 아울러 헌병은 일본 육군이 식민지와 점령지를 지배하는 과정에서도 절대로 빼놓을 수 없는 존재였습니다.

그러나 앞에서 이야기한 것처럼, 헌병은 이론적으로는 광범위한 권한을 갖고 있었지만, 일본 본국에서는 그 권한을 상당히 제한된 범위 안에서 사용할 수 있었습니다. 하지만 일본 육군이 대만, 조선, 만주 등 식민지와 점령지에서 점차 헌병을 효과적으로 활용하는 방법을 익히게 되고, 그렇게 축적된 경험을 바탕으로 이윽고 전시체제하에서는 일본 본국에서도 헌병이 무소불위의 막강한 권한을 행사하게 된 것입니다. 특히 조선은 헌병이 치안을 장악하는 헌병경찰제도를 본격적으로 적용하고 강화하는 실험장의 역할을 했던 곳이었습니다.

이제부터 본격적으로 헌병이 어떻게 조선에 파견되었고, 어떤 권한을 행사했는지를 살펴보겠습니다.

헌병은 어떻게 대만과 조선으로 파견되었을까

1894년, 청일전쟁이 발발합니다. 이 전쟁은 이듬해인 1895년에 일본의 승리로 끝나고, 그 결과 일본은 청으로부터 대만을 할양받게 됩니다. 그 직후 일본은 대만에 군대를 보내 정복하려고 합니다. 그런데 대만인들, 특히 산악 지역의 소수민족들은 일본의 지배에 거세게 저항했고, 상당히 많은 인명 피해가 발생했습니다. 이때 일본은 대만 사람들을 탄압하고 치안을 유지하기 위해서 헌병을 투입합니다.

당시 일본 영토로 막 편입된 대만에는 경찰 인력이 턱없이 부족했습니다. 그런 와중에 거세게 항거하는 항일 집단들을 문관 경찰만으로 통제하는 것은 불가능했습니다. 그래서 헌병을 투입해서 이들을 진압해 나가다가, 차츰 치안이 안정화된 도시 지역부터 문관경찰에게 맡기고, 아직 치안이 불안정한 지방 지역에 헌병을 주둔시켰습니다. 한편, 산림 지역에서는 여전히 거세게 항거하는 항일 집단과 일본 육군이 치열한 전투를 벌이고 있었습니다. 이처럼 일본은 대만에서 경찰, 헌병, 육군이 각각 지역을 나눠 치안을 유지하는 3단 경비 시스템을 고안해 냈습니다. 그리고 이러한 헌병 운용 경험을 나중에 조선에서도 활용하게 됩니다.

일본 헌병이 조선에 처음 파견된 것은 1896년이었습니다. 다만 청일전쟁의 결과로 일본 영토에 편입된 대만과는 달리, 조선은 이 당시에도 여전히 독립국이었습니다. 일본이 비록 조선에 대한 패권을 두고 벌인 청일전쟁에서 승리했다고 하더라도, 독립국인 조선의 치안을 일본 마음대로 할 수는 없었습니다. 조선과 조약을 체결하든가 또는 조선 정부의 허가를 받기 전에는, 대만에서의 헌병 운용 경험을 처음부터 조선에 적용할 수는 없었습니다.

그래서 일본은 헌병을 조선에 파견하기 위한 다른 명분을 찾습니다. 그것은 바로 '군용 전신선'을 보호한다는 것이었습니다. 청일전쟁을 치르며 일본은 전쟁에 필요하다는 이유로 조선 땅에 마음대로 군용 전신선을 설치했습니다.(fig.7) 부산에서 한반도 북부 지역까지, 상당히 넓은 지역에 전신선을 깔았는데, 그 중에서도 특히 부산과 서울, 인천을 잇는 전신선이 핵심이었습니다. 이 전신선을 통해서 중요한 비밀이 수시로 오갔으므로 이것을 지켜야 한다는 명분을 가지고 헌병을 파견하기로 결정했던 것입니다.

최초의 헌병 파견은 전쟁 중에 설치된 이 전신선을 보호한다는 명목으로 어디까지나 임시 조치라는 성격을 띠고 있었습니다. 또 이들 헌병은 전신선을 지킨다는 것을 표방하고 있었던 만큼 전신선을 담당하는 공병인 임시전신부 제리提理의 지휘를 받았습니다.

일본이 이처럼 명분에 집착한 이유는 또 있었습니다. 바로 러시아의 눈치를 살폈기 때문입니다. 러시아는 청일전쟁 이후 조선에 영향력을 확대해 나가는 일본을 견제하기 시작했습니다 특히 일본에게 조선에 군대를 파견하지 말라고 요구하지요. 그런데 일본이 헌병을 파병하겠다고 하자, 여기에는 별다른 이의를 제기하지 않았습니다. 왜냐하면, 러시아도 일본과 마찬가지로 헌병이 광범위한 권한을 가지는 프랑스식의 헌병제도를 도입하고 있었기 때문입니다. 러시아는 일본이 조선에 파견하는

fig. 7
조선에 설치된 전신선,
일본방위성 방위연구소 소장 자료, 육군성陸軍省『육만밀대일기陸滿密大日記』M37-52

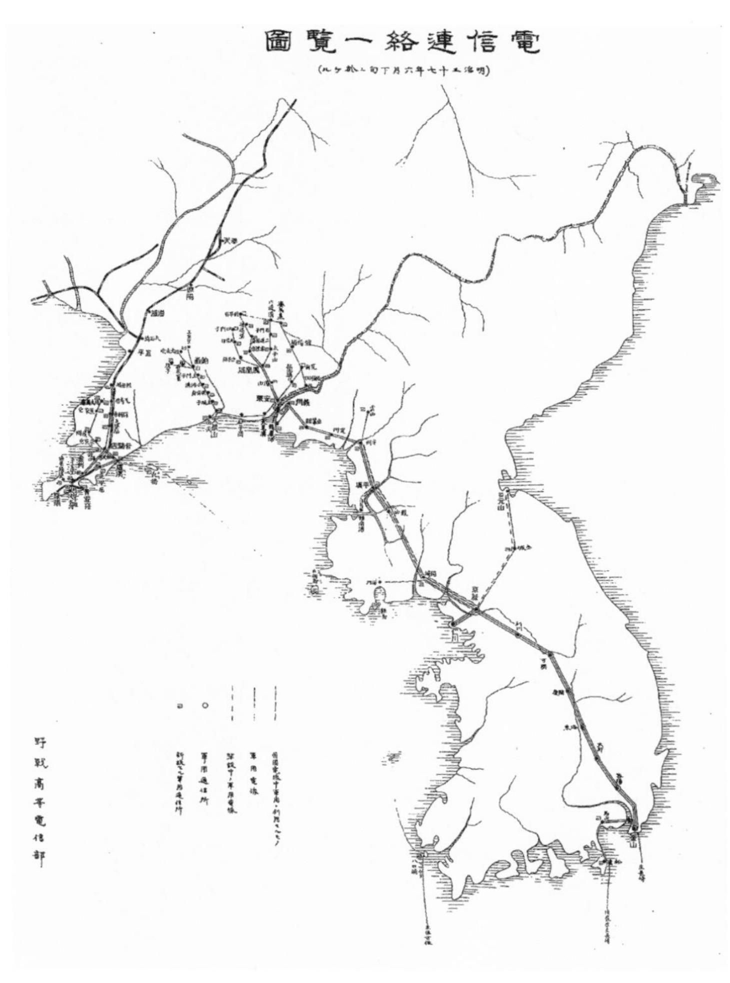

헌병을 군대가 아니라 경찰과 마찬가지라고 생각했습니다.

그런데 이러한 명분으로 조선에 파견된 헌병은 단지 전신선만 보호하는 게 아니라 전신선 인근에 위치한 주변 마을로까지 그 활동 영역을 넓혀 나갑니다. 사실 이 당시 조선인들이 가장 손쉽게 항일운동을 하는 방법은 바로 전신선을 끊어놓는 것이었습니다. 이 당시 조선에 들어와 있는 헌병의 숫자가 200명 정도에 지나지 않았으므로 말을 타고 순찰을 하더라도 전신선 전체를 지키는 것은 어차피 불가능했습니다. 그래서 그 빈틈을 노리고 전신주를 톱이나 도끼로 쓰러뜨리거나, 단순히 전선을 잘라버리기만 해도 일본의 중요한 전신이 오가는 것을 차단할 수 있었습니다. 아주 손쉬우면서도 상당한 타격을 주는 항일 활동이 되었던 것입니다. 그래서 헌병은 전신선만 지키는 것이 아니라 전신선 주변의 마을로까지 감시와 단속의 범위를 확대해 나갔습니다.

당시 조선은 엄연한 독립국이었습니다. 그런데도 일본은 자신들이 설치한 전신선을 보호한다는 명분으로 독립국인 조선에 '임시헌병대'를 파견했고, 제한적으로나마 '경찰권'을 행사했습니다. 그런데 점차 조선을 식민화하면서, 일본 헌병의 권한은 계속 확대되었습니다. 처음에는 임시헌병대로 파견되었다가, 한반도에서 중요한 사건이 발생할 때마다 헌병의 권한은 차츰차츰 커졌습니다.

러일전쟁으로 인한 군부의 영향력 강화

청일전쟁 이후, 이제는 러시아가 한반도에 대해 본격적으로 야욕을 드러내기 시작합니다. 러시아는 겨울에도 이용할 수 있는 부동항을 원했기에 한반도를 확보하고자 했고, 일본은 대륙으로 진출하기 위한 교두보를 마련하기 위해서 한반도 전체를 차지하고 싶어 했습니다. 결국 러시아와 일본이 한반도를 두고 충돌하는 것은 필연적이었습니다. 사실 이 당시 이토 히로부미를 비롯한 일본의 수뇌들은 러시아가 한반도에 대한 일본의 권리만 인정해 주면 만주 지역은 러시아가 가져가도 좋다는 '만한교환론'이 득세하고 있었습니다. 그러나 러시아는 만주와 한반도를 교환하자는 제의를 단호히 거부했습니다. 그리고 역으로 한반도를 38선을 기준으로 나눠서, 북쪽은 러시아가, 남쪽은 일본이 지배하자고 제안했습니다. 이 당시 러시아와 일본은 독립국인 조선의 영토에 가상의 선을 그어두고 땅따먹기 게임을 벌이고 있었습니다.

아무튼 일본의 제안은 러시아가 거부하고, 러시아의 제안은 일본이 거부하게 되지요. 결국은 교섭이 결렬되고, 러시아와 일본은 서로 한반도를 차지하려고 전쟁을 벌이게 됩니다. 이것이 바로 1904년에 시작되어 1905년에 끝난 러일전쟁입니다. 역사는 러일전쟁을 '일본의 승리'라고 기록하고 있으나, 일본의 결과는 압승은커녕 신승이라고 부르기도 민망한 수준이었습니다.

사실 러일전쟁은 러시아와 일본 두 나라만의 전쟁이었다기보다는, 일본이 영국과 미국을 대리한 전쟁이었다고도 볼 수 있습니다. 특히 러시아의 숙적이었던 영국은 러시아가 극동에서 세력을 확장하는 것을 견제하고 싶었으나 이 지역까지 대규모 군대를 파견하는 것이 사실상 어려웠으므로 일본을 자신들의 꼭두각시로 내세우려고 했습니다. 이것이 러시아를 한반도에서 몰아냄으로써 대륙 침략의 교두보를 마련하려는 일본의 의도와 서로 맞아떨어져서, 영일동맹이 성립하고 일본은 기꺼이 대영제국을 위한 '극동의 헌병'이 되었습니다.

이 와중에 조선은 중립국을 선언했지만, 열강들로부터 철저하게 무시당했습니다. 일본은 러일전쟁 발발 후 비교적 쉽게 한반도를 점령했습니다. 러시아가 산악 지형이 많은 한반도에서는 대규모 전면전이 불리하다고 생각해 소극적으로 대응하고, 만주에서 결전을 벌일 생각이었기 때문입니다. 일본은 중립을 선언한 조선을 '점령지'로 간주하고, 일본군 사령관 명의로 조선 땅에서 군율과 군정을 시행하겠다고 일방적으로 선언합니다. 점령지에서 군율을 행사한다는 말은, 곧 계엄을 선포하는 것과 비슷했습니다. 혹여 민간인이 전신선을 자르거나 일본군의 진로를 방해하기라도 하면, 이들에게도 군율을 적용해 즉결 처분을 할 수 있었습니다.

특히 일본군은 러시아와 인접해 있는 북한 지방과 수도 서울에서 집중적으로 군율·군정·군사경찰을 시행합니다. 그리고 헌병들은 이들 시행 지역에서 치안 유지 업무의 핵심적인 역할을 담당하게 됩니다. 이 당시 일본군 사령관은 하세가와 요시미치長谷川好道(1850~1924)였습니다.(fig.8) 그는 조슈번 출신인데, 한반도는 훗날 '조슈의 식민지', '조슈의 유토피아'라고 불릴 정도로 조슈 출신 번벌 세력이 한반도에서 요직을 꿰찼습니다. 하세가와도 나중에 제2대 조선총독의 자리에 올라가게 됩니다. 하세가와가 조선에서 군율·군정·군사경찰을 시행한 것도 자기 혼자만의 생각이 아니라, 조슈 번벌 세력이 장악하고 있던 육군

fig. 8
하세가와 요시미치

fig. 9
이토 히로부미

중앙으로부터 명령을 받아 결정한 사안이었습니다. 육군은 식민지에서 군부의 영향력을 강화하기 위해서 이 같은 조처를 취했습니다.

통감부 설치와 문·무관의 대립

이처럼 러일전쟁 직후, 일본 육군은 한반도에 대한 군부의 통제를 강화하려고 했습니다. 그러나 육군의 이러한 시도는 일본 정부가 '통감부'를 설치하면서 주춤하게 됩니다. 우리가 생각하기에는 일본 군부나 통감부 모두 일본 제국의 악랄한 통치 기구였다는 점에서 차이가 없어 보이지만, 사실 둘 사이에는 상당한 차이가 있었습니다. 우선 통감부는 군사조직이 아니라 문관 조직입니다. 더군다나 일본이 조선에 통감부를 설치한 후 초대 통감으로 부임한 사람이 다름 아닌 이토 히로부미였습니다.(fig.9) 우리나라 사람들에게 이토는 조선침략의 원흉으로 하얼빈역에서 안중근 의사에게 사살당한 인물 정도로만 기억되고 있지만, 일본인들에게는 근대 일본을 만든 '국부國父'와도 같은 존재입니다. 내각제도 성립 당시 초대 총리대신을 맡았으며, 이어 초대 추밀원 의장을 맡아서 헌법을 기초했고, 의회 개설 후에는 초대 귀족원 의장을 역임한 정치적 거물입니다. 그리고 조선에 통감부가 설치된 직후에는 일본의 정치 원로로서 초대 통감으로 부임을 했던 것입니다.

어째서 이토와 같은 정치적 거물이 조선에 통감으로 부임했을까요? 조선은 비록 아직 병합 전이었지만, 당시 일본이 처음으로 획득한 국가 규모의 식민지였습니다. 앞서 청일전쟁 승리의 결과로 획득한 대만은 일개 지방의 섬인 것에 비해, 조선은 수백 년 동안 일본과 국가 대 국가로서 대등한 관계를 맺어온 나라였습니다. 그랬던 조선을 식민지화하기 위해서는 일본을 근대화시킨 것 이상으로 많은 노력이 필요하리라 생각되었고, 그만한 대업을 추진할 수 있는 사람은 당시 일본 안에서도 이토 외에는 없다고 판단되었던 것입니다.

이토가 초대 통감으로 부임할 때 표면적으로는 조선의 근대화, 문명화를 명분으로 내걸었으나 속마음은 조선이라는 나라를 일본의 입맛대로 잘 요리해 궁극적으로는 일본의 식민지로 만드는 것이 목표였습니다. 그런데 문제는 이토가 비록 조슈번의 사무라이 출신이었으나 군인이 아니라 문관이었다는 점입니다. 이토와 마찬가지로 조슈번 출신이었던 야마가타 아리토모山縣有朋(1838~1922)는 전형적인 무관으로, 육군을 장악하고 있는 조슈 번벌 최고의 수장이었는데, 이 두 사람은 서로 문관과 무관의 입장을 내세우면서 자주 대립했습니다.

한편, 문관을 대표하는 이토가 초대 통감으로 부임하자, 내심 그 자리는 자신의 것이라고 생각했던 일본군 사령관 하세가와 요시미치는 펄펄 뛰었습니다. 군부는 러일전쟁의 여세를 몰아서 한반도를 계속해서 군사적으로 점령해야 한다고 생각했고, 그래서 무관 출신의 지휘관이 배치되어야 한다고 생각했습니다. 하지만 이토는 군대의 역할은 러일전쟁까지이고, 앞으로 조선을 통치하는 일은 문관이 중심이 된 정치의 영역이라고 생각했습니다.

부임 초기만 하더라도 이토는 굉장히 자신감이 넘쳤습니다. 일본의 근대화를 성공적으로 이끈 경험에 기초해 조선도 손쉽게 일본의 구상대로 근대화할 수 있으리라 자신했습니다. 또 일본 안에서도 이런 일은 이토 외에는 적임자가 없다고 추켜세우는 분위기였습니다. 이런 상황에서 이토는 부임 전부터 당당하게 군부를 향해서 한반도에 주둔하고 있는 일본군에 대한 지휘권을 달라고 요구했습니다. 아무리 통감이라고 하더라도, 문관이 군대에 대한 지휘권을 가지는 것은 일본 육군으로서는 받아들일 수 없는 요구였습니다. 만약 식민지에서 군대를 지휘할 수 있는 권한을 무관이 아닌 문관에게 내어주면, 이것이 하나의 전례가 되어 장차 군부가 계속 문관에게 종속되어 버릴 가능성을 염려했던 것입니다. 무엇보다 일본 육군은 천황에 직례되어 있어, 군 통수권에 관한 명령은 오직 천황에게 귀속되어 있었습니다. 물론 통감도 천황에 직접 예속되어 있었습니다. 따라서 천황 앞에서는 육군과 통감이 대등한 지위에 있으며, 군 통수권에 속하는 지휘권을 문관 통감이 행사할 수 없다는 논리를 내세우며 육군은 이토의 요구를 받아들이려고 하지 않았습니다. 더더군다나 조선에 파견되어 있던 하세가와 사령관은 자기가 차지해야 할 통감 자리가 이토에게 넘어가게 된 것에 대해서 개인적인 반발심도 있었습니다. 그래서 비록 이토가 조슈번 출신의 대선배이고 국가의 원로였지만 극렬하게 반대했습니다.

이처럼 육군 측의 반발이 거세지자, 심기가 불편해진 이토는 군대의 지휘권을 보장해 주지 않는다면 통감으로 부임하지 않겠다고 선언했습니다. 상황이 이렇게 되자, 이토의 체면을 세워 주려고 천황이 직접 개입했습니다. 일본 제국의 헌법상 군대는 천황에게 직례되어 있으므로, 천황의 권한으로 국가 원로인 이토에게만 한정적으로 지휘권을 부여하는 것을 인정해 주겠다고 한 것입니다. 통수권을 지닌 천황까지 나서자, 군부도 어쩔 수 없이 이토에만 한정한다는 조건을 달고 군대의 '지휘권'이 아닌 '사용권'을 내어주었습니다. 이 사용권은 통감이 군대를 직접 지휘하는 것이 아니라, 사전에 군대에 출병 등을 요구하면 군이 그러한 요청에 대해 자체적으로 한 차례 검토를 한 후에 요청사항에 응한다는 의미입니다. '사용권'이라는 애매한 표현을 사용하면서까지 문관에게 '지휘권'을 내어주기를 꺼렸던 것입니다.

하지만 이토 히로부미는 제한적이나마 요구 사항이 충족되자 대단히 기뻐했다고 합니다. 그래서 조선으로 떠나기 전, 일본에서 환송연을 열었을 때 거나하게 취해서 기자들을 비롯한 내빈들 앞에서 젓가락을 휘두르며 군대를 지휘하는 시늉을 했다는 일화까지 전해지고 있습니다. 그도 그럴 것이 문관이 일부나마 군대의 지휘권을 부여받은 것은 이토가 유일했기 때문입니다. 그만큼 이토는 특별한 존재였습니다.

이토 히로부미 암살의 비밀과 헌병

이토 히로부미는 일본에서는 국부로까지 추앙받는 인물이었습니다. 그래서 안중근 의사가 하얼빈역에서 브라우닝 권총으로 이토 히로부미를 사살한 사건은 우리나라 사람들에게는 거대한 민족적 카타르시스를 선사한 쾌거이자 의로운 행위로 기억되지만, 일본인들은 전혀 다르게 기억하고 있습니다. 아베 신조에 이어 일본 총리대신을 지낸 스가 요시히데菅義偉가 관방장관 재직 시절인 2014년, "안중근은 테러리스트다."라고 발언을 해서 한국 사회를 격분시킨 일도 있었습니다.

사실 이토 사살 사건에 대해서는 '이중 저격설' 이야기도 있습니다. 즉, 안중근 의사 외에도 이토를 향해 방아쇠를 당긴 인물이 한 명 더 있었다는 설입니다. 이 '이중 저격설'은 단순한 추정에 그치지 않고, 일본에서는 전문 서적과 다큐멘터리까지 나왔을 정도입니다. 그렇다면 안중근 의사 외에 대체 누가, 왜 이토를 저격하려고 했을까요?

일설에 따르면 하얼빈역에서 하차한 이토를 향해 안중근 의사가 권총을 발사하는 순간, 바로 옆에 있는 청사 건물 2층에서

머리를 짧게 깎은 일본 군인이 카빈 소총으로 이토를 동시 저격했다고 합니다. 이 설은 당시에 이토를 바로 옆에서 수행하고 있던 귀족원 의원인 무로타 요시아야室田義文에 의해 처음 제기되었는데, 이 수행원은 저격 당시부터 눈앞에서 러시아 위병들에게 제압당한 안중근 의사가 아니라 줄곧 2층을 가리키면서 총알이 그쪽에서 날아왔다고 주장했습니다. 또 바로 인근에서 긴 코트를 입고 머리를 짧게 자른 동양인 군인을 목격했다는 레스토랑 웨이트리스의 증언도 있었습니다.

이 의혹의 핵심은 이토와 대립하고 있던 일본 육군이, 자신들의 수족인 헌병을 시켜서 이토 암살을 기도했다는 것입니다. 게다가 공교롭게도 당시 하얼빈에는 한반도에 주둔해 있던 헌병대 사령관인 아카시 모토지로明石元二郎도 있었으므로 이런 의혹이 한층 짙어졌습니다. 그만큼 이토와 당시 일본 육군 사이에 갈등의 골이 깊었다는 것을 시사하는 하나의 가설이라고 할 수 있겠습니다.

물론 이 이야기가 사실인지 아닌지 현재로서는 알 수 없습니다. 이토가 하얼빈역에서 내려서 모자를 흔들며 러시아 군악대 앞을 지나가는 장면은 영상으로도 남아 있지만, 이상하게도 그 직후에 발생한 저격 장면을 찍은 부분의 필름은 일본, 러시아, 미국 등에도 남아 있지 않습니다. 이 필름을 찾으려고 지금까지 많은 사람이 노력했지만 아직도 발견되지 않았습니다.

만약 정말로 일본 헌병이 카빈 소총으로 이토 히로부미를 저격했다면, 이토의 시신에는 권총이 아닌 소총의 탄환이 박혀 있었을 테지만, 일본 정부는 시신을 해부하지 않고 본국으로 호송해서 그대로 국장을 진행했습니다. 어쩌면 그의 유해를 매장한 무덤에는 비밀을 밝혀줄 총탄이 아직도 남아 있을지 모릅니다. 하지만 지금에 와서는 한국도 일본도 이 사실을 밝히는 것에는 큰 관심이 없는 듯합니다.

정미의병과 헌병 조직의 확대

다시 본론으로 돌아가 기억해야 할 사실은, 이토 히로부미가 초대 통감으로 부임할 때 문관과 무관 사이에 상당한 대립이 있었다는 것입니다. 이토는 조선의 경찰기구를 장악하고 이들을 개혁해 조선 지배를 위한 경찰력을 늘리려고 했지만 쉽지 않았습니다. 그래서 이토는 군의 경찰조직인 헌병에게 민간에 대한 경찰권을 부여하고, 자신은 그 헌병을 지휘하는 방식으로 필요한 경찰력을 확보하려고 했습니다.

특히 군사령관인 하세가와 요시미치가 통감인 이토의 지시를 잘 따르지 않았던 사실도 이토가 군대 대신 헌병의 지휘권에 집중하게 된 요인이었습니다. 이를테면 이토가 항일 의병을 진압할 때 옥석을 잘 구분하라고 지시하면, 하세가와는 오히려 초토화 작전을 벌여서 조선 사람을 무차별적으로 학살해 버렸습니다. 이에 대한 서구 열강의 비난이 책임자인 통감에게 집중되자, 화가 난 이토는 수시로 군인들을 불러 모아 한바탕 연설로 훈계했으나 효과가 없었습니다. 그만큼 문관과 무관의 대립이 심각했던 거지요.

그 와중에도 한반도에서 헌병의 권한은 계속 강화됩니다. 특히 중요한 계기가 된 것이 바로 '정미의병'입니다. 일본은 1907년에 일어난 헤이그특사 사건을 빌미로 고종을 강제로 퇴위시키고 조선의 군대를 해산시켜 버립니다. 그러자 해산당한 조선의 군인들이 의병 활동에 합류하게 되면서 의병이 더욱 조직화되고 게릴라 작전을 수행할 능력이 강화되지요. 일본 육군은 의병과 정면으로 부딪칠 때는 충분히 제압할 수 있었지만, 산속에 숨어서 게릴라전을 펼치는 의병을 상대하기에는 쉽지 않았습니다. 또 러일전쟁을 치른 후유증으로 일본군은 병력이 부족했기 때문에 광범위한 지역에서 대규모 토벌 작전을 벌이기에는 군대의 숫자도 절대적으로 부족했습니다. 그래서 한반도 안의 경찰력을 강화하려면 헌병의 숫자를 늘려야 한다는 의견에 이토와 육군 수뇌가 모두 동의했습니다.

헌병은 헌병대로 이 기회에 조직을 확장할 기회로 삼으려고, 헌병의 조직력과 기동성, 첩보 능력 등을 상부에 꾸준히 어필했습니다. 당시 한반도에 존재하는 세 개의 무장 세력인 군대와 헌병, 경찰 중에서 대규모 군대는 의병을 상대하기에 적합하지 않고, 조선의 경찰은 믿을 수 없었으므로 의병 탄압에 적합한 헌병 조직을 더 키워야 한다고 역설했습니다. 그래서 헌병 조직을 단숨에 확장하기 위해서 헌병보조원제도를 도입하게 됩니다. 헌병보조원제도란 일본 헌병 한 명당 두세 명의 조선인을 보조 인력으로 채용하는 제도였습니다. 이렇게 함으로써 헌병 조직의 규모는 순식간에 두세 배로 커질 수 있었습니다.

그렇다면 조선인 헌병보조원은 어떤 방식으로 모집했을까요? 대부분은 조선의 경찰관이었다가 해고된 사람들이거나 의병 활동을 하다가 투항한 사람들로 구성되었습니다. 그대로 놔두면 의병 활동에 가담해서 일본에 대적할 사람들을 회유해, 오히려 의병을 진압하는 병력으로 이용하는 악랄한 방법이었습니다. 현지인을 이용해서 현지인을 탄압하는 전형적인 식민지 지배 정책이었던 거지요.

이 제도를 도입한 인물이 바로 당시 한반도에 주둔한 헌병대 사령관이었던 아카시 모토지로입니다. 아카시는 프랑스의 식민지였던 베트남과 인도차이나반도를 시찰하면서 당시 프랑스인들이 운용하고 있던 토병제도를 보고, 이것을 참고해 한반도에서 헌병보조원제도를 운용할 것을 본국에 건의했습니다. 아카시가 고안한 헌병보조원제도가 일본에 더욱 유리했던 이유는 명목상 헌병보조원으로 조선인을 채용하는 것이므로, 비용을 조선 정부에 부담시킬 수 있었기 때문입니다. 이에 대해서는 조선 정부도 차라리 경찰관의 숫자를 늘리라며 이의를 제기했지만, 통감인 이토는 경찰보다는 헌병의 능력이 더 뛰어나고 군기가 잘

잡혀 있어서 의병을 효과적으로 단속할 수 있다고 하면서 헌병보조원제도 도입을 밀어붙였습니다. 그래서 일본 정부로서는 돈도 들이지 않고 헌병의 규모를 획기적으로 늘릴 수 있었습니다.

헌병보조원제도를 도입하기 직전에는 조선 내 헌병의 규모가 약 2,000명 정도였으나, 순식간에 두세 배로 불어나게 되었습니다. 게다가 경찰관과 의병 출신 조선인 보조원들을 활용한 의병 진압 작전은 매우 효과적이었습니다. 이 제도를 건의한 아카시는 육군 안에서도 똑똑하다고 소문났던 인물입니다. 러일전쟁 당시 유럽에 주재무관으로 파견 나가 있으면서 러시아를 상대로 첩보전을 펼쳤는데 이 모습을 눈여겨본 데라우치 마사타케寺内正毅 육군대신이 아카시에게 별을 달아주고 조선으로 보내 헌병대 사령관으로 임명했습니다. 그리고 헌병보조원제도를 도입해 효과적으로 의병을 진압한 공로를 인정받아 나중에는 대만총독으로 부임하기도 했습니다. 한편 아카시를 발탁한 데라우치는 초대 조선총독을 역임한 다음 일본으로 돌아가 본국의 총리대신이 되었습니다. 이때 데라우치의 뒤를 이어서 2대 총독이 된 사람이 하세가와 요시미치였습니다.

조선에 주둔하는 일본군 헌병대의 인원수 변화를 표로 정리해보면, 처음에는 100명 정도에서 시작해서 한동안 200명 정도의 규모를 유지했습니다.(표1) 그러다가 1907년에 정미의병을 계기로 해서 인원이 대략 1,000명에 육박하게 됩니다. 그리고 헌병보조원을 4,000명 넘게 채용을 해, 조선을 병합하는 1910년이

표1
조선에 주둔한 일본군 헌병대 인원의 변화,
『조선헌병대역사朝鮮憲兵隊歷史』 1/11~3/11,
『조선의 보호 및 병합朝鮮ノ保護及併合』, 『조선주차군역사朝鮮駐箚軍歷史』,
『임시헌병대편성개정의 건臨時憲兵隊編成改正ノ件』(부록 표)와 육군성대신관방편,
『육군성통계연보』(1896~1910년판)를 토대로 필자 작성

연도/명칭	장교	준사관 (특무조장)	하사관	병졸	보조원	합계
1896년 임시헌병대	4	133				137
1897년	4		55	166		225
1898년	4		57	167		228
1903년 한국주차헌병대	7		24	190		221
1904년	9		46	256		311
1905년	6	5	45	262		318
1906년 제14헌병대	12	5	45	222		284
1907년 한국주차헌병대	41	13	120	623		797
1908년	64	19	517	1,798	4,234	6,632
1909년	83	22	545	1,787	4,392	6,829
1910년	117	20	753	2,525	4,417	7,832

되면 헌병과 보조원을 합쳐 거의 8,000명에 육박하게 됩니다. 이렇게 조선이 점점 식민화되면서 헌병의 규모와 권한도 함께 늘어났습니다. 실제로 헌병이 의병과 충돌하는 횟수가 군대보다 많아질 정도로, 치안의 중심이 육군에서 헌병으로 바뀌게 됩니다.

의병 투항자를 조사한 통계를 보면 의병이 누구에게 투항했는지도 나와 있는데 역시 헌병에 투항한 인원이 제일 많습니다. (표2) 그리고 투항하는 인원의 숫자도 점점 늘어납니다. 헌병은 무력 탄압과 회유책이라고 하는 당근과 채찍을 동시에 사용해 조직을 강화해 나갔습니다.

표2
의병 투항자 통계,
『조선헌병대역사』 2/11 「제14절 9,10월의 폭도」를 토대로 필자 작성

관서별/도별	헌병대	헌병대 외 관서		합계
		경찰관서	관찰사, 군수, 선유위원	
경기	752	531	181	1,465
충청	423	433	455	1,311
전라	194	147	81	422

경상	167	218	226	611
강원	719	1,784	21	2,524
황해	1,359	494	114	1,967
편안	103	71	1	175
함경	365	331	78	774
계	4,082	4,009	1,157	9,248

한일병합과 헌병 지배의 완성

이렇게 헌병은 1907년을 기점으로 본격적으로 경찰권을 행사했습니다. 아직 조선이 일본에 병합되기 이전이고 조선 정부가 엄연히 존재하고 있음에도 외국인 일본의 헌병이 조선의 민중들을 대상으로 경찰권을 행사한 것입니다. 그런데 이러한 상황에 대해서 강하게 반발한 일본인이 있었습니다. 바로 조선에서 내부 경무국장을 맡고 있던 마쓰이 시게루松井茂였습니다. 마쓰이는 법학자 출신으로 영국법, 그중에서도 특히 경찰법을 연구했습니다. 그렇다 보니 헌병의 권한이 보통경찰의 영역에까지 계속 확대되는 것에 반대했습니다. 그는 일본이 영국과 마찬가지로 어엿한 근대국가가 되기 위해서는 법치라고 하는 시스템을 지켜야 한다고 생각했습니다. 그런데 군대에 지나치게 많은 권한을 부여하면, 그 법치 시스템이 위협받게 된다고 생각했습니다. 나라를 통치하는 데 가장 기본이 되는 치안 유지 업무는 문관이 통제하는 경찰에게 맡겨야지, 군사 조직인 헌병에게 맡겨서는 안 된다는 주장이었습니다. 그래서 마쓰이가 대한제국의 경무국장으로 재직하고 있는 동안에는 이토 통감의 헌병 확장 노력에도 불구하고 헌병과 경찰을 완전히 통합하는 헌병경찰제도는 시행되지 못했습니다.

그러나 1910년, 일본 내각이 조선 병합을 본격화하는 '한국에 대한 시정 방침'을 각의 결정하자 상황이 바뀌었습니다. 병합에 대비하기 위해 현역 군인이자 육군대신인 데라우치 마사타케가 제3대 통감을 겸임하게 되었습니다.(fig.10) 이때부터 문관과 무관으로 나뉘어 있었던 경찰 기구도 군 중심으로 일원화되어, 사실상 헌병이 지휘하는 체계를 갖추게 되었습니다. 데라우치는 자신이 '헌병론자'라고 공공연하게 이야기하곤 했지요. 그리고 경찰을 '내과의', 헌병을 '외과의'에 비유하면서 한반도에는 곪은 상처를 도려낼 수 있는 외과의인 헌병이 필요하다고 주장했습니다. 그래서 결국 조선 경찰의 사무를 일본에 위탁한다는 형태로 경찰권이 완전히 일본에 넘어가게 되고, 육군대신이 통감으로 있는 통감부에서 '경찰관서 관제'를 공포하면서, 헌병사령관이 경무총감을, 헌병대장이 경무부장을 겸임하게 되었습니다. 이에 반대하던 마쓰이는 경무국장 자리에서 물러나 본국으로 돌아가게 되었습니다. 이제 헌병이 경찰을 지휘 감독하는

fig. 10
데라우치 마사타케

fig. 11
경성鏡城 헌병대 본부 겸 함경북도 경무부

10

11

'헌병경찰제도'가 본격적으로 시행된 것입니다. 이것은 일본이 모델로 삼았던 프랑스식 헌병제도와 비교하더라도 헌병에게 훨씬 큰 권한을 부여한 것입니다. 이렇게 일본군 헌병이 조선의 경찰권을 완전히 장악해 경찰기구를 일원화한 지 두 달 만에, 일본은 조선을 강제로 병합해 버렸습니다.

함경북도의 경성鏡城에 설치된 헌병대를 촬영한 사진을 한번 볼까요? (fig.11) 검은색 제복을 입고 있는 사람들이 경찰관이고, 군복을 입고 있는 사람들이 헌병인데 사진과 같이 모두 한곳에서 근무했습니다. 하지만 이들을 지휘하는 것은 헌병대장이므로, 결국 경찰은 헌병의 지시를 받을 수밖에 없었습니다.

일본이 조선을 강제 병합한 이후, 헌병의 악명은 더욱 높아졌습니다. 특히 데라우치의 후임으로 하세가와가 제2대 총독으로 부임하면서, 헌병을 앞세운 무단통치의 폐해는 더욱 심해졌습니다. 이에 대해서는 심지어 일본의 매스컴뿐 아니라 법학자까지도 비난할 정도였습니다. 그러다가 1919년, 드디어 3·1운동이 일어났습니다. 이 운동으로 표출된 민중의 분노가 특히 집중된 대상이 바로 헌병경찰이었습니다. 그래서 헌병분견소와 주재소가 집중적으로 공격을 받았습니다. 그만큼 일본의 헌병은 조선 민중의 생활 깊숙이 들어와 억압했던 것입니다. 일본은 결국 육군 병력과 경찰은 물론 재향군인회, 소방단 등을 모두 동원해서 대대적으로 탄압해 3·1운동을 진압했습니다. 그러나 3·1운동의 발생은 식민지 통치의 큰 부담으로 작용했고, 결국 제2대 총독이었던 하세가와가 책임을 지고 총독 자리에서 물러나게 되었습니다. 그리고 민중의 분노가 집중되었던 헌병경찰제도를 보통경찰제도로 고치면서, 기존의 '무단통치'를 대신하는 이른바 '문화정치'가 시작되었습니다.

이때 부족한 경찰력을 보강하기 위해서 헌병들이 대거 경찰로 옷을 갈아입었습니다. 헌병보조원이라는 이름으로 헌병에 가담하고 있던 조선인들도 순사보로 신분을 바꾸게 되었습니다. 그 이후 헌병의 역할은 군사경찰 업무에 한정되고 그 규모도 10분의 1로 줄어들었습니다.

3·1운동은 한반도에서 실험을 거친 헌병경찰제도를 모델로 삼아서 만주와 중국으로까지 세력을 확장하려고 했던 일본 군부의 구상에 심각한 타격을 주었습니다. 조선 민중의 강력한 반발이 헌병을 통해서 대륙을 지배하려고 했던 조슈 번벌 세력의 야망을 한 차례 꺾어놓았던 것입니다.

나가며
— 본국으로 역류한 헌병경찰제도

당연한 이야기이지만 3·1운동 이후에도 일본 군부의 야욕은 완전히 사라지지 않았습니다. 일본 군부는 1931년 만주사변을 일으킨 이후 급속도로 점령지를 확대하고 괴뢰국인 만주국을 수립했습니다. 이러한 일본의 침략에 저항하는 항일투쟁에 대응하기 위해 일본의 현지 헌병대 기구는 확대해 나갔습니다. 그 과정 속에서 일본 군부는 또다시 현지의 헌병과 경찰을 통합하기 위해 노력했고, 이때 한반도에서 헌병경찰을 운영했던 노하우를 활용했습니다. 일본에서 시작된 헌병제도는 대만, 조선, 만주 등 식민지와 점령지로 옮겨 가면서 일본에서보다 헌병에게 훨씬 많은 권한을 주는 제도로 바뀌었습니다. 최종적으로는 강화된 헌병경찰제도가 중일전쟁을 계기로 일본 본국으로 역수입되는 현상이 나타났습니다.

이것을 주도한 사람이 만주에서 관동헌병대 사령관과 관동군 참모장을 역임했던 도조 히데키 총리대신이었습니다.(fig.12) 육

fig. 12
도조 히데키

군 통제파統制派의 거두였던 그가 일본 본국으로 돌아올 때 관동헌병대의 측근들도 함께 귀국했는데, 헌병을 활용한 만주에서의 통치 경험을 살려서 일본에서도 헌병이 강력한 경찰권을 행사하도록 조치했습니다. 식민지와 점령지의 민중을 탄압하던 일본의 헌병이 자국의 민중들도 탄압하게 된 거지요. 물론 이것은 일본이 1937년 중일전쟁 발발 이후 전시체제라는 특수한 상황에 놓여 있었기 때문에 가능했습니다. 식민지와 점령지를 거쳐 본국으로 역류한 헌병경찰제도는 일본의 민중에게도 공포와 증오의 대상이 되었습니다. 결국 패망을 맞이하면서 일본의 민중도 헌병의 압제에서 벗어나게 되지요.

그런 의미에서, 한반도에서의 헌병경찰제도는 일본 제국의 헌병제도 변천사에서 상당히 핵심적인 축을 담당했다고 할 수 있습니다. 일본의 헌병제도가 제국을 운영하는 특수한 운영 방식 중 하나였다는 측면에서, 일본의 헌병이 조선을 식민지화 하고 지배하는 과정에서 어떻게 권한을 확장해 나갔는지는 앞으로도 지속적인 관심과 연구가 필요한 부분입니다.

주

1. 조선의 국호는 1897년 대한제국으로 변경되었고, 1910년 한일병합으로 일제에 의해 다시 조선으로 호칭되었기 때문에 시기별로 구분해 사용할 필요가 있습니다. 하지만 본문에서는 혼란을 피하기 위해 일본군의 부대나 조약의 고유한 명칭을 제외하고는 편의상 모두 조선으로 통일했습니다.

- 운노 후쿠쥬 지음, 정재정 옮김, 『한국병합사연구』, 논형, 2008.
- 야마다 아키라 지음, 윤현명 옮김, 『일본, 군비확장의 역사: 일본군의 팽창과 붕괴』, 어문학사, 2014.
- 하나이카 야스시게 편저, 강천신 옮김, 『인간의 양심: 일본 헌병 쓰치야 요시오의 참회록』, 지문당, 2017.
- 이승희, 「러일전쟁기 일본군 헌병대의 방첩활동 고찰: 스즈키 타케오미(鈴木武臣)의 회고록에 대한 분석을 중심으로」, 『중앙사론』 42, 중앙사학연구소, 2015.
- 이승희, 「통감부 초기 일본군헌병대가 운용한 한국인 밀정: 한국주차군(韓國駐箚軍)의 기밀비 자료에 대한 분석을 중심으로」, 『일본학』 44, 동국대학교 일본학연구소, 2017.
- 李升熙, 『韓国併合と日本軍憲兵隊』, 新泉社, 2008.
- 纐纈厚, 『憲兵政治: 監視と恫喝の時代』, 新日本出版者, 2008.
- 荻野富士夫, 『日本憲兵史: 思想憲兵と野戦憲兵』, 小樽商科大学出版会, 2018.

① 구마모토성

규슈 구마모토시에 위치한 구마모토성熊本城은 1607년 임진왜란에서 선봉장이었던 가토 기요마사加藤淸正가 당시의 최신 기술과 노력을 쏟아 부어 완성한 일본의 대표적인 성곽이다. 방어력이 뛰어난 난공불락의 성이었으므로 근대에 들어서는 1871년에 메이지 신정부가 구마모토성에 진대鎭臺를 설치해 육군의 거점으로 삼았고, 그로 인해 1877년 세이난 전쟁 때에는 사이고 다카모리가 이끄는 사쓰마 반란군의 중요 공략 목표가 되었다. 구마모토성은 일본의 성 중에서도 드물게 근대전을 경험했던 것이다. 개전 직전에 성의 중심부인 천수각과 혼마루고덴本丸御殿이 원인 불명의 화재로 소실되었지만, 구마모토 진대 사령관 다니 다테키谷干城가 이끄는 진대병 약 3,500명은 구마모토성에서 농성전을 펼치며 반란군의 주력 약 1만 3,000명의 맹공을 버텨냈다. 구마모토성을 얕봤던 반란군은 강고한 성루와 '무샤가에시武者返し' 방식의 석벽에 고전해 50일이 지나도록 성을 함락시키지 못했다. 구마모토성 공방전을 통해 반란군은 장기간 발이 묶인 채 병력과 군수물자를 소모하게 되어 증파된 신정부의 군대와 경시청 경찰 부대 앞에 무릎을 꿇을 수밖에 없었다.

구마모토성은 400여 년을 이어오면서 근대전까지 경험하며 총탄과 포탄을 버텨냈지만 2017년에 구마모토 지진으로 인해 큰 피해를 입었다. 이때, 1960년에 철골과 철근콘크리트 구조로 재건되었던 천수각을 비롯해 중요문화재로 지정되어 있던 성벽과 토대, 망루 등이 무너졌다. 이후 최우선으로 천수각의 복구공사에 착수해 현재는 공사를 완료하고 '특별공개'의 형태로 일반 관람을 허용하고 있지만, 나머지 손상된 부분은 아직 복구공사가 진행 중인 상황이다(2025년 완료 예정). 일부 관람이 제한된 구역이 있지만, 세이난 전쟁 당시 반란군을 괴롭혔던 강고한 성루와 '무샤가에시' 방식의 석벽을 자랑하는 일본 성곽을 직접 체험할 수 있는 역사공간이라고 할 수 있다.

구마모토역에서 구마모토성 순환버스 시로메구린으로 약 30분

구마모토역에서 노면전차 환승 후 구마모토성,시청 앞역에서 도보 10분

https://castle.kumamoto-guide.jp/

2

1 2022년 10월에 복원된 구마모토성 천수각

2 하단부는 완만한 경사로 시작해 상단부는 직각이 되도록 설계된 '무샤가에시' 방식의 석벽

(출처: 구마모토성 공식홈페이지 https://castle.kumamoto-guide.jp/history/)

② (구)마산헌병분견대 건물

경상남도 창원시에 위치한 (구)마산헌병분견대舊馬山憲兵分遣隊 건물은 현재 국내에 해체되지 않고 남아 있는 유일한 일본군 헌병대의 건물이다. 마산헌병분견대는 러일전쟁에 즈음하여 일본이 한국주차헌병대韓國駐箚憲兵隊를 편성하고 그 휘하에 마산분주소馬山分駐所를 설치해 구 마산에 부설한 군용전신선과 마산항의 경비를 담당시킨 것을 시초로 한다. 그리고 일제강점기 마산항이 경남 지역에서 수탈한 물자를 일본으로 반출하는 주요 항구가 되고, 진해만에 일본군의 요새가 구축되면서 명칭과 관할 부대의 변경은 있었지만 구 마산 주변 지역의 '치안유지'를 담당하는 일본군 헌병의 역할은 점점 더 커지게 되었다.

현재의 건물이 마산헌병분견대의 청사로 신축된 것은 1912년 7월로 여겨지며, 1945년 해방 때까지 일제 경찰과 함께 마산 지역의 '치안유지'를 명목으로 독립운동가를 탄압하는 데 사용되었다. 해방 이후에는 군의 정보기관인 보안사령부의 마산파견대가 자리 잡고 민주화 인사를 사찰하는 곳이 되었다. 시대가 바뀌어도 반체제 인사들을 탄압하는 군의 건물로 기능했던 것이다. 1990년 보안사령부가 폐지된 후에는 퇴역한 국군기무사령부 출신자들의 친목단체인 충호회 경남지부로 사용되다가 2005년 9월 국가등록문화재 제198호로 지정되었다. 2019년 11월에 새롭게 보수공사를 마치고 전시관으로 개관했다. 개관 전에는 최근까지 실제로 사용되며 여러 차례 개축되어 왔으므로 내부와 외부 모두 원래 모습 그대로를 보존하고 있다고 보기는 어려웠다. 하지만 2008년 이후 원형 복원을 위해 지붕과 외벽 수리 공사가 진행되었고, 건물 외부의 경우 건물 정면 오른쪽에 연결되어 탕비실, 사환실, 화장실 등으로 사용되었던 건평 10평 정도의 목조 부속 건물을 제외하고는 현재 원형에 가까운 모습으로 재현되어 한반도에 주둔하며 민중을 억압한 일본군 헌병대의 권위적인 형태의 건물을 국내에서 유일하게 확인할 수 있는 장소가 되었다.

(구)마산헌병분견대
https://www.changwon.go.kr/archive/m_archive/view/02/
경상남도 창원시 마산합포구 3-15대로 52 | 문화동 버스정류장 하차 도보 1분

3

4

3 (구)마산헌병분견대 입구에 설치된 일본 헌병 인형

4 (구)마산헌병분견대 건물

서민교

고려대학교 사학과를 졸업하고 동 대학원 동양사(일본사) 석사과정을 수료한 후, 일본 히토쓰바시대학 대학원에서 근대 일본 군사사를 전공해 석사, 박사과정을 수료했다. 주로 근대 일본군과 전쟁에 대해 연구를 하고 있으며, 근대 한일관계, 근대 동아시아 국제관계에 대해서도 관심을 갖고 강의와 연구를 병행하고 있다. 주요 저서로는 『일본 근세 근현대사』(공저, 방송통신대학교출판문화원, 2015), 『地域の中の軍隊 7 帝国支配の最前線ー植民地』(공저, 吉川弘文館, 2015)가 있다. 번역서로는 『일본근현대사를 어떻게 볼 것인가?』(어문학사, 2013) 등이 있고, 『벌거벗은 세계사 6 : 조선을 둘러싼 청일 전쟁과 러일 전쟁』(아울북, 2023) 등을 감수했다.

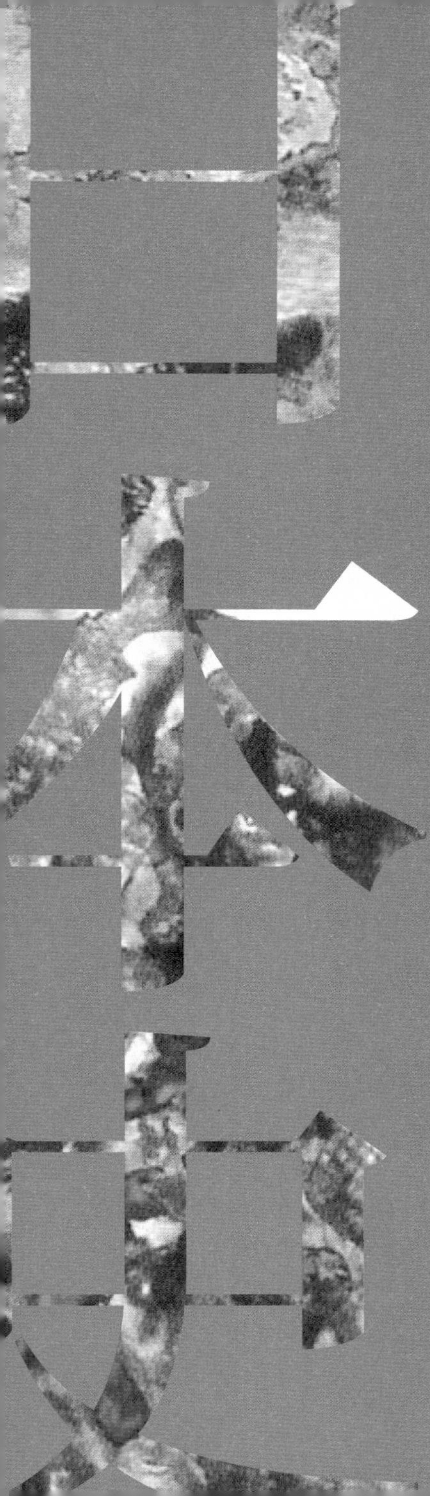

10

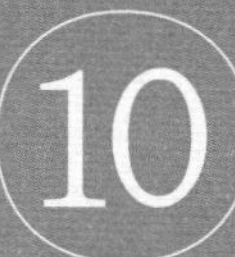

왜 전쟁에서 무고한 생명이 희생되어야 하는가?

서민교
고려대 역사교육과 강사

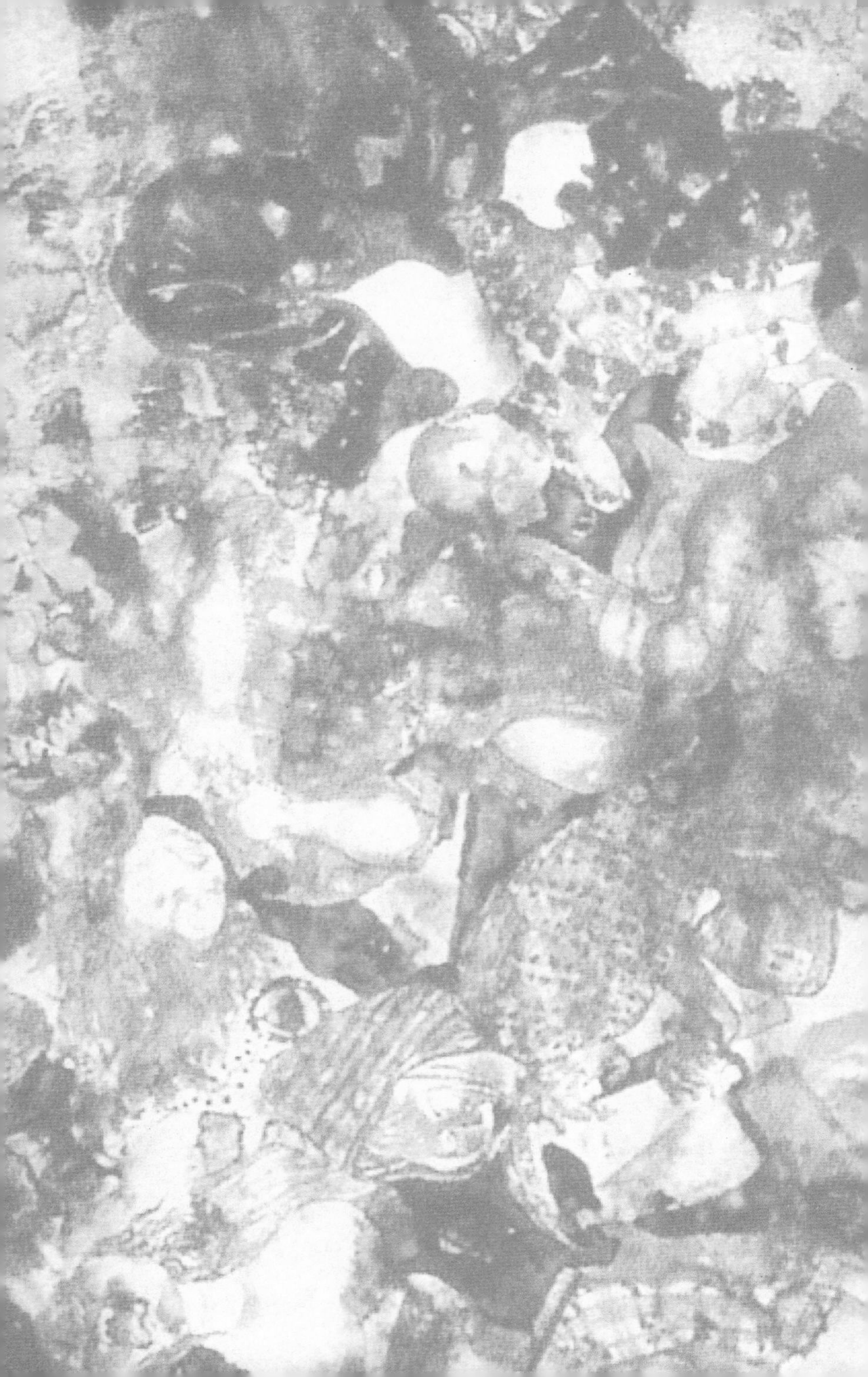

들어가며
— 왜 일본의 군대를 연구하는가

안녕하십니까? 일본사 시민강좌에서 제10강 강의를 맡게 된 서민교입니다. 저는 일본 근대사, 그중에서도 일본의 육군에 대해 공부하고 있습니다. 제10강 주제는 '전쟁'과 '제노사이드'인데요, 아무래도 앞선 강의에서 다루었던 주제보다 다소 무거울 수 있겠네요. 그래서 쉽게 접근할 수 있도록 이번 강의의 본제목을 "왜 전쟁에서 무고한 생명이 희생되어야 하는가?"라고 붙여봤습니다.

'전쟁'과 전쟁 중에 자행된 '제노사이드' 즉 '집단 살해'는 결코 가볍게 이야기할 수 없는 무거운 주제인 동시에 굉장히 현실적이면서 중요한 주제이기도 합니다. 왜냐하면, 비록 전쟁을 직접 체험하지 않았더라도 전쟁은 비극적인 일이며 현실 세계에서 절대로 되풀이되어서는 안 된다는 사실을 '전쟁의 역사'를 통해서 배워야 하기 때문입니다. 직접 체험하지 않고 역사를 통해서 생생하게 체득하는 것을 전문 용어로 '추체험'이라고 합니다. 이번 강의가 '전쟁'과 '제노사이드'에 대한 경각심을 일깨워 주는 일종의 '추체험'이 될 수 있기를 바랍니다.

특히 이번 강의에서 강조하고 싶은 부분은, 제목에도 드러나 있지만 20세기 이후의 전쟁에서는 무기를 들고 전장에 나아가 싸우는 군인들만이 아니라, 무장도 하지 않고 전투에도 가담하지 않은 무고한 민간인들이 무수히 희생되었다는 사실입니다. 물론 20세기 이전 전근대 시대의 전쟁이라고 해서 무고한 민간인들이 희생당하는 일이 없었던 것은 아닙니다. 하지만 20세기 이후에 접어들면서 민간인이 희생당하는 규모는 훨씬 더 커졌습니다. 대체 왜 그런 일이 발생하는 걸까요? 역사를 되짚어가면서 한 번쯤 생각해 볼 문제입니다.

사실 전쟁은 우리에게서 그리 멀리 떨어져 있는 것이 아닙니다. 한국에는 6·25 전쟁을 직접 겪은 세대가 아직도 많이 남아 있습니다. 또 최근에는 2022년 러시아의 우크라이나 침공으로 벌써 1년 이상 이어지고 있습니다. 러시아-우크라이나 전쟁은 초기만 하더라도 전쟁의 양상이 언론을 통해 거의 실시간으로 보도되었지만 사람들이 금방 무뎌지는 존재이기 때문인지, 요즘에는 보도의 양이 많이 줄었습니다. 그러나 짐작하건대 지금 이 순간에도 우크라이나에서는 많은 무고한 민간인들이 희생당하고 있겠지요. 자칫 잘못하면 '제노사이드'라 부르는 집단 살해가 일어날 수도 있습니다. 언제가 될지 모르지만, 러시아-우크라이나 전쟁이 끝나고 나면 전쟁 중에 벌어졌으나 그동안 우리에게 소식이 전달되지 않았던 많은 비극적인 이야기들이 드러나게 될지도 모릅니다.

제노사이드는 전쟁 중에만 발생하는 것이 아닙니다. 제노사이드 문제에 관심을 두게 된 데에는 제 개인의 경험도 크게 작용했습니다. 1979년, 고등학교 2학년 시절에 부마민주항쟁을 겪었습니다. 그리고 1년 뒤인 1980년에는 광주에서, 당시에는 '광주사태'라고 불렀던 5·18 민주화 운동이 있었습니다. 물론 5.18 당시에는 광주에서 어떤 일이 벌어지고 있는지 몰랐습니다. 나중에 대학생이 되고 나서야 사건의 진실을 접하게 되면서 큰 혼란에 빠졌습니다. "도대체 어떻게 한 국가의 군대가 자국민의 가슴을 향해 총칼을 겨누고 학살을 자행할 수 있는 걸까?" 하는 생각이었지요. '집단 살해'에 대한 관심은 여기에서 출발했습니다. 과연 군인들이 저지른 무도한 행위는 어디에서 기인한 걸까? 이런 일이 한국에서만 발생했을까? 만약 그렇다면 한국의 군대가 다른 나라의 군대와는 다른 특별한 점이 있었나? 그렇지 않다면, 이러한 폭력은 근대국가의 군대가 가진 일반적인 속성에서 기인하는 걸까? 이런 질문이 꼬리에 꼬리를 물면서, 역사에 관심을 가지게 되었고, 결국 학부 전공을 역사학으로 선택해 이후 줄곧 역사를 공부하게 되었습니다. 역사를 공부하면서 한국 군대의 뿌리를 찾아 거슬러 올라가 보니, 그것이 일본 군대로 연결된다는 것을 알게 되었습니다. 그렇다면 한국 군대의 속성을 제대로 파악하려면 그 뿌리가 되는 일본의 군대를 공부해야겠다는 생각이 들어서 일본 군대를 본격적으로 연구하게 된 것입니다.

물론 일본 군대를 공부한다는 것이 말처럼 쉽지는 않았습니다. 한국 사람이 한때 한반도를 식민 지배했던 일본을 공부한다는 것, 특히나 일본 군대를 공부한다는 사실에 대해, 사회적으로도 곱지 않은 시선이 쏟아졌지요. 그로 인해서 저도 마음이 흔들릴 때가 많았습니다. 보통 전공 공부는 해당 분야에 대해서 어느 정도 동경과 자부심이 있어야 하기 때문입니다. 특히 외국에 대해 공부할 때는 더더욱 그렇습니다. 그래서 미국을 공부하는 사람을 보면 대개 '아메리카 넘버원'을 외치고, 중국을 공부하는 사람은 '중국은 역시 대국'이라고 생각하는 경향이 있습니다. 자기가 공부하는 대상이 곧 자신의 정체성의 일부가 되고, 자부심이 되는 것입니다. 하지만 제 경우는 자부심을 느끼기는커녕, 일본 군대를 공부하고 있다는 사실을 주변 사람들에게 말하기조차 쉽지 않았으므로 어려움이 많았습니다.

그런데도 공부를 지속했던 것은 근대 일본과 근대 한국은 밀접한 관계가 있으므로 일본군과 그들이 자행했던 침략과 집단살해 행위에 대해서는 확실히 공부해야 할 필요가 있다고 생각했기 때문입니다.

일본과 제노사이드

오늘날 중국에서는 자기 나라 학생들에게 애국 교육을 할 때 '항일전쟁'을 소재로 활용합니다. 중국의 근현대사를 '항일의 역사'로서 가르치고 있는 것입니다. 이러한 경향은 한국도 별반 다르지 않습니다. 한국에서도 일본은 침략을 일삼은 나쁜 국가라는 점에 포커스를 두고, 가해자인 일본과 피해자인 한국이라는 관점에서 근대의 역사를 서술하는 경우가 많습니다. 이처럼 한국의 근대사는 일본 제국에 의해 패망한 '망국의 역사'였다면, 일본의 역사는 '침략의 역사'였습니다. 물론 일본이 자행한 침략의 행태를 비난하기는 쉬워요. 그러나 단순히 잘못했다고 말하는 것에서 그치는 것이 아니라, 그 침략 과정에서 발생한 사건의 실체를 정확히 이해할 필요가 있습니다. 이를 위해서 근대 동아시아의 전쟁 중에서 특히 일본과 관련된 것, 다시 말해서 제국 일본이 주도적으로 벌인 전쟁에서 나타나는 '집단 살해', 특히 군인이나 군속 등 교전 행위에 직접 관련된 사람들이 아니라, 교전 행위와는 무관한 민간인을 집단 살해한 사례들을 살펴보려고 합니다.

제노사이드genocide란, 민족, 종족, 인종을 의미하는 제노스genos와 살인을 의미하는 사이드cide를 합쳐서 만든 합성어입니다. 이 용어는 1944년, 유대계 폴란드인 법률가 라파엘 렘킨Raphael Lemkin이 처음 만들었는데, 나중에 마크 프리드먼Mark

Friedman이라는 학자가 "고의 또는 제도적으로 어떤 민족, 종족, 인종, 종교집단의 전체나 일부를 파괴하는 집단학살 범죄"라고 좀 더 구체적인 개념으로 제시하기도 했습니다. 즉, 제노사이드란 특정한 집단을 말살시키는 행위를 가리키는 것으로, 우리에게 가장 익숙한 제노사이드의 사례로는 히틀러가 이끄는 나치가 저질렀던 600만 유대인 학살이 있습니다. 유대인들은 이 사건이 인류 역사상 다시없을 재앙이었다는 의미에서 '홀로코스트 Holocaust'라고 부르지만, 제노사이드의 한 사례임은 분명합니다.

이번 강의의 핵심 문제의식은, 근대 일본이 전쟁을 치르는 과정에서 발생한 무수한 인명의 살상을, 위에서 언급한 '제노사이드'의 관점에서 들여다보는 것입니다. 물론 전쟁 과정에서 발생한 인명의 희생을 모두 제노사이드라고 부를 수는 없습니다. 어떤 살해 행위가 제노사이드라는 개념에 적확하게 들어맞는지는 사안별로 자세하게 검토해 볼 필요가 있는 거지요. 아직 가설이 많고 앞으로도 많은 보충 연구를 통한 검증이 필요한 연구 주제이지만, 최근에는 근대 일본이 자행한 인명의 살상을 제노사이드와 연결 짓는 관점에서의 연구들이 속속 등장하는 추세입니다.

20세기 일본에 의해서 자행된 본격적인 전쟁의 출발점은 청일전쟁이었습니다. 물론 청일전쟁 자체는 1894년에 시작되어 1895년에 끝난 19세기의 전쟁인데 이후 일본이 동아시아에서 벌이는 수많은 전쟁의 출발점이었다는 점에서 '20세기 전쟁'의 시작으로도 볼 수 있습니다.

청일전쟁은 청나라와 일본이 조선에 대한 주도권을 놓고 맞붙은 전쟁입니다. 일본은 자신들의 주권 영역인 일본 열도를 온전히 방어하기 위해서는, 일본 열도 바깥에 방어선을 두어야 한다고 생각했습니다. 일본의 구상에 따르면, 이 방어선이 그어지는 곳이 바로 한반도였습니다. 일본은 1880년대 중반 이후부터 이미 이러한 구상을 구체화했고, 조선을 일본의 핵심 이익과 관련되는 지역으로 삼으려면 당시 조선에 막대한 영향력을 행사했던 청을 조선에서 몰아낼 필요가 있다고 생각했습니다. 이러한 구상을 실현시키는 과정이 바로 청일전쟁이었습니다.

청일전쟁이 발생하기 전인 1887년에 그려진 풍자화 한 점을 볼까요?(fig.1) 왼쪽과 오른쪽에는 각각 일본인과 중국인이 앉아서 낚싯대를 드리우고 있는데, 이들이 낚으려는 것은 바로 '조선coree'이라는 물고기입니다. 다리 위에는 아직 낚싯대는 드리우고 있지 않지만, 중국과 일본 양쪽을 모두 유심히 지켜보고 있는 러시아 사람이 그려져 있습니다. 청일전쟁이 일어나기 훨씬 전부터, 이미 유럽에서는 동아시아의 정세를 위와 같이 이해하고 있었습니다.

1894년, 일본은 드디어 청과 전쟁을 시작합니다. 그리고 이 청일전쟁 과정에서 우리가 첫 번째로 주목할 민간인 집단 살해 사건이 발생합니다. 바로 '뤼순旅順 학살사건'입니다, 중국에서는 '뤼순 대도살'이라고 부르는 사건이지요. 1894년 11월, 일본군은 중국 랴오둥遼東 반도 인근에 상륙해, 현재의 다롄시大連市에 위치한 뤼순을 공략했습니다. 일본군이 뤼순을 함락하는 데는 불과 반나절밖에 걸리지 않았을 정도로, 청나라 군대는 저항다운 저항조차 하지 않았습니다. 그런데도 이 공략 전투 과정에서 일본군은 뤼순 시내와 근교에서 대규모 학살을 자행했습니다.

이 당시 희생당한 사람의 숫자는 아직 정확하게 파악되지 않았습니다. 중국 측에서는 당시 작성된 매장 관련 기록이나 묘비의 문구 등을 토대로 희생자의 숫자가 1만 8,000여 명이라고 주장합니다. 또 그 당시 신문 보도나 개인이 남긴 기록에는 최소 200명에서 2,000명 정도가 죽었다는 언급이 있습니다. 이를 토대로 일본 학계에서는 적게 잡으면 최소 200명에서, 최대 6,000명 정도까지 희생당한 것으로 보고 있습니다.

일본군이 뤼순에 진입한 사실을 전달하는 보도에 실린 삽화를 보면 일본 군인들이 청나라 제복을 입은 군인들을 제압하는 모습이 등장합니다.(fig.2) 당시에는 아직 사진이 일반적이지 않아서, 관련 소식을 이렇게 그림으로 그려서 전달했습니다.

또 다른 그림을 볼까요? 일본군이 포로를 처형하는 행태를 비판적으로 그린 외국 언론의 삽화입니다.(fig.3) 앞서 이야기한 것처럼, 뤼순은 교전이 시작된 지 반나절 만에 함락되었을 정도로 청국 군인들은 제대로 싸울 의사조차도 없었습니다. 아마도 많은 군인이 총을 버리고 도망치거나 항복했을 겁니다. 하지만

fig. 1

조선을 둘러싼 일본과 청나라의 대립을 묘사한 프랑스 화가 조르주 페르디낭 비고의 풍자화, 『토바에TÔBAÉ』, 제1호, 1887.2.15

fig. 2

뤼순에 진입하는 일본군의 모습

fig. 3

포로를 학살하는 일본군의 모습

1

2

3

일본군은 투항한 사람들조차도 죽였습니다. 게다가 군인이 군복을 벗으면 민간인과 구별이 되지 않았으므로 젊은 남성들을 군인으로 의심해서 죽이기도 했습니다.

일본군은 대체 왜 투항한 포로나 민간인까지도 무참히 살해한 걸까요? 가장 큰 이유는 당시 일본군의 병참 시스템이 굉장히 취약했기 때문입니다. 전쟁은 총칼로만 싸우는 게 아닙니다. 군인들을 먹이고 입히고 재우고 탄약도 적절히 보급해 줘야 합니다. 그런데 당시 일본 군대는 이러한 보급 시스템이 굉장히 허술했습니다. 뒤에서 난징南京대학살 사건을 설명할 때 더 자세히 살펴보겠지만, 병참 체계가 허술했던 일본군으로서는 포로를 관리하기조차 쉽지 않았습니다. 그러다 보니 전쟁 포로를 인도적으로 대우한다는 것은 처음부터 기대하기가 힘들었지요.

일본군이 뤼순에서 저지른 학살사건은 당시 뤼순에 머물고 있던 외신 기자들을 통해서 전 세계에 보도되었고, 곧 일본에 대한 비판이 쏟아지게 됩니다. 그러자 일본 정부는 일본군이 어디까지나 국제법을 준수하며 전쟁을 하고 있다고 주장하고, 무고한 인명을 살상한 사실이 없다고 극구 부인했습니다. 그러나 이 사건은 분명 근대 동아시아 전쟁에서 일본군에 의해 자행된 최초의 제노사이드 중 하나였다고 할 수 있습니다.

동학농민군에 대한 살육

뤼순 학살사건과 거의 같은 시기에 발생한 또 다른 살육극이 있습니다. 바로 조선에서 자행된 동학농민군 살육이지요. 청일전쟁은 청나라와 일본이 맞붙은 전쟁이었지만, 전쟁이 벌어진 주된 전장은 조선이었고, 따라서 청일전쟁에서 가장 많은 인명이 희생당한 나라도 조선이었습니다. 대략적인 추산으로는 청일전쟁 기간 동안 조선인이 3만 명 이상 사망했다고 보고 있습니다. 연구자에 따라서는 최대 6만 명까지 보기도 하는데, 아직 명확한 근거가 있는 것은 아닙니다.

한편, 최소 1만 명 이상의 희생자가 발생한 동학농민군 학살을 제노사이드로 볼 수 있느냐에 대해서도 검토가 필요합니다. 청일전쟁을 일으킨 일본이 내걸었던 명분은, 조선을 야만의 나라인 청국으로부터 해방시켜 근대화의 길로 인도한다는 것이었습니다. 즉, '문명 대 야만'의 구도를 기획했던 것입니다. 일본의 주장대로라면, 조선의 민중은 일본군에 대해 지지와 찬양을 보내야 했을 테지만 현실은 정반대였습니다. 동학농민군을 주축으로 일본을 향한 거센 저항이 일어납니다. 그러자 일본군 지휘부에서는 조선 민중의 봉기가 해외에 알려지지 않도록 가능한 한 빨리 제압하라고 명령합니다. 그 결과가 바로 유명한 '우금치 전투'입니다.

우금치 전투는 지금의 충청남도 공주시 인근 우금치에서 조선과 일본의 연합군이 동학농민군을 섬멸한 전투입니다. 그러나 우금치 전투의 실상은 전투라기보다는 일방적인 '학살'에 가까웠습니다. 우선 무기 체계가 너무 달랐습니다. 구식 화승총과 죽창으로 겨우 무장한 동학농민군은 기관총과 소총으로 무장한 일본군의 상대가 될 수 없었습니다. 터무니없이 약한 전력으로도 외세의 침략에 거세게 저항한 동학농민군의 활동은 물론 그 자체로 평가해야겠지만, 이것을 군대 간의 정상적인 교전 행위인 전투로 볼 것인지, 아니면 일본군에 의해 자행된 일방적인 살육극으로 봐야 하는지는 의견이 나뉠 수 있습니다. 실제로 우금치 전투에서는 단 하루 만에 동학농민군 1만 명이 희생당했습니다. 한번 상상해 보세요. 군대와 군대 간의 정상적인 교전이었다면, 이런 엄청난 학살이 일어날 수 있었을까요?

여기서 짚고 넘어가야 할 부분은, 청일전쟁으로부터 정확히 10년 뒤에 발생한 러일전쟁에서는 일본군이 교전 상대방에 대해 사뭇 다른 태도를 보였다는 점입니다. 구미 열강 중 하나이자 백인 국가와의 전쟁이라는 점을 의식해서인지, 일본은 국제법을 준수해야 한다고 목소리를 높였습니다. 그래서 군대에 국제법을 전공한 법학자들을 종군 연구자로 딸려 보내기까지 할 정도였습니다. 일본군이 국제법과 교전수칙을 근거로 포로에 대한 적절한 처우가 필요하다고 언급한 것은 이때가 처음이었습니다. 뒤집어 생각하면, 청일전쟁 당시에는 일본군이 포로에 대한 처우를 사실상 전혀 고려하지 않았다고 볼 수 있습니다. 그만큼 국제법이나 교전수칙 따위는 아랑곳하지 않고, 전쟁 포로나 민간인들에 대해서도 무도한 전시 폭력을 행사했음을 지적할 수 있습니다.

후기의병 탄압

후기의병 탄압도 빼놓을 수 없는 사건입니다. 1907년, 헤이그특사 사건을 구실로 일본은 고종을 퇴위시키고 조선과 정미칠조약을 맺었습니다. 그 결과 조선의 군대가 해산되었는데, 하루아침에 직업을 잃은 조선의 전직 군인 중 상당수가 의병 활동에 가담하면서 이른바 '후기의병(정미의병)'의 활동이 활발해집니다. 그러자 일본은 1907년부터 1912년까지 의병들을 대대적으로 탄압했습니다.

특히 1909년 9월부터 약 2개월간 수행된 '남한대토벌작전'은 가혹한 탄압으로 악명이 높았습니다. 일본군이 공식적으로 발표한 자료인 「조선폭도토벌지」를 보면, 이때 사망한 의병의 숫자가 중경상을 입은 부상자 숫자의 세 배에 달합니다. 이것은 분명 정상적이지 않은 통계입니다. 보통 군대와 군대 간의 일반적인 교전에서는 사망자, 부상자, 포로의 비율이 일정하게 나옵니다. 군대를 인체와 같은 유기체에 비유한다면, 대략 총 병력의 30퍼센트 정도가 사망하거나 부상당해 손실될 경우, 그 군대는 더 이상 뛰거나 걸을 수 없이 병상에 누워 있을 수밖에 없는 기능부전 상태의 환자가 됩니다. 이 비율은 군대의 규모가 사단이든 여단이든 군단이든 거의 동일합니다. 즉, 전쟁 시작 전 병력이 100이라고 한다면 그중 30 정도만 손실되어도 유기체로서의 기능을 모두 상실해 버려서, 나머지 70은 더 이상 전투를 수행할 수 없게 되지요.

그래서 보통 교전에서 패한 군대의 사상자 통계를 살펴보면, 대체로 사망자 10, 부상자 20, 나머지 70은 생포 내지는 퇴각으로 나타납니다. 그런데 남한대토벌작전에서는 이 통계가 완전히 역전되어, 사망자가 70, 부상자가 20, 생포된 포로가 10의 비율로 나타납니다. 전사자가 70퍼센트 이상이었다는 말은 눈에 보이는 대로 죽여 버렸다는 의미입니다. 게다가 의병은 민간인과 잘 구별이 되지 않았으므로 무고한 민간인도 적지 않게 희생당했습니다. 이 또한 어떤 면에서는 제노사이드에 가까운 살육이었다는 점을 지적할 수 있습니다.

간도대학살

다음 사례는 1920년에 발생한 '간도대학살'입니다. 경신년庚申年인 1920년에 일어난 사건이라고 하여 '경신참변'이라고도 부릅니다. 사실 1918년부터 1920년까지는 한국 근대사에서 독립운동이 가장 활발하게 전개되었던 시기입니다. 특히 1919년 3·1 운동 이후, 1920년은 봉오동 전투와 청산리 전투에서 연달아 성과를 올리는 등 독립투쟁사에서 가장 찬란하게 빛났던 시기라고 해도 과언이 아닙니다. 그러나 '찬란함'의 이면에는 깊은 어둠도 존재합니다.

제1차 세계대전이 끝나자 전 세계적으로 자유주의 움직임이 거세집니다. 이에 식민지 조선에서도 일본으로부터 독립하려는 움직임이 거세지고 무장독립투쟁이 활발해졌습니다. 특히 한반도를 벗어나 만주, 연해주 지역으로 이주한 조선인들이 독립군을 배후에서 물심양면으로 지원하기 시작합니다. 그러자 일본은 대대적인 탄압으로 무장독립투쟁을 뿌리부터 근절해 버리기로 마음을 먹고, 그 명분을 쌓으려고 일부러 '훈춘琿春사건'[1]을 일으킵니다. 자신들이 조작한 훈춘사건을 빌미로 만주에 정규군을 파견해 조선 사람들에 대한 대대적인 학살을 자행한 것이 바로 간도대학살 또는 경신참변입니다.

일본은 만주에 있던 관동군은 물론이고 조선에 있던 일본군 병력까지 파견해 간도 일대에서 독립군을 토벌하기 위한 군사작전을 개시합니다. 이때 조선의 독립군들이 만주에서 활동할 수 있는 토대가 된 조선인 마을도 공격의 대상이 되었습니다. 이들 근거지를 초토화해야만 독립군이 더는 계속 활동할 수 없을 거라고 생각했기 때문입니다. 그래서 약 3~4개월에 걸쳐, 당시 만주 지역에 존재하는 수많은 조선인 마을을 모조리 불태우고,

재산과 식량을 약탈했으며, 무고한 민중까지도 무차별적으로 학살했습니다. 일본에 의해 작성된 공식적인 자료에만 근거하더라도 약 3,500명의 무고한 민간인이 학살당했습니다. 총을 들고 일본군과 교전을 벌인 독립군이 아니라, 보통의 민간인이 이렇게 많이 죽임을 당했던 것입니다.

간도에서 벌어진 학살은 이때가 끝이 아니었습니다. 10년 뒤인 1930년에도 경신참변과 거의 유사한 형태의 간도침공 사건이 벌어집니다. 또 중일전쟁, 태평양전쟁 시기에도 조선인이 만주와 중국을 무대로 무장독립투쟁을 전개했으므로 일본의 지속적인 탄압이 있었습니다. 심지어 일본은 조선인을 탄압하는 데 조선인을 투입할 정도로 악랄한 방법을 사용했지요. 대표적인 사례가 바로 유명한 '간도특설대'입니다. 이 당시에 만주에 있던 조선인 중에는 독립운동에 직접 투신하거나 뒤에서 물심양면으로 지원한 사람들도 있었지만, 그에 못지않게 입신출세하기 위해 일본에 충성하면서 독립군과 싸우거나 밀정 노릇을 한 사람들도 많았습니다. 여담이지만, 1948년에 대한민국이 건국된 이후 해병대를 조직하는데, 이 해병대의 초대 사령관부터 제3대 사령관까지 모두 간도특설대 출신입니다. 지금 이 세 사람은 모두 국립묘지에 묻혀 있습니다.[2]

중일전쟁과 난징대학살

다음으로 살펴볼 사례는 중일전쟁 당시 발생한 난징대학살입니다. 중일전쟁은 20세기 일본이 동아시아에서 일으킨 여러 전쟁 중에서도 전쟁의 이유나 목적을 이해하기가 특히 힘든 전쟁입니다. 청일전쟁과 러일전쟁은 각각 한반도를 일본의 영향력 아래에 두어 방어선을 구축하고, 나아가 대륙으로 진출하기 위한 발판을 마련한다는 목적이 있었습니다. 태평양전쟁은 중국과 전쟁을 하고 있는 일본에 대해 미국이 석유 수출을 중단해 버리자, 궁지에 몰린 일본이 동남아의 유전지대를 확보하기 위해서 일으킨 전쟁이었습니다.

그런데 1937년, 일본이 일으킨 중일전쟁은 시작부터 전쟁의 목표가 불분명했습니다. 전쟁이란 모름지기 단기적으로나 중장기적으로 분명한 목표를 세워놓고 그 목표를 달성하기 위한 고도의 전략과 전술이 뒷받침되어야 합니다. 그런데 중일전쟁에는 이러한 것들이 보이지 않았습니다. 왜냐하면 이 전쟁은 일본의 군부가 마치 한 번 내달리기 시작하면 좀처럼 멈춰 설 수 없는 폭주 기관차처럼 무모하게 시작했기 때문이지요. 게다가 당시, 일본에는 군부의 폭주에 제동을 걸어줄 정치적 리더십도 없었습니다.

중일전쟁이 발발할 다시 일본의 총리는 고노에 후미마로近衛文麿(1891~1945)였습니다. 고노에 가문은 천황가 다음가는 귀족 집안이라 할 정도의 명문가입니다. 그래서 고노에 후미마로가 총리가 되었을 때만 하더라도, 그가 군부를 적절히 제어하면서 정치를 잘 운영할 거라는 기대가 있었습니다. 그런데 그가 총리가 된 지 얼마 지나지 않아, 베이징에서 일본군과 중국군 사이에 소규모 무력 충돌이 발생했습니다. 다만, 이 당시 베이징 인근에 주둔하고 있던 일본군 부대는 2개 중대 정도이므로 큰 충돌로 번지지는 않았습니다. 그런데 1931년에 관동군이 일으킨 만주사변에 대한 기억이 있었던 고노에 후미마로는 육군과 해군 참모를 불러서 이 사태를 어떻게 대응할 건지 질문합니다. 고노에 후미마로의 본뜻은, 만주사변 때처럼 군부가 독자적으로 행동하지 말고 미리 계획을 보고하라는 취지였으나, 결과적으로는 군대에 대한 정부의 통제를 포기하고, 전쟁 개시에 대한 결정권을 군부에 일임하는 것이 되었습니다. 군대를 향해 싸울 건지 아닌지를 선택하라고 하면 그 대답은 뻔했지요. 결국 일본 군부는 싸움을 선택했고, 베이징에서의 소규모 충돌이 중일전쟁으로 확대되는 원인이 되었습니다. 따지고 보면 일본도 아무런 준비 없이 돌발적으로 이 전쟁을 시작했던 것입니다.

그래도 수년 전 만주사변을 일으켰을 당시에는 단 며칠 만에 중국의 주요 도시 중 하나인 상하이를 점령했던 기억이 생생한 만큼, 일본 군부는 이번에도 단기간에 전쟁을 끝낼 수 있을 거라고 생각했습니다. 그러나 이번에는 중국의 정치 지도자인 장제스蔣介石가 정규군을 움직이면서까지 일본군을 상대로 적극적으로 대항해 싸우는 바람에, 상하이를 점령하는 데 3개월이나 걸렸습니다. 이에 독이 오를 대로 오른 일본군은 상하이를 점령한 뒤 당시 중국 국민당 정부의 수도인 난징까지 점령합니다.(fig.4) 일본군은 수도를 함락하면 중국이 항복할 거라고 예상했습니다. 그러나 중국은 항복을 하지 않았고, 일본군이 난징을 점령한 채 속절없이 시간을 흘려보내야만 했습니다. 그사이, 난징시 안팎에서 전쟁 포로는 물론이고 노인, 아동, 부녀자를 막론하고 무고한 인명에 대한 엄청난 살상 행위가 자행되었습니다.

fig. 4
난징으로 들어가는 일본군 사령관

무자비한 폭행이나 약탈은 물론 여성들 강간까지 이루어졌지요.

오늘날 중국 측에서 공식적으로 제시하는 난징대학살의 희생자 숫자는 30만 명입니다. 물론 이것은 중국 측의 일방적인 주장에 가깝고, 정확한 자료로 뒷받침되는 숫자는 아닙니다. 한편 일본의 보수 우익 세력은 단 한 명의 무고한 학살도 없었다고 주장합니다. 30만 명 대 0명이라는 두 숫자 사이의 간극만큼이나 양국의 입장이 첨예하게 갈립니다. 아마도 진실은 그 둘 사이의 어디쯤 있겠지요.

적어도 당시 난징을 점령한 나카시마 게사고中島今朝吾 사단장이 남긴 공식적인 기록에는 "중국인을 포로로 삼지 않을 방침이다."라고 적혀 있는 것이 확인됩니다. 이것이 일본군 지휘부의 입장이었습니다. 포로수용소도 짓지 말고, 포로도 잡지 말라는 말은, 결국 투항한 자라고 하더라도 모두 죽이라는 말과 같습니다. 이처럼 항복한 군인이라도 모조리 죽이는 상황이다 보니, 제복을 벗어버린 군인과 구별도 되지 않고 말도 통하지 않는 민간인들까지도 무차별적으로 학살했습니다. 앞서 뤼순 학살사건을 다루면서 언급했지만, 일본은 병참이 허약했기 때문에 포로를 잡아두지 않았습니다. 당시 일본에는 전투식량이 따로 없었고, 병사들에게는 밥을 지어 먹을 쌀과 반합을 지급했습니다. 그런데 이미 완전 군장을 한 병사 한 사람이 며칠 분의 생쌀을 더 짊어질 수 있었을까요? 기껏해야 3~5일 치가 한계였을 거예요. 그 이상의 식량은 보급이 아닌 주로 현지 조달로 확보해야만 했습니다.

'현지 조달'은 다른 말로 하면 '약탈'입니다. 표면적으로는 일본 군대가 '군표'라는 일종의 어음을 발행해 민간으로부터 식량을 구입하는 시늉을 했지만, 종이 쪼가리에 지나지 않는 군표를 받고 선뜻 식량을 내어줄 사람은 없었습니다. 이런 상황에서 허울뿐인 현지 조달이 무차별적인 약탈로 귀결되는 건 불 보듯 뻔한 일이었습니다. 이로 인해 무고한 인명의 희생은 갈수록 늘어났습니다. 나카시마 사단장이 남긴 기록에 따르면, 휘하의 사사키佐々木 부대 단독으로만 1만 5,000명을 처리했다고 합니다. 이러한 사실은 일본 안에서는 전혀 보도되지 않았습니다. 일본 본국에서는 그저 중국의 수도인 난징이 함락되었다며, 이를 축하하기 위한 행사가 도쿄, 나고야, 오사카 등 대도시에서 열리고 있었습니다. 그러는 사이 미국 언론인 『뉴욕타임스』가, 난징에서 중국군 포로 전원이 살해당했다는 사실을 보도함으로써 대학살 사실이 조금씩 표면으로 드러나기 시작했습니다.

난징대학살은 20세기 동아시아 전쟁 과정에서 발생한 최대 규모의 제노사이드입니다. 당시 학살이 자행되었던 난징시 교외에 '침화일군난징대도살우난동포기념관侵華日軍南京大屠殺遇難同胞紀念館'이 설립되어 있습니다.(fig.5) 이 기념관에는 학살당한 희생자의 유골과 유품, 당시의 사진 등이 전시되어 있습니다. 중국 측은 희생자 숫자가 30만 명이라고 주장하는 데 비해서, 일본에서는 중국 측이 꾸며낸 허위라는 주장도 상당히 유포되어 있습니다. 하지만 난징대학살은 분명 실제로 존재했던 역사적

fig. 5
침화일군난징대도살우난동포기념관. 각국의 언어로 피해자 수 30만을 기록해 두었다.

사건입니다. 이 사건의 진상은 태평양전쟁이 끝난 후 도쿄에서 열린 극동국제군사재판의 법정에서도 자세히 심리되었습니다. 극동국제군사재판은 A급 전범을 중심으로 재판과 처벌이 이루어진 법정이었는데, 이 재판 과정에서 난징학살을 직접 목격한 서양인 선교사들이 증인으로 나와 참상을 증언했습니다. 따라서 학살이 있었다는 것은 부정할 수 없습니다. 일본도 이 당시에는 극동국제군사재판의 결과를 받아들였으므로, 난징대학살 사실을 인정한 셈입니다. 지금에 와서 그 사실 자체를 부정하는 것은, 극동국제군사재판을 통해 규명된 전쟁 책임 자체를 부정하는 것과 다름이 없습니다.

다만 학살당한 희생자의 숫자에 대해서는 아직도 논란 속에서 꾸준한 연구가 이어지고 있습니다. 중국 측은 줄곧 30만이라는 숫자를 고수하고 있으나, 일본의 진보적인 연구자들은 적게는 7만에서 많게는 15만 정도로 추정하고 있습니다. 이 숫자는 앞으로 추가적인 자료의 발굴과 연구를 통해서 계속 바뀔 수도 있습니다. 예를 들면 중국의 경우에는 사람이 죽으면 일반적으로 화장보다는 매장을 하기 때문에 1937년 12월부터 1938년 1~2월 사이의 매장 기록 등을 토대로 숫자를 추산해 보는 연구도 진행하고 있습니다. 중요한 것은 이러한 엄청난 비극이 실제로 발생했고, 이와 같은 일이 다시는 되풀이되지 않도록 사건의 진상을 정확히 밝혀서 역사의 교훈으로 삼아야 한다는 것입니다.

중일전쟁 당시 일본군의 광기를 가장 잘 보여주는 사례 중 하나가 바로 '100인 참수 경쟁'입니다.(fig.6) 이런 일이 버젓이 자행된 당시는 그야말로 광기의 아수라장이었습니다. 이 참혹한 행위는 일본군 두 예비역 소위가 저질렀지요. '예비역'이라는 표현에서 알 수 있듯이, 두 사람은 이미 한 번 제대했다가 다시 입대하면서 소위로 임관했습니다. 사진을 보면 알겠지만 장교 중에서 가장 낮은 계급인 소위임에도 상당히 나이가 많은 아저

東京日日新聞 (月曜日) 昭和十二年十二月十三日

百人斬り"超記錄"

向井 106―105 野田

兩少尉さらに延長戰

【紫金山麓にて十二日淺海、鈴木兩特派員發】南京入りまで"百人斬り競爭"という珍競爭をはじめた例の片桐部隊の勇士向井敏明、野田巖兩少尉は十日の紫金山攻略戰のどさくさに百六對百五というレコードを作って十日正午兩少尉はさすがに刃こぼれした日本刀を片手に對面した

野田「おいおれは百五だが貴樣は？」向井「おれは百六だ!」……兩少尉は"アハハハ"結局いつまでにいづれが先きに百人斬ったかこ

"百人斬り競爭"の兩將校 (右)野田巖少尉 (左)向井敏明少尉

fig. 6
'100인 참수 경쟁'을 보도한 『도쿄일일신문』(1937. 12. 1) 기사. 총검을 든 소위 노다 쓰요시野田巖(왼쪽)와 무카이 도시아키向井敏明(오른쪽)의 사진을 수록했다.

씨였습니다. 신문 기사에 '두 사람이 누가 먼저 100명의 머리를 베느냐를 두고 경쟁을 벌였다.'는 소식이 전해집니다. 심지어 연일 특집 기사로 다루었다고 해요. 기사 제목을 보면 "100인 참수, 기록 초과: 106-105 두 소위, 거듭 연장전으로"라고 되어 있습니다. 나중에 국제군사재판에서 이 일간지 보도가 증거로 제출되어, 이 두 사람은 사형을 당했습니다. 아마도 이런 식의 학살사건은 비일비재했을 것입니다.

일본 국민을 대상으로 한 제노사이드

지금까지 1894년에 발발한 청일전쟁부터 1937년 중일전쟁까지 일본이 동아시아에서 일으킨 전쟁과 그 과정에서 발생한 제노사이드를 살펴봤습니다. 물론 위에서 언급한 내용이 모든 사례를 포괄하지는 못하지만, 이 정도만으로도 전쟁 과정에서 무고한 민간인이 무수히 많이 희생당했다는 사실을 알게 되었을 거예요.

그런데 전쟁 과정에서 피해를 본 것은 전쟁 상대국의 민간인들만이 아니었습니다. 전쟁에 동원된 군인은 물론이거니와, 심지어 일본 국민까지도 집단 살해의 대상이 되었습니다. 특히 태평양전쟁이 진행된 1941년부터 1945년 사이에는 일본이 침략하고 점령했던 지역에서 민간인에 대한 제노사이드가 발생했을

뿐만 아니라, 일본 자국민에 대한 제노사이드가 일어났습니다.

전쟁에서 군인이 사망한 것을 두고 제노사이드라고 볼 수 있느냐, 이 부분에 대해서는 논란이 있을 수 있습니다. 그러나 이 강의에서는 일반적인 교전 상황에서 발생하게 되는 '전사戰死'와는 구분되는 다른 형태의 집단 살해라고 보려고 합니다. 대표적인 모습이 애투섬Attu Island의 사건입니다.

일본은 1941년 12월 7일, 진주만을 공습하면서 미국과 전면전을 시작했습니다. 그리고 순식간에 동남아 지역으로 세력을 넓혔습니다. 일본 제국의 판도가 최대에 달했던 1942년경, 당시 일본의 강역을 표시한 지도를 볼까요?(fig.7) 붉은색 실선 안쪽 부분이 당시 일본이 차지하고 있던 지역인데, 대륙 쪽으로는 조선과 만주, 남쪽으로는 인도네시아와 뉴기니 북부에까지 세력이 미쳤습니다. 그러나 일본은 1942년 6월, 미드웨이해전에서 크게 패하면서 전세가 기울었습니다.

미드웨이해전에서 패배한 일본은 미국 본토를 직접 공격하기 위한 활주로를 건설하기 위해 미국 알래스카주 서쪽에 위치한 애투섬을 점령했습니다. 그러나 미국이 1943년 5월, 이 섬을 도로 빼앗으려고 상륙작전을 감행하면서 전투가 벌어졌고, 그 결과 애투섬에 있던 일본군 수비대가 전멸했습니다. 일본에서는 이것을 '앗쓰섬(애투섬의 일본식 발음)의 옥쇄玉碎'라고 불렀습니다. 옥쇄란 옥구슬이 산산이 부서진다는 의미입니다. 일본군 수비대가 전멸한 사건을, 마치 아름다운 옥이 바닥에 떨어져서 산산조각으로 부서진 것에 비유함으로써, 그 죽음을 미화시킨 표현이지요.

그러나 앞서 이야기한 것처럼, 정상적인 교전 상황에서는 절대로 100퍼센트 사망률이란 있을 수 없습니다. 30퍼센트의 병력이 죽거나 다치면 나머지 70퍼센트의 병력은 살아남아 항복하는 것이 동서고금의 상식입니다. 그런데 한 사람도 남김없이 전원 사망했다는 것은 집단적으로 자살했음을 의미합니다. 일본은 군인들에게 죽음을 강요한 것입니다. 군인들이 죽도록 '강제'한 것입니다. 이 역시 명백한 제노사이드의 한 유형으로 간

fig. 7
일본 제국의 최대 판도(1942년 기준)

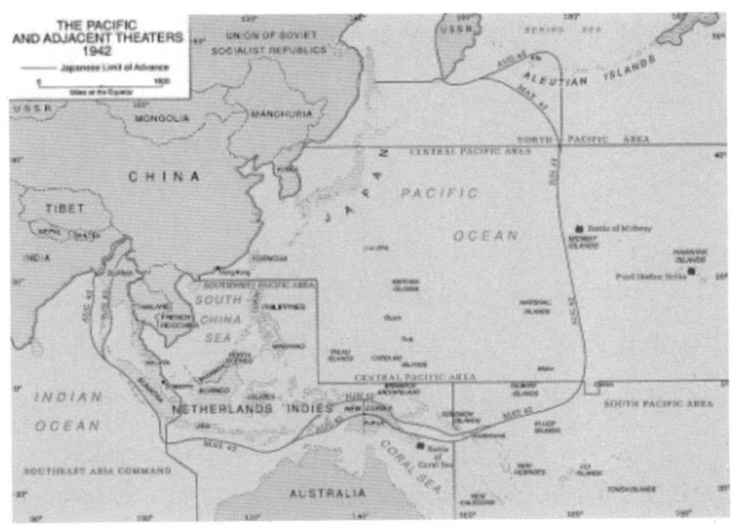

주할 수 있습니다.

그렇다면 일본군은 어째서 투항이 아니라 집단 자살이라는 끔찍한 선택을 했던 걸까요? 일본이 어떻게 자국의 군인을 이처럼 사이비 종교의 신도와도 같은 정신 상태로 몰아갔는지를 보여주는 사례 중 하나가 '전진훈戰陣訓'입니다. 전진훈은 1941년 1월 7일, 당시 육군대신이자 훗날 일본의 총리가 되는 도조 히데키가 시달한 훈령입니다.(fig.8) 이 전진훈은 군인들에만 하달된 게 아니라, "국민이 마음에 새겨야 할 것"으로 민간인에게도 실천을 강요했습니다. 그런데 이 전진훈의 내용 중에 바로 "살아서 포로의 치욕을 받지 말고 죽어서 죄과의 오명을 남기지 말라."라는 유명한 구절이 있습니다. 다시 말해 포로가 될 것 같으면 차라리 아름다운 자결, 옥쇄를 선택하라는 메시지였습니다. 전진훈은 다양한 방식으로 배급, 유포되었습니다.(fig.9)

사이판 옥쇄

대표적인 '옥쇄' 사례를 하나 더 살펴보겠습니다. 1944년 6월 15일부터 7월 9일 사이에 사이판에서 치러진 전투에서 일본군은 2만 5,000명이 사망하고 5,000명이 자결했으며, 오직 921명만이 살아서 포로로 붙잡혔습니다.(fig.10, 11) 이에 비해 같은 전투에서 미군은 3,500명이 사망하고 1만

fig. 8
전진훈을 들고 있는 도조 히데키의 사진을 표지로 사용한 화보 잡지 『동맹그래프』, 1941년 5월호(전진훈 특집호)의 표지

fig. 9
육군미술협회가 발행한 『회화전진훈繪話戰陣訓』

8

9

fig. 10, 11

사이판 전투 당시 사망한 일본군 병사의 사진(위), 미군 사진 자료 앨범의 기록에 따르면, 참호 속에 숨어 있던 일본군 병사 다수가 아군의 총검에 의해 살해되었다고 한다(아래), 1944년 7월 촬영, 오키나와현 공문서관 소장

3,160명이 부상당했습니다. 앞에서 언급한 10대 20대 70의 법칙을 굳이 언급하지 않더라도, 일본군의 사상자 통계는 어딘가 심각하게 잘못되어 있음을 직감적으로 느낄 수 있습니다. 포로가 된 921명도 자살을 시도했지만 죽지 않고 살아남은 사람들입니다. 미군도 일본군의 이런 행태에 대해서는 기가 질릴 정도였다고 합니다. 일본군의 이런 성향이, 나중에는 '가미카제 특공대'라는 자살부대로까지 이어지게 되는 거지요. 이처럼 일본은 자국의 병사들에게, 국가를 위해서 싸울 것이 아니라 국가를 위해서 죽을 것을 강요했습니다.

오키나와 전투와 민간인 학살

'오키나와 전투' 역시 보는 관점에 따라서는 '오키나와 제노사이드'라고 부를 수도 있습니다. 오키나와 전투는 1945년 3월 26일부터 6월 23일까지 약 3개월에 걸쳐 발생했습니다. 이 당시 오키나와에 배치된 일본군 병력이 약 5만 명에서 7만 명 정도였다고 합니다. 그리고 현지에서 약 3만 명 이상을 새로 징병해, 전체 규모는 약 10만~12만 명 전후가 되었습니다. 그런데 3개월에 걸친 치열한 전투 과정에서 사망자와 행방불명된 사람까지 합쳐 17만~19만 명 전후의 엄청난 인명 피해가 발생했습니다. 정확한 통계가 남아 있지 않지만, 대략 추산해 보면 희생자들 중에서 약 10만 명 내지 12만 명 정도는 오키나와 현지 사람들이었을 것으로 생각됩니다.

오키나와는 여러 개의 섬으로 이루어져 있는데, 이 당시에 모든 섬의 인구를 다 합쳐도 겨우 30만 명 남짓이었습니다. 그러니까 10만 명의 현지인이 죽거나 행방불명되었다는 이야기는 당시 오키나와 사람 세 명 중 한 명이 목숨을 잃었다는 거지요. 상상조차 하기 어려운 참극입니다.(fig.12)

fig. 12
오키나와 전투 당시 수천 명의 민간인이 자살한 낭떠러지 절벽에서 발견된 유골.
1950년 11월 7일 촬영, 오키나와현 공문서관 소장

희생자들이 모두 싸우다가 죽음에 이른 게 아니었습니다. 미군은 처음에는 오키나와의 주요 섬을 향해 함포 사격을 했는데 일본군이 제대로 대응을 못 하자 4월부터 본격적인 점령 작전을 개시했습니다. 그런데 일본군이 전면전이 아닌, 섬의 지형을 활용하는 게릴라식 작전으로 대항하자 전투가 6월까지 늘어졌습니다. 이 과정에서 일본은 오키나와 사람들에게 '옥쇄', 즉 집단 자결을 강요했습니다. 미군이 들어오면 어차피 다 죽게 되고 심지어 부녀자들은 능욕까지 당할 테니 도망가 숨거나 발견되면 자결하라고 종용했던 것입니다. 자살의 강요는 학살의 또 다른 형태였습니다. 이로 인해 발생한 비극은 말로 다 할 수 없을 정도입니다. 미군과 관련된 공포스러운 선전에 질린 나머지, 어떤 사람은 자기 아이가 우는 소리가 새어 나가지 못하도록 아기의 입을 틀어막다가 그만 아이가 질식해 죽게 만든 일도 있었습니다. 이런 비정상적인 일들이 비일비재하게 벌어졌습니다. 특히 오키나와 전투에서는 가미카제 특공대의 작전이 본격적으로 수행되기도 했습니다. 그런 만큼 처절하고 비참한 전투였고, 미군도 굉장히 큰 피해를 입었습니다. 결과적으로 미국은 오키나와를 점령하는 데에는 성공했지만, 오키나와현 하나를 점령하는 데 3개월이나 걸렸습니다.

오키나와 전투를 겪은 미군은, 장차 규슈에 상륙해서 혼슈를 거쳐 홋카이도까지 점령하려면 적어도 3년에서 5년 정도의 시간이 걸리고, 미군 병사는 100만 이상, 일본인은 1,000만 이상의 사상자가 나올 수 있다는 계산을 하게 됩니다. 조심스러운 추측인데 미국이 히로시마와 나가사키에 원자폭탄을 떨어뜨리기로 마음먹은 것은 이런 계산 때문이 아니었나 생각됩니다.

아무튼 오키나와에서 발생한 집단 자살 사건을 보면, 과연 당시 일본이 오키나와를 일본 국가의 일부로, 그리고 오키나와 사람들을 일본의 국민으로 생각했는지 의구심이 들 정도입니다. 물론 오키나와는 일본에 병합된 것이 그리 오래되지 않았고, 오

오키나와 전투 일지

1944년 10월	미군, 오키나와의 나하那覇 등 대공습
1945년 1월	현민 방위 소집, 학도방위대 결성
1945년 3월 28일	게라마慶良間제도의 도민 집단 자결
4월 1일	미군 본도 상륙 개시
4월 6일	해상 특공 개시
4월 7일	전함 야마토 격침
5월 4일	일본군 총공격 실패
6월 14일	오로쿠小禄 해군 근거지 전멸
6월 22일	우시지마 미쓰루牛島滿 주둔군 사령관 할복 자결

일본군 전몰자 : 약 11만 명, 민간인 약 10만 명
미군 사상자 : 약 5만 명

키나와 사람과 일본 본토의 사람들은 생김새도 약간 다르지만 설령 민족이 다르더라도 국민국가, 즉 네이션 스테이트를 선포한 이상 오키나와 사람들도 엄연히 일본 국민이었습니다. 그러나 이들을 그토록 무자비하게 죽음으로 내몬 것을 보면, 아무래도 일본은 오키나와 사람들을 국가가 지켜줘야 할 국민으로 인식하지 않았던 것 같습니다.

집단 자살이나 집단 자결에는 죽음을 스스로 선택했다는 의미가 포함되어 있지만, 사실 이것은 강제된 죽음이었습니다.(fig.13) 예를 들어 오키나와현의 요미탄손讀谷村 마을에서는 주민 83명이 집단 자살했는데 이 중 과반수가 12세 이하의 어린이였습니다. 어린이들이 자신의 의사로 죽음을 결정했다고 볼 수는 없지요. 그래서 오키나와 국제대학의 이시하라 마사이에石原昌家 교수는 집단 자살이나 집단 자결이라는 말 대신 '강제집단사' 또는 '강제사'라는 용어를 사용해야 한다고 주장합니다.

오키나와에서 어떻게 이런 극단적인 집단 자살 현상이 발생했을까요? 조금 전 살펴본 전진훈의 사례처럼, 일본 정부가 지속적으로 군인과 국민에게 항복을 금기시하는 인식을 주입한 것이 하나의 원인이었습니다. 또 필요 이상으로 미국을 악마화한 결과일 수도 있습니다. 중일전쟁 당시 전장에서 민간인들이 학살당하는 장면을 목격한 재향군인이나 종군 간호부들이 그와 같은 일이 자신들에게도 닥칠 수 있을 거라는 두려움에 자살을 택하기도 했습니다.

fig. 13
마루키 이리, 〈오키나와 전투도〉 중 〈집단자결〉, 사키마미술관 소장

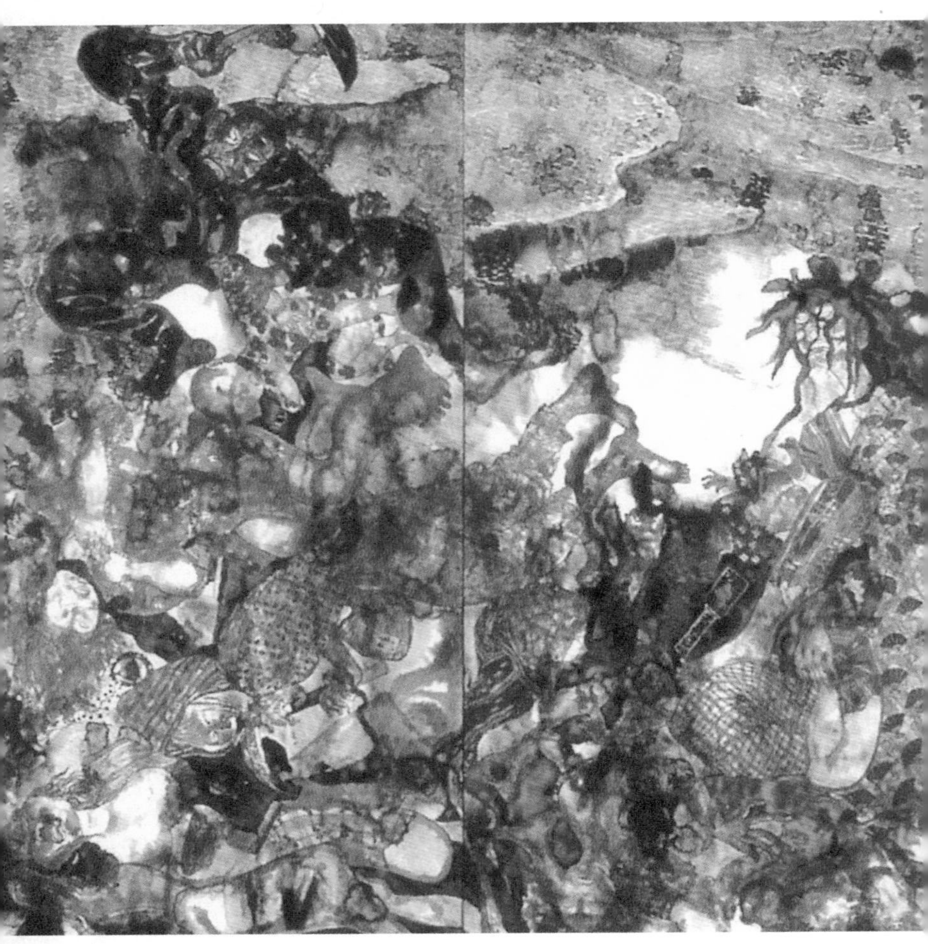

이오지마 전투

1945년 2월 19일부터 3월 26일까지 펼쳐진 이오지마硫黃島 전투는 영화와 드라마로 만들어질 정도로 꽤 유명합니다. 이 전투로 이오지마에 있던 일본군 병력 2만 2,786명 중 약 1만 8,000명이 사망하고 1,023명이 포로로 붙잡혔습니다. 이 또한 일반적인 통계로 볼 수 없습니다. 앞서 살펴본 사이판 전투와 마찬가지로, '옥쇄'로 미화되는 강제 집단 자살이 있었다고 볼 수 있습니다. 이오지마 전투에서 살아남은 독립기관포 제44중대의 스즈키 에이노스케鈴木榮之助가 남긴 회고록에 따르면 전체 사망자 중 교전으로 인해서 사망한 병사의 비율은 대략 30퍼센트 정도였다고 합니다. 그렇다면 나머지 사망자는 어떤 이유로 죽었을까요? 회고에 따르면 사망자 중 60퍼센트는 자살이었습니다. 하지만 말이 자살이지, 강제로 죽임을 당한 것이나 다름없습니다. 나머지 10퍼센트는 자살을 거부했으나 끝끝내 살해당한 사람들이었습니다. 그 밖에 극소수의 사고사도 있었습니다.

일본은 자국의 군인에게도 이처럼 잔인했습니다. 포로가 될 바에야 차라리 자살할 것을 강요했고, 그래서 병사들은 포로로 잡힌 이후에는 어떻게 행동해야 하는지도 전혀 교육받지 못했습니다. 포로로 붙잡힌 일본군들이 얼마나 순진했는지 엿볼 수 있는 기록도 남아 있습니다. 일본군 병사는 포로로서의 행동 규칙을 배운 적이 없었으므로 정작 포로로 붙잡힌 다음에는 심문 과정에서 모든 질문에 대해, 군사 기밀까지 포함해서 순순히 대답했다고 합니다. 정상적인 군대라면 포로가 되었을 때 본인의 이름이나 출신지 같은 개인 신상에 관련된 기본적인 정보 외에 다른 정보, 특히 군과 관련된 기밀 정보는 절대로 발설해서는 안 된다는 교육을 했겠으나, 일본군의 병사들은 그런 교육을 제대로 받은 적이 없었던 것입니다. 일본의 이런 방침이, 교전으로 죽은 사람보다 강요된 자살로 죽은 사람이 더 많은 이오지마의 비극을 낳았습니다. 오늘날 이오지마 전투는 영화, 드라마 등으로 제작되어 사람들에게 기억되고 있으나 그 내용은 철저히 미화되고 있으며, '강제 집단 자살'이라고 하는 사건의 본질은 거의 언급되지 않습니다.

태평양전쟁 당시 일본군의 실태

일본의 역사학자인 후지와라 아키라藤原彰 선생은 『굶어죽은 영령들餓死した英霊たち』(아오키쇼텐, 2001)에서 태평양전쟁 당시 일본의 군인들이 얼마나 비참한 상황이었는지를 고발했습니다. 후지와라 아키라 선생은 일본 육군사관학교 55기 출신의 군인이었습니다. 저는 후지와라 아키라 선생과 개인적인 인연이 있어서, 군 생활에 대한 경험담을 직접 들을 수 있었습니다.

선생의 회고에 따르면, 당시 육군사관학교는 원래 4년제였으나, 태평양전쟁 막바지에 이르러서는 장교 인력이 매우 부족해 교육 기간을 2년으로 단축했다고 합니다. 선생도 입학한 지 2년 만에 졸업한 뒤 육군 소위 계급장을 달고서 중국의 전선으로 보내졌습니다. 그 당시 선생의 나이가 겨우 만 19세였습니다.

1945년 8월, 후지와라 선생은 중국의 전선에서 일본이 항복했다는 소식을 듣게 됩니다. 그때 그의 나이는 만 22세, 계급은 육군 대위였습니다. 일본의 패전 소식을 들은 순간 첫 번째로 들었던 생각은 "이제 안 죽어도 되는구나."라는 안도감이었다고 합니다. 그리고 두 번째로 들었던 생각은 "이제 안 죽여도 되는구나."라는 또 다른 안도감이었다고 합니다. 마지막 세 번째로 들었던 생각은, 천황에 대한 죄송함과 미안함이었다고 합니다. 군인으로서 전쟁터에 나와 천황의 이름을 내걸고 싸웠으면 반드시 이겨야 했는데, 결국 패배하고 말았다는 사실이 너무 불경스럽게 느껴졌다고 합니다. 동시에 천황에 대한 동정심이 일었다고도 했습니다. 왜냐하면 당시엔 천황이 곧 전쟁 패배의 책임을 지고 자결할 거라고 생각되었기 때문입니다. 그러나 예상과 달리 그런 일은 일어나지 않았습니다.

일본이 패망한 이후, 육군 장교 출신이었던 후지와라 선생에게는 '공직추방령'이 내려집니다. 명칭은 '공직추방령'이지만, 이 처분을 받은 사람은 공직뿐만 아니라 평범한 직장을 갖는 것조차 어려웠습니다. 그 때문에 기본적인 사회생활조차도 꾸려나가기 힘들었다고 합니다. 그런데 정작 전쟁의 모든 책임을 질 것처럼 보였던 천황은 자결하지 않았습니다. 아니, 자결은커녕 전쟁의 책임이 자기에게 있다는 인정의 말 한마디, 무수히 죽어나간 사람들에 대해 미안하다는 말 한마디조차 없었습니다. 그 모습을 본 후지와라 아키라 선생은 천황이 괘씸해서 견딜 수 없었다고 합니다.

결국 선생은 공직추방령으로 인해 당분간 사회생활을 하기도 어려워지자, 대학에 진학해서 연구자의 삶을 살기로 합니다. 그래서 도쿄대학 사학과에 들어가 군사사를 연구했습니다. 평생에 걸쳐 일본군에 대한 다양한 비판적 연구 성과를 쏟아낸 선생이 2001년에 마지막으로 출간한 책이 바로 『굶어죽은 영령들』입니다.

『굶어죽은 영령들』에 따르면, 제2차 세계대전 당시에 일본군은 '전사'보다도 '전병사戰病死'가 더 많았다고 합니다. '전병사'는 전쟁터에서 전투를 벌이다가 죽은 것이 아니고, 병에 걸려서 죽었다는 의미입니다. 이 용어는 청일전쟁 때 처음 등장했습니다. 청일전쟁 당시 죽은 일본군 병사 중 교전으로 인해 사망한 비율은 30퍼센트에 불과하고, 나머지 70퍼센트는 사실 배탈이 나서 죽었습니다. 요동, 만주 등으로 전개한 일본군 병사들이 현지에서 길은 물을 마시고 이른바 물갈이라 부르는 배탈이 났는데, 설사가 멈추지 않아서 결국은 탈수증으로 사망하는 경우가 대단히 많았다고 합니다. 보통의 전쟁에서는 병으로 죽는 사람보다 전투 중에 사망하는 경우가 더 많았지만, 청일전쟁 당시에는 이처럼 병으로 인해 다수의 사망자가 발생하자 이들을 전쟁터에 나갔다가 병들어 죽었다는 의미에서 '전병사'로 분류했습니다. 청일전쟁에서 배탈로 수많은 병사를 잃은 일본은, 10년 뒤 러일전쟁 때에는 이를 교훈 삼아서 배탈에 잘 듣는 약을 만들어서 가져갑니다. 그 이름이 '러시아를 정벌하는 환약'이라는 뜻에서 '정로환征露丸'입니다. 이 약은 지금은 '정벌할 정' 자에서 '바를 정' 자로 바뀌었지만 발음은 똑같은 '정로환正露丸'으로 여전히 판매되고 있습니다.

이처럼 근대 일본에서는 전사와 함께 전병사 개념이 사용됩니다. 1941년부터 1945년까지 진행된 태평양전쟁에서 일본 군인들은 무려 230만 명이 사망했습니다. 그중에서 약 70퍼센트에 해당하는 150만 명은 전세가 이미 기울어진 1944년부터 1945년 8월 사이에 집중적으로 사망했습니다. 더욱 기가 막힌 사실은, 이 시기 군인들의 사망 원인 1위가 전사가 아닌 전병사, 그중에서도 '아사餓死', 즉 굶어 죽었다는 것입니다. 젊은 청년을 징병해 전쟁터에 보내놓고 식량조차 제대로 공급하지 못해서 각종 질병이나 영양실조로 죽게 했으니, 이런 형편없는 병참 시스템을 가진 조직을 과연 군대라고 부를 수 있을까요? 이처럼 빈약한 병참 시스템을 가진 군대가 전쟁의 포로나 전장의 민간인들을 과연 어떻게 대했을까요? 20세기 일본이 치른 전쟁의 실상을 정확히 기억하기 위해서라도, 이러한 문제를 제대로 들여다보고 평가해야 할 필요가 있습니다.

재생산되는 제노사이드

연구자로서 저는 근대 일본이 치른 전쟁을 중심으로 하여 전쟁과 제노사이드의 문제를 어떻게 연관시켜 분석하고 이해해야 하는지를 고민해 왔습니다. 물론 제노사이드가 일본군만의 문제는 아니었는데도 왜 청일전쟁을 시작점으로 하여 20세기에 일본이 주도한 동아시아의 전쟁에서 제노사이드 문제가 이처럼 갑자기 불거지게 된 건지, 과연 일본군이 자행한 이 제노사이드 문제를 어떻게 이해하고 설명해야 할지 앞으로도 많은 연구가 필요하다고 생각합니다.

그런데 여기에서 한 걸음 더 들어가 보면, 전쟁을 핑계로 내세워 국가 폭력으로서 발생했던 제노사이드가, 제2차 세계대전이 끝난 후 동아시아 국가에서 전쟁과는 상관없이 재생산되고 있다는 문제와 마주하게 됩니다. 대표적인 사건이 제2차 세계대전 종전 직후인 1947년 2월 28일, 대만에서 발생한 '2·28 사건'입니다. 일본이 패망하고 식민지였던 대만이 다시 중국의 영토가 되었으나, 국공내전에서 패하고 대만으로 들어온 대륙의 국민당군은 '해방군'이 아니라 또 다른 '점령군'으로 행세했고, 이에 항의하는 대만 민중을 무자비하게 탄압하는 백색테러를 자행했습니다. 이 사건으로 희생된 사람의 숫자는 적게는 800명부터 많게는 10만 명까지 다양하게 추산할 수 있지만 1992년 대만 행정원에서 공식적으로 발표한 숫자는 희생자의 숫자가 1만 8,000명에서 2만 8,000명에 달합니다. 국민당 정부는 2·28 사건이 일어난 1947년부터 1987년까지 장장 40년간이나 계엄 상태를 유지하면서, 지속적으로 백색테러를 자행했습니다. 이처럼 국가가 국민의 인권을 무시하고 폭압적으로 공권력을 휘두르며 인명을 살상하는 것도 일종의 제노사이드라고 할 수 있습니다.

국민을 보호해야 하는 국가가 오히려 국민을 탄압하고 죽이는 행태는 한국에서도 찾아볼 수 있습니다. '제주 4·3 사건'이 그런 사례입니다. 1948년 4월부터 1949년 5월에 걸쳐, 국군, 국방경비대, 경찰, 서북청년단 등이 제주도의 도민을 무자비하게 학살했습니다. 이 사건이 시작된 원인은 이념의 문제도 얽혀 있어서 여전히 많은 논쟁이 있으나, 과연 이 당시 한국 정부에 국가는 국민을 보호해야 한다는 개념이 있었는지를 따져 묻지 않을 수 없습니다. 국민을 지키는 일에 가장 앞장서야 할 군대와 경찰이 오히려 국민을 살해하는 도구가 되어버린 이유를 한 번쯤 생각해 봐야 합니다.

이처럼 일본군이 주도한 전쟁에서 특히 돌출되었던 제노사이드 문제가, 전쟁이 끝난 이후 일본의 영향을 받은 여러 동아시아 국가들에서 재현되었다는 점도 되짚어 봐야 할 문제입니다.

마치며
— 과연 전쟁은 분쟁 해결 수단이 될 수 있는가

전쟁은 국가와 국가 간에 발생한 분쟁의 해결 수단으로서, 지금도 여전히 국제법적으로 정당성을 갖는 수단으로 인정되고 있습니다. 물론 국제법은 절대적인 것이 아닙니다. 오히려 개인적으로 국제법의 효용성에 대해서는 상당히 의구심이 듭니다. 전쟁을 분쟁 해결의 수단으로 정당화한다는 것 자체가, 국제법이 실은 힘의 논리를 정당화해 주는 구실임을 인정하는 것이기 때문입니다.

그러나 역사를 반추해 보면, 전쟁은 엄연한 현실입니다. 우리는 가급적 전쟁이 발생하지 않도록 예방하고 노력하는 것이 최선입니다. 앞에서 살펴본 사례들을 보면서 과연 전쟁을 분쟁 해결의 수단으로 받아들일 수 있는지 생각해 볼 필요가 있습니다.

20세기 초에 활동한 독일의 사상가 카를 슈미트Carl Schmitt는 국가가 존재하므로 전쟁이 발생한다고 이야기했습니다. 국가와 국가가 때로는 화합도 하고 협력도 하지만, 결국 어떤 갈등이 발생했을 때 그것이 무력 충돌로 이어지면 그것이 곧 전쟁입니다. 슈미트의 말처럼 국가가 존재하므로 전쟁이 발생한다면 차라리 국가가 존재하지 않는 편이 좋지 않을까 하는 생각마저 듭니다. 물론 적어도 당장은 실현되기 어려운 일입니다. 다만, 국가가 무력을 발동하면 군인만이 아니라 전투와는 상관없는 무고한 사람도 희생된다고 하는 사실을 기억해야 합니다. 그러므로 우리는 국가가 무력을 행사하는 과정에 대해서는 엄격한 기준을 가지고 지켜봐야 합니다. 무장한 군인이 민간인을 해치는 것은, 마치 건장한 청년이 노약자를 폭행하는 것과 마찬가지로 일방적인 폭력 행위로서, 사후에라도 반드시 엄중하게 처벌해야만 합니다. 오늘 일본이 벌인 전쟁 과정에서 자행된 제노사이드의 사례를 통해서, 이러한 문제에 대해 한 번쯤 생각해 볼 기회가 되었으면 합니다.

주

1. 중국 영토인 만주 지역으로 일본군을 출병시키기 위해서, 중국 마적馬賊을 매수해 훈춘琿春의 일본총영사관을 습격하도록 조작한 사건입니다.
2. 해병대 제1대~제3대 사령관인 신현준, 김석범, 김대식은 모두 국립묘지에 묻혀 있습니다. (출처: https://mhrk.org/notice/press-view?id=2361&fbclid=IwAR2AavwUK_EZ_7Mt4kWqL_d2Jdlo0-aAbzri18K4nl9DJQG96yJIEpqK0K4)

더 읽을 거리

- 후지와라 아키라 지음, 서영식 옮김, 『일본군사사』(상, 하), 제이앤씨, 2013.
- 후지와라 아키라 지음, 이재우 옮김, 『중국전선종군기』, 마르코폴로, 2023.
- 요시다 유타카 지음, 이애숙·하종문 옮김, 『일본인의 전쟁관』, 역사비평사, 2004.
- 요시다 유타카 지음, 최혜주 옮김, 『아시아·태평양전쟁』(일본근현대사6), 어문학사, 2012.
- 이와나미신서편집부 엮고 지음, 서민교 옮김, 『일본근현대사를 어떻게 볼 것인가』(일본근현대사10), 어문학사, 2012.
- 진순신 지음, 조양욱 옮김, 『청일전쟁: 한 권으로 읽는 대하실록』, 세경북스, 2006.
- 와다 하루키 지음, 이웅현 옮김, 『러일전쟁: 기원과 개전 1, 2』, 한길사, 2019.
- 조재곤 지음, 『조선인들의 청일전쟁: 전쟁과 휴머니즘』, 푸른역사, 2024.
- 원광대학교 한중관계연구원 동북아시아인문사회연구소 엮음, 『동북아의 제노사이드: 학살의 기억, 상처의 치유』, 경인문화사, 2021.

가 볼 만한 곳

① 오키나와 평화기념공원

오키나와 남쪽 끝자락 이토만시에 있는 공원이다. 오키나와 전투의 격전지이자 종결지였던 마부니摩文仁 언덕을 남쪽에 두고 아름다운 해안선이 펼쳐지는 광활한 부지에 세워졌다. 90일 가까이 포격과 폭격이 폭풍처럼 몰아쳤다는 의미로 '철의 폭풍'이라 불리는 오키나와 전투는 민간인 다수를 포함한 20만 명 넘는 희생자를 낳았다. 공원에는 이들의 이름을 새긴 위령비 '평화의 초석'이 늘어서 있다. 평화기념공원 입구 바로 맞은편에는 한국인 위령탑도 세워졌는데 한국 각지에서 가져온 돌로 주변을 동그랗게 감싼 모양이다. 학도병 및 강제 징용 등으로 끌려간 식민지 조선인 피해자는 1만 명 이상으로 추정되며 현재 남쪽(382명)과 북쪽(82명) 출신자의 이름이 나뉘어 새겨져 있어 분단의 흔적을 느낄 수 있다. 460여 명밖에 남아 있지 않는 까닭은 부진한 발굴 및 진상 조사의 탓뿐만 아니라 유족 가운데 '평화의 초석'에 이름이 새겨지는 것을 거부한 경우도 있기 때문이다. 피해자와 가해자의 구별 없이 추모의 이름으로 모든 전몰자를 한 자리에 모으는 경우, 전쟁 책임 소재가 불명확진다는 비판도 제기되었다.

바다를 바라보는 '평화의 광장' 중앙에 '평화의 불'을 설치했고, 1975년 개관한 '오키나와현 평화기념자료관'은 제2차 세계대전 사상자를 애도하고 전쟁의 교훈을 후세에 알리기 위해 건립되었다. 오키나와 전투 관련 문서를 비롯해 간호병으로 동원된 오키나와 여학도병인 '히메유리 학도대'의 수기, 피해자의 증언록 등을 살펴볼 수 있다. 45미터의 칠각형 탑 형태로 세운 '오키나와 평화기념당'은 내부에 오키나와평화기념상을 안치하고 주위에 '평화의 종'과 오키나와 출신 미술가의 작품을 전시하고 있다.

나하那覇터미널에서 89, 33, 46번 버스 탑승 후 이토만 버스터미널에서 하차 후,
교쿠센도玉泉洞행 82번 버스로 환승해 평화기념공원 역에서 하차
https://heiwa-irei-okinawa.jp/

오키나와 평화기념공원 한국인 위령탑

오키나와 평화기념공원 '평화의 불' 조형물

② 사키마미술관

1994년에 개관한 사키마미술관은 미군 해병대 군용비행장인 후텐마普天間 기지 철조망으로 삼면이 둘러싸인 위치에 자리 잡고 있다. 관장 사키마 미치오佐喜眞道夫는 조상 대대로 살아 온 땅이 미군기지에 수용되자 반환 소송을 펼쳤고 돌려받은 돈으로 미술품 컬렉션을 시작했다. 이를 기반으로 결국 그 자리에 미술관을 세웠다. 오키나와 전투가 끝난 1945년 6월 23일(위령의 날)을 기리기 위해 옥상으로 오르는 외부 계단을 6단, 23단으로 만들었다. 옥상에서는 후텐마 기지가 내려다보이며, 매년 6월 23일 일몰 때마다 작은 구멍으로 지는 햇빛이 투과될 수 있도록 설계했다. 컬렉션 테마는 '삶과 죽음', '고뇌와 구원', '인간과 전쟁'으로 나눌 수 있는데 일본의 아시아 침략사와 오키나와의 과거사를 예술을 통해 되새길 수 있는 작품이나 반전, 평화의 메시지를 담은 소장품이 많았다. 케테 콜비츠와 조르주 루오의 작품 외에 특히 원폭의 참상과 전쟁을 고발한 〈원폭도〉의 작가로 유명한 마루키 이리丸木位里, 마루키 도시丸木俊 부부의 〈오키나와 전투도〉 연작을 개관 이래 상설 전시하고 있다.

나하공항 국내선 터미널에서 류큐버스 140번 탑승 후,
기노완시宜野湾市 우에하라上原 버스 정류장 하차
https://sakima.jp/

사키마미술관 전경

사키마미술관 옥상 계단

찾아보기